古典名著释读丛书

罗贯中与《三国演义》

卫绍生 著

中州古籍出版社
·郑州·

自　　序

《三国演义》从来就不乏好评，也从来不乏批评。自《三国演义》成书以来，读者对《三国演义》的评价就表现出明显的差异性。明嘉靖本《三国志通俗演义》庸愚子序和修髯子引，都给《三国志通俗演义》很高的评价。庸愚子说它"文不甚深，言不甚俗，事纪其实，亦庶几乎史。盖欲读诵者，人人得而知之，若《诗》所谓里巷歌谣之义也"；修髯子把《三国志通俗演义》作为形象的历史教科书，有"欲知三国苍生苦，请看通俗演义篇"之评。自此以后，对《三国演义》的评价则是褒贬不一，毁誉参半。

自胡适《三国演义序》以来，《三国演义》进入一些现当代文学大家的视野，胡适、鲁迅、郑振铎等对《三国演义》都有一些独到的评价。胡适认为，《三国演义》"拘守历史的故事太严，而想象力太少，创造力太薄弱。此书中最精彩、最有趣味的部分在于赤壁之战的前后；从诸葛亮舌战群儒起，到三气周瑜为止，三国的人才都会聚在这一块，'三分'的局面也定于这一关键时期，所以演义家尽力使用他们的想象力与创造力，打破历史事实的束缚，故能把这个时期写的很热闹"。他进一步指出，小说作者"理想中只晓得'足智多谋'是诸葛亮的大本领，所以诸葛亮竟成一个祭风祭星、神机妙算的道士。他们又想写刘备的仁义，然而他们只能写一个庸懦无能的刘备。他们又想写一个神武的关羽，然而关羽竟成了一个骄傲无谋的武夫"。① 但他同时又认为，"《三国演

---

① 胡适《三国演义序》，引自陈其欣选编《名家解读三国演义》，山东人民出版社1998年版，第15页。

义》究竟是一部绝好的通俗历史。在几千年的通俗教育史上，没有一部比得上他的魔力"。① 鲁迅评价《三国演义》，批评之词多于赞美之语。他认为《三国演义》有三大缺点，其一是容易招人误会，其二是描写过实，其三是文章和主意不能符合。对于《三国演义》的人物塑造，鲁迅接受了胡适的影响，指出："至于写人，亦颇有失，以致欲显刘备之长厚而似伪，状诸葛之多智而近妖。惟与关羽，特多好语，义勇之概，时时如见矣。"② 郑振铎对《三国演义》做过系统研究，指出元代虞氏所刊《三国志平话》似是民间三国小说的一个写定本，罗贯中《三国志通俗演义》流行后，虞氏之书遂废，而毛宗岗修改本《三国演义》流行后，罗本原本便也废弃而不为人所知。他进一步指出："第一个由许多荒诞的传说中，回顾到真实的历史的作家便是罗贯中。演义到了此后，便真成了名副其实的历史小说了。"③ 学者的评价中规中矩、见仁见智，民间的评价则显得比较幽默机智了。如苏文茂先生的相声《批三国》，从《三国演义》中的一些故事说开去，如从"既生瑜，何生亮"，演义出周瑜的母亲姓季，诸葛亮的母亲姓何；从成语"无事生非"，演义出张飞的母亲姓吴；从三国戏赵云的唱词"赵子龙老迈年高"，演义出赵子龙原来是卖年糕的。这些机智幽默的演义性阐释虽不足为训，但在民间颇为流行，也很受三国爱好者欢迎。

20世纪80年代以来，尤其是1984年"中国三国演义学会"成立以来，《三国演义》研究出现了前所未有的热潮，这种热潮持续至今，且尚未出现退潮的迹象。这期间出现了许许多多的研究成果，有见地的研究文章和有分量的学术专著不断问世，出现了刘世德、沈伯俊等一批《三国演义》研究专家，把《三国演义》研究持续推向新的高度。但是，正如一千个观众会有一千个哈姆雷特

---

① 胡适《三国演义序》，引自《名家解读三国演义》，山东人民出版社1998年版，第16页。

② 鲁迅《中国小说史略》，人民文学出版社1976年版，第107页。

③ 郑振铎《三国志演义的演化》，引自《名家解读三国演义》，山东人民出版社1998年版，第41页。

一样，不同的研究者、不同的读者，对《三国演义》的认知和理解是不同的，他们眼中的三国人物形象、三国故事情节、三国叙事艺术等也是各有差异，因而解读出来的文化内涵大相径庭。这些差异更多的不是是与非的问题，而是因占有的材料、看问题的角度、理解小说的心态，以及结合小说人物、事件而产生的社会心理体验等不同引起的。尤其是对刘备、曹操、诸葛亮、关羽等容易引起争议的人物艺术形象，人们的分歧更大。对于他们的评价，言人人殊是必然的，无须统一，也不可能统一。再如对章学诚提出的"七实三虚"的问题，出于对虚与实的不同理解，学界迄今仍是争论不休。所有的争议，对于《三国演义》研究来说，都是好事情，因为真理越辩越明。只有在持续而平等的相互辩难中，人们才能更加接近《三国演义》的思想与艺术真谛，揭示出《三国演义》更为丰富而深邃的文化意蕴，从而推动《三国演义》研究向纵深发展。

《三国演义》是中国古代第一部长篇历史小说，内容丰富，结构宏伟，人物众多，场面浩大，情节曲折生动，叙事独具特色，语言富有表现力。它所取得的思想艺术成就，为后世历史小说树立了一个很难逾越的标杆。多少年来，人们阅读它，学习它，研究它，从中汲取丰富营养，撷取创作素材，学习其谋略，借鉴其经验，甚至把它作为社会人生的镜鉴。对这样一部家喻户晓而又人人自有心得的名著，如何加以解读，确是一个颇费思量的事情。斟酌再三，唯有"抓大放小"，即抓住读者最关注的重大问题，如《三国演义》的作者罗贯中之谜，《三国演义》文本的形成与流变，《三国演义》的主题之争，《三国演义》的叙事艺术，《三国演义》的人物群像，以及《三国演义》的艺术成就，《三国演义》的谋略运用，等等。这些既是读者关心的重大问题，也是《三国演义》研究不容回避的重大问题。本书围绕这些问题展开讨论，辨章学术，考镜源流，层层揭示《三国演义》的文化意蕴，次第展示《三国演义》的艺术成就，尽可能地把《三国演义》的精华展现给读者。但是限于学识，力有所未逮，识有所未见，未必能够尽如初衷。敬祈高明有以教之。

由于专业研究的关系，本人一直关注《三国演义》研究，多次参加由"中国三国演义学会"或地方《三国演义》研究会组织的有关《三国演义》或三国文化的学术研讨会，对《三国演义》研究史和研究现状还算比较熟悉，经常写一些有关《三国演义》的研究文章，曾经出版过《人才与谋略》《三国启示录》《三国演义与人才学》《三国演义与中国古典小说研究》等《三国演义》研究方面的著作，对《三国演义》研究可以说是略窥门径。正是因为曾经有这样一些经验和积累，2016年，中州古籍出版社的张弦生先生约请本人撰写"古典名著释读丛书"中的《罗贯中与〈三国演义〉》一书时，我才欣然答应。张弦生是中州古籍出版社原副总编，资深编审。我们相识三十多年，亦师亦友。我的第一部学术研究著作，张弦生先生就是责任编辑。多年之后，再次承蒙抬爱，更有一种只许成功、不许失败的豪气。可是，由于杂事繁冗，很难静下心来，也很难找到比较完整的时间。所以，这部书稿断断续续写了一年多。当初的豪气，如今几乎已成歉疚。好在还不算太迟，能够在年初岁尾完成书稿，交付差事，也算是一种自我宽慰了。

附赘数语，聊以为序。

2018年1月20日 时值季冬大寒

目 录

第一章　罗贯中其人之谜 | 1
一　罗贯中身份之谜 …………………………………… 1
二　罗贯中籍贯之谜 …………………………………… 5
三　罗贯中生活时代之谜 ……………………………… 11
四　《三国演义》作者之谜 …………………………… 14
五　罗贯中的其他作品 ………………………………… 19

第二章　《三国演义》文本研究 | 25
一　《三国演义》材料之源 …………………………… 25
二　《三国演义》成书研究 …………………………… 51
三　《三国演义》版本流变 …………………………… 61

第三章　《三国演义》主题之争 | 67
一　主题之一：向往统一 ……………………………… 68
二　主题之二：尊刘抑曹 ……………………………… 74
三　主题之三：宣扬仁爱 ……………………………… 79
四　主题之四：君臣相得 ……………………………… 83
五　主题之五：英雄悲剧 ……………………………… 88

第四章　《三国演义》的叙事艺术 | 95

一　《三国演义》的叙事视角 …………………………… 96
二　《三国演义》的叙事时空 …………………………… 100
三　《三国演义》的叙事方式 …………………………… 105
四　《三国演义》的叙事技巧 …………………………… 119

第五章　《三国演义》的人物群像 | 135

一　《三国演义》的统帅群像 …………………………… 135
二　《三国演义》的谋士群像 …………………………… 143
三　《三国演义》的名将群像 …………………………… 151
四　《三国演义》其他人物群体 ………………………… 176

第六章　纵横捭阖说"三奇" | 203

一　毛宗岗与"三奇"之说 ……………………………… 203
二　古今贤相第一奇人：诸葛亮 ………………………… 209
三　古今名将第一奇人：关羽 …………………………… 224
四　古今奸雄第一奇人：曹操 …………………………… 237

第七章　名副其实才子书 | 255

一　虚实之间见功力 ……………………………………… 256
二　春秋笔法有褒贬 ……………………………………… 270
三　兴衰治乱为纲鉴 ……………………………………… 278
四　华丽辞章垂后范 ……………………………………… 289

第八章　不得不说的三国谋略 | 305

一　从老不看《三国》说起 ………………………… 305

二　置身乱世无智难立 ……………………………… 315

三　安天下须雄才大略 ……………………………… 320

四　上兵伐谋，谋定而动 …………………………… 325

五　谋事在人，成事在天 …………………………… 329

六　《三国》影响无处不在 ………………………… 334

主要参考文献 | 344

第一章 罗贯中其人之谜

说起《三国演义》，就不能不先说一说罗贯中，说一说罗贯中的身份、籍贯和时代，说一说罗贯中对《三国演义》的著作权问题。因为，迄今为止罗贯中其人依然是一个谜，学界对罗贯中的认识依然没有统一，有关罗贯中的争论依然没有止息。可以说，被人们习惯上称为《三国演义》作者的罗贯中仍然是一个谜一样的人物。

一 罗贯中身份之谜

罗贯中究竟是何许人，至今仍是一个谜。由于有关罗贯中身份的文献太少、太简略，仅有的文献之间又无法建立有效的联系，所以，迄今为止人们仍然无法对罗贯中其人做出准确的身份定位。他是戏曲家？小说家？还是戏曲家小说家一身而兼二任？

其一，戏曲家罗贯中。从最早的文献记载来看，罗贯中是一个戏曲家。现在所能见到的关于罗贯中的最早的文献，就是贾仲明《录鬼簿续编》中的罗贯中小传。这个小传篇幅不长，透露的信息却比较丰富：

> 罗贯中，太原人，号湖海散人，与人寡合。乐府隐语，极为清新。与余为忘年交，遭时多故，各天一方。至正甲辰复会，别来又六十余年，竟不知其所终。①

这篇小传向读者提供了以下信息：一是罗贯中的籍贯、名号和性格。籍贯太原，号湖海散人，性格是"与人寡合"，即性格内向，与人不大合得来。二是擅长乐府和隐语，且其作品风格清新。三是罗贯中与《录鬼簿续编》的作者为"忘年交"，年龄比贾仲明大许多，因遭遇社会动乱而各奔东西。元至正甲辰（1364），二人又见了一面，分手之后又六十余年。四是贾仲明最后一次与罗贯中见面后，再也没有见过这位忘年交，不知道罗贯中的下落。这篇小传不仅提供了罗贯中与贾仲明的交往信息，而且告诉了人们，罗贯中在文学创作方面最为擅长的是乐府和隐语。乐府原是秦汉时期管理音乐的官署，因为许多音乐是从民间采风得来，所以人们常常把民间诗歌也称作乐府；隐语亦称庾辞，不直言本意，而用别的话来暗示，有些类似后来的谜语。如《三国演义》里面写到的"黄绢幼妇，外孙齑臼"，其真正表达的意思是"绝妙好辞"。黄娟为色丝，色丝合而为一"绝"字；幼妇为少女，少女合而为一"妙"字；外孙为女子，女子合而为一"好"字；齑臼为受辛，受辛合而为一"辞"字。中国古代的隐语，有许多也是用诗歌或韵语写成的。所以，从这篇小传来看，罗贯中的诗歌在当时应该是很有影响的。

当然，罗贯中最重要的身份还是戏曲作家，这是他被收录在《录鬼簿续编》的重要原因。据相关文献记载，罗贯中创作了《赵太祖龙虎风云会》《忠正孝子连环谏》《三平章死哭蜚虎子》等杂剧，今仅存《赵太祖龙虎风云会》一种。剧本写后周时期，殿前指挥使赵匡胤奉周太后之命率军北伐，在陈桥驿发动兵

---

① 贾仲明《录鬼簿续编》，天一阁钞本。

变，黄袍加身。周太后和幼主随即禅位给赵匡胤。于是，赵匡胤把平时结交的一帮兄弟都封为高官。他以赵普为宰相，然后雪夜拜访赵普，商议统一天下大计。赵普劝他以儒家思想治理天下，然后再图统一。后来，赵匡胤派遣石守信、曹彬、潘美、王全斌等率兵收复南唐、吴越、后蜀和南汉，统一了天下，君臣欢聚一堂，验证了众兄弟龙虎风云会之梦。这个杂剧表现的是什么？是君臣相得，是上下齐心，是一统天下。君臣相得，上下齐心，是一统天下的前提和条件。从该杂剧表现的主旨来看，它寄寓着罗贯中的理想和理念，表明王圻《稗史汇编》所说的罗贯中"有志图王"不是凿空之论。可是，造化弄人。罗贯中最终没有成为叱咤风云的"王者"，而是成了一个舞文弄墨的文人，成了诗人和杂剧作家。

其二，小说家罗贯中。罗贯中最广为人知的身份是小说家。许多人知道罗贯中，是从第一部长篇古典小说《三国演义》开始的。这一身份首先来自于明嘉靖壬午（1522）本《三国志通俗演义》，该本题署"晋平阳侯陈寿史传，后学罗本贯中编次"。从该本的题署中，人们不仅了解到罗贯中小说家的身份，而且知道罗贯中名本，字贯中。他的了不起之处，是在三国史传、民间故事传说和平话、戏曲的基础上，创作出了中国古代第一部长篇历史小说，把中国古典小说的创作推向了高峰。

作为小说家的罗贯中，在小说创作方面，除了名列中国古典小说四大名著之首的《三国演义》外，还创作了其他一些小说。据明田汝成《西湖游览志余》记载，罗贯中"编纂小说数十种"。[①] 一生能够撰写几十种小说，在古代那种书写条件下，应该说是高产作家了。系于罗贯中名下的小说，有《隋唐两朝志传》《残唐五代史演义传》《三遂平妖传》等。他还与施耐庵合著了《水浒传》。相传《十七史演义》《粉妆楼》等也出自罗贯中之手。上述小说中，《隋唐两朝志传》《残唐五代史演义传》和《粉妆楼》演绎隋朝至晚唐五代的历史故事，《水浒传》写北宋末年梁山农民起义，《三遂平妖传》写北宋中期的王则

---

① 田汝成《西湖游览志余》卷二十五"委巷丛谈"。

起义，《十七史演义》则是依据《史记》《汉书》《后汉书》《三国志》《晋书》《南史》《宋书》《南齐书》《梁书》《陈书》《北史》《魏书》《北齐书》《周书》《隋书》新旧《唐书》和新旧《五代史》等十七个历史时期的史书，演绎自上古以来的中国历史发展进程。

　　从上述罗贯中所撰和系于罗贯中名下的作品来看，全部属于历史演义，上自《史记》所记上古，下迄北宋末年，上下几千年，纵横南北中，跌宕起伏，波澜壮阔。但是，罗贯中的聚焦点在三国，在隋唐，在北宋。这三个聚焦点很有特色。三国是由治趋乱又由乱到治的时代；隋唐是由乱趋治且其间社会动乱不断的时代；北宋虽然相对升平，但升平背后有危机，王则起义和梁山起义就反映出北宋社会的深层危机。罗贯中以小说家的眼光和情怀观察这样几个历史节点，再用如椽之笔去表现这样一些时代，寄寓了他对中国社会历史发展的深刻思考，情不自禁地流露出英雄史观和英雄情怀。

　　其三，罗贯中是戏曲家、小说家，还是一身而兼二任？戏曲作家罗贯中，有清晰的文献记载；小说家罗贯中，也赫然有小说题署为证。这两个身份的罗贯中是不是同一个人呢？如果是同一人，自然是一身而兼二任，毋庸讨论。但是，依据现有材料，很难把这两个身份的罗贯中联系在一起。田汝成《西湖游览志余》说罗贯中是南宋人："钱塘罗贯中本者，南宋时人，编撰小说数十种。而《水浒传》叙宋江等事，奸盗脱骗机械甚详，然变诈百端，坏人心术。其子孙三代皆哑，天道好还之报如此。"① 田汝成的这段话被视为妄说，曾经遭到后人的批驳，但其材料还时时被人提起，因为它不仅提供了罗贯中的籍贯，还提供了罗贯中创作小说的证据。经过学界多年的研究，现在一般认为，中国古代长篇小说迄于元明之际才趋于成熟，其重要标志就是《三国演义》的出现，这虽然否定了罗贯中是南宋人的说法，但是强化了罗贯中是小说家的说法。而《录鬼簿续编》的出现，则把罗贯中的时代定位在元末明初，只可惜这个罗贯中是戏曲作家。而再后一些出现的《三国志通俗演义》和《水浒传》又皆题署罗

---

① 田汝成《西湖游览志余》卷二十五"委巷丛谈"。

贯中撰，是则罗贯中又可能是明初期至明中期人。但不论怎样，只要不能证明《录鬼簿续编》中的罗贯中与《三国志通俗演义》《水浒传》题署的罗贯中是同一个人，那么，罗贯中的身份就仍然是一个谜。

二　罗贯中籍贯之谜

罗贯中的籍贯长期以来就是一个聚讼纷纭的话题。有关罗贯中的籍贯，曾经有太原说、东平说、中原说、钱塘说、杭州说、庐陵说、慈溪说、越人说等多种说法。中原说出自明福建建阳双峰堂刊本《水浒志传评林》，钱塘说见载于明田汝成的《西湖游览志余》，杭州说见载于明郎瑛《七修类稿》和王圻《续文献通考》，庐陵说是《说唐演义全传》的题署，越人说则是清初周亮工在其《因树屋书影》中提出来的，慈溪说则是现代小说研究者周楞伽的一种说法。一个小说作者，其籍贯竟然有这么多的说法，除了说明罗贯中的籍贯至今仍是一个谜之外，更表明在罗贯中的籍贯问题上缺少有说服力的证据。

罗贯中的籍贯虽然众说纷纭，但真正有影响的只有太原说和东平说。在太原说出现之前，东平说一直占据主流地位，其最主要的原因，是较为流行的明嘉靖壬午（1522）本《三国志通俗演义》卷首有庸愚子蒋大器作的序，其序文称该书作者为"东原罗贯中"。此后，"东原罗贯中"遂成定说，并为众多的人所接受。直到20世纪30年代初，罗贯中为东平人的说法虽然时有不同声音，但始终没有受到有力的挑战。20世纪30年代初，天一阁本《录鬼簿续编》被发现，其中有"罗贯中"条，对罗贯中的生平履历有简略记载，并称罗贯中为太原人。由于《录鬼簿续编》所载罗贯中与《三国志通俗演义》的作者同名，且《录鬼簿续编》的成书年代在元末明初，与《三国志通俗演义》成书的时间先后大体吻合，所以，以鲁迅为代表的学者视之为重大发现，鲁迅还十分肯定地说："自《续录鬼簿》出，则罗贯中之谜，为昔所聚讼者，遂以冰解，此岂前人凭心逞臆之所能至哉！"① 然而，非常有意思的是，罗贯中的籍贯问题并没有随着《录鬼簿续编》的发现而涣然冰释，争议反而越来越激烈。尤其是20世纪80年代以后，罗贯中究竟是太原人还是东原（即今东平一带）人的争论此起彼伏，煞是热闹。参与争论的有《三国演义》研究者，也有文学史研究者和历史学研究者。研究者使用的文献资料虽然大体相同，但因立意不同，视角不同，解释不同，阐释方法不同，故而其结论大相径庭。

太原说的主要依据，是《录鬼簿续编》中有关罗贯中的记载。元代杂剧作家锺嗣成有《录鬼簿》，记载了金代末年到元代中期的杂剧和散曲作家，记述了他们的作品及简略生平事迹。《录鬼簿续编》是元末明初人贾仲明所撰，是书记载的杂剧和散曲作家上接《录鬼簿》，下至明初。但和罗贯中的情况一样，贾仲明的生平事迹同样缺少文献记载，仅知其号云水散人，明永乐年间做过明成祖朱棣的侍从，后来到兰陵（今山东省兰陵县）做官。朱权《太和正音谱》记其名作"贾仲名"。虽然后人对贾仲明的生平知之甚少，但《录鬼簿续编》中的罗贯中小传，却受到了《三国演义》研究者的高度重视，并成为罗贯中籍贯太原说的主要证据。

持太原说的学者，主要有刘世德、孟繁仁、张志和、田同旭等，其中刘世德经多次补充修改完成的《罗贯中籍贯考辨》，在太原说中最具影响。在这篇长文中，刘世德详细申述了"罗贯中的原籍应该是太原，寄籍则是钱塘"的说法，认为贾仲明《录鬼簿续编》所载罗贯中为太原人，应是可信的。理由有七：第一，"太原"二字是明文，如果没有确凿的反证，或者缺乏坚强有力的旁证，就没有必要轻易地怀疑这两个字的真实性，并硬说这两个字是另外一个地名的讹误；第二，贾仲明和罗贯中是忘年交，贾仲明不可能把罗贯中的籍贯弄错；第三，"太原"二字见于罗贯中小传，而人物传记是必须记载传主的籍贯的；第四，出现在同时代人所撰写的传记文字中的关于籍贯的说法，应当是比较可靠的；

---

① 鲁迅《小说旧闻钞·再版序言》，《鲁迅全集》卷10，人民文学出版社1991年版，第146页。

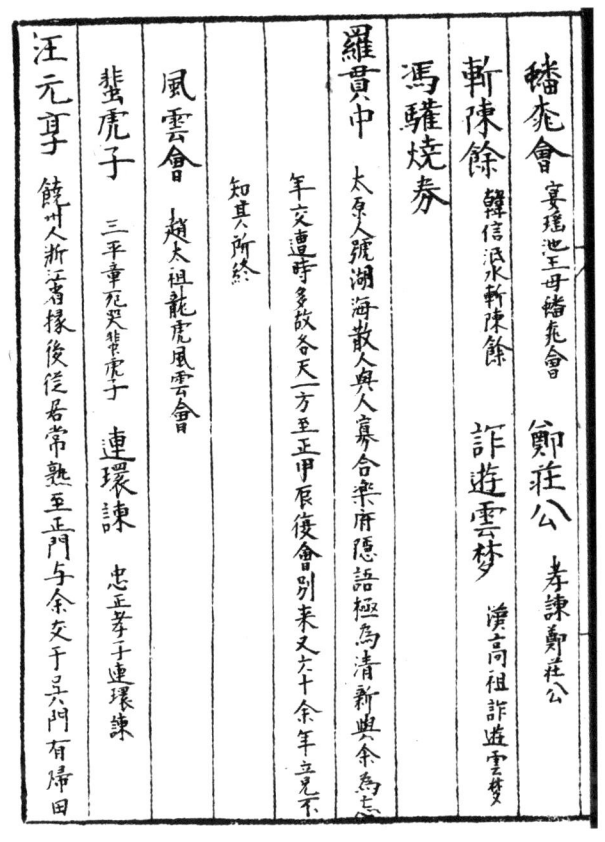

贾仲明《录鬼簿续编》书影

第五，贾仲明和罗贯中都是北方人而流寓江南者；第六，"太原"的"太"字不可能是"东原说"之"东"字的形讹，也不可能是音讹；第七，锺嗣成《录鬼簿》记载有三位太原籍戏剧作家，籍贯都不错，只有贾仲明《录鬼簿续编》把罗贯中的籍贯搞错了，恐怕说不通。他还结合"东原说"的主要依据、明清时期《三国演义》的21种版本及明嘉靖本蒋大器序文，指出"东原说"实际上最早出自蒋大器，而蒋大器序文存在着明显的错误，即把原版本的官名"平阳侯"误写成地名"平阳"，因此怀疑在同一篇序文内，在相邻的两个文句中，在用以表示籍贯的地名上，作者会不会连续地犯下两个错误？换言之，"东原"会不会是"太原"的讹误，就像"平阳侯"的讹误一样？这种可能性的存在，可以说完全在情理之中。蒋大器既然能看漏一个字，把官名"平阳侯"看成了地名"平阳",为什么就不能看错一个字,把"太原"看成了"东原"呢?① 在蒋大器的序文中,"东原"其实就是"太原"的讹误。也就是说,蒋大器序文的一个错误导致了"东原说"的产生。②

张志和对罗贯中的籍贯与生平有系统梳理和深入分析,他指出:"学界目前几乎众口一词,称《录鬼簿续编》的作者为贾仲明,并据此来推断罗氏的生卒年以及他的行迹居处,认为罗贯中曾两次到过山东同贾仲明相会过。更有认为罗氏是山东人的,这却是不能不令人怀疑的。因为拿天一阁钞本《录鬼簿续编》来看,并未题署作者姓名,岂可遽称为贾仲明作?倘非贾氏所作,则据此做出的关于罗贯中的种种推测,恐怕都要成为凿空之论了。"③ 他认为,根据《录鬼簿续编》有关罗贯中生平的记载,可以断言,罗贯中籍贯太原,曾两次到过杭州。④ 20世纪80年代,孟繁仁根据山西清徐发现的《罗氏家谱》,把罗贯中的籍贯坐实到太原清徐县。21世纪以来,有的论者在孟繁仁先生研究成果的基础上,对这一问题做了深入探究,把《录鬼簿续编》中关于罗贯中的记载、清徐《罗氏家谱》及罗贯中作品中隐含的故土情结,视为支持"罗贯中是清徐人"的三块基石。⑤ 这些观点为太原说补充了一些证据,引起了《三国演义》研究者的注意。

东原说的主要依据是明嘉靖壬午本《三国志通俗演义》庸愚子序文。庸愚子即蒋大器,金华人,明成化年间做过浚仪县主簿。他的《三国志通俗演义序》作于明弘治甲寅(1494),序文称:"前代尝以野史作为评话,令瞽者演说,其

---

① 刘世德《罗贯中籍贯考辨》,《三国演义与罗贯中》,中州古籍出版社2000年版,第29页。

② 刘世德《罗贯中籍贯考辨》,《三国演义与罗贯中》,中州古籍出版社2000年版,第30页。

③ 张志和《透视三国演义三大疑案》,中国社会科学出版社2002年版,第243页。

④ 张志和《透视三国演义三大疑案》,中国社会科学出版社2002年版,第248页。

⑤ 王宝玉《为什么说罗贯中是清徐人》,山西省清徐县罗贯中研究会编《罗贯中与三国演义论集》,第38页。

间言辞鄙谬，又失之于野，士君子多厌之。若东原罗贯中，以平阳侯史传，考诸国史，自汉灵帝中平元年，终于晋太康元年之事，留心损益，目之曰《三国志通俗演义》。"庸愚子序是《三国志通俗演义》的第一篇序文，其影响自然可知。主张罗贯中籍贯为东原说的研究者，如刘知渐、王利器、沈伯俊、杜贵晨等，都把庸愚子序作为立论之本。

杜贵晨在罗贯中籍贯研究方面用力最勤，先后发表了《罗贯中籍贯东原说辩论》《近百年〈三国演义〉研究学术失范的一个显证》《〈三国演义〉作者罗贯中是山东东平人》《〈三国志通俗演义〉作者罗贯中为元人及其原本管窥》等文章，反复申论罗贯中籍贯"东原说"，并对太原说予以驳难。他认为，《录鬼簿续编》中"罗贯中"条资料"貌似与《三国演义》作者罗贯中相关，而实经不起推敲。在没有旁证的情况下，不足为论说《三国演义》作者罗贯中生平的根据"。① 之所以这样说，他认为有以下四条理由：首先，《续编》"罗贯中"条并无一字半句表明此一罗贯中即《三国演义》作者；其次，这条资料与《三国演义》作者相关的唯一之点是同名"罗贯中"，但是，从古今中国人名多重复的情况看，这一联系未必就有实际的意义；再次，从"罗贯中"取名所自看，"太原罗贯中"与"东原罗贯中"也未必就是同一人；最后，《续编》于罗贯中戏曲之外，仅称其"乐府隐语"的成就，而没有提到《三国演义》，其作有《三国演义》的可能性已然不大。在《〈三国演义〉作者罗贯中是山东东平人》一文中，杜贵晨先生申述了"东原说"的理由。他认为，《三国演义》的作者罗贯中名本，字贯中，说他是东平人，首先是因为今见明刊本《三国演义》最早的序文，即别号庸愚子的金华蒋大器所写的序中称"东原罗贯中"是该书的作者。20世纪30年代初《录鬼簿续编》"罗贯中，太原人"资料的发现，根本不足以改变明代以来有《三国演义》版本为据的"东原罗贯中"约定俗成的结论。②

---

① 杜贵晨《近百年〈三国演义〉研究学术失范的一个显证》，《北京大学学报（哲学社会科学版）》2002年第4期。

② 杜贵晨《〈三国演义〉作者罗贯中是山东东平人》，《南都学刊》2002年第6期。

他还从罗贯中著《三国演义》和《水浒传》等小说的文本风格及具体内容方面寻找到四条内证：一是从《三国演义》和《水浒传》诸书风格看，《三国演义》作者不可能是"罗贯中，太原人"。就作者性情、文笔风格而论，笔者宁肯相信"据正史，采小说"写作《三国演义》的罗贯中是那位"有志图王"的罗贯中，他当是一位史家作风很重的人，而不敢相信那位诗人气质很重的"太原人"罗贯中是《三国演义》的作者。二是王利器先生曾经指出，《水浒全传》有一个东平太守陈文昭，是这个话本中唯一精心描写的好官。东平既然是罗贯中父母之邦，而陈文昭又是赵宝峰的门人，也即是罗贯中的同学，把这个好官陈文昭说成是东平太守，我看也是出于罗贯中精心安排的。三是顾大嫂是《水浒传》中最后活下来的唯一女将，作者因《尚书》"东原"而捏造出一个"东原县"来，为顾大嫂结末"封授"为"君"之称，也应该不是无所谓的安排。因而可以做这样的推断：罗贯中若果为山西太原人，就难得想到为顾大嫂封一个"东原（源）县君"。而只有在"东原罗贯中"笔下，这个"女将一员，顾大嫂，封授东原（源）县君"的设计才合乎情理。四是《水浒传》的作者对临近东平的泰安州东岳庙至少是熟悉的，而对"太原"并无"故土"情结。杜贵晨以为，"以上四点作为'东原罗贯中'的内证，各自来看，有的还可以说比较牵强。但是，合而观之，就不能不承认《三国演义》《水浒传》的作者不像是'罗贯中，太原人'；他在小说中对东原（东平）情有独钟的诸多表现，与各版本'东原罗贯中'的题署与记载相印证，说明《三国演义》作者为'东原罗贯中'是可信的"。①

罗贯中的籍贯到底是哪里？在这一问题上，研究者各抒己见，见仁见智，并没有形成较为一致的看法。21 世纪以来，有关争论不仅没有停止，反而更为热闹，更为深入。真理越辩越明。罗贯中的籍贯问题也是这样。经过众多研究者的不懈努力，罗贯中籍贯之谜虽然至今仍未破解，但范围已经在缩小。目前有影响的说法只有太原说和东原说，其他一些说法则很少有人再坚持。从这个

---

① 杜贵晨《〈三国演义〉作者罗贯中是山东东平人》，《南都学刊》2002 年第 6 期。

意义上说，罗贯中籍贯之争还是很有意义的，它缩小了罗贯中籍贯的范围，把人们的目光聚焦在较为固定的两个点上，为人们进一步破解罗贯中籍贯之谜奠定了基础。

三　罗贯中生活时代之谜

罗贯中究竟是何时人，现在仍是一个谜。田汝成《西湖游览志余》有关罗贯中的记载虽然被学界所否定，但罗贯中生活的年代问题，依然聚讼纷纭。由于《录鬼簿续编》和元人《赵宝峰先生文集》卷首《门人祭宝峰先生文》都提到罗贯中或罗本的名字，因而一般认为罗贯中是元末明初人。但有的研究者对《录鬼簿续编》是否出自明初贾仲明之手、《录鬼簿续编》所载罗贯中是否即《三国演义》的作者罗贯中等问题，则持不同看法。

张志和在《罗贯中籍贯生平考异》一文中认为，最早发现的《录鬼簿续编》系明代天一阁藏蓝格钞本，无序跋，亦未题署作者姓名。一些学者以天一阁蓝格钞本为依据，断言《录鬼簿续编》为贾仲明所作，是失之确当的。他从贾仲明增补本《录鬼簿》与《录鬼簿续编》在内容和体制上有不少相异之处，《录鬼簿续编》中的贾仲明小传显然不是自家口气，贾仲明一生行迹居处与《续编》作者不一致，《续编》著录的作家作品与贾仲明增补本《录鬼簿》不一致，《续编》所收贾仲明杂剧有遗漏等五个方面进行论证，认为"上述五证，足以证明《录鬼簿续编》的作者不是贾仲明。该书只能是一位长期生活在杭州的人所作，抑或就是杭州人"。他说："既然《录鬼簿续编》的作者不是贾仲明，那么罗贯中在这一时期的活动情况就只能据《录鬼簿续编》的作者这个一生都在杭州度过的人来重新推断。"根据《录鬼簿续编》罗贯中小传"与余为忘年交，遭时多故，天各一方，至正甲辰复会，别来又六十余年"的记载，张志和推断，"罗贯中第一次到杭州，直至1361年前后才离开，其时间不当早于1360年。而他第二次到杭州时间很短暂，且于1364年离开杭州后，《续编》作者60余年再也未曾见过他"。①

　　陈松柏赞成张志和的说法，并补充了一点证据。他说："按照《录鬼簿》作者锺嗣成的做法，他是不会写自己的。它的增补者贾仲明也严格遵循原书的旨意，在增补《录鬼簿》的时候，不把锺氏和自己补上。《续编》作者既写了锺嗣成，又写了贾仲明，恰恰说明它不是贾仲明所著。"②陈松柏把《录鬼簿续编》的作者定为无名氏，指出："与一个长者成为忘年交，年龄太小、时间太短是不行的。我们因此判定无名氏与罗贯中自18岁开始交往，历三年后成为忘年交，便因'遭时多故'而分手，时年21岁。却不料'天各一方'，音信杳然，其距离不可谓不远。'至正甲辰'才得复会，这时间也不会太短，不会少于三至五年。权定五年，无名氏业已26岁。甲辰年是至正二十四年，则至少已是明成祖永乐二十二年（1424）以后，无名氏已是86岁高龄的老翁，怅然回首，徒叹忘年交'竟不知其所终'。"他进一步指出，"以无名氏年龄为参照，比无名氏年长20岁的罗贯中，应生于1318年左右"，"罗贯中与无名氏第一次分手当是41岁，复会时应是46岁。至于罗贯中卒年，那是很难料定的"。③

　　欧阳建也赞同张志和对《录鬼簿续编》作者的分析，认为张志和举出的五条证据"把罗贯中的活动从时间与地点的交叉点上确定下来了"。他根据《赵宝峰先生文集》卷首所载《门人祭宝峰先生文》有罗本之名，而一些明刊本《三国志通俗演义》题署"罗本贯中编次"或"贯中罗本编次"，郎瑛《七修类稿》、田汝成《西湖游览志余》、胡应麟《少室山房笔丛》等称罗贯中名本，字贯中，认为"这位'罗本'很可能就是罗贯中"。而根据《门人祭宝峰先生文》，罗贯中在至正二十六年（1366）在杭州与《录鬼簿续编》作者复会，只

---

①　张志和《透视三国演义三大疑案》，中国社会科学出版社2002年版，第254页。
②　陈松柏《罗贯中其人说法种种》，载《三国演义与罗贯中》，中州古籍出版社2000年版，第36页。
③　陈松柏《罗贯中其人说法种种》，载《三国演义与罗贯中》，中州古籍出版社2000年版，第43页。

隔了两年。这就又一次把罗贯中的活动从时间与地点的交叉点上确定下来了。欧阳建认为,"按照祭文名单之长幼顺序,排在第11位的罗本,恰处在向寿(1310年生)、乌斯道(1314年生)与王恒(1319年以前生)之间,他的年龄应较向寿、乌斯道小,而较王恒为大,推断生于延祐二年(1315),当不至有多少误差。至正甲辰(1364),罗贯中恰为50岁,《录鬼簿续编》的作者此后又活了60余年,其时当在20岁左右,二人适可称'忘年交'。从延祐二年(1315)到至正二十八年(1368)元朝灭亡,罗贯中在元代整整生活了53年,称他为'元人'是不错的;当然,他又是由元入明的人,称他为'明人'也是对的"。①

此外,有人据王圻《稗史汇编》中罗贯中"有志图王"的记载,演绎出罗贯中曾经入元末农民起义军首领张士诚幕府,并为张士诚出谋划策,有的学者还就此撰文,论述罗贯中是如何"有志图王"。百度"罗贯中"条综合诸家之说,把"有志图王"作为罗贯中生平经历的一部分予以介绍,其文略云:"元惠宗至正十六年(1356),罗贯中辞别赵宝丰,'有志图王'的罗贯中到农民起义军张士诚幕府作宾。起事称霸的张士诚是灭元功臣。第二年在罗贯中的建议下,张士诚打败了朱元璋的部下康茂才的进攻。同年,张士诚的弟弟兵败被元朝俘虏,张士诚只好投降。降元后,张士诚贪图享乐。到至正二十三年,张士诚看到元朝没落,又再次称王。包括罗贯中在内的许多幕僚都建议暂缓称王,但是不被采纳。刘亮、鲁渊等人纷纷离去,罗贯中自此对张士诚失去了信心,返回老家太原。……到至正二十六年,罗贯中又回到了杭州。"② 但是,罗贯中曾经入张士诚幕府的说法,一直受到学者的质疑,因为王圻的记载除了罗贯中"有志图王"外,别无任何记载,说罗贯中曾经入张士诚幕府,只是推测之词,根本不足为凭。

---

① 欧阳建《罗贯中研究四题》,载《罗贯中与三国演义》,中州古籍出版社2000年版,第79页。

② https://baike.baidu.com/item/罗贯中/172206

四　《三国演义》作者之谜

早在20世纪30年代，胡适先生就提出过"《三国演义》不是一个人作的，乃是五百多年的演义家的共同作品"的说法。他梳理了从宋代的"说三分"到清初毛宗岗改定《三国演义》的历程，进一步指出："我们再总说一句，《三国演义》不是一个人作的，乃是自宋至清初五百多年的演义家的共同作品。"① 同时代的郭箴一撰《中国小说史》重申了胡适的说法："《三国演义》不是一个人作的，乃是自宋至清初五百多年的演义家的共同作品。"② 但是，这种说法在相当长的时间内没有引起太多的重视和响应。《三国演义》的作者是罗贯中，仍是较为流行的观点。20世纪80年代以来，学界对罗贯中其人产生了较大争议，与此同时，罗贯中对《三国演义》的著作权也成了学术界争论的话题。

张志和认为《三国演义》是"世代累积"的结果。他首先考察了元明之际的三国故事杂剧，认为"在元末明初那个时候，并没有一个罗贯中创作出的《三国志通俗演义》存在，也没有内容接近于《三国演义》的'成熟而完整'的'说三分'存在。因为在明中叶以前的杂剧中，没有给我们提供任何《三国演义》已经存在的信息。我们所看到的只是三国故事在《平话》的基础上的发展"。他进一步指出："元明之际罗贯中尚没有条件创作出一部《三国志通俗演义》来。如果他创作了该书，那么，这部书就不可能在他以后的一百多年间不留下任何存在的痕迹，至少它会或多或少地影响同类题材的其他艺术形式的作品，必然会有人来记录这件事。实际上这一切都是在明中叶才出现的，如明中叶以后高儒的《百川书志》、王圻的《稗史汇编》、郎瑛的《七修类稿》等书中记载有罗贯中（或称罗本、罗贯本）创作《三国演义》的事。而《三国演义》在明中叶出现以后，马上就影响了当时的三国戏创作。例如王济的传奇《连环

---

① 胡适《三国演义序》，引自《名家解读三国演义》，山东人民出版社1998年版，第14页。
② 郭箴一《中国小说史》（下册），上海书店1984年影印本，第250页。

计》就是一个很好的证明。"①他根据《三国志通俗演义》卷之一《吕布刺杀丁建阳》一节中董卓从李肃之计,用黄金一千两、明珠数颗、玉带一条利诱吕布,和卷之二十《诸葛亮六出祁山》一节曹真与司马懿打赌,用天子所赐玉带一条、御马一匹做赌注,结合古代服饰制度,指出汉代服饰尊卑之别主要在冠,元朝显示官员的尊卑主要以梁冠和佩牌别之,而以玉带为贵,乃是明朝的时尚。他说:"以'玉带'为贵,乃是在明朝形成的时尚。只有在此时,人们才能将'玉带'看得贵重无比。也只有在这一时代,编撰三国故事的人,才会误将当时以为贵重的'玉带'让东汉末年的董卓作为诱使吕布反叛丁原而归附自己的重礼使用,同样才会有曹真以'天子所赐玉带'来同司马懿赌军国大事。此事虽小,却足以说明《三国志通俗演义》只能成书于明代而不是元代。"②通过对《三国演义》成书时间与作者问题的探讨考察,张志和认为,"不管是从哪个方面的材料来探讨,得出的结论都是一致的,即《三国志通俗演义》不会成书于元末明初,而只能是在明中叶才出现。它的作者并不是一个'天才的作家'罗贯中,而是经过世代累积,逐渐成熟,一直到明中叶才由某个处在社会下层的文人参考史书将其写定的"。③

在《〈三国演义〉的作者不是罗贯中》一文中,张志和对郑振铎先生认定嘉靖本《三国志通俗演义》为罗贯中所作提出了不同看法,对其主要依据——该书卷首所附蒋大器序——做了考察,认为"蒋大器序以罗贯中为'东原'人,但事实上与罗贯中有过交往的《录鬼簿续编》的作者为罗贯中作传,说他是'太原人'。这当然要比罗贯中去世一百多年后的蒋大器的说法可信得多;蒋序不言嘉靖壬午以前已有刻本,而只称'书成,士君子之好事者,争相誊录,以便观览'云云,而嘉靖本将早期刻本所引弘治、正德间人周静轩的诗保留下来,却删去了周静轩之名,则完全可以证明是有意作伪;张尚德刊《三国志通俗演

---

① 张志和《透视三国演义三大疑案》,中国社会科学出版社2002年版,第39页。
② 张志和《透视三国演义三大疑案》,中国社会科学出版社2002年版,第57—58页。
③ 张志和《透视三国演义三大疑案》,中国社会科学出版社2002年版,第59页。

义》在嘉靖壬午年（1522），而蒋大器的序作于'弘治甲寅春'（1494），这就是说在张尚德刊刻此书之前28年蒋序就已经写好了。那么我们不禁要问，这个序是怎样保存下来的？今所见黄正甫刊本、汤宾尹刊本等这些早于嘉靖本的本子都没有蒋大器的序。这又当作何解释？蒋序云'若东原罗贯中以平阳陈寿传，考诸国史，自汉灵帝中平元年之事，留心损益，目之曰《三国志通俗演义》'，而嘉靖本所叙史事，实自汉灵帝建宁元年（168），而蒋序所云起自中平元年，是从何说起呢？所以，嘉靖本《三国志通俗演义》卷首所附蒋大器序，不能作为确定该书的成书时间与作者的依据"。① 他认为，《水浒传》《西游记》《金瓶梅》等小说，"都是起自民间，先有众多的说书艺人在勾栏瓦舍中不断地讲说，不断地丰富它发展它，最后才得以写成"。"《三国演义》的成书过程也正是如此。如果一定要找其作者，那么，自宋代开始的众多'说三分'的书会才人、说书艺人都是它的作者。正是由他们口头创作的'世代累积'，才使该书成为举世瞩目的杰作。"②

陈松柏则直接否定了罗贯中对《三国演义》的著作权，认为《三国志通俗演义》绝不是元末明初剧作家罗贯中所写。其理由有三：第一，真正的作者不会在小说上署自己的真实姓名。在中国古代，一篇小说写成后，作者是生怕人家知道的。这有两个原因，一是小说家在文人中的地位最低；二是事出有因，有的文人或因为对现实不满，或因为有私愤要泄，或因为抑不住某种风流韵事的冲动等原因写出了小说。这些情况下，难道他还会署上真名，等着招祸、招仇、招骂吗？第二，稍有才情的作者绝不会重复自己的创作，只有赚钱的书商才会抄袭移植别人书里的内容。比较一下题署罗贯中作的几部古典小说，就会发现某本书的内容被另一本书所模仿，有些研究者已经做了比勘说明。第三，元末明初的罗贯中在仅有的生平小传中毫无创作小说的迹象。作序的明刊本《三国志通俗演义》之所以题署"罗贯中编次"，首先是看中了罗贯中的名声，

---

① 张志和《透视三国演义三大疑案》，中国社会科学出版社2002年版，第217—218页。
② 张志和《透视三国演义三大疑案》，中国社会科学出版社2002年版，第221页。

其次是罗贯中生活的年代距明孝宗弘治六年已有 130 多年，托罗贯中之名，不仅使《三国志通俗演义》显示出历史的厚重，以取信于读者，而且还可以起到遮盖真面目、混淆视听的作用，即使制造文字狱，也还有辩解的余地。①

20 世纪 20 年代，胡适先生曾经把"疑古的态度"作为研究"国故"的四种方法之一，提出了"宁可疑而错，不可信而错"的 10 字箴言。我们虽然不必认同"东周以前的历史，是没有一字可信的。以后呢？大部分也是不可靠的"这种武断的说法，但他提出的疑古态度，却不仅是中国古代史研究应有的态度，而且还是中国古代文学研究所不可或缺的。因为，"疑古的目的，是在得其'真'"。② 没有怀疑，就没有探索，就失去了探究真理的原动力。从这个意义上说，不论是 20 世纪的《三国演义》作者之争，还是新世纪的《三国演义》作者之争，都是为了"得其真"。虽然学术界在这个问题上没有达成共识，甚至连接近一致的看法也没有形成，但研究者以怀疑的态度进行的各种探索和研究，对引领人们走近《三国演义》，解开《三国演义》作者的真面目，都是有价值有意义的。

在《三国演义》作者之争中，很多研究者都以严肃认真的治学态度来对待这一学术问题。尽管研究者见解不同，看法不一，甚至学术观点截然对立，打不完的笔墨官司，但本着追求真理、求同存异的精神，彼此之间既相互攻谬，又相互尊重。不论是为文商榷，还是面对面的交锋，都能心平气和，以理服人。学术观点的不同不仅不影响彼此的关系，而且还可以成为促进交流、加深友谊的一种方式和途径。这确实是难能可贵的。

鉴于《三国演义》在海内外文化界的巨大影响，其作者问题若能得到解决，哪怕是基本达成共识，都可能带来很大的名人效应。正是出于这种考虑，一些与《三国演义》作者有关的地方对这一问题很感兴趣，热衷于相关的活动，也就是十分容易理解的了。但是，由于史料的匮乏，同时又由于缺少令人信服的

---

① 陈松柏《"罗贯中编次"别解》，载《皖江侧畔论三国》，黄山书社 2001 年版。
② 胡适《研究国故的方法》，《胡适文选》，上海远东出版社 1995 年版，第 59 页。

文物佐证,《三国演义》的作者究竟是谁,仍旧是一个悬案。因此,只要言之有据,言之成理,都可以成为一家之言。但是,如果仅凭某个或某些人的观点认定《三国演义》的作者为某地人,并试图造成既成事实,不仅不够慎重,而且也不利于学术问题的探讨。

学术界关于《三国演义》作者的种种争论,一方面固然是由于史料严重匮乏,但另一方面也是由于学术界对于已经发现的有限的文献资料的使用和理解存在着很大分歧造成的。研究者探讨《三国演义》的作者问题,反复征引的文献资料,最主要者有以下四种:一是《录鬼簿续编》中的罗贯中小传,二是《赵宝峰先生文集》卷首所载《门人祭宝峰先生文》,三是嘉靖本《三国志通俗演义》卷首附庸愚子(蒋大器)序,四是明刊本《三国志通俗演义》关于作者的题署。此外,常被征引的还有明高儒的《百川书志》、郎瑛的《七修类稿》、胡应麟的《少室山房笔丛》、田汝成的《西湖游览志余》、王圻的《稗史汇编》以及清初周亮工的《因树屋书影》等文献中的相关记载。这些文献资料和《三国演义》的作者之间究竟是怎样的关系,彼此之间有无内在联系,如何看待这些史料之间的相互联系与矛盾,都是研究《三国演义》作者问题必须首先搞清楚的。

事实上,学界对《三国演义》作者的争论,很大程度上都是对上述文献资料的不同理解造成的。譬如,不少人叙述《三国演义》作者的罗贯中的生平籍贯,用的是《录鬼簿续编》中的罗贯中小传,这就在明刊本《三国志通俗演义》题署的作者罗贯中与《录鬼簿续编》中的罗贯中之间画上了等号。如果追问一下有什么证据能够证明二人是同一个人,恐怕很难说清楚;同样,如果说二人不是同一个人,也找不出令人信服的证据。在没有新的文献资料或出土文物证明的情况下,这个问题可以说是既无法证实,也无法证伪的问题。在这个问题没有解决之前,有关《三国演义》作者的争论恐怕很难取得接近一致的看法。有的研究者试图用《录鬼簿续编》和《赵宝峰先生文集》卷首所载《门人祭宝峰先生文》中有关罗贯中的资料,来证明嘉靖刊本《三国演义》题署的作者罗贯中,但颇为遗憾的是,较早一些的明刊本《三国志通俗演义》,有的并没有这样的题署，即使有题署的，内容也不尽相同。相反，越是后出的版本，作者问题就越清楚。这种现象又该做何解释呢？正是因为看到了这些问题，一些论者才提出了《录鬼簿续编》中的罗贯中非明刊本《三国志通俗演义》题署的罗贯中。证实者有自己的道理，证伪者也同样有自己的道理。出发点不同，对上述材料的理解与认知不同，也就导致了证实与证伪两种方法并行不悖。在法律上，不能证明有罪，就是无罪。但是在学术研究上却不能这样。不能证实的问题，不一定是假命题；不能证伪的问题，也不一定就是真实的命题。在没有发现新的文献资料的情况下，关于《三国演义》作者的问题，在相当长一段时间内恐怕只有证实与证伪共存了。

与《三国演义》的作者相联系的，是学术界对《三国演义》成书年代的分歧。在《三国演义》的成书年代尚未做出准确界定的情况下，关于《三国演义》作者的所有争论，都可能是基于假设之上的。而《三国演义》的成书年代又和《三国演义》的版本相联系。如果连《三国演义》最早的版本出现于何时都无法搞清楚，自然也就遑论《三国演义》的成书年代了。所以，《三国演义》的作者问题并不是一个孤立的问题，它实际上是一个自成系统且又十分复杂的问题。应该把《三国演义》的作者、成书年代和版本结合在一起进行研究。如果能够在某一方面取得突破，在学术界达成共识，自然就可以带动相关问题的研究。但是，如果攻其一点不及其余，就很容易把严肃的学术问题片面化、绝对化，假如再掺杂进某种功利目的和情绪化因素，则不排除将严肃的学术问题庸俗化之可能。而这正是《三国演义》作者研究中最令人担忧的。但愿这样的担忧仅仅是庸人自扰。

五　罗贯中的其他作品

虽然有关罗贯中的许多问题都是未解之谜，但在没有相反的证据出现之前，还是不能轻易否定罗贯中对《三国演义》等作品的著作权，一些旧题罗贯中撰的作品，仍然应暂时系于罗贯中名下。譬如明高儒《百川书志》对《三国志通俗演义》的记载:"《三国志通俗演义》,二百四卷。晋平阳侯陈寿史传,明罗本贯中编次。据正史,采小说,证文辞,通好尚,非俗非虚,易观易入,非史氏苍古之文,去瞽传诙谐之气,陈叙百年,该括万事。"① 其文言之凿凿,遽可轻易否定之?有鉴于此,这里仅依文献记载,对系于罗贯中名下的作品略作分析。

罗贯中的作品究竟有哪些呢?《录鬼簿续编》所说的"乐府隐语",除《三国演义》等小说有引用外,其他尚未发现。现在可以确定为罗贯中所作的,有戏曲三种:《赵太祖龙虎风云会》《忠正孝子连环谏》《三平章死哭蜚虎子》;小说较为可信者有《三国演义》《隋唐两朝志传》《残唐五代史演义》《三遂平妖传》《粉妆楼》和与施耐庵合著的《水浒传》等六种。《三国演义》后文将详论之,《水浒传》论之已多,所以,这里仅就罗贯中的三个杂剧和《隋唐两朝志传》等小说略作介绍,以期读者对罗贯中的全部作品有一个大致的了解。

(一) 先说罗贯中的杂剧作品

罗贯中创作的杂剧有三种,今仅存《赵太祖龙虎风云会》(亦称《宋太祖龙虎风云会》)一种。该剧结构为四折一楔子,属于典型的元人杂剧。该剧写五代后周时期,石守信奉旨招兵,赵匡胤因精通韬略兵法得到举荐,被封为殿前都检点。周世宗柴荣死后,北汉乘机入侵,赵匡胤奉旨出征,在陈桥驿发动兵变,黄袍加身,建立北宋,厚赏赵普、郑恩等拥戴有功之臣。赵匡胤有志一统天下,风雪夜拜访赵普,共谋统一大计。赵普向赵匡胤建议尊崇儒家,施行仁政,然后派遣大将平定后蜀、南唐、南汉、吴越。北宋大军一出,四国降服,入朝觐见。赵匡胤大宴群臣,北宋君臣风云际会。目睹此景,赵普忽然想起,赵匡胤当年在董宗本家的事情,董宗本之子常梦见十余丈黑蛇化作双龙飞去,群虎乘风相随。今日之事正应了昔日梦境。该剧有脉望馆钞校《古今杂剧》本、《古本戏曲丛刊》四集影印王骥德辑《古杂剧》本、息机子辑《杂剧选》本、黄正位辑《阳春奏》本等;通行有隋树森编《元曲选外编》本等。

---

① 孔另境辑《中国小说史料》之《三国演义》,上海古籍出版社1982年版,第40页。

罗贯中的另外两种杂剧《忠正孝子连环谏》《三平章死哭蜚虎子》，本事皆不详。晚唐时期李克用曾称晋王，绰号"飞虎子"。不知《三平章死哭蜚虎子》敷衍的故事是否与此有关。

（二）再说罗贯中的小说

除《三国演义》和《水浒传》外，今存系于罗贯中名下的小说，皆非罗贯中原作。一百二十回本《隋唐两朝志传》题署"东原罗贯中罗本编辑，西蜀升庵杨慎批评"。该书敷衍隋、唐两朝故事，着重在表现以瓦岗英雄为代表的隋末英雄群体以及唐玄宗开元盛世至安史之乱，其后的故事则甚为草草，其艺术构思与艺术手法远不及《三国演义》，如果把二书放在一起，人们很难认同出自同一人之手，所谓的"东原罗贯中罗本编辑，西蜀升庵杨慎批评"，很可能是书商或刊刻者为扩大影响而假借罗贯中和杨升庵之名。清褚人获的《隋唐演义》虽然脱胎于罗贯中的《隋唐两朝志传》，但他对原作做了较大修改，使之与原作相去甚远，正如其序文所说："《隋唐志传》创自罗氏，纂辑于林氏，可谓善矣。然始于隋宫剪彩，则前多阙略，厥后补缀唐季一二事，又零星不联属，观者犹有议焉。"为了避免观者之议，褚人获在罗贯中《隋唐两朝志传》、林瀚《隋唐志传通俗演义》、熊大木《唐书志传通俗演义》、袁于令《隋史遗文》等前人之作的基础上，借鉴隋唐野史逸闻，创作了《隋唐演义》。这实际上已经是一部具有较高艺术性的新作品。该书刊行后，包括《隋唐两朝志传》在内的一些演绎隋唐故事的小说遂湮没无闻。

《残唐五代史演义》以编年体例演绎自唐末黄巢起义至五代后周赵匡胤陈桥驿兵变建立宋朝的故事。是书明刊本较多，较为常见的有八卷六十回本、六卷六十回本和二卷六十回本。八卷六十回本大多题署"明罗本编辑，李贽批评"，六卷六十回本题署"玉茗堂批点"，二卷六十回本题署"明罗本编，汤显祖评"。另亦有十二卷六十回本。《残唐五代史演义》和《隋唐两朝志传》的情况很相似，都是《三国演义》在坊间流行并取得巨大成功之后，书商或刊刻者假借罗贯中、李贽、汤显祖等名人之名，希望通过名人效应来扩大该书的知名度和发行量。鉴于罗贯中曾经编纂小说数十种这一情况，《残唐五代史演义》最初流行的本子也可能出自罗贯中之手，但在流传过程中则经过了书商、刊行者等人的加工修改，其情况亦如《隋唐两朝志传》。

《三遂平妖传》亦作《北宋三遂平妖传》或《平妖传》，较为常见者有四卷二十回本、十八卷四十回本和四十回不分卷本。各本题署有别。四卷二十回本为明万历间钱塘汪慎修刻本，题"东原罗贯中编次"；四十回本题署"宋东原罗贯中编"，亦有题"明陇西张无咎校""明东吴龙子犹补"者。其二十回本和四十回本的情况，明泰昌元年（1620）张无咎序有所涉及：

> 余昔见武林旧刻本止二十回，首如暗中闻炮，突如其来，尾如饿时嚼蜡，全无滋味。且张鸾、弹子和尚、胡永儿及任、吴、张等，后来全无施设；而圣姑姑竟不知何物，突然而来，杳然而灭。疑非全书，兼疑非罗公真笔。及观兹刻，回数倍前，始终结构，备人鬼之态，兼真幻之长，缑山先生所称，或在斯乎！余尤爱其以伪天书之诬，兆真天书之乱，妖由人兴，此等语大有关系。闻次书传自京都一勋臣家抄本，即未必果罗公笔，亦当出自高手，非近日作《续三国》《浪史》《野史》等鸱鸣鸦叫获罪名教者比。

二十回本开篇突如其来，结束则味同嚼蜡，中间又缺少照应。所以，张无咎怀疑该书并非出自罗贯中之手。四十回本不仅回数倍前，而且结构完整，且其构思"以伪天书之诬，兆真天书之乱"，表现出作者"妖由人兴"的认识。张无咎认为，这样的作品即使不是出自罗贯中手笔，也应出自高手，不是那些获罪名教的俗作所能比。很显然，张无咎对《三遂平妖传》是否出自罗贯中之手也没有信心，所以才有"兼疑非罗公真笔""未必果罗公笔"这样的话。

《粉妆楼》写唐代开国功臣罗成后人罗增、罗琨、罗灿等与奸相沈谦之间的斗争，以忠奸之争为主线，张扬了除暴安良、扶弱济贫的侠义精神。但该书是否罗贯中所作就更值得怀疑了。其依据是清道光壬辰（1832）竹溪山人的《粉妆楼新刻本小序》。其文略云："罗贯中所编《隋唐演义》一书，售于世者久矣。其叙次褒公鄂公与诸勋臣世业，炳炳磷磷，昭若晨星，令千载而下，犹可高瞻远瞩，慨然想其人。故谓官有世功，则有官族。……予前过广陵，闻世俗有《粉妆楼》旧集，取而观之，始知罗氏纂辑，而什袭藏之，未有出以示人者也。予既喜其故家遗俗犹有存者，而又喜其书中洋洋溢溢。所载忠男烈女，侠士名流，慷慨激昂，令人击节歌呼，几于唾壶欲碎。卒之，锄奸削佞，斡转天心，使人鼓掌大笑。虽曰年湮世浸，征信无从，然推作者命意，则一言尽之曰：不可使善人无后，而恶者反昌之心耳。"该书若是罗贯中所作，绝无过了数百年，到清朝道光年间才被发现的道理。而竹溪山人所谓"始知罗氏纂辑"之语，殊不可信。虽然明知不可信，但《粉妆楼》毕竟有了作者，所以，人们还是习惯上把《粉妆楼》的著作权归于罗贯中名下。

基于上述分析，罗贯中创作的作品，至今仍存世者除《三国志通俗演义》和《赵太祖龙虎风云会》之外，较为可信的是与施耐庵合著的《水浒传》。至于《隋唐两朝志传》《残唐五代史演义》《三遂平妖传》和《粉妆楼》，最早也可能出自罗贯中之手，但在流传过程中经过若干人的加工和修改，已经面目全非，已不是最初的样子。人们仍习惯上把它归于罗贯中名下，是因为《三国演义》和《水浒传》的巨大影响和示范效应。作品既然已经写出来了，真正想把它藏之名山、束之高阁的人毕竟是少数，大多数人还是希望它能够流传更广，获得更多的读者，产生更大的影响。不论是修改罗贯中的作品，还是假借罗贯中的名字，只要是署上罗贯中的名字，对作品的流传都可能产生积极作用。所以，一些小说题署"罗贯中编次"或"罗贯中纂辑"，就很容易理解了。

当然，有关文献毕竟有过罗贯中"撰小说数十种"的记载。现今看到的题署罗贯中编次、纂辑的小说，加起来还不足十部。从这个意义上说，人们把现今仍题署罗贯中名字的小说，都归于罗贯中名下，也不是没有道理的。只是这些小说无论在其思想理念、艺术构思、写作技巧、表现方式，还是语言艺术等方面都无法望《三国演义》《水浒传》项背而已。差别太大，自然容易引起人们的疑虑：这些小说是那个曾经写出《三国演义》《水浒传》那样伟大作品的罗贯中创作的吗？如果把题署罗贯中的小说进行对比阅读，读者的疑问还会持续下去。

第二章 《三国演义》文本研究

作为中国第一部古典长篇历史小说,《三国演义》取得的思想和艺术成就,在古典历史小说中可谓是令人高山仰止,景行行止。《三国演义》所达到的思想和艺术高度,为其后的文学作品树立了典范,成为小说家奋力攀登的高峰。有评论者说,《三国演义》是一空依傍,自铸伟词。这话仅仅说对了一半。如果说《三国演义》作为中国古代第一部长篇历史小说,在小说体裁和艺术结构上没有可以借鉴的话,还有一定道理。但《三国演义》不是凭空杜撰的,而是有所据,有所本,有所依。要了解这一点,就要对《三国演义》的文本做深入研究。

一 《三国演义》材料之源

《三国演义》是在充分借鉴、吸收、改编前人有关三国故事相关成果的基础上创作而成的。章学诚曾经指出:"《三国演义》固为小说,事实不免附会,然其取材则颇博赡。如武侯班师泸水，以面为人首，裹牛羊肉，以祭厉鬼，正史所无，往往出于稗记，不可尽以小说亡稽斥之。其最不可训者，桃园结义，甚至忘其君臣而直称兄弟。且其书似出《水浒传》后，叙昭烈、关、张、诸葛，俱以《水浒传》中萑苻啸聚行径拟之。"① 鲁迅也说过，《三国演义》"皆排比陈寿《三国志》及裴松之注，间亦仍采《平话》，又加推演而作之；论断颇取陈、裴及习凿齿、孙盛语，且更盛引'史官'及'后人'诗"。② 细读《三国演义》的故事情节，其材料来源确实颇为博赡，有正史，有稗史，有民间故事传说，也有三国戏曲、平话。

材料来源之一：《三国志》《后汉书》等正史

《三国演义》最基本的材料来源是《三国志》和《后汉书》。被章学诚称为"七分史实"的内容，几乎全部来自这两部正史。《三国志》《后汉书》与《史记》《汉书》一起被后人尊为"前四史"，其剪裁得当、叙事客观、文笔省净、论赞简约，为后世史家所尊奉。所以，《三国志》《后汉书》成为《三国演义》最为可靠的材料来源，《三国演义》中出现的重要人物、表现的重大事件，都可以在《三国志》《后汉书》找到可靠的依据。比较一下《后汉书》和《三国演义》中陈琳谏何进欲招外兵以诛宦竖一段文字，可以发现《三国演义》的材料来源，的确是以正史为主：

> （袁）绍等又为画策，多召四方猛将及诸豪杰，使并引兵向京城，以胁太后。进然之。主簿陈琳入谏曰："《易》称即鹿无虞，谚有掩目捕雀。夫微物尚不可欺以得志，况国之大事，其可以诈立乎？今将军总皇威，握兵要，龙骧虎步，高下在心，此犹鼓洪炉燎毛发耳。夫违经合道，天人所顺。而反委释利器，更征外助。大兵聚会，强者为雄，所谓倒持干戈，授人以柄，功必不成，只为乱阶。"进不听，遂西召前将军董卓屯关中上林苑。③

---

① 孔另境《中国小说史料》之《三国演义》，上海古籍出版社1982年版，第44页。
② 鲁迅《中国小说史略》，人民文学出版社1976年版，第107页。
③ 《后汉书》卷九十九《何进传》。

袁绍迎问曰："大事若何？"进曰："太后不允，如之奈何？"绍曰："可召四方英雄之士，勒兵来京，尽诛阉竖。此时事急，不容太后不从。"进曰："此计大妙！"便发檄至各镇，召赴京师。主簿陈琳曰："不可！俗云：掩目而捕燕雀，是自欺也。微物尚不可欺以得志，况国家大事乎？今将军仗皇威，掌兵要，龙骧虎步，高下在心：若欲诛宦官，如鼓洪炉燎毛发耳。但当速发（雷霆），行权立断，则天人顺之。却反外檄大臣，临犯京阙，英雄聚会，各怀一心：所谓倒持干戈，授人以柄，功必不成，反生乱矣。"何进笑曰："此懦夫之见也！"①

《三国演义》几乎全部照抄陈琳劝谏何进之文，所不同者，"《易》称即鹿无虞"过于文雅，一般读者也读不懂其中的奥秘，"违经合道"过于看重儒家伦理，径直删去。"委释利器""只为乱阶"，也是文绉绉的，前者径删，后者改为"反生乱矣"；而"大兵聚会，强者为雄"虽然容易懂，但气势不足，故而以"外檄大臣，临犯京阙，英雄聚会，各怀一心"替代。但总体而言，还是保持了《后汉书》中陈琳劝谏何进的基本内容和语言风格。

再如官渡之战，袁绍的谋士田丰认为应该固守，而不应轻易出兵。《三国志》对此记之较详，其文略云："初，绍之南也，田丰说绍曰：'曹公善用兵，变化无方，众虽少，未可轻也。不如以久持之。将军据山河之固，拥四州之众，外结英雄，内修农战，然后简其精锐，分为奇兵，乘虚迭出，以扰河南，救右则击其左，救左则击其右，使敌疲于奔命，民不得安业，我未劳而彼已困，不及二年，可坐克也。今释庙胜之策，而决成败于一战，若不如志，悔无及也。'绍不从。丰恳谏，绍怒甚，以为沮众，械系之。绍军既败，或谓丰曰：'君必见重。'丰曰：'若军有利，吾必全；今军败，吾其死矣。'绍还，谓左右曰：'吾不用田丰言，果为所笑。'遂杀之。"《三国演义》写田丰被杀，虽然一波三折，却与《三国志》的记载相一致：

绍于帐中闻远远有哭声，遂私往听之，却是败军相聚，诉说丧兄失弟

---

① 《三国演义》第二回"张翼德怒鞭督邮，何国舅谋诛宦竖"。

弃伴亡亲之苦，各各捶胸大哭，皆曰："若听田丰之言，我等怎遭此祸！"绍大悔曰："吾不听田丰之言，兵败将亡。今回去有何面目见之耶？"次日，上马正行间，逢纪引军来接。绍对逢纪曰："吾不听田丰之言，致有此败。吾今归去，羞见此人。"逢纪因谮曰："丰在狱中，闻主公兵败，抚掌大笑曰：果不出吾之料！"袁绍大怒曰："竖儒怎敢笑我！我必杀之！"遂命使者赍宝剑，先往冀州狱中杀田丰。却说田丰在狱中，一日狱吏来见丰曰："与别驾贺喜。"丰曰："何喜可贺？"狱吏曰："袁将军大败而回，君必见重矣。"丰笑曰："吾今死矣。"狱吏问曰："人皆为君喜，君何言死也？"丰曰："袁将军外宽而内忌，不念忠诚。若胜而喜，犹能赦我；今战败则羞，吾不望生矣。"狱吏未信。忽使者赍剑至，传袁绍命，欲取田丰之首。狱吏方惊。丰曰："吾固知必死也。"狱吏皆流泪。丰曰："大丈夫生于天地间，不识其主而事之，是无智也。今日受死，夫何足惜！"乃自刎于狱中。后人有诗曰："昨朝沮授军中失，今日田丰狱内亡。河北栋梁皆折断，本初焉不丧家邦。"田丰既死，闻者皆为叹惜。

《三国志》重在叙事，只能通过对事件的叙述，让读者体味袁绍外宽而内忌的性格。《三国演义》是小说，故可以借助他人对话，表现袁绍的性格，所以写了袁绍与逢纪的对话、田丰与狱吏的对话，通过他们的对话，揭示袁绍的性格。但无论怎样写，其事件的基本构架、发展脉络以及田丰命运的结局，与《三国志》的记载没有大的变化。

《三国志》和《后汉书》不仅是《三国演义》最为重要的材料来源，为《三国演义》提供了发展主线、主要人物、重大事件和基本情节，而且还为作者表现"天下大势，分久必合，合久必分"的历史观、英雄创造历史的英雄观和天下乃有德者居之的天下观，提供了重要的历史素材。从汉末之乱到三国归晋的历史发展进程，《三国志》和《后汉书》是通过人物纪传来表现的。首先，桓灵之世的宦竖专权、党锢之祸和黄巾起义导致了东汉末年的天下大乱。看一看《后汉书》中的《桓帝纪》《灵帝纪》和《宦者列传》《党锢列传》，以及《何进传》等，就可以发现《三国演义》是在如此广阔的背景下展开的。其次，

《三国志》中的《武帝纪》《先主传》《孙坚传》《孙权传》等人物纪传，以及董卓、袁绍、袁术、吕布、刘表等人的传记，全景式展现了汉末大乱中那些曾经的风云人物在诸侯争雄中纵横捭阖、叱咤风云的风采。再次，与赤壁之战相关的三国人物，如诸葛亮、关羽、张飞、赵云以及曹操、荀彧、曹仁、张辽、徐晃、周瑜、鲁肃、张昭等人的传记，则可以较为详细地勾勒出由汉末大乱向三国之分的历史性转变。最后，三国鼎立和三国归晋的历史进程，在相关的人物传记中都能够看到清晰的线索。譬如在《陆逊传》中可以看到夷陵之战，在《姜维传》中可以看到蜀汉北伐中原的种种努力。而所有这些，都为《三国演义》表现汉末大乱、诸侯争雄、天下三分、三国鼎立及三国归晋提供了发展主线、主要人物、重大事件和基本情节。同时，《三国志》《后汉书》的论赞，也为《三国演义》对其中一些重要人物的评价提供了基本依据。譬如《三国志》评价袁绍、刘表"咸有威容器观，知名当世。表跨蹈汉南，绍鹰扬河朔，然皆外宽内忌，好谋无决，有才而不能用，闻善而不能纳，废嫡立庶，舍礼崇爱，至于后嗣颠蹶，社稷倾覆，非不幸也。昔项羽背范增之谋以丧其王业，绍之杀田丰，乃甚于羽远矣"。①《三国演义》则在袁绍死后，引后人诗对袁绍做出评价："累世公卿立大名，少年意气自纵横。空招俊杰三千客，漫有英雄百万兵。羊质虎皮功不就，凤毛鸡胆事难成。便怜一种伤心处，家难徒延两弟兄。"其"累世公卿立大名，少年意气自纵横"之句，与袁绍"有威容器观，知名当世""鹰扬河朔"相契合；"空招俊杰三千客，漫有英雄百万兵。羊质虎皮功不就，凤毛鸡胆事难成"，与"外宽内忌，好谋无决，有才而不能用，闻善而不能纳"相呼应；"便怜一种伤心处，家难徒延两弟兄"，对应的则是"废嫡立庶，舍礼崇爱，至于后嗣颠蹶，社稷倾覆"。

材料来源之二：《三国志》裴松之注引各种稗史

裴松之《三国志》注引述了大量的文献资料，具有很高的史料价值和文献价值。清代学人注意到这一现象，对裴松之注进行系统梳理与研究，考证裴注

---

① 《三国志·魏志》卷六《袁绍传》。

引书和辑录裴注引书者有十数家，其中赵翼、钱大昕、沈家本与王祖彝四家考证较详，影响也比较大。但各家关于裴注引书数目的统计有很大差异，少者为140种，多者为255种，差别很大。今人高敏综合考察赵、钱、沈、王四家差别的具体表现及其造成差异的原因，结合裴注实际，指出裴注引书目为258种，其中四家均未著录者36种，各家所著录但互差异者15种，存疑待考者16种。[①] 如此多的引书数量，在注释类文献中应该算是较多的了。在裴松之注引书中，史传类书籍最多，有学者统计多达160种。除《史记》《汉书》两部正史外，裴注大量引用了杂史、载记、起居注、杂传等。杂史、载记类有谢承《后汉书》、司马彪《续汉书》、华峤《后汉书》、张璠《汉纪》、袁宏《汉纪》、王沈《魏书》、韦昭《吴书》、环济《吴纪》、张勃《吴录》、王隐《晋书》、虞预《晋书》、孔衍《汉魏春秋》、袁晔《献帝春秋》、孙盛《魏氏春秋》、阴澹《魏纪》、干宝《晋纪》、习凿齿《汉晋春秋》、孙盛《晋阳秋》、刘艾《汉献灵二帝纪》、乐资《山阳公载记》、王粲《汉末英雄记》、司马彪《九州春秋》、郭颁《魏晋世语》和《魏末传》、傅畅《晋诸公赞》、鱼豢《典略》和《魏略》、谯周《蜀本纪》、王隐《蜀记》、胡冲《吴历》、常璩《华阳国志》、荀绰《九州记》、《献帝传》、《魏武故事》等；起居注类有《汉献帝起居注》、李轨《晋泰始起居注》、陆机《晋惠帝起居注》等；杂传类最多，较有代表性的有赵歧《三辅决录》、陈寿《益都耆旧传》、张方《楚国先贤传》、周斐《汝南先贤传》、苏林《陈留耆旧传》、皇甫谧《高士传》、张骘《文士传》、葛洪《神仙传》、曹丕《列异传》、干宝《搜神记》、虞溥《江表传》、《汉末名士录》、《曹操家传》、《曹瞒传》、《赵云别传》、《王弼传》、《嵇康别传》、《荀勖别传》、谢鲲《乐广传》、《潘岳别传》、何劭《荀粲传》、《费祎别传》等。此外还有一些谱牒类著作，如华峤《谱叙》、孙盛《魏世谱》、《蜀世谱》、袁准《袁氏世纪》，以及《庾氏谱》、《孙氏谱》、《阮氏谱》、《孔氏谱》、《嵇氏谱》、《刘氏谱》、《陈氏谱》、《王氏（琅琊）谱》、《王氏（太原）谱》、《郭氏谱》、《胡氏谱》、《崔氏

[①] 高敏《〈三国志〉裴松之注引书考》，《黄河科技大学学报》2007年第03期。

谱》、《诸葛氏谱》等。

人们习惯上把二十四史之外的史传类著作称为稗史或野史。如果按照这样的标准，裴松之注所引史传类著作，除《史记》《汉书》外，大部分都可以算作稗史或野史。这些著作虽然不是出自史官之手，或虽出自史官之手而没有列入正史，故而只能算作稗史。这些稗史的许多内容为《三国演义》所采用，不仅丰富了其故事情节，丰满了其人物形象，而且还弥补了《三国演义》故事情节之不足，对《三国演义》的成书发挥了重要作用。下面就以赵云为例，看一看《三国演义》是如何借用稗史杂传，来丰富有关赵云的故事情节，塑造赵云这一艺术形象的。

赵云归顺刘备之后不久，刘备就遭遇长坂坡之败。《三国志·蜀书》赵云本传述及此后之事，甚为简略："及先主为曹公所追，于当阳长阪（坂）弃妻子南走。云身抱弱子（即后主也），保护甘夫人（即后主母也），皆得免难。迁为牙门将军。先主入蜀，云留荆州。"这短短50多个字，把赵云从归顺刘备到刘备入蜀留赵云与关羽同守荆州事一笔带过。赵云长坂坡救阿斗，也仅"云身抱弱子（即后主也），保护甘夫人（即后主母也），皆得免难"数语。裴松之注引《赵云别传》对此描述却颇为丰富："初，先主之败，有人言：'云已北去者。'先主以手戟擿之，曰：'子龙不弃我走也。'顷之，云至。"① 正是这段记载，为《三国演义》"赵子龙单骑救主"一节提供了依据，这才有了《三国演义》赵子龙长坂坡大战曹军，几进几出，血染战袍，救甘夫人与阿斗出危难的精彩故事。至于赵云平桂阳，拒娶赵范寡嫂一事，《三国志·蜀书》赵云本传不著一词，《三国演义》却有"赵子龙智取桂阳"一节，其材料来源，也是裴松之注引《赵云别传》中的相关记载："从平江南，以为偏将军，领桂阳太守，代赵范。范寡嫂曰樊氏，有国色。范欲以配云。云辞曰：'相与同姓，卿兄犹我兄。'固辞不许。时有人劝云纳之，云曰：'范迫降耳，心未可测。天下女不少。'遂不

---

① 《三国志·蜀书》卷六《赵云传》裴松之注引。

取。范果逃走,云无纤介。"①《三国演义》则据此演绎出赵子龙智取桂阳一节:

> 赵云领了三千人马,径往桂阳进发。早有探马报知桂阳太守赵范……(范)遂叱退陈应,赍捧印绶,引十数骑出城投大寨纳降。云出寨迎接,待以宾礼,置酒共饮,纳了印绶。酒至数巡,范曰:"将军姓赵,某亦姓赵,五百年前,合是一家。将军乃真定人,某亦真定人,又是同乡。倘得不弃,结为兄弟,实为万幸。"云大喜,各叙年庚。云与范同年。云长范四个月,范遂拜云为兄。二人同乡,同年,又同姓,十分相得。至晚席散,范辞回城。次日,范请云入城安民。云教军士休动,只带五十骑随入城中。居民执香伏道而接。云安民已毕,赵范邀请入衙饮宴。酒至半酣,范复邀云入后堂深处,洗盏更酌。云饮微醉。范忽请出一妇人,与云把酒。子龙见妇人身穿缟素,有倾国倾城之色,乃问范曰:"此何人也?"范曰:"家嫂樊氏也。"子龙改容敬之。樊氏把盏毕,范令就坐。云辞谢。樊氏辞归后堂。云曰:"贤弟何必烦令嫂举杯耶?"范笑曰:"中间有个缘故,乞兄勿阻:先兄弃世已三载,家嫂寡居,终非了局,弟常劝其改嫁。嫂曰:'若得三件事兼全之人,我方嫁之:第一要文武双全,名闻天下;第二要相貌堂堂,威仪出众;第三要与家兄同姓。'你道天下那得有这般凑巧的?今尊兄堂堂仪表,名震四海,又与家兄同姓,正合家嫂所言。若不嫌家嫂貌陋,愿陪嫁资,与将军为妻,结累世之亲,如何?"云闻言大怒而起,厉声曰:"吾既与汝结为兄弟,汝嫂即吾嫂也,岂可作此乱人伦之事乎!"赵范羞惭满面,答曰:"我好意相待,如何这般无礼!"遂目视左右,有相害之意。云已觉,一拳打倒赵范,径出府门,上马出城去了。

后来,赵云将计就计,活捉赵范,兵不血刃取得桂阳。这一故事的材料来源,即上述裴松之注引《赵云别传》中那只有80个字的记载。

诸葛亮七擒孟获是《三国演义》中十分精彩的章节。然而此事在《诸葛亮传》中仅有后主建兴三年春"亮率众南征,其秋悉平"9个字,可谓十分简略。

---

① 《三国志·蜀书》卷六《赵云传》裴松之注引。

但裴松之注引《汉晋春秋》却提供了诸葛亮七擒孟获的基本素材，其文曰：

> 亮在南中，所在战捷。闻孟获者为夷汉并所服，募生致之，既得使观于营阵之间，问曰："此军何如？"获对曰："向者不知虚实，故败。今蒙赐观看营阵，若只如此，即定易胜耳。"亮笑，纵，使更战，七纵七禽，而亮犹遣获。获止不去，曰："公，天威也。南人不复反矣。"遂至滇池，南中平，皆即其渠率而用之。或以谏亮，亮曰："若留外人，则当留兵。兵留则无所食，一不易也；加夷新伤破，父兄死丧，留外人而无兵者，必成祸患，二不易也；又夷累有废杀之罪，自嫌衅重，若留外人，终不相信，三不易也。今吾欲使不留兵，不运粮，而纲纪粗定，夷汉粗安，故耳。"①

《汉晋春秋》关于诸葛亮七擒孟获的记载虽然相对详细了一些，但也仅仅是提供了诸葛亮七擒孟获的故事蓝本，而没有更为详细的内容。《三国演义》就不同了，它依据《汉晋春秋》"亮笑，纵，使更战，七纵七禽，而亮犹遣获"的记载，用了整整四回的篇幅，浓墨重彩地描写诸葛亮七擒孟获的故事。

材料来源之三：三国民间故事传说

魏晋之后，三国故事传说广为流传。被后人称为"志人"小说的《世说新语》中有不少三国人物故事，如《假谲》篇所载曹操故事四篇，都很有特色：

> 魏武少时，尝与袁绍好为游侠，观人新婚，因潜入主人园中，夜叫呼云："有偷儿贼！"青庐中人皆出观。魏武乃入，抽刃劫新妇，与绍还出，失道，坠枳棘中，绍不能得动。复大叫云："偷儿在此！"绍遑迫，自掷出，遂以俱免。

> 魏武常言：人欲危己，己辄心动。因语所亲小人曰："汝怀刃密来我侧，我必说心动，执汝，使行刑。汝但勿言其使，无他，当厚相报。"执者信焉，不以为惧，遂斩之。此人至死不知也。左右以为实，谋逆者挫气矣。

> 魏武行役，失汲道，军皆渴，乃令曰："前有大梅林，饶子，甘酸可以解渴。"士卒闻之，口皆出水，乘此得及前源。

---

① 《三国志·蜀书》卷五《诸葛亮传》裴松之注引。

魏武常云："我眠中不可妄近，近便斫人，亦不自觉，左右宜深慎此。"后阳眠，所幸一人窃以被覆之，因便斫杀。自尔每眠，左右莫敢近者。①

这些故事都很有影响。后面两个故事，一为"望梅止渴"典故的出处，一为"梦中杀人"故事的原型，都被《三国演义》所采用，丰富了《三国演义》相关故事的细节。

再如《捷悟》篇所载杨修的故事，皆为《三国演义》所采用，成为《三国演义》表现杨修聪明敏捷之天性的重要素材：

杨德祖为魏武主簿。时作相国门，始构榱桷，魏武自出看，使人题门作"活"字便去。杨见，即令坏之。既竟，曰："门中活，阔字。王正嫌门大也。"

人饷魏武一杯酪，魏武啖少许，盖头上题"合"字以示众。众莫能解。次至杨修，修便啖曰："公教人啖一口也，复何疑？"

魏武尝过曹娥碑下，杨修从。碑背上见题作"黄绢幼妇，外孙齑臼"八字。魏武谓修曰："解不？"答曰："解。"魏武曰："卿未可言，待我思之。"行三十里，魏武乃曰："吾已得。"令修别记所知。修曰："黄绢，色丝也，于字为绝；幼妇，少女也，于字为妙；外孙，女子也，于字为好；齑臼，受辛也，于字为辞。所谓'绝妙好辞'也。"魏武亦记之，与修同。乃叹曰："我才不及卿，乃觉三十里。"②

这些故事是《三国演义》的材料来源，也是作者塑造杨修这一人物形象的重要素材。《三国演义》第七十二回"诸葛亮智取汉中，曹阿瞒兵退斜谷"，借用这些素材，集中表现了杨修的聪明敏捷：

操尝造花园一所；造成，操往观之，不置褒贬，只取笔于门上书一"活"字而去。人皆不晓其意。修曰："门内添活字，乃阔字也。丞相嫌园门阔耳。"于是再筑墙围，改造停当，又请操观之。操大喜，问曰："谁知

---

① 《世说新语·假谲第二十七》。

② 《世说新语·捷悟第十一》。

吾意？"左右曰："杨修也。"操虽称美，心甚忌之。又一日，塞北送酥一盒至。操自写"一合酥"三字于盒上，置之案头。修入见之，竟取匙与众分食讫。操问其故，修答曰："盒上明书一人一口酥，岂敢违丞相之命乎？"操虽喜笑，而心恶之。操恐人暗中谋害己身，常吩咐左右："吾梦中好杀人；凡吾睡着，汝等切勿近前。"一日，昼寝帐中，落被于地，一近侍慌取覆盖。操跃起拔剑斩之，复上床睡；半晌而起，佯惊问："何人杀吾近侍？"众以实对。操痛哭，命厚葬之。人皆以为操果梦中杀人；惟修知其意，临葬时指而叹曰："丞相非在梦中，君乃在梦中耳！"操闻而愈恶之。

作者不仅通过三件事情表现了杨修的聪敏，而且表明了曹操对杨修的态度，即由最初的"心甚忌之"，到"心恶之"，再到"愈恶之"。这些事情引起的曹操对杨修态度的变化，积累到一定程度，终于引起质的变化，使得曹操不能再容忍杨修耍小聪明，于是就在退兵斜谷之时杀了杨修。《三国演义》在"曹阿瞒兵退斜谷"一节写了杨修之死：

操屯兵日久，欲要进兵，又被马超拒守；欲收兵回，又恐被蜀兵耻笑，心中犹豫不决。适庖官进鸡汤。操见碗中有鸡肋，因而有感于怀。正沉吟间，夏侯惇入帐，禀请夜间口号。操随口曰："鸡肋！鸡肋！"惇传令众官，都称"鸡肋"。行军主簿杨修见传"鸡肋"二字，便教随行军士，各收拾行装，准备归程。有人报知夏侯惇。惇大惊，遂请杨修至帐中，问曰："公何收拾行装？"修曰："以今夜号令，便知魏王不日将退兵归也。鸡肋者，食之无肉，弃之有味。今进不能胜，退恐人笑，在此无益，不如早归。来日魏王必班师矣。故先收拾行装，免得临行慌乱。"夏侯惇曰："公真知魏王肺腑也！"遂亦收拾行装。于是寨中诸将，无不准备归计。当夜曹操心乱，不能稳睡，遂手提钢斧，绕寨私行，只见夏侯惇寨内军士，各准备行装。操大惊，急回帐召惇问其故。惇曰："主簿杨德祖先知大王欲归之意。"操唤杨修问之，修以鸡肋之意对。操大怒曰："汝怎敢造言乱我军心！"喝刀斧手推出斩之，将首级号令于辕门外。

杨修揣知曹操口令之意而被杀之事，则见于《后汉书·杨彪传》附《杨修传》。但《后汉书》同时记载了杨修被杀的其他原因，是因为杨修乃袁术的外甥，曹操担心杨修成为后患。另一原因，则是裴松之注引《续汉书》的说法，称杨修与临淄侯曹植喝醉酒后，一同乘车从司马门出，并且诽谤鄢陵侯曹彰。曹操闻讯大怒，不能拿曹植出气，就一怒之下杀了杨修。杨修时年仅45岁。①

隋唐时期，三国故事也比较流行。如杜甫《八阵图》诗"功盖三分国，名成八阵图。江流石不转，遗恨失吞吴"，其所吟咏的八阵图，相传就是诸葛亮在长江鱼腹浦布下的八阵图。可见，至迟在唐代中期，诸葛亮八阵图的故事就已经比较流行了。再如杜牧诗"东风不与周郎便，铜雀春深锁二乔"，隐然含有曹操南征孙权是为了夺取二乔之意。而《三国演义》写到诸葛亮智激周瑜的时候，假称曹植《铜雀台赋》有"揽二桥于东南兮，乐朝夕之与共"之句，暗指曹操要把东吴的大乔和小乔掳掠到铜雀台，惹得周瑜勃然大怒，离座指北而骂："老贼欺吾太甚！"这种描写与杜牧诗歌是一种呼应。

北宋时期，三国故事不仅广为流行，而且民间出现了"说三国"的现象。这从苏轼的记载中可以看出端倪："王彭尝云，途巷中小儿薄劣，其家所厌苦，辄与钱令聚坐，听说古话。至'说三国'事，闻刘玄德败，颦眉蹙，有出涕者；闻曹操败，即喜唱快。以是知君子小人之泽，百世不斩。"② 这段话透露出许多重要信息。其一，北宋时期"说古话"（即说书艺术），不仅已经十分流行，而且经常在州府都邑演出，听"说古话"甚至成为一些人家让"薄劣"小儿安静下来的一种选择；其二，"说三国"是当时"说古话"的内容之一；其三，"说三国"是"说古话"的经常性节目，其中许多内容已经妇孺皆知，所以才会有"闻刘玄德败，颦眉蹙，有出涕者；闻曹操败，即喜唱快"这样的情况出现。在当时，京师汴梁也经常有艺人在勾栏瓦舍中"说三国"，孟元老《东京梦华录》中有记载："孙三神鬼，霍四究说三分，尹常卖五代史文，八娘叫果子，其余不

---

① 《后汉书》卷八十四《杨彪传》。

② 苏轼《东坡志林》卷六。

可胜数,不以风雨寒暑,诸棚看人日日如是。"① 所谓"神鬼",即神魔鬼怪小说;"三分"即三国故事;"五代史文",即五代史演义。鲁迅说:"说《三国志》者,在宋已甚盛,盖当时多英雄,武勇智术,瑰伟动人,而事状无楚汉之简,又无春秋列国之繁,故尤宜于讲说。"② 鲁迅不仅指出宋代"说三国"盛行,而且从讲史的角度阐述了宋代"说三国"盛行的原因,可备一说。

材料来源之四:三国题材的各种戏曲

随着"说三分"的流行,三国故事的流传越来越广。到了元代,三国故事则成为元杂剧的重要内容。据南枝《中国三国戏曲集编目》记载,元代三国戏总计有45种,现存17种,存残曲者5种,存目者23种。另有宋元戏文6种,存残曲者3种,存目者3种。③ 两者加起来,《三国演义》出现之前,三国题材的戏曲已有50多种。其中除于伯渊的《白门楼斩吕布》、王晔的《卧龙岗》、王仲文的《诸葛亮军屯五丈原》、金仁杰的《蔡琰还朝》和佚名作者的《破黄巾》《马孟起奋勇大报仇》等少数剧目本于《三国志》外,其余杂剧大多是敷衍元代之前已经广为流行的三国故事。

从元杂剧表现的内容来看,写刘、关、张和诸葛亮的比较多。如写刘备的,有高文秀的《刘玄德独赴襄阳会》,朱凯的《刘玄德醉走黄鹤楼》,佚名作者的杂剧《黄鹤楼》,宋元戏文《刘先主跳檀溪》《刘备》;写关羽的有关汉卿的《关大王单刀会》《关张双赴西蜀梦》,戴善甫的《关大王三捉红衣怪》,佚名作者的《关云长千里独行》《关云长古城聚义》《关云长单刀辟四寇》《关云长大破蚩尤》《千里独行》《斩蔡阳》,宋元戏文《单刀会》;写张飞的有花李郎的《莽张飞大闹相府院》,佚名作者的《张翼德大破杏林庄》《张翼德单战吕布》《张翼德三出小沛》《张翼德力扶雷安天》《摔袁祥》;写诸葛亮的有王仲文的

---

① 孟元老《东京梦华录》卷五"京瓦伎艺"。
② 鲁迅《中国小说史略》,人民文学出版社1973年版,第106页。
③ 南枝《中国三国戏曲集编目》(上),《罗学》(创刊号),社会科学文献出版社2012年版,第182—184页。

《七星坛诸葛祭风》,尚仲贤的《武成庙诸葛论功》,佚名作者的《诸葛亮博望烧屯》《两军师隔江斗智》《诸葛亮挂帅气张飞》。合计26种。加上前述本事出自《三国志》的王晔的《卧龙岗》,王仲文的《诸葛亮军屯五丈原》和赵善庆的《烧樊城糜竺收资》,佚名作者的《破黄巾》《马孟起奋勇大报仇》《走凤雏庞统掠四郡》6种,以及郑光祖、武汉臣的《虎牢关三战吕布》,表现刘、关、张和诸葛亮,以及蜀汉的杂剧、戏文总计34种,占了元代三国戏的半数以上。这种情况不仅清楚地表明观众对这些故事的喜爱程度,而且表明元杂剧对于三国故事的接受更多的不是来自史传,而是来自魏晋至北宋时期的三国故事,来自两宋时期颇为流行的"说三分"。罗贯中创作《三国演义》以刘备集团为主,不是主观臆想,而是有三国戏作为基本依据。

　　元代三国戏的其他剧目,写曹魏集团的有郑光祖的《醉思乡王粲登楼》,花李郎的《相府院曹公勘吉平》,王实甫的《曹子建七步成章》,关汉卿的《终南山管宁割席》,李寿卿的《司马昭复夺受禅台》,李取进的《司马昭复夺受禅台》,于伯渊的《白门楼斩吕布》,金仁杰的《蔡琰还朝》以及佚名作者的宋元南戏《甄皇后》《铜雀台》等10种;写孙吴集团的有高文秀的《周瑜谒鲁肃》,关汉卿的《徐夫人雪恨万花堂》,王实甫的《作宾客陆绩怀桔》,石君宝的《东吴小乔哭周瑜》4种。此外还有写董卓之乱的杂剧《锦云堂美女连环计》和宋元南戏《貂蝉》。现有元杂剧三国戏剧目虽然未必能够反映元杂剧全貌,但这种情况恰好与《三国演义》的内容相一致,即刘备集团所占篇幅约占全书一半以上,而曹魏集团所占篇幅则差不多是孙吴集团的一倍。从这个意义上说,元杂剧三国戏对《三国演义》的影响不仅表现在某些具体内容上,而且影响到了全书的艺术结构。

　　元代三国戏是《三国演义》的重要素材。换句话说,《三国演义》的许多情节都是从元杂剧而来。如《锦云堂美女连环计》《虎牢关三战吕布》《张翼德单战吕布》《关云长千里独行》《关云长古城聚义》《刘玄德独赴襄阳会》《刘玄德醉走黄鹤楼》《刘先主跳檀溪》《两军师隔江斗智》《七星坛诸葛祭风》《关大王单刀会》《走凤雏庞统掠四郡》等,后来都成为《三国演义》的重要关目。

如郑光祖的《虎牢关三战吕布》，就是《三国演义》虎牢关三英战吕布的蓝本。剧写十八路诸侯在虎牢关与吕布对峙，屡屡受挫，不能取胜。曹操举荐刘、关、张三兄弟出战吕布，大获全胜，为诸侯们挽回了面子。《三国演义》则据此敷衍出"破关兵三英战吕布"一节。再如关汉卿的《关大王单刀会》，写东吴都督鲁肃为讨还荆州，邀请关羽过江赴宴，欲在宴席间暗害关羽。关羽明知宴无好宴，仍然单刀赴会。他带周仓等几个随从，驾一叶小舟过江赴会。宴会上，关羽义正词严，据理力争，并先发制人，挫败了鲁肃的阴谋，安全返回荆州。杂剧不仅为小说提供了"关云长单刀赴会"一节的基本情节，而且写出了关羽单刀赴会的凌云豪气："大江东去浪千叠，引着这数十人驾着这小舟一叶。又不比九重龙凤阙，可正是千丈虎狼穴。大丈夫心别，我觑这单刀会似赛村社。""水涌山叠，年少周郎何处也？不觉的灰飞烟灭，可怜黄盖转伤嗟。破曹的樯橹一时绝，鏖兵的江水犹然热，好教我情惨切！（带云）这也不是江水，（唱）二十年流不尽的英雄血！"为小说塑造关羽形象提供了借鉴。

不过，总体来看，元杂剧中的三国戏虽然极大地丰富了三国故事，也为《三国演义》提供了必要的素材，但由于其中不少剧目荒诞不经，如《关大王三捉红衣怪》《关云长大破蚩尤》等，在《三国演义》中没有留下任何痕迹。有些剧目虽然可能是根据流传的三国故事改编，但由于与《三国演义》的创作要求不甚吻合而没有被采用。

材料来源之五：元刊《三国志平话》

从理论上讲，除了《三国志》和《后汉书》外，距离《三国演义》产生的年代越近，其素材对《三国演义》的成书影响就应该越大。元代产生了许多三国戏，也出现了"说三国"的《三分事略》和《三国志平话》。这两部属于"说话"性质的小说，是《三国演义》最为重要的材料来源。鉴于《三分事略》和《三国志平话》成书时间前后相去不远，内容相差无几，故而下面仅以《三国志平话》为例，探讨一下《三国志平话》对《三国演义》的影响。

《三国志平话》对《三国演义》的影响主要表现在以下四个方面。

其一是对《三国演义》故事情节的影响。《三国志平话》全称《至治新刊

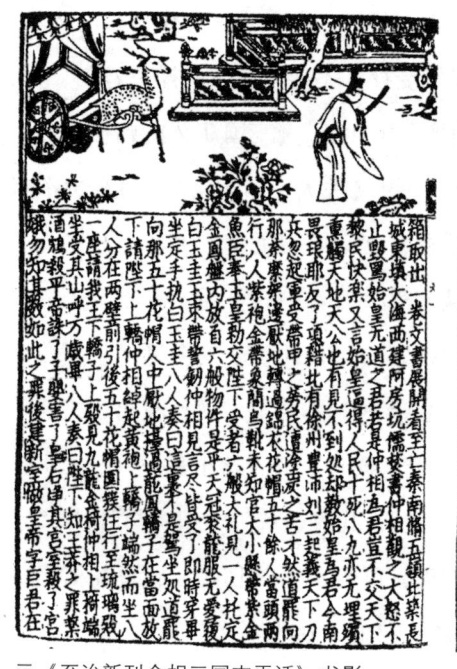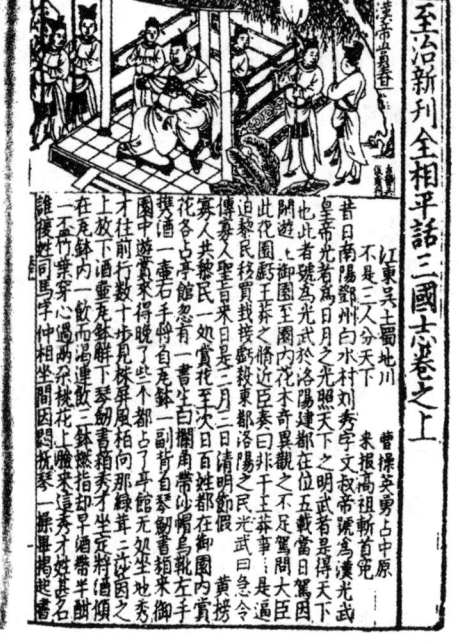

元《至治新刊全相三国志平话》书影

全相三国志平话》，上、中、下三卷，不著撰人。每卷开头标名为"至治新刊全相平话三国志"。该书的开篇与元刊《五代史平话》《梁史平话》相类似，设计了一个因果报应的故事，正如其卷前诗所写："江东吴土蜀地川，曹操英勇占中原。不是三人分天下，来报高祖斩首冤。"说的是东汉初年，秀才司马仲相在御花园内赏花，走得口渴，连饮三钵小酒，不觉困闷，忽然被人带至"抱冤之殿"，断前汉冤狱。韩信、彭越、英布共同控告汉高祖刘邦杀戮功臣。刘邦假作不知，让他去问吕后。吕后则称三人谋反，因而被杀。司马仲相问得实情，于是下断道："汉高祖负其功臣，却交三人分其汉朝天下：交韩信分中原为曹操，交彭越为蜀川刘备，交英布分江东长沙吴王为孙权，交汉高祖生许昌为献帝，吕后为伏皇后。交曹操占得天时，因其献帝，杀伏皇后报仇。江东孙权占得地利，十山九水。蜀川刘备占得人和。刘备索取关、张之勇，却无谋略之人。交蒯通生济州，为琅玡郡，复姓诸葛，名亮，字孔明，道号卧龙先生，于南阳邓州卧龙冈上建庵居住，此处是君臣聚会之处；共立天下，往西川益州建都为皇帝，约五十余年。交仲相生在阳间，复姓司马，字仲达，三国并收，独霸天下。"平话在这样一个宿世因果的框架下，展开了三国故事。

上卷从黄巾之乱写起，至白门楼斩吕布作结。开篇写黄巾之乱，刘、关、张桃园结义、破黄巾立功、张飞杀太守、鞭督邮，刘备为平原县丞；接下写董卓之乱，三英战吕布、张飞独战吕布、王允巧施连环计，除掉董卓；此后则重点写曹操剿灭吕布。中卷从汉献帝宣刘、关、张写起，有曹操勘吉平、关羽斩车胄、赵云见玄德、关羽斩颜良、关云长千里独行、斩蔡阳、古城聚义，以及刘备三请诸葛、赵云长坂坡救主、张飞当阳桥拒敌、孔明杀曹使、鲁肃引孔明说周瑜、黄盖诈降、赤壁鏖兵等；下卷则从诸葛亮三气周瑜开始，有曹操杀马腾和马超为父报仇、刘备取西川、关羽单刀会、水淹七军、刘备伐吴、诸葛亮七擒孟获、六出祁山、秋风五丈原、晋武帝一统天下等情节。从《三国志平话》的主要情节来看，已经清晰地分为汉末之乱、诸侯争雄、赤壁大战、天下三分、三国归晋这样几个大的板块，每一板块又有若干情节或事件。这样一种情节安排，对《三国演义》的故事情节产生了重要影响。比较一下《三国志平话》和《三国演义》的主要情节不难发现，二者的主要情节是一致或相似的，所不同者，则是《三国志平话》的情节是粗线条的，比较简略，《三国演义》的情节比较细腻丰满。譬如《三国演义》孔明草船借箭的故事，就是从《三国志平话》而来。

草船借箭的故事，《三国志》没有记载，裴松之注引鱼豢《魏略》所记孙权观军，可视为"草船借箭"的雏形："权乘大船来观军。公使弓弩乱发，箭著其船。船偏重，将覆。权因回船，复以一面受箭。箭均，船平，乃还。"① 但这里有几个问题：其一，孙权的主观目的是"观军"，不是"借箭"；其二，孙权所乘大船不是事先用草扎裹好的，即非"草船"；其三，孙权观军时，因船身一面受箭太多，难以保持平衡，大船要倾覆，才掉转船头，让另一面受箭，以保持平衡，这样才得以回到南岸。所以，可以说孙权此行是"无心插柳"，而不是

---

① 《三国志·吴书》卷二《孙权传》裴松之注引。

"有意栽花"。但是,这个细节不仅被《三国志平话》的作者注意到了,而且还把这一事件的主人翁换成了周瑜:

> 却说曹操知得周瑜为元帅。无五七日,曹公问言:"江南岸上千只战船,上有麾盖,必是周瑜。"被曹操引十双战船,引蒯越、蔡瑁江心打话。南有周瑜,北有曹操,两家打话毕,周瑜船回。蒯越、蔡瑁后赶,周瑜却回。周瑜一只大船、十只小船出,每只船一千军,射住曹军。蒯越、蔡瑁令人数千,放箭相射。却说周瑜用帐幕船只,曹操一发箭,周瑜船射了左面,令扮棹人回船,却射右边。移时,箭满于船。周瑜回,约得数百万只箭。周瑜喜道:"丞相,谢箭!"曹公听的大怒,传令明日再战,依周瑜船只,却索将箭来。

在这里,"借箭"的故事已经基本成型。对比鱼豢《魏略》,其变化显而易见。一是故事的主人公由孙权变为周瑜,二是故事发生的地点由合肥变为赤壁,三是故事发生的时间由建安十八年(213)变为建安十三年(208),四是由孙权"观军"变为周瑜与曹操江心对话,五是无意"借箭"变为有意"借箭"。正是这些变化为《三国演义》"草船借箭"故事提供了范本,演绎出"用奇谋孔明借箭"这样十分精彩的章节。其故事是"瑜亮之争"的重要组成部分,故其起因是周瑜欲借造箭之名除掉孔明,孔明心知肚明却不说破,而是主动立下军令状,保证三日之内造齐十万支箭。忠厚诚实的鲁肃不明就里,为孔明担心。小说写道:

> 肃领命来见孔明。孔明曰:"吾曾告子敬,休对公瑾说,他必要害我。不想子敬不肯为我隐讳,今日果然又弄出事来。三日内如何造得十万箭?子敬只得救我!"肃曰:"公自取其祸,我如何救得你?"孔明曰:"望子敬借我二十只船,每船要军士三十人,船上皆用青布为幔,各束草千余个,分布两边。吾别有妙用。第三日包管有十万枝箭。只不可又教公瑾得知,若彼知之,吾计败矣。"肃允诺,却不解其意。回报周瑜,果然不提起借船之事,只言:"孔明并不用箭竹、翎毛、胶漆等物,自有道理。"瑜大疑曰:"且看他三日后如何回复我。"却说鲁肃私自拨轻快船二十只,各船三十余

人，并布幔束草等物，尽皆齐备，候孔明调用。

原来孔明算定第三日夜里必有大雾，事先将二十只船用长索相连，第三日四更时分，秘密请鲁肃到船中，一同向北岸进发。这天夜里，"大雾漫天，长江之中，雾气更甚，对面不相见"。孔明乘着大雾，要到江北岸向曹操"借箭"。小说叙孔明草船借箭之事，甚为精彩：

> 当夜五更时候，船已近曹操水寨。孔明教把船只头西尾东，一带摆开，就船上擂鼓呐喊。鲁肃惊曰："倘曹兵齐出，如之奈何？"孔明笑曰："吾料曹操于重雾中必不敢出。吾等只顾酌酒取乐，待雾散便回。"却说曹寨中听得擂鼓呐喊，毛玠、于禁二人慌忙飞报曹操。操传令曰："重雾迷江，彼军忽至，必有埋伏，切不可轻动。可拨水军弓弩手乱箭射之。"又差人往旱寨内唤张辽、徐晃各带弓弩军三千，火速到江边助射。比及号令到来，毛玠、于禁怕南军抢入水寨，已差弓弩手在寨前放箭；少顷，旱寨内弓弩手亦到，约一万余人，尽皆向江中放箭，箭如雨发。孔明教把船吊回，头东尾西，逼近水寨受箭，一面擂鼓呐喊。待至日高雾散，孔明令收船急回。二十只船两边束草上，排满箭枝。孔明令各船上军士齐声叫曰："谢丞相箭！"比及曹军寨内报知曹操时，这里船轻水急，已放回二十余里，追之不及。

比较一下可以发现，《三国演义》所写"草船借箭"不仅远比《三国志平话》丰富、精彩，而且对"借箭"一事做了很多改造。一是草船借箭的主人公由周瑜变化为诸葛亮，二是借箭之船使用了布幔束草符合"草船借箭"，三是借箭的时间由白天改为大雾弥漫的夜晚，四是借箭的地点在靠近曹军水寨较近的江边，五是借得的箭只数量更为可信，六是增加了孔明与周瑜的斗智，突出了"瑜亮之争"。这些变化不仅顺应了民间广为流行的"瑜亮情结"，而且增加了刘备一方在赤壁之战中的砝码，丰富了诸葛亮的艺术形象。

其二是对《三国演义》人物形象的影响。有人统计，《三国演义》写了1200多个人物，其中有名有姓的有1000多个，远远超过了《三国志》。很显然，《三国演义》所写的人物，借鉴了有关三国的稗史、传说、戏曲、平话。尤其是《三国志平话》中的人物形象，对《三国演义》影响更大。从身份上看，《三国演义》所写的人物上至帝王将相，下至贩夫走卒，三教九流，山人隐士，应有尽有，一应俱全。其中许多人物都是《三国志》《后汉书》和裴松之注中不曾出现，而到《三国志平话》才出现的。从这个意义上说，《三国志平话》对《三国演义》人物塑造的影响，是其他作品无法企及的。下面就以貂蝉为例，探讨一下《三国志平话》对《三国演义》人物形象的影响。

司徒王允用貂蝉施行连环计，《三国志》和《后汉书》皆无记载，亦不见于裴松之注。《三国志·魏书》卷七《吕布传》有"卓常使布守中闺。布与卓侍婢私通，恐事发觉，心自不安"，后来吕布遂与王允联手，杀了董卓。这一记载可以看作连环计最初的因子。但此后数百年间，三国故事虽然越来越普遍，影响也越来越大，但一直没有出现貂蝉这一人物。直到元代，元杂剧和《三国志平话》才同时出现了貂蝉这一人物形象。元杂剧有佚名作者的《锦云堂暗定连环计》，宋元戏文有《貂蝉女》，都有貂蝉这样一个人物形象。而《三国志平话》写到貂蝉的有四节，分别是"王允献董卓貂蝉""吕布刺董卓""水浸下邳擒吕布""侯成盗马"。前两节与连环计有关，录之于后：

  王允归宅下马，信步到后花园内小庭闷坐。独言："献帝懦弱，董卓弄权，天下危矣。"忽见一妇人烧香，自言："不得归乡，故家长不能见面。"焚香再拜。王允自言："吾忧国事，此妇人因甚祷祝？"王允不免出庭问曰："你为甚烧香？对我实说。"唬得貂蝉连忙跪下，不敢抵讳，实诉其由："贱妾本姓任，小字貂蝉，家长是吕布。自临洮府相失，至今不曾见面，因此烧香。"丞相大喜："安汉天下，此妇人也！"丞相归堂，叫貂蝉："吾看你如亲女一般看待。"即将金珠缎匹与貂蝉，谢而去之。

  后数日，丞相请太师董卓筵会。至天晚，太师带酒，见灯烛荧煌。王允令数十个美色妇人，内簇貂蝉，髻插碧玉短金钗，身穿缕金绛绡衣，那堪倾国倾城！董卓大惊，觑移时，自言："吾室亦无此妇人！"王允教讴唱，太师大喜。王允曰："关西临洮人也，姓任，小字貂蝉。"太师深顾恋，丞相许之。宴罢，太师亦起。

  至来日天晓，宰相自思："我食君禄为相，今定计再安汉室。如我不成，我死者，图名也。"即便请吕布赴会，筵宴至晚，丞相又使貂蝉上筵讴曲。吕布视之，自思："昔日丁建阳临洮作乱，吾妻貂蝉不知所在。今日在此！"王允把盏言曰："温侯面带忧容，不知何意？"吕布欠身具说。丞相大喜："汉家天下有主也！"丞相再言："不知是温侯之妻，天下喜事，不如夫妻团圆。"又言："老汉亦亲女看待。选吉日良时，送貂蝉于太师府去，与温侯完聚。"吕布大喜，天晚告归。

都无五七日，使丫环侍女，驷马重重，送貂蝉于太师宅内。中平七年春三月三日，太师正默坐间，人报曰："丞相王允，驷马重重，不知送甚人来？"太师急出，遂邀王允于正堂，自言："莫非貂蝉么？"允曰："然。"太师令人置酒。王允言曰："今有小疾，不敢久停。"辞太师去。

当夜天晚，董卓与貂蝉饮酒。董卓是一酒色之徒，前后二日。吕布因自曲江回来，到宅前下马，有八健将皆散。当夜天晚，温侯听宅中有乐音嘹亮，遂问左右人为何。众人具说："丞相一妇人，乃貂蝉也！"吕布大惊，行至廊下，无由得见。猛然见貂蝉推衣而出。吕布大怒："逆贼在于何处？"貂蝉曰："已醉矣。"吕布提剑入堂，见董卓鼻气如雷，卧如肉山，骂："老贼无道！"一剑断其颈，鲜血涌流。刺董卓身死。

这是《三国演义》"王司徒巧使连环计"一节最初的蓝本。这里出现的貂蝉这个人物形象，是王允使用连环计的关键人物。貂蝉原姓任，是吕布的妻子，因丁建阳临洮作乱而与吕布失散，后入司徒王允府，成为侍婢。王允问得详情，先把貂蝉许给董卓，又答应送貂蝉与吕布团聚。王允把貂蝉送到太师府，董卓则把貂蝉据为己有，后被吕布发现。吕布遂乘董卓醉酒之机，杀死董卓。在《三国志平话》中，王允把貂蝉做钓饵，使用连环计，并没有对貂蝉明说，而是暗中使用一女二嫁的手法，逼吕布与董卓反目，借吕布之手除掉董卓。在整个故事中，貂蝉除两次歌舞之外，没有太多的表现，而这恰恰为《三国演义》留下了再度创作的空间。

《三国演义》对貂蝉这一人物形象的改造，主要表现在三个方面。其一是对貂蝉身份的改造。在《三国志平话》中，貂蝉是吕布失散的妻子，因战乱而流落王允府为婢女；在《三国演义》中则被改造成为自幼进入王府的婢女，年方二八，色艺俱佳，王允则以亲女待之。这就为貂蝉出于报恩的目的施行连环计奠定了思想基础。其二是对貂蝉态度的改造。《三国志平话》中的貂蝉并没有主动请缨，而《三国演义》中的貂蝉却是主动请缨，表示"倘有用妾之处，万死不辞！"正是貂蝉有了这样的态度，王允才把连环计向貂蝉和盘托出。貂蝉听后，明白王允的意思，再次表示"妾许大人万死不辞，望即献妾与彼，妾自有道理"。为了打消王允的顾虑，她大义凛然地说："大人勿忧。妾若不报大义，死于万刃之下！"如此以来，貂蝉深明大义和舍生取义的形象便呼之欲出。其三是对王允献貂蝉的改造。在董卓和吕布来府上饮酒的时候，王允不仅让貂蝉出来歌舞一番，而且还让貂蝉亲自为他们把盏，让二人垂涎貂蝉的美色，把二人的胃口吊得高高的。而王允则借机施行连环计，先把貂蝉许与董卓，再把貂蝉许与吕布，让二人暗中高兴。其四是对貂蝉居间运作的改造。在《三国志平话》中，看不出貂蝉是如何在两个男人之间施展手段，但在《三国演义》中，貂蝉巧妙施展美人手段，令吕布与董卓反目。尤其是凤仪亭一段，貂蝉把两个大男人玩于股掌之上，用妩媚和可怜离间了二人的关系，并最终借吕布之手杀了董卓。

在《三国志平话》中，貂蝉与吕布原本就是夫妻，因战乱而失散。所以，诛杀董卓之后，貂蝉与吕布团聚，其后一直追随吕布，并在下邳城之战中再次有所表现。吕布白门楼被杀后，貂蝉则下落不明。到了《三国演义》，貂蝉的身份不仅发生了变化，而且诛杀董卓之后，貂蝉虽然追随吕布，但身份有些尴尬，因为吕布还有个严夫人，位次在貂蝉之前，即使不是原配，也是大夫人。所以，貂蝉的实际身份是如夫人。吕布命丧白门楼之后，貂蝉再无下文。貂蝉在王允"连环计"中出现，在吕布命丧白门楼后结束，与《三国志平话》完全一致。这一现象表明，《三国志平话》对《三国演义》人物形象的塑造产生了重要影响。另外，《三国志平话》着墨较多的人物形象，如关羽、张飞、诸葛亮等，对《三国演义》人物形象的塑造也都产生了重要影响。

其三是对《三国演义》艺术结构的影响。在艺术结构上，《三国演义》对

《三国志平话》也有借鉴。从汉灵帝中平元年（184）到晋武帝太康元年（280）实现三国统一，历史跨度近百年。这一百年间，发生了许多重大历史事件。大而言之，有黄巾之乱、董卓之乱、诸侯割据、天下三分、三国鼎立、西晋统一等。如果划分再细一些，则又可以分为若干单元。作为讲史话本，《三国志平话》以人物和事件为单元，全书分为69节，除平话开篇司马仲相断案宣扬因果轮回的三节外，其他都是以事件划分的，如"黄巾叛"写黄巾起义，"破黄巾""得胜班师"写刘、关、张在平定黄巾之乱中建立奇勋，"董卓弄权"写董卓之乱，"王允献董卓貂蝉""吕布刺董卓"写王允连环计，"水浸下邳擒吕布""侯成盗马""张飞捉吕布""白门楼斩吕布"写曹操剿灭吕布，"孔明杀曹使""鲁肃引孔明说周瑜""曹操拜蒋干为师""黄盖诈降蒋干""赤壁鏖兵"等写赤壁之战，"曹璋射周瑜""孔明班师入荆州"写荆州之争，"吴夫人欲杀刘备""吴夫人回面"写刘备东吴招亲，"庞统谒玄德""张飞刺蒋雄""诸葛引众见玄德"写刘备取荆州四郡，"曹操杀马腾""马超败曹公"写韩遂马超之叛，"刘玄德符江会刘璋""雒城射庞统""张飞义释严颜""孔明说降张益""庞统助计""黄忠斩马守忠"等写刘备取西川，"关公斩庞德""关公水淹七军"写关羽荆州之战，"先主托孔明佐太子"写蜀吴夷陵之战，"诸葛七擒孟获"写诸葛亮七擒孟获之事，"军师六出祁山""诸葛亮造木牛流马""诸葛斩马谡""孔明百箭射张郃""孔明出师""秋风五丈原"等写诸葛亮北伐中原之事，"将星坠孔明营"写三国归晋以及汉赵刘渊灭西晋事。这些内容都与三国时期的重大历史事件相联系，并依时间先后顺序叙述之。汉末大乱至三国归晋这一历史进程中的重要节点性事件，如前述黄巾之乱、董卓之乱、诸侯割据、天下三分、三国鼎立、西晋统一等，在《三国志平话》中都能找到相应故事作为对应。就此而言，《三国志平话》已经搭建了《三国演义》基本的结构框架。而其以重大事件为纽带、以主要人物为链条的结构方式，也为《三国演义》提供了借鉴。下面就以七擒孟获和六出祁山为例，就《三国志平话》对《三国演义》艺术结构的影响略加探讨。

诸葛亮七擒孟获、六出祁山，都是三国鼎立之后的重要事件，也是蜀汉最为重要的对外用兵。这两大事件，诸葛亮本传中虽然都有记载，但甚为简略。而《三国志平话》"诸葛七擒孟获"一节，则勾勒了故事线索和梗概，为《三国演义》的再创作提供了基本依据。小说舍弃了江南三镇皆起兵造反的情节，把主要情节集中在七擒孟获这一条线索上，不仅使得主线更加突出，而且把诸葛亮七擒孟获的故事写得有声有色。诸葛亮六出祁山，是《三国演义》后半部分写得最为精彩的部分。其所以能够如此，《三国志平话》在艺术结构上的示范作用不容小觑。如"诸葛斩马谡"，为《三国演义》失街亭、空城计、斩马谡三个精彩段落之所本；"秋风五丈原"虽然有怪诞色彩，但基本情节亦为《三国演义》所取用，也为《三国演义》的再创作留下了充分的空间。但不论七擒孟获还是六出祁山，从艺术结构上来看，刘备之后的蜀汉，都是围绕着诸葛亮这一人物主线展开的。这样一种艺术结构，既突出了重要事件，又突出了重要人物，与《三国演义》这样一部英雄传奇式长篇历史小说的艺术结构要求是一致的。

《三国志平话》以司马仲相断案故事，设计了一个因果业报的开局，让高祖、吕后、韩信、英布、彭越等君臣转生人世，为前世之报。其结局则是司马仲相转生的司马懿之孙司马炎统一了三国。这样一个结构布局，《三国演义》虽然没有采纳，但它采用了《晋书·宣帝纪》中曹操"三马同槽"梦的说法，为司马氏取曹魏而代之找到了依据："魏武察帝有雄豪志，闻有狼顾相，欲验之。乃召，使前行，令反顾，面正向后，而身不动。又尝梦三马同食一槽，甚恶焉，因谓太子丕曰：'司马懿非人臣也，必预汝家事。'太子素与帝善，每相全佑，故免。"①《三国演义》第七十八回写曹操临死之前有三马同槽之梦：

> 操病势转加。忽一夜梦三马同槽而食，及晓，问贾诩曰："孤向日曾梦三马同槽，疑是马腾父子为祸；今腾已死，昨宵复梦三马同槽。主何吉凶？"诩曰："禄马，吉兆也。禄马归于曹，王上何必疑乎？"操因此不疑。后人有诗曰："三马同槽事可疑，不知已植晋根基。曹瞒空有奸雄略，岂识朝中司马师？"

---

① 《晋书》卷一《宣帝纪》。

《三国演义》通过曹操的三马同槽之梦，回应了《三国志平话》因果业报的结构形式，同时也为其后情节的发展埋下了伏笔。

其四是对《三国演义》思想倾向的影响。《三国志平话》对《三国演义》的影响，还表现在其思想观念对《三国演义》创作的影响。首先是因果报应思想。《三国志平话》充满世道轮回、因果业报的思想。汉高祖和吕后滥杀韩信、彭越、英布等功臣。到了东汉光武帝时期，由于韩信等人在阴曹地府伸冤，天帝遂命书生司马仲相审理此案。司马仲相本着因果业报的思想，让汉高祖和吕后转世为汉献帝和伏皇后，让韩信、彭越、英布三人转世，三分汉家天下。司马仲相断案公平，天帝命其转世为司马懿，收拾天下三分的残局。其后故事的发展基本循着这一因果业报的构思进行。《三国演义》虽然没有采用《三国志平话》的构思布局，但因果业报思想同样贯穿全书。前引曹操三马同槽梦，已经流露出这种因果业报思想。诸葛亮七擒孟获之时，于盘蛇谷将兀突骨并三万藤甲军全部烧死。孔明目睹其惨烈场景，垂泪而叹曰："吾虽有功于社稷，必损寿矣！"也表现出因果报应思想。至于第一百十九回"再受禅依样画葫芦"一节，写曹奂禅位给司马炎，更是典型的因果报应。其次是忠义思想。在《三国志平话》中，忠义思想比较突出。如刘备白帝城托孤时对诸葛亮说："方今天下，非卿不能得。"他把太子阿斗唤至跟前，让他拜诸葛亮。诸葛亮想起身，刘备把他压住。诸葛亮诚惶诚恐，说："老臣死罪！"刘备说："军师不闻周公旦抱成王之说？"他接着说："阿斗年幼，不堪为君。中立则立，如不中立，军师即自为之。"诸葛亮说："臣有何德行！今陛下托孤，杀身难报！"在刘备托孤一事上，诸葛亮表现出鲜明的忠君思想。这一情节被《三国演义》借用，并进一步突出了诸葛亮的忠君思想。关羽形象更是忠义思想的体现者。关羽被困下邳，张辽前来劝降。关羽表示要依三件事：一是与甘、糜二夫人一宅分两院，二是只要得到刘皇叔的消息立即就去追随，三是投降汉室不投降曹操。关羽的三件事之约，表现出对汉朝的忠，对刘备的义；关羽后来得知刘备的消息，千里独行，表现出的也是对刘备的义气；至于赤壁之战后有意放走曹操，也是感恩于曹操，正如诸葛亮所说："关将仁德之人，往日蒙曹相恩，其此而脱矣。"最后是推崇仁德。孙权用周瑜之计，准备把刘备骗至江东杀掉，趁机夺回荆州。吴国太知道后，对孙权说："我儿之妹嫁与皇叔为妻，吾儿若杀了皇叔，你妹嫁甚人？皇叔若来到当好，若不仁，后杀未为晚。"仁还是不仁，成了是否留刘备一条性命的最后一条理由。可见在吴国太这里，仁是何等的重要！长沙太守赵范想把寡嫂嫁给赵云，遭到拒绝，便对人说："不仁者赵云。"把"不仁"二字作为要杀赵云的借口。刘备与刘璋涪江相聚，张任等人要谋害刘备，刘璋说："皇叔仁德之人，众官不可。"阻止了部将。张飞入川时义释严颜，严颜大为感动，说："我言皇叔清德于外。张飞乃粗鲁人，尚然仁德！"仁德成为评价人物的重要标准，有时甚至成为某人是生是死的唯一标准。这些思想观念不仅对《三国演义》产生了重要影响，而且在《三国演义》中得到了充分表现。

譬如关羽释放曹操表现出来的义气，《三国志平话》仅仅是借诸葛亮的话加以点破，但并没有加以刻意渲染。但到了《三国演义》，《三国志平话》的轻轻"点染"就演变为一波三折的华容道"关云长义释曹操"一节：

> 言未毕，一声炮响，两边五百校刀手摆开，为首大将关云长，提青龙刀，跨赤兔马，截住去路。操军见了，亡魂丧胆，面面相觑。操曰："既到此处，只得决一死战！"众将曰："人纵然不怯，马力已乏，安能复战？"程昱曰："某素知云长傲上而不忍下，欺强而不凌弱，恩怨分明，信义素著。丞相旧日有恩于彼，今只亲自告之，可脱此难。"操从其说，即纵马向前，欠身谓云长曰："将军别来无恙！"云长亦欠身答曰："关某奉军师将令，等候丞相多时。"操曰："曹操兵败势危，到此无路，望将军以昔日之情为重。"云长曰："昔日关某虽蒙丞相厚恩，然已斩颜良，诛文丑，解白马之围，以奉报矣。今日之事，岂敢以私废公？"操曰："五关斩将之时，还能记否？大丈夫以信义为重。将军深明《春秋》，岂不知庾公之斯追子濯孺子之事乎？"云长是个义重如山之人，想起当日曹操许多恩义，与后来五关斩将之事，如何不动心？又见曹军惶惶，皆欲垂泪，一发心中不忍。于是把马头勒回，谓众军曰："四散摆开。"这个分明是放曹操的意思。操见云长回马，便和众将一齐冲将过去。云长回身时，曹操已与众将过去了。云长

大喝一声，众军皆下马哭拜于地。云长愈加不忍。正犹豫间，张辽纵马而至。云长见了，又动故旧之情，长叹一声，并皆放去。后人有诗曰："曹瞒兵败走华容，正与关公狭路逢。只为当初恩义重，放开金锁走蛟龙。"

在这段故事中，小说作者反复申述的就是关羽的"信义"。程昱说关羽"信义素著"，让曹操去求关羽；曹操与关羽对话，也把"大丈夫以信义为重"摆在前面；小说写关羽的心理活动，也先把关羽定位成"义重如山之人"；小说引用后人之诗，也特意点出"只为当初恩义重"。总之，为了"信义"二字，关羽置与军师订立的军令状于不顾，放走了已是穷途末路的曹操等人。小说作者在章回题目中特意加了一个"义"字，同时也表明了小说作者的看法。尽管关羽华容道释放曹操是为个人小义而失刘备集团大义，但关羽这种做法还是受到了包括小说作者在内的许多人的肯定与赞美。

《三国志平话》是《三国演义》重要的材料来源，对《三国演义》的影响也是多方面的，只不过上述四点最为突出罢了。详细探讨《三国志平话》对《三国演义》的影响，则需要进行专题研究。有论者认为，《三国志平话》是《三国演义》的原型。这话虽有一定道理，但并不确切。因为，《三国演义》的材料来源是多渠道的，它最主要的材料来源仍然是《三国志》《后汉书》以及裴松之《三国志》注。后世的许多材料，包括民间故事传说、戏曲、平话等，都是对前述材料的加工和演绎。《三国志平话》虽然在故事情节、人物形象、艺术结构甚至思想倾向等方面为《三国演义》提供了许多基本素材，但《三国志平话》毕竟也是对《三国志》等史传的加工和演绎。这是源与流的问题。分析《三国演义》的材料来源，既要追本穷源，又要顺流而下，这样才能把《三国演义》的材料来源搞清楚，弄明白，进而推动《三国演义》研究向纵深拓展。

二 《三国演义》成书研究

《三国演义》的成书包括两个问题：一是《三国演义》是如何成书的，二是《三国演义》什么时间成书的。这两个问题都绕不开《三国演义》的作者罗贯中，但由于罗贯中的问题迄今为止尚无定论，因此只好暂且回避，从《三国演义》的文本着手，看一看《三国演义》是如何成书以及什么时间成书的。

《三国演义》是如何成书的？现存《三国演义》最早的版本，一般认为是嘉靖壬午（1522）本，其题署作"晋平阳侯陈寿史传，后学罗本贯中编次"。其题署用"后学"二字，透露出两个信息，其一，嘉靖本的题署是罗贯中所题。其二，《三国志通俗演义》是在陈寿《三国志》基础上加工而成。所谓"编次"，就是把《三国志》原有的体系打乱，根据小说情节发展需要重新进行编排。但是，通过前述《三国演义》材料来源的分析可以看出，《三国演义》有许多故事情节和人物形象出自故事传说和戏曲话本。关于这一点，熟悉《三国演义》的人应该都很清楚。所以，嘉靖本题署的实际意思，应该是以陈寿《三国志》为基础，兼采三国故事、传说和戏曲、话本进行创作，而不能理解为就是简单的重新编排。小说创作免不了要有虚构，即使是历史小说，也要有必要的虚构，把历史故事串联起来，把故事情节完善起来，让人物形象丰满起来。否则的话，就不足以称之为小说了。

罗贯中所谓的"编次"，按明高儒《百川书志》的说法，是"据正史，采小说，证文辞，通好尚，非俗非虚，非史氏苍古之文，去瞽传诙谐之气，陈叙百年，该括万事"。《三国志》等正史是《三国演义》的文献基础，是《三国演义》故事情节、人物形象、重大事件之所本，所以称为"据正史"；"采小说"指的是《三国演义》杂采之前的三国故事、传说、戏曲、话本。"小说"原指小家珍说，与民间故事、传说约略相同。《三国演义》大量采用了民间故事、传说，采用了以戏曲话本形式出现的民间故事、传说。正是有了这些，才丰富了小说的人物形象、故事情节，使得其故事波谲云诡，其情节一波三折，其人物栩栩如生。"证文辞"指的是小说引用诗词歌赋等，对人物或事件进行吟咏或加以评判。唐代传奇小说已经较为普遍地运用诗词歌赋等形式，对人物或事件进行吟咏评判。而在长篇小说中大量使用诗词歌赋，《三国演义》则是首创。"通好尚"应是指《三国演义》的文辞雅俗共赏，有广泛的接受面。"非俗非虚，非史氏苍古之文，去瞽传诙谐之气"，是说《三国演义》虚实结合，既没有史传那种苍古之文，又没有民间说书艺人那种诙谐之气。这既是说《三国演义》的创作特点，又是指《三国演义》的艺术风格。从高儒《百川书志》对《三国志通俗演义》的介绍来看所谓的罗贯中"编次"，对《三国演义》的成书会有更为深入的理解。

清代学者章学诚认为，《三国演义》七实三虚，虚实混杂。他说："唯《三国演义》则七分实事，三分虚构，以至观者往往为所惑乱。如桃园等事，士大夫有作故事用者矣。故演义之属，虽无当予著述之伦，然流俗耳目渐染，实有益于劝惩。但须实则概从其实，虚则明著寓言，不可错杂如《三国》之淆人耳。"① 章学诚虽是就《三国演义》的虚实而言，但也无意中说出了《三国演义》成书的基本情况。《三国演义》是否七实三虚，学界多有争议。但不可否认的是，《三国演义》的七分史实和三分虚构，是作者有意为之。作者在创作中虽然未必注意到虚实的比例问题，但由于《三国演义》是本于史传，因而出自史传的内容要多一些，尤其是那些重大事件、重要人物、关键情节，基本上都有史传的影子。但作者也很清楚，如果全部都是按照史传来写，他未必赶得上陈寿，同时，如果全部按照史传来写，也未必有那么多人愿意看。为了能够在不违背基本史实的情况下把小说写得生动，写得引人入胜，写得更多的人愿意看，就必须把故事、传说、戏曲、话本中那些经实践证明是人们喜欢看的东西吸收进来。吸收进来，还不能显露痕迹，所以就只好虚与实一起来，虚虚实实，实实虚虚，虚实交融，令人难辨真假，莫知虚实。从章学诚的评价来看，作者这种目的显然是达到了，因为他导致了"观者往往为所惑乱"，不辨真假，不识虚实。

的确，《三国演义》流传后，竟然有不少人把小说当历史，甚至把其中的故事当作掌故。清人姚元之《竹叶亭杂记》有几则类似的故事："尝闻有谈《三国志》典故者，其事皆出于演义，不觉失笑。乃竟有引其事入奏者，《辍耕录》载原本名目，有《赤壁鏖兵》《骂吕布》之目。雍正间，札少宗伯因保举人才，

---

① 孔另境《中国小说史料》之《三国志演义》，上海古籍出版社1982年版，第45页。

引孔明不识马谡事,先皇帝怒其不当以小说入奏,责四十,仍枷示焉。乾隆初,某侍卫擢荆州将军,人贺之,辄痛哭。怪问其故,将军曰:'此地以关玛法尚守不住,今遣老夫,是欲杀老夫也。'闻者掩口。此又熟读演义而更加愤愤者矣。"① 平时言谈,把《三国演义》作为谈资,可以调节一下气氛。但有些人不学无术,在比较正规的场合,尤其是向皇帝上奏章,把《三国演义》中的故事当作史实,那就是找不自在了。对于这样的人,不打板子才怪呢!至于那位将军,原是赳赳武夫,没有喝过多少墨水,听说书却是不少,把小说中的关羽失荆州真正当回事了,以为让他去守荆州,就是让他像关羽那样去送命,让人听了好笑。类似的事情在文人中也有发生。清人严元照《蕙榜杂记》载:"演义传奇,其不足信一也,而文士亦有承伪袭用者:王文简《雍益集》有《落凤坡吊庞士元》诗,士元死于落凤坡,自演义外更无确据;元人撰《汉寿庙碑》,其铭云'乘赤兔兮随周仓',亦祖袭演义。"② 在民间,有人调侃周瑜的"既生瑜,何生亮"感慨,说周瑜的母亲姓姬,诸葛亮的母亲姓何,也有人根据"无事生非"这个成语,演义出张飞的母亲姓吴。这虽然是调侃,但时间久了,人们就会以讹传讹,把假的当作真的。所谓"三人成虎",言之不虚。

之所以会出现上述情况,一是相信正史的人越来越少了,二是《三国演义》写得太好了,以至于小说能被当成正史看。这是《三国演义》的成功之处。鲁迅曾经指出,《三国演义》"皆排比陈寿《三国志》及裴松之注,间亦采平话,又加推演而作之;论断颇取陈、裴及习凿齿、孙盛语,且更盛引'史官'及'后人'诗。然据史即难于抒写,杂虚辞复易滋混淆,故明谢肇淛即以为'太实则近腐',清章学诚又病其'七实三虚惑乱观者'也"。③ 鲁迅这段话与高儒《百川书志》对《三国演义》的评价有异曲同工之妙,首先指出了《三国演义》的材料来源:《三国志》、裴松之注和《三国志平话》;其次指出了《三国演义》

---

① 孔另境《中国小说史料》之《三国志演义》,上海古籍出版社1982年版,第45—46页。
② 孔另境《中国小说史料》之《三国志演义》,上海古籍出版社1982年版,第41页。
③ 鲁迅《中国小说史略》,人民文学出版社1973年版,第107页。

对人物、事件的评价"颇取陈、裴及习凿齿、孙盛语,且更盛引'史官'及'后人'诗";再次指出了《三国演义》的创作虚实相混,容易惑乱观者。他更引用谢肇淛和章学诚对《三国演义》截然不同的看法,虽然意在说明《三国演义》在创作中出现的问题,但也从另一角度表明,《三国演义》的成书是一个十分复杂的过程。

《三国演义》的创作离不开《三国志》等史传作为基础。历史小说一定要有历史依据,尤其是重大事件、重要人物做不得虚构。但是,仅仅有历史依据还不够。如果仅仅有历史依据,把史传基础作为小说构架,那是支撑不起来小说的艺术结构的。所以谢肇淛才有"太实则近腐"的说法。这是因为他过多地看到了小说的史传内容,而忽视了小说对三国戏曲、平话等的借用,忽视了小说必要的虚构;章学诚以为《三国演义》七实三虚,惑乱读者,则是指责罗贯中没有把史传与虚构区别开来,混淆在一起,令读者难辨真假,以至于使读者以虚为实。这两种指责恰恰道出了罗贯中创作《三国演义》的基本原则,那就是以史传为基本素材,以三国历史发展为基本框架,以虚构的细节连缀三国时期的重大事件和重要人物,以陈寿、裴松之、习凿齿、孙盛及"后人"诗歌作为对人物或事件的基本评价。这也是成书的基本情况。那种执着于《三国演义》的虚实比例,一定要分别出《三国演义》多少是史实,多少是虚构,是不了解《三国演义》的成书情况,也是有点"近腐"了。

《三国演义》是何时成书的?这是学界迄今为止仍然争论不休的话题。不要说其作者罗贯中的生活年代无法论定,就是可以认定《录鬼簿续编》中的罗贯中就是《三国演义》的作者罗贯中,《三国演义》成书的具体年代也仍然无法论定。所以,在《三国演义》何时成书的问题上,必须另辟蹊径,结合作者、文本、版本进行综合考察。

首先,从《三国演义》的作者考察成书年代有无可能性。按照嘉靖壬午本的题署,《三国志通俗演义》是"后学罗本贯中编次",因此可以知道《三国志通俗演义》的作者姓罗名本字贯中。那么,这个罗贯中与《录鬼簿续编》记载的罗贯中是否为同一个人呢?关于这个问题,学界的意见很不一致。反对者认为戏曲家罗贯中与小说家罗贯中不是同一个人,并且陈说了若干条理由;赞同者认为《录鬼簿续编》所载戏曲家罗贯中就是《三国演义》的作者罗贯中。在没有发现新的材料之前,这两种观点似乎很难调和。由于有关罗贯中的生平史料十分有限,因此,仅仅从作者来考察《三国演义》的成书年代,几乎是不可能的。

其次,从《三国演义》的文本考察成书年代有无可能性。作者这条路走不通,一些研究者试图结合《三国志通俗演义》的文本来考察其成书年代。有的从嘉靖本《三国志通俗演义》小字注做文章,如袁世硕根据嘉靖本《三国志通俗演义》小字注中的"今地名",考证出《三国志通俗演义》约成书于14世纪20年代到40年代,章培恒据小字注"今地名"考察后则认为《三国志通俗演义》"似当写于文宗天历二年(1329)之前"。有的在嘉靖本《三国志通俗演义》中寻找内证,如杜贵晨据明瞿佑《归田诗话》中引陈刚《吊白门》诗和张思廉《缚虎行》,认为"《缚虎行》述事还是有溢出史书的地方"。文章指出,"在没有坚强反证的情况下,我们可以认为张诗用'白门东楼'、瞿佑举'布骂曰'均出自《三国志通俗演义》。而今本《三国志通俗演义》是经过明人修改过的,张、瞿见到的应当是它的祖本或更接近于原著的本子。那些本子均早于张思廉《缚虎行》《南飞乌》等咏史乐府诗"。文章据张思廉生卒年,判定"他所根据之《三国志通俗演义》也当成书于元末","而考虑到一部书流传到它的如'布骂曰'一类话语传播于众口,成为诗料,需要较长的时间,《三国志通俗演义》的成书下限还应有较大提前"。①有的从嘉靖本《三国志通俗演义》涉及的典章制度入手,如石冬梅《三国演义典制举误》,通过对《三国演义》涉及的太史院、中山府、滑州等官名和地名的考析,说明这些都是元代典制,与明代无涉。文章认为,"假如《三国演义》是生活在已经恢复中华正统的明代的作家所创作,他不可能再使用这些元代的典制。所以说,《三国演义》当为成书于

---

① 杜贵晨《〈三国志通俗演义〉成书及今本改定年代小考》,载《罗贯中与三国演义》,中州古籍出版社2000年版,第105页。

元代中期、约与元英宗至治刊本《三国志平话》同时的作品,并非成书于明代"。① 也有研究者从域外小说与《三国演义》的关系入手,如邱岭考察了日本小说《太平记》中的楠木正成与《三国演义》中的诸葛亮形象的异同,指出"在1374年5月份之前,《太平记》已在日本广为流传。由于书中所写的最后一个历史事件发生于1367年11月,因而《太平记》必须成书于1368—1374年之间,而对《太平记》产生了影响的《三国志通俗演义》则必须成书于更早时间。明初不可能,至晚也应是元末较早时期"。② 通过《三国演义》文本研究,寻找《三国演义》成书时代的证据,路子似乎没有问题,但有些内证很有问题,如《三国志通俗演义》小字注是不是出自作者之手?而杜贵晨文章所说"《缚虎行》述事还是有溢出史书的地方",其实不然,王粲《英雄记》记载的吕布,就有"养鹰缚虎"之说;而《三国志通俗演义》是通俗小说,在典章制度的使用上不可能很严格。关于这一点,只要看一看《三国志平话》就很清楚了,譬如称曹操,一节之中就有"丞相"与"宰相"两种称呼。更何况《三国志》在地名的使用上也有东汉、曹魏、西晋并用的情况呢?所以,从《三国演义》中寻找成书时代的内证,有些似是而非。

最后,从《三国演义》的版本考察成书年代有无可能性。今天所能见到的《三国志通俗演义》最早的版本,是明弘治甲寅(1494)庸愚子作序、嘉靖壬午修髯子作引的嘉靖壬午本。庸愚子序称:"前代尝以野史作为评话,令瞽者演说,其间言辞鄙谬,又失之于野,士君子多厌之。若东原罗贯中以平阳陈寿传,考诸国史,自汉灵帝中平元年,终于晋太康元年之事,留心损益,目之曰《三国志通俗演义》。文不甚深,言不甚俗,事纪其实,亦庶几乎史。盖欲读诵者,人人得而知之,若诗所谓里巷歌谣之义也。书成,士君子之好事者,争相誊录,

---

① 石冬梅《三国演义典制举误》,载《第二十一届全国三国演义学术研讨会论文集》,中国文史出版社2011年版,第199页。

② 邱岭《楠木正成与诸葛亮》,载《罗贯中与三国演义》,中州古籍出版社2000年版,第122—123页。

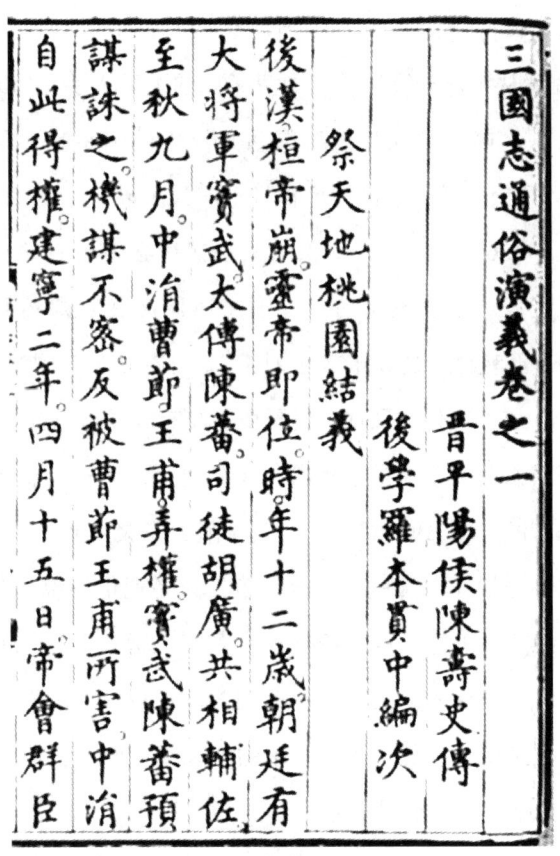

明嘉靖壬午本《三国志通俗演义》书影

以便观览,则三国之盛衰治乱,人物之出处臧否,一开卷,千百载之事,豁然于心胸矣。其间亦未免一二过与不及,俯而就之,欲观者有所进益焉。"既然说"书成,士君子之好事者,争相誊录,以便观览",则《三国志通俗演义》在弘治甲寅之前就已经成书。然而,"前"到什么时间,则很难说。从庸愚子作序之后28年,即到嘉靖壬午(1522)《三国志通俗演义》才付梓来看,庸愚子在"书成"之后多少年才见到书、见到书之后多少年才作序,都是未知之数。但可以肯定的是,至迟在庸愚子作序之前即弘治甲寅(1494)之前,《三国志通俗演义》已经成书。这一点,学界已经有共识。问题是,几乎所有的《三国演义》研究者都认为,《三国演义》不可能到明中期才成书。这才是问题的关键。

研究者更倾向于《三国演义》成书于元代后期或元末明初,可惜却找不到可靠的证据。有关《三国演义》成书年代的不少说法都是推测之词，难以服人。贾仲明《录鬼簿续编》记载的戏曲家罗贯中，与小说家罗贯中之间又难以建立必然的联系。《三国演义》成书年代的问题，似乎陷入了死胡同。如何破解这一难题，需要综合研究，即结合作者、文本和版本进行综合研究。只有在作者、文本和版本三者的交叉点上，才能确定《三国演义》的成书年代。

在作者问题上，在没有反证的情况下，应该承认《录鬼簿续编》所载戏曲家罗贯中与小说家罗贯中为同一个人。且不说已经有一些研究者就此问题做了较为深入的论证，仅就元明之际这一时间段而言，出现同名同姓的戏曲家和小说家的情况还比较少见，而在戏曲和小说方面都取得很高成就的同名同姓作家就更为少见。所以说，如果说作为戏曲家的罗贯中和作为小说家的罗贯中是同名同姓，其巧合的概率不知有多大，百万分之一还是千万分之一，都很难说。而真实的情况可能是，这两个罗贯中就是同一个人。只不过作为戏曲家的罗贯中，由于前面已经有钟嗣成《录鬼簿》开了为戏曲家立传的先例，《录鬼簿续编》为戏曲家兼小说家的罗贯中立传也就很正常了。

要回答戏曲家罗贯中和小说家罗贯中是同一个人，需要弄清楚三个问题。其一，罗贯中小传中说到罗贯中有戏曲作品，有乐府隐语，为何没有说到他创作有小说。这是因为在罗贯中之前出现的讲史平话如《三国志平话》等，都不署作者姓名。《三国志通俗演义》作为第一部长篇历史小说，其很大程度上是在史传和《三国志平话》的基础上创作的，罗贯中自己就自认为是"编次"，而不是创作。而负责任的文人非常看重独创，看重创新，看重自出机杼，贾仲明与罗贯中是忘年交，自然熟悉这种情况，在罗贯中小传中不言其小说创作，是非常正常的。在元代，文人地位本来就低，有所谓"九儒十丐"之说。至于小说家的地位就更低了，因为他们所写的东西不登大雅之堂，都是世俗所喜爱的，只能在市井中流传。从这个角度说，《录鬼簿续编》不记载罗贯中的小说是正常的，如果记载了反而不正常。其二，罗贯中小传中为何不称罗贯中之名。从小传中可知，贾仲明与罗贯中是忘年交，比罗贯中小了20岁以上，从年龄上说罗贯中是贾仲明的长辈。古代习俗中有晚辈不言长辈名讳的传统。罗贯中既然在年龄上是贾仲明的长辈,贾仲明为罗贯中作小传,为表示尊重只称其字而不言其名,是很正常的事情。其三,既然《三国志通俗演义》在元末明初就已经创作完成,为何直到明中期才问世。这是一个比较复杂的问题。首先是元末明初的战乱导致作者颠沛流离,不利于小说的刊行。这一点从小传中可以得到印证。其次,小说长达22卷240则,卷帙浩繁,如果要刊行,需要相当的实力。而罗贯中作为一般文人,有心创作,未必有财力刊行。再次,既然在元末明初没有刊行,那么,在罗贯中之后,小说的刊行就需要一个适当的机会。这个机会就是书商发现了《三国志通俗演义》,请求刊行。嘉靖本修髯子《引》透露了这样的信息:

> 客问于余:"刘先主、曹操、孙权各据汉地为三国,史已志其颠末,传世久矣。复有所谓《三国志通俗演义》者,不几近于赘乎?"余曰:"否。史氏所志,事详而文古,义微而旨深,非通儒夙学,展卷间鲜不便思困睡。故好事者以俗近语櫽栝成编,欲天下之人入耳而通其事,因事而悟其义,因义而兴乎感。不待研精覃思,知正统必当扶,窃位必当诛,忠孝节义必当师,奸贪谀佞必当去。是是非非,了然于心目之下,裨益风教,广且大焉,何病其赘耶?"客仰而大谑曰:"有是哉!子之不我诬也,是可谓羽翼信史而不违者矣!简帙浩瀚,善本甚艰,请寿诸梓,公之四方可乎?"余不揣谫劣,原作者之意,缀俚语四十韵于卷端,庶几歌咏而有所得欤。於戏!牛溲马勃,良医所诊,孰谓稗官小说,不足为世道重轻哉?①

修髯子所说的"客",很大可能是书商。他先从修髯子口中探知《三国志通俗演义》的价值,然后表示"简帙浩瀚,善本甚艰,请寿诸梓,公之四方可乎"?这四句话透露的信息比较丰富:一是《三国志通俗演义》卷帙浩瀚,是一部皇皇巨著;二是保存下来的《三国志通俗演义》本子很好,但若想这样将其放在木箱中继续保存下去很难;三是把它刻印出来,让天下之人共同保护。所谓"公之四方",就是刊行的意思。这样的意见,也只有书商才能提出来。不

---

① 罗贯中《三国志通俗演义》,上海古籍出版社1980年版。

过,从修髯子《引》来看,《三国志通俗演义》在庸愚子作序之后28年,才得以刊行。庸愚子《序》作于弘治甲寅仲春,修髯子《引》作于嘉靖壬午孟夏,其间相隔28年。为何会出现这样的事情呢?曾经有研究者对此提出疑问。按照现在的出版情况,通常是书决定出版了,才请人作序,作序与出版之间不会相隔多少时间,少则三五月,多则三五年,不会出现序文写好后二三十年书还没有出版的情况。但《三国演义》的序文作于弘治甲寅,刊行在嘉靖壬午,中间跨度近30年。这期间,一方面是明代经济社会稳定发展,一方面是奢靡之风盛行,歌功颂德的台阁体大行其道。同时,以李梦阳、何景明为首的"前七子"以复古相号召,提倡"文必秦汉,诗必盛唐",对台阁体形成很大冲击。在这种世风、文风影响下,讲社会治乱、百姓苦难的《三国志通俗演义》显然不合时宜,即使刊行也未必有多大市场。同时,由于《三国志通俗演义》卷帙浩瀚,付梓刊行需要较大的资金支持。所以,直到嘉靖初年,有书商听了修髯子对《三国志通俗演义》的评价,对其发生了浓厚的兴趣,才愿意出资刊行。从这个意义上说,嘉靖壬午本的面世也是一次机缘巧合。

三 《三国演义》版本流变

《三国演义》的版本是《三国演义》文本研究的重要内容。自明中期以来,《三国演义》不断被刊刻,故而有很多版本。有研究者统计,现存明代刊本近30种,清代刊本有70多种。这些版本刊行有先后,内容有出入,文辞有雅俗,因而存在不同的版本系统。学术界有关《三国演义》版本的研究,主要集中在其版本系统和最早的版本两个问题上。自20世纪80年代初"中国三国演义学会"成立以来,随着《三国演义》研究的全面拓展与深入,学界对《三国演义》版本问题的研究不断深入,产生了许多有重要价值和广泛影响的成果。尤其是对《三国演义》版本流变等问题,已经基本厘清。

(一)《三国演义》的版本系统

《三国演义》的版本很多很复杂,但细分起来,又可以归结为不同的版本系

郑州图书馆藏清乾隆手抄本《三国志玉玺传》目录书影

统。研究者注意到了其版本系统问题，把《三国演义》的版本分为《三国志通俗演义》系统、《三国志传》系统和毛宗岗《三国演义》系统。尽管从主要人物、主要情节、主要内容等方面来看，各个系统没有根本性区别，但三个系统还是各有所本。

《三国志通俗演义》系统以嘉靖壬午本为最早，其他各种刊本的《三国志通俗演义》，都是从嘉靖壬午本而来。如明万历辛卯（1591）金陵周曰校本《新刻校正古本大字音释三国志通俗演义》，以及刊行时间约略相同的夷白堂本、夏振宇本等。《三国志传》系统现存版本最多，较早的是嘉靖戊申（1548）建阳叶逢春本，万历壬辰（1592）余象斗本，万历乙巳（1605）联辉堂本，万历庚戌（1610）杨春元本，以及刘龙田本、黄正甫本、唐宾尹本等。这个系统以叶逢春本为最早。到了清代，毛宗岗则在《三国志通俗演义》系统、《三国志传》系统和诸家评点的基础上，形成了《三国演义》系统。这也是当今影响最大的一百二十回本《三国演义》版本系统。始于清乾隆元年（1736）成于乾隆十九年（1754）的手抄本《三国志玉玺传》弹词在版本流传中的意义也值得引起注意。关于《三国演义》版本源流的详细情况，可参阅刘世德《三国志通俗演义作者与版本考论》（中华书局 2010 年版）和魏安《三国演义版本考》（上海古籍出版社 1996 年版）。

《三国演义》的三个版本系统，有分节分回之别。前两个系统皆是分节，一般作二十卷二百四十节。毛宗岗《三国演义》系统则分为六十卷一百二十回。经毛宗岗加工整理和评点的《三国演义》目前最为流行，影响也最大。如果说这是后来居上的话，那么，毛宗岗本《三国演义》一定有它的特别之处。关于这个问题，学术界较少论及。这其实是一个很有意思的话题。有必要就此话题略作探讨。

毛宗岗加工整理和评点的《三国演义》（以下简称毛评本）为什么能够后来居上，超过其他各种《三国演义》版本的影响而广为流传呢？这从毛评本的"凡例"中可以看出一些端倪。其一，它从阅读者的角度考虑，注重文从字顺、通俗易懂，所谓"俗本之乎者也，大半龃龉不通，又词语冗长，每多复沓处。今悉据古本改正，颇觉直捷痛快"。毛宗岗所说的"俗本"和"古本"究竟是有所指还是托词，值得研究。但不管怎么样，毛宗岗加工整理过的《三国演义》确实文从字顺，读来比较顺畅。其二，他对那些与古本不合且与史传相抵牾的故事情节做了辨证，并依古本刊定。如"凡例"所指出的刘备闻雷失箸、马腾入京遇害、关羽封汉寿亭侯、孙夫人投江而死等，都"悉以古本辨定"；对那些荒诞不稽的故事，如关羽斩貂蝉、张飞捉周瑜等，则悉数删之。其三，对那些"不可缺"之事，如表现人物形象性格特征的故事等，虽小而存之。比如关羽秉烛夜读《春秋》、管宁割席、曹操分香卖履、于禁陵庙见画等，都是从细微之处

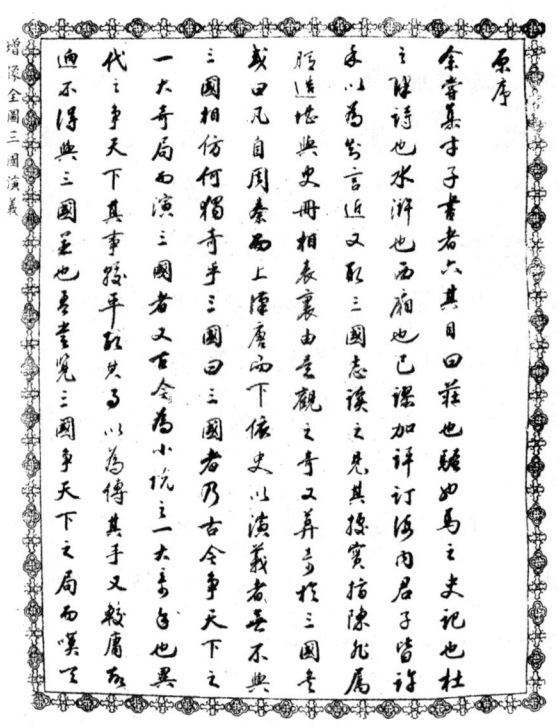

毛宗岗评点本金圣叹序

见精神。俗本删之，而毛宗岗则"悉以古本存之"。其四，小说应讲究文采，而那些脍炙人口的前人诗文，如孔融《荐祢衡表》、陈琳《为袁绍讨曹操檄》、诸葛亮的前后《出师表》等，都是传世美文，俗本删之，毛宗岗则据古本存之。这样就增加了小说的文采和可读性。其五，毛宗岗按照章回小说的要求，对俗本题目参差不齐、错乱无章的现象做了认真的加工，并按照章回小说的惯例把俗本的分节进行合并，形成了回目整齐的一百二十回本《三国演义》。同时，取唐宋名人诗词，对叙事中夹带的周静轩诗进行置换，既增强了小说的可读性，又提高了小说的艺术性。最后，小说删去了那些假托李卓吾之名的评点，尤其是那些与毛宗岗尊刘抑曹的正统观念不甚一致的评点和唐突昭烈、谩骂孔明的评语。

毛宗岗评点本的流传是文化选择的结果，反映出读者共同的文化心理和审美需求。毛宗岗评点本问世以后，以嘉靖壬午本为代表的《三国志通俗演义》

系统和以叶逢春本为代表的《三国志传》系统，都逐渐退出市场，让位给毛评本，一方面说明毛评本确实抓住了读者的文化心理，适应了读者的审美需求，另一方面也表明之前曾经流行的各种《三国演义》版本在文本方面都存在着这样那样的问题，比如词句不够通俗，内容涉及怪诞，细节不够真实，文辞过于鄙俚，前后失于照应，思想倾向背离读者期望，等等。毛评本之前的《三国演义》各种版本，都不尽如人意。毛评本作为后出的《三国演义》版本系统，能够后来居上，是有其深刻原因的。

(二)《三国演义》最早的版本

由于《三国演义》自成书至刊行之间有一个较长时间的"空窗期"，学术界对《三国演义》最早的版本一直存有争议。以刊行时间先后而论，现今见到的嘉靖壬午本《三国志通俗演义》是最早的刊本。但也有学者据嘉靖壬午本第十二卷第九则《张永年反难杨修》一节中的小字注"柴世宗时方刊板。旧本'书'作'板'，差矣"，怀疑嘉靖壬午本前有"旧本"存在。但这只是一种怀疑，尚无证据。柴世宗即后周柴荣，其朝代在北宋之前。"柴世宗时方刊板"之语如果不是刊刻有误的话，其"刊板"可作两种理解：一是刻板印刷始于柴世宗，二是指《三国志》至柴世宗时才有刻板。所以，这里所说的"刊板"无论如何不是指《三国志通俗演义》。以刊行时间先后而论，不论是"演义"系统还是"志传"系统的各种刊本，现今所见到的最早刊本都是嘉靖壬午本《三国志通俗演义》。

嘉靖壬午本为《三国志通俗演义》最早的版本，学术界目前基本上没有太大的争议。不过，也有学者曾经对此提出异议。澳大利亚华裔学者柳存仁在《罗贯中讲史小说之真伪性质》中提出了"《三国志传》之刻本，今日所得见者虽为万历至天启间所刊刻，时间在嘉靖壬午本《三国志通俗演义》之后，然其所根据之本（不论其祖本为一种或多种），固有可能在嘉靖壬午以前"的说法。① 这虽属推测之辞,但在《三国演义》版本研究界却产生了较大影响。此外,有学者提出了黄正甫本《三国志传》为今见《三国演义》最早刻本。② 学界就此观点颇是争论了一阵子,反对的声音也很多。

柳存仁的"祖本"说虽然没有直接否定嘉靖壬午本《三国志通俗演义》是现存《三国演义》最早的版本,但提出在此之前有"祖本",那就无形中否定了嘉靖壬午本为最早的版本的说法。既然此前还有"祖本",嘉靖壬午本就不是最早的版本,最早的版本只不过尚未发现而已。所谓"祖本",就是各种系统的《三国演义》依据的最早版本,其后各种版本都是从此脱胎或演化而来。那么,是否存在这样一个"祖本"呢?从理论上说,《三国演义》成书到嘉靖壬午本问世,中间的"空窗期"是有些长,这之间很可能会出现所谓的"祖本",正像柳存仁推测的那样,在至治本《三国志平话》刊刻之后四十年左右,罗贯中有可能撰写《三国志传》,其后为其他各本《三国志传》所宗。但这只是推测,找不到任何实物证据或文献证据。修髯子《三国志通俗演义·引》有言:"今古兴亡数本天,就中人事亦堪怜。欲知三国苍生苦,请听《通俗演义》篇。"假如嘉靖壬午本之前真有所谓《三国志传》祖本的话,生活于"前七子"提倡复古文化背景下的修髯子,不是更应该说"请听《三国志传》篇"吗?

所以,推测只能是推测。在没有确凿的版本证据之前,嘉靖壬午本作为最早的《三国演义》版本的地位是不能轻易否定的。

---

① 柳存仁《罗贯中讲史小说之真伪性质》,《香港中文大学中国文化研究所学报》1976年第8卷第1期。

② 参见张志和《黄正甫刊本〈三国志传〉乃今见〈三国演义〉最早刻本考》,《北京师范大学学报》1994年第02期。

第三章 《三国演义》主题之争

《三国演义》是一部演义三国历史的长篇小说。虽然作者在创作时可能就是为了表现风云变幻、波谲云诡的三国历史，未必有表达什么主题的想法。但思想大于作品。从同一部作品中，不同的读者会读出不同的内容，有不同的感悟，因而对作品的总结和概括也会不同。如同一千个观众眼中会有一千个哈姆雷特，不同的研究者对《三国演义》表达的思想倾向同样会有不同的认识。这么说并不否认人们对《三国演义》的思想倾向有一个基本的认同。围绕这一基本认同，研究者各抒己见，使《三国演义》的主题之争越发显得丰富多彩。

用"思想倾向"概括《三国演义》内容的指向性，显然要比"主题"更确切一些。这里之所以依然使用"主题"这一有点过时的词，并非"恋旧"，而是尊重学者们既往研究的成果。因为自20世纪下半叶以来，文学研究界的话语体系就是这样。尤其是20世纪八九十年代，许多探讨《三国演义》思想倾向的文章几乎都采用"主题"这一词汇。既然已经是历史，就要尊重它，而不是全部用当下的话语体系去代替它。《三国演义》表现出来的主题到底是什么，或者换句话说，《三国演义》表现出来的思想倾向是怎样的，这一问题同样比较复杂，学界争议也比较大，但总的来说是各有所据，各有偏重。

一　主题之一：向往统一

这是一种政治性较强且较为传统的说法。持此说的学者从《三国演义》的历史演进逻辑和三国君臣努力实现的目标入手，探讨《三国演义》表现出来的思想倾向，认为向往统一是《三国演义》最鲜明的主题。

（一）向往统一是《三国演义》的历史演进逻辑

《三国演义》演义的是自汉灵帝建宁二年（169）至晋武帝太康元年（280）的历史故事，其总的趋势是由治趋乱，又由乱趋治，最终归结为统一。所以，《三国演义》开篇便是一段颇为耐人寻味的话："话说天下大势，分久必合，合久必分。周末七国分争，并入于秦。及秦灭之后，楚汉分争，又并入于汉。汉朝自高祖斩白蛇而起义，一统天下，后来光武中兴，传至献帝，遂分为三国。"这样的开篇不仅紧扣住《三国演义》书名，让读者了解该书要写的主要内容，而且通过"分久必合，合久必分"这样一种天下大势的描述，暗示读者由治趋乱正是汉末社会的特征。那么，汉末社会为什么会出现这样一种情况呢？作者直言不讳："推其致乱之由，殆始于桓灵二帝。桓帝禁锢善类，崇信宦官。及桓帝崩，灵帝即位，大将军窦武、太傅陈蕃共相辅佐。时有宦官曹节等弄权，窦武、陈蕃谋诛之，作事不密，反为所害，中涓自此愈横。"汉末社会之所以会由治趋乱，在作者看来，根本原因是桓灵二帝禁锢善类，崇信宦官。桓灵二帝禁锢善类，崇信宦官，是一个问题的两个方面。所谓禁锢善类，指的是桓灵之世的党锢之祸，而党锢之祸的兴起，也是宦官弄权的结果。没有宦官弄权，就不会有李膺、范滂等所谓"党人"的讥议朝政，同样也就不会有后来的"处士横议"，也就不会有汉末的清议之风。可是，桓灵二帝都不是明君，而且还都有些窝囊，虽在君位，却缺少为君的才能和德行，不分贤愚，不辨忠奸，给了被压抑已久的宦官可乘之机。尤其是汉桓帝，在宦官诬陷李膺等正直大臣的时候，不顾陈蕃的劝阻，亲自下令逮捕李膺等党人，制造了第一次党锢之祸。汉灵帝之世，大将军窦武、太傅陈蕃见宦官干政，破坏了传统的政治规矩，已经成为新的社会动乱之源，果断地做出了诛杀宦官决定的时候，窦太后竟然听信宦官之言，使宦官先下手为强，杀了窦武和陈蕃，并且制造了第二次党锢之祸，把李膺等党人三四百人悉数捕杀，汉末文人遭受了空前的劫难。在中国历史上，凡是宦官干政弄权的时候，必定是社会发生动荡的时候。这是中国历史发展的基本规律之一。果然，第二次党锢之祸之后，东汉社会很快陷入动乱之中，先是黄巾起义，紧接着是何进谋诛宦官，董卓掳掠宫廷，十八镇诸侯讨伐董卓。东汉社会至此便陷入无法收拾的地步，总体说就是一个字："乱"，国家乱，社会乱，朝廷乱，地方乱，百姓也乱。

否极泰来，乱极而治。东汉末年天下大乱之后，第一个趋治的标志就是由诸侯割据到三国鼎立。在诸侯割据中，北方的曹操、江东的孙权和暂居江陵的刘备集团开始壮大，并通过赤壁之战形成了天下三分之势。按照《三国演义》中诸葛亮的说法，这三大集团的形成，是因为曹操占据天时，孙权占据地利，刘备独得人和。但三国鼎立只是天下由乱趋治的第一步，自秦汉以来，中国就是一个大一统的国家，所以，三国鼎立只是暂时的。魏、蜀、吴三大集团并没有满足于三足鼎立，相互之间不断征伐，就是为了扩张自己的势力，进而实现统一。尤其是蜀汉诸葛亮以弱小之蜀汉而与较为强大之曹魏、东吴相抗衡，采取了以攻为守的策略，主动出击，在连年不断的北伐中原中寻找战机。诸葛亮六出祁山，以及他的继任者姜维九伐中原，都是试图在三国之争中占得先机。而三国归晋，则是由乱趋治的阶段性表现。晋武帝太康元年（280）三国归一统，则是分久必合，完成了自汉末由治趋乱到西晋由乱趋治的历史轮回。这是东汉末年至西晋太康年间三国归晋的历史发展轨迹，也是合久必分、分久必合这一历史演进逻辑自汉灵帝建宁二年（169）至晋武帝太康元年的充分表现。所以，小说在终篇的时候又再一次表明了合久必分、分久必合的观点："自此三国归于晋帝司马炎，为一统之

降孙皓三分归一统

基矣。此所谓'天下大势，合久必分，分久必合'者也。"①

（二）向往统一是《三国演义》贯穿始终的主线

向往统一是《三国演义》贯穿始终的主线，也是三国君臣努力的方向。东汉桓灵二帝禁锢善类，宠信宦官，导致汉末大乱、诸侯割据。许多人乘乱而起，试图在诸侯争雄中一展身手，如袁绍、袁术、吕布、公孙瓒、孙策、刘表之辈，都想在汉末大乱中有所表现，而且也都有所表现。但这些人不过是历史的过客，甚至只是昙花一现。真正有所作为的，则是曹操、刘备和孙权。他们能够在汉末大乱中扫荡群雄，最后鼎足而三，是因为他们有统一天下的情怀，他们君臣都在朝着天下统一的方向不懈努力。这只要看一看曹操、刘备、孙权三人的天

---

① 《三国演义》第一百二十回"荐杜预老将献新谋，降孙皓三分归一统"。

下情怀，以及首席谋士为他们谋划的战略，就可以一目了然了。

先看曹操集团。《三国演义》第十四回"曹孟德移驾幸许都"一节集中表现了曹操集团谋划大业之事。汉献帝历经颠沛回到洛阳之后，度日艰难，准备召曹操来洛阳辅翼王室。小说于此写道：

> 却说曹操在山东，闻知车驾已还洛阳，聚谋士商议。荀彧进曰："昔晋文公纳周襄王，而诸侯服从；汉高祖为义帝发丧，而天下归心。今天子蒙尘，将军诚因此时首倡义兵，奉天子以从众望，不世之略也。若不早图，人将先我而为之矣。"曹操大喜。

荀彧"奉天子以从众望"的建议，是让曹操学晋文公之事，成汉高祖之业。晋文公乃是春秋五霸之一，辅佐周室，赢得了天下诸侯的拥护，建立了不世之伟业。汉高祖刘邦在义帝楚怀王被项羽杀害后，下令三军缟素三日，为义帝发丧，发布檄文于天下，共同讨伐项羽，拉开了楚汉战争的序幕。在天下诸侯群起响应中，刘邦最终赢得了天下。荀彧的建议，有明显的向往统一的指向。所以，曹操闻之大喜。曹操入洛阳后，诸将为是否移驾许都争执不下。曹操征询荀彧的意见，荀彧说："汉以火德王，而明公乃土命也。许都属土，到彼必兴。火能生土，土能旺木；正合董昭、王立之言。他日必有兴者。"听了荀彧的分析，曹操才下决心奉汉献帝移驾许都，从此便"挟天子以令诸侯"，占据了道义上的主动。曹操集团能够很快统一北方，与其君臣都向往天下统一密不可分。

再说刘备集团。刘备集团君臣努力的方向，基本上是按照诸葛亮"草庐对"谋划的战略进行的。刘备三顾茅庐，终于见到诸葛亮，请求诸葛亮"以天下苍生为念，开备愚鲁而赐教"。这才有了诸葛亮的"草庐对"：

> 自董卓造逆以来，天下豪杰并起。曹操势不及袁绍，而竟能克绍者，非惟天时，抑亦人谋也。今操已拥百万之众，挟天子以令诸侯，此诚不可与争锋。孙权据有江东，已历三世，国险而民附，此可用为援而不可图也。荆州北据汉沔，利尽南海，东连吴会，西通巴蜀，此用武之地，非其主不能守；是殆天所以资将军，将军岂有意乎？益州险塞，沃野千里，天府之国，高祖因之以成帝业；今刘璋暗弱，民殷国富，而不知存恤，智能之士，

思得明君。将军既帝室之胄，信义著于四海，总揽英雄，思贤如渴，若跨有荆益，保其岩阻，西和诸戎，南抚彝越，外结孙权，内修政理；待天下有变，则命一上将将荆州之兵以向宛洛，将军身率益州之众以出秦川，百姓有不箪食壶浆以迎将军者乎？诚如是，则大业可成，汉室可兴矣。此亮所以为将军谋者也。惟将军图之。

诸葛亮的统一战略是分两步走，即先取荆州为根本，跨有荆州和益州，和曹操、孙权形成鼎足而三之势；然后，安定后方，等待天下变化，再图统一大业，所谓"西和诸戎，南抚彝越，外结孙权，内修政理；待天下有变，则命一上将将荆州之兵以向宛洛，将军身率益州之众以出秦川"。出于这样的谋划，他对刘备说："将军欲成霸业，北让曹操占天时，南让孙权占地利，将军可占人和。先取荆州为家，后即取西川建基业，以成鼎足之势，然后可图中原也。"很显然，诸葛亮为刘备的谋划，其最终指向也是天下统一。可惜的是，刘备后来违背了诸葛亮为他制定的"外结孙权"的战略，执意出兵伐吴，落得个兵败夷陵、命丧白帝的下场。刘备一统天下的大业由于夷陵惨败而成为南柯一梦。尽管诸葛亮后来竭尽全力辅佐后主刘禅，努力实现其最初的战略构想，但蜀汉已经先失一着，再也没有翻盘的机会了。

最后看一看孙吴集团。孙权的基业是从父兄那里继承来的。在天下三分之前，孙权也曾经有过一统天下的梦想。鲁肃归顺孙权之后，孙权对这位胸怀韬略、腹隐智谋的谋士十分看重。一次，会见众人之后，众人散去，孙权单独把鲁肃留下来小酌，两人一直喝到很晚。当晚，孙权就把鲁肃留下来，二人同榻而卧，继续谋划东吴的未来。孙权志向远大，思为桓文之事，虚心向鲁肃求教："方今汉室倾危，四方纷扰；孤承父兄余业，思为桓文之事，君将何以教我？"鲁肃披肝沥胆，为孙权制定战略规划，明确了三步走的战略。这就是著名的"榻上策"：

> 昔汉高祖欲尊事义帝而不获者，以项羽为害也。今之曹操可比项羽，将军何由得为桓、文乎？肃窃料汉室不可复兴，曹操不可卒除。为将军计，惟有鼎足江东以观天下之衅。今乘北方多务，剿除黄祖，进伐刘表，竟长

江所极而据守之;然后建号帝王,以图天下:此高祖之业也。

鲁肃的战略谋划立足于江东,着眼于统一天下。第一步是巩固江东根据地,站稳脚跟;第二步是乘北方战乱之机,向西扩张,先剿除黄祖,再讨伐刘表,把长江之南据为己有;第三步则是称帝江东,谋取天下。这种战略规划立足当下,着眼未来,正合孙权之意。小说于此写道:"权闻言大喜,披衣起谢。"

汉末诸雄鱼龙混杂,有投机钻营者,有借机捞一票者,有想发国难财者,有割据一方以为资本者。但真正有雄图大略者,只是少数。正像曹操与刘备青梅煮酒论英雄时所说的那样,真正的英雄应该是"胸怀大志,腹有良谋,有包藏宇宙之机,吞吐天地之志者",他们像龙那样,"能大能小,能升能隐;大则兴云吐雾,小则隐介藏形;升则飞腾于宇宙之间,隐则潜伏于波涛之内"。既然有"包藏宇宙之机,吞吐天地之志",就不会局限于一时一隅,不会计较眼前的蝇头小利,而是为了达到统一天下的目的,能大能小,能屈能伸。大则兴云吐雾,飞腾于宇宙之间;小则隐介藏形,潜伏于波涛之内。而曹操、刘备、孙权正是这样的人。虽然他们三个人谁也没有实现一统天下的梦想,但他们一直怀有向往统一的情怀,并一直在朝着这样的梦想而努力。

(三) 向往统一是这一历史时期人民的期盼

《三国演义》是历史小说,而历史小说的主人公常常是那些对历史发展演进有重要影响的帝王将相。按照马克思主义的观点,历史是人民创造的。这是从根本上来说,从动力之源上来说。但是具体到某一历史事件,或是某一阶段的历史进程,抛头露面的总是那些有些社会地位的人物。当然,人民也是一个比较宽泛的概念,可以泛指所有社会成员。但通常意义上,人民是指普通劳动者,是指作为社会基本成员主体的劳动群众。在《三国演义》这样一部历史小说中,普通人出现的机会比较少,但也时有表现。从他们身上,也可以看出他们对统一的向往。

东汉桓灵之世,皇帝昏庸,宦官干政,正直之士遭到禁锢,谄媚小人青云直上,整个社会不仅民不聊生,而且官员也不得安生,稍有不慎,就可能招致贬斥,甚至是杀头和灭族。世道如此,则不免人心思乱,小说写道:"张让、赵忠、封谞、段珪、曹节、侯览、蹇硕、程旷、夏恽、郭胜十人朋比为奸，号为'十常侍'。帝尊信张让，呼为'阿父'。朝政日非，以致天下人心思乱，盗贼蜂起。"腐败公行，社会不公，义士遭贬，奸佞当道，社会焉有不乱之理？当此之时，黄巾大起义爆发也就是不可避免的了。然而，当社会陷入大乱之中，生灵涂炭、民不聊生的时候，百姓也就盼望国家统一、社会安定了。关于这一点，小说虽然着墨不多，但也有所表现。小说借用某些官员之口表达百姓对统一的向往，如吴相陆凯谏孙皓疏云："今无灾而民命尽，无为而国财空，臣窃痛之。昔汉室既衰，三家鼎立；今曹、刘失道，皆为晋有：此目前之明验也。臣愚但为陛下惜国家耳。武昌土地险瘠，非王者之都。且童谣云：'宁饮建业水，不食武昌鱼；宁还建业死，不止武昌居！'此足明民心与天意也。"陆凯以东吴童谣为劝谏之词，反映出东吴百姓反对苛政、向往安定的心愿。西晋镇南大将军羊祜镇守襄阳期间，与东吴将领陆抗和睦相处，允许已经投降西晋的东吴士兵返回东吴，甚得民心。羊祜非常了解孙皓这个人，他是静待东吴之变，然后乘机灭吴。陆抗明白羊祜的意图，劝说孙皓"修德慎罚，以安内为念，不当以黩武为事"。孙皓以为陆抗有通敌之嫌，罢了陆抗的官，更加肆意妄为，以至于"上下无不怨嗟"。东吴"上下无不怨嗟"，是因为孙皓昏庸暴虐，宠信宦官，已失民心，同时也反映出东吴百姓对社会安定的向往，流露出对统一的渴望。

二 主题之二：尊刘抑曹

尊刘抑曹是《三国演义》十分明显的思想倾向。自习凿齿、孙盛等东晋史学家出于历史的原因，为维护偏安江南的东晋正统，改变了陈寿《三国志》的思想倾向，把刘备代表的蜀汉政权作为绍继正统的一方，而对曹魏一方则有意加以贬抑。毛宗岗加工、整理和评点的《三国演义》则在嘉靖本《三国志通俗演义》的基础上，刻意强化了这一倾向，以至于有不少研究者把"尊刘抑曹"作为《三国演义》的主题来看。

正统说是春秋战国时期兴起的。当时列国争胜，诸侯争雄，谁是正统就成了一个问题。孟子用夷夏之辨，表达了华夏正统观："吾闻用夏变夷者，未闻变于夷者也。"① 孟子以中原为正统，以四方为夷狄，甚至把楚地亦划归华夏之外，称陈良为"楚产"，许行为"南蛮鴃舌"之人。两汉时期，以汉朝、汉人为主体的华夏地区被视为正统之所在，于是有了东夷、西狄、南蛮、北戎之说。东汉分为三国之后，尤其是南北朝时期，正统之争以实体的形式表现出来。唐朝是大一统国家，夷夏之争暂时偃旗息鼓。但到了两宋时期，正统之争再次热闹起来。但不论怎样争论，人们对于所谓的正统，都有自己的看法，一些争论更是无法摆脱成王败寇的习惯思维，譬如把王莽新政说成是窃国。但也正如白居易诗所言："周公恐惧流言日，王莽谦恭未篡时。向使当初身便死，一生真伪复谁知？"假如王莽没有被推翻，王莽新朝岂不也成为正统了吗？在史学家那里，正统既是国家、朝代和君主所系，也是国运和历史的延续。而寻常百姓则似乎不大关心这些问题，不论城头怎样变换大王旗，总是兴百姓苦，亡百姓苦。但文人则非常关心正统的问题，因为这涉及忠臣还是贰臣的问题，涉及一个人的操守和道德，是所谓的大是大非问题，所以一定要辨个清楚。

自东晋以来，曹魏正统和蜀汉正统之争就没有停止过。曹魏正统或是蜀汉正统，涉及对刘备和曹操的态度问题。司马光《资治通鉴》叙述三国之事，以魏文帝曹丕黄初元年（220）接续汉献帝建安二十五年，明显是以曹魏为正统；而朱熹《通鉴纲目》则在汉献帝建安之末，以后汉昭烈皇帝章武元年（221）开始纪年，显然是以蜀汉为正统。元人胡一桂对朱熹这种做法特别赞赏，指出："自卓既诛戮，则天下固汉之天下也。傕汜交攻，天子奔走荆棘间，未闻操有勤王之举。车驾还洛阳，操始入朝，其谋固欲挟天子令诸侯而已，名为汉相，实汉贼耳。《纲目》于此始大书特书，以昭烈承献帝之后，俾得以绍汉遗统焉。论者尝即文公《纲目》与温公《通鉴》并言之。温公于献帝之末，曹丕之篡也，书帝禅位于魏，魏王即皇帝位。文公则书魏王曹丕即皇帝位，废帝为山阳公。至蜀汉之兴也，文公于献帝建安二十五年之后，即大书昭烈皇帝章武元年，汉

---

① 《孟子·滕文公上》。

中王即皇帝位以继之。及蜀之出师也,温公书诸葛亮入寇,文公则书魏寇汉中,丞相亮伐魏。温公进魏而退蜀,则祖陈寿之旧史,此以强弱论也;文公帝蜀而贼魏,则本《春秋》之书法,此以是非论也。"① 显而易见,在曹魏正统还是蜀汉正统的问题上,宋代文人,尤其是南宋文人更倾向于蜀汉。在民间,由于三国故事、传说和戏曲、小说的影响,蜀汉正统似乎已经深入人心,苏轼"至'说三国'事,闻刘玄德败,颦蹙有出涕者;闻曹操败,即喜唱快"的记载,即反映出当时民间的情感倾向已经偏向于蜀汉一方。所以,毛宗岗在《读三国志法》中开宗明义地指出:"读《三国志》者,当知有正统、闰运、僭国之别。正统者何?蜀汉是也;僭国者何?吴魏是也;闰运者何?晋是也。魏之不得为正统者何也?论地则以中原为主,论理则以刘氏为主。论地不若论理,故以正统予魏者,司马光《通鉴》之误也;以正统予蜀者,紫阳《纲目》之所以为正也。《纲目》于献帝建安之末,大书'后汉昭烈皇帝章武元年',而以吴魏分注其后。盖以蜀为帝室之胄,在所当予;魏为篡国之贼,在所当夺。是以前则书刘备起兵徐州讨曹操,后则书汉丞相诸葛亮出师伐魏,而大义昭然揭于千古矣。"②

正是由于《三国演义》以蜀汉为正统,所以小说在涉及蜀汉和曹魏时,尤其是涉及刘备和曹操时,总是自觉不自觉地流露出尊刘抑曹的倾向。汉末大乱至三国鼎立之前,中原基本上处于诸侯割据的局面。曹操用荀彧之计,"奉天子以从众望",奉汉献帝都于许县,开始了挟天子以令诸侯的时期。但是,小说叙及曹操则多有微词,并常常借他人之口指责甚至痛骂曹操,如陈琳为袁绍起草的讨伐曹操的檄文,把曹操的祖宗三代骂了个狗血喷头;祢衡击鼓骂曹操,不仅把曹操臭骂一顿,而且把曹操手下的谋士和武将都说得一无是处:"荀彧可使吊丧问疾,荀攸可使看坟守墓,程昱可使关门闭户,郭嘉可使白词念赋,张辽可使击鼓鸣金,许褚可使牧牛放马,乐进可使取状读诏,李典可使传书送檄,

---

① 胡一桂《史篡通要》卷九"蜀汉"。

② 毛宗岗《三国志读法》,载《增像全图三国演义》,中国书店 1985 年影印版。

吕虔可使磨刀铸剑，满宠可使饮酒食糟，于禁可使负版筑墙，徐晃可使屠猪杀狗；夏侯惇称为完体将军，曹子孝呼为要钱太守。其余皆是衣架、饭囊、酒桶、肉袋耳！"稍稍熟悉三国历史的人都知道，曹操手下的谋臣武将确有不少出类拔萃者，有些甚至可以称为稀世杰出的人才，可是，作者为什么要借祢衡之口对这些人贬损一番呢？俗话说是恶心曹操：你说是当世英雄，我看是酒囊饭袋。作者正是通过这样一种方式来贬抑曹操。祢衡一句"吾乃汉朝之臣，不作曹瞒之党"，把作者贬抑曹操的心思暴露无遗。

对于三国政权的建立，作者慷慨地把正统赋予蜀汉，而把曹魏视为篡逆。第八十回直接题为"曹丕废帝篡炎刘，汉王正位续大统"，以为曹丕居于中原取代汉献帝是篡位，刘备偏安西蜀却是绍继正统。在作者看来，汉室虽亡，汉祚未尽，汉朝的整体依然存在，那就是中山靖王之后刘备代表的蜀汉政权。正是基于这样的认识，作者才在回目中标出曹丕是"篡炎刘"，刘备是"续大统"。诸葛亮等大臣的劝进表，也是以正统自居："主上乃汉室苗裔，理合继统，以延汉祀。"所以，毛宗岗在回评中发了一番高论："玄德之称汉中王也，在曹操称魏王之后。夫曹氏可王，而刘氏独不可王乎？非刘氏而王者，高祖有禁。即以献帝临之，曹可夺而刘可予也。玄德之继帝位也，在曹丕篡帝位之后。夫丕可以篡，而帝室之胄反不可以继汉乎？丕篡之，而玄德继之，是献帝废而未废也。"毛宗岗认为，朱熹《纲目》不以曹魏为正统，"盖不以天数与之，还以天心之合乎人心者夺之耳"。通过毛宗岗的点评，读者就把正统与僭国区分开来，强化了蜀汉正统的观念。

三国鼎立之后，小说始终围绕着蜀汉与曹魏正统之争展开。后 40 回中，除第一百八回和一百二十回与蜀汉没有关系外，其余 38 回有四分之三的篇幅都是以蜀汉为主，譬如比较著名的夷陵之战、七擒孟获、六出祁山、九伐中原等，占主导地位的都是蜀汉。不仅如此，小说的叙述语言也明显以蜀汉为正统，不论是讨伐东吴，还是南征蛮地，都使用的是"征伐""征讨"之类的词汇，不仅表明蜀汉正统，而且显示师出有名。至于与曹魏之间的战争，则使用"征伐"，不仅表明主客之分，而且显示出蜀汉征伐曹魏的正当性。如第九十一回

"祭泸水汉相班师，伐中原武侯上表"，使用的就是"伐"字；而曹魏一方，则使用"寇"字，如第九十九回"诸葛亮大破魏兵，司马懿入寇西蜀"，把曹魏作为"寇"来对待。如此以来，谁是正统，谁是僭国，就一目了然了。

尊刘抑曹的思想倾向不仅表现在《三国演义》的艺术结构、篇幅分量和词汇使用等方面，而且表现在一些细节描写。如第二十五回"屯土山关公约三事"突出了关羽的降汉不降曹。关羽与张辽约定的第一件事就是"吾与皇叔设誓，共扶汉室，吾今只降汉帝，不降曹操"。如写曹操临终之事，特意写了分香卖履和设置疑冢，用以表明曹操的奸雄本色：

> 操令近侍取平日所藏名香，分赐诸侍妾，且嘱曰："吾死之后，汝等须勤习女工，多造丝履，卖之可以得钱自给。"又命诸妾多居于铜雀台中，每日设祭，必令女伎奏乐上食。又遗命于彰德府讲武城外，设立疑冢七十二："勿令后人知吾葬处，恐为人所发掘故也。"

这看似闲笔，实则写出了曹操狭隘多疑的内心世界，也表明了曹操对身后之事的担忧。对比一下刘备白帝城托孤，孰高孰低立判，尊刘抑曹的倾向立显。

在叙述三国之争的时候，小说受历史事实的限制，有时在谁为正统的问题上也出现过矛盾。如第八十二回"孙权降魏受九锡，先主征吴赏六军"，就写了孙权受曹丕册封为吴王、加九锡的事。在中国古代，只有皇帝才有资格册封别人为王，才可以为封王的人加九锡。这件事是孙吴和曹魏之间的一件大事，《孙权传》有记载，不能回避。黄初二年，魏文帝践阼，"权使命称藩"，曹丕册封孙权为吴王，加九锡，且曹丕的册封书，史传言之凿凿，不能不做回应。史传述及此事，洋洋洒洒。为尽量减弱曹魏正统的影响，小说写到这一事件，甚为粗略，仅写了赵咨请为使者赴魏和曹丕命太常卿邢贞赴东吴宣读诏书。但为了让东吴与曹魏抗衡，小说特意写了邢贞傲慢无礼，东吴顾雍、张昭、徐盛等谏阻等细节：

> 忽报魏帝封主公为王，礼当远接。顾雍谏曰："主公宜自称上将军、九州伯之位，不当受魏帝封爵。"权曰："当日沛公受项羽之封，盖因时也；何故却之？"遂率百官出城迎接。邢贞自恃上国天使，入门不下车。张昭大

怒，厉声曰："礼无不敬，法无不肃，而君敢自尊大，岂以江南无方寸之刃耶？"邢贞慌忙下车，与孙权相见，并车入城。忽车后一人放声哭曰："吾等不能奋身舍命，为主并魏吞蜀，乃令主公受人封爵，不亦辱乎！"众视之，乃徐盛也。邢贞闻之，叹曰："江东将相如此，终非久在人下者也！"

邢贞一句"江东将相如此，终非久在人下者也"，不经意间就化解了孙权受九锡造成的尊曹魏为正统的影响。

三　主题之三：宣扬仁爱

有人读《三国演义》看到的是分久必合，合久必分的历史轮回，有人看到的是尊刘抑曹的正统观念，有人则特别重视小说表达的仁爱思想，认为《三国演义》的主旨是宣扬儒家的仁爱思想。的确，《三国演义》不仅通篇贯穿着儒家的仁爱思想，在许多章回都有表现，而且表现得还非常强烈。

孔子说："仁者，爱人。"什么是仁爱呢？就是关心爱护他人。在一个社会动乱的年代，在一个战火纷飞的年代，在一个生灵涂炭的年代，想要对社会和他人表现出仁爱，不仅需要胸怀，而且需要能力，需要机遇。司徒王允在董卓作乱时，眼见他骄奢淫逸，滥杀无辜，却因有吕布这位勇冠三军的猛将贴身护卫，对他却是无可奈何。王允有心用计除掉董卓，一时找不到合适的人选，也找不到机会。为此，他夜不能寐，来到后花园中仰天垂泪。巧的是，他发现府中歌伎貂蝉正在后花园长吁短叹。问明情况后，发现貂蝉正是施行连环计的最佳人选，于是把她唤至画阁，叩头便拜，求貂蝉"可怜汉天下生灵"。得到允诺后，王允跪着说道："百姓有倒悬之危，君臣有累卵之急，非汝不能救也。贼臣董卓，将欲篡位；朝中文武，无计可施。董卓有一义儿，姓吕名布，骁勇异常。我观二人皆好色之徒，今欲用连环计，先将汝许嫁吕布，后献与董卓。汝于中取便，谋间他父子反颜，令布杀卓，以绝大恶。重扶社稷，再立江山，皆汝之力也。不知汝意若何？"貂蝉深明大义，慨然允诺。王允用连环计除掉董卓之后，董卓部将李傕、郭汜兴师问罪，指名道姓要杀王允。吕布要保护王允逃生，王允为了国家社稷，不愿离开。他对吕布说："若蒙社稷之灵，得安国家，吾之愿也；若不获已，则允奉身以死。临难苟免，吾不为也。为我谢关东诸公，努力以国家为念！"大难临头之时，王允想的还是国家社稷和天下百姓。这是真正的仁爱，也是小说着力张扬的仁爱。

《三国演义》中，刘备是仁爱的化身。小说通过刘备这一艺术形象，着力表现了儒家的仁爱思想。汉末大乱，刘备起兵讨伐黄巾军，为国家社稷分忧。看到诸侯争雄，刘备想对天下人施以仁爱，却苦于力不能逮，就听从徐庶的举荐请诸葛亮出山辅佐。他劝诸葛亮出山的理由，就是对天下人的大爱。刘备先致信诸葛亮，表达了忧国忧民的仁爱之心。刘备见到诸葛亮之后，请诸葛亮"以天下苍生为念"，出山辅佐。在诸葛亮表示"久乐耕锄，懒于应世，不能奉命"的时候，刘备再次恳请，泣曰："先生不出，如苍生何？"意思是说，您若不肯出山，让天下的百姓怎么办？诸葛亮常常自比管仲、乐毅，如今天下苍生面临危难，你看怎么办吧？这就把担子压在了诸葛亮的肩上。刘备知道诸葛亮是一个有仁爱之心的人，他不会坐视天下苍生受苦受难而无动于衷。诸葛亮果然为刘备的真诚所感动，答应出山辅佐。从此以后，刘备如鱼得水，事业走上了上升通道。

刘备的仁爱在第四十一回"刘玄德携民渡江"一节得到了充分表现。得知曹操亲率大军南下的消息，刘备向孔明求计。孔明让刘备可速弃樊城，取襄阳暂歇。刘备却不忍心，说："奈百姓相随许久，安忍弃之？"于是携民渡江，但见两县之民，"扶老携幼，将男带女，滚滚渡河，两岸哭声不绝"。刘备见此情形，十分感动，说："为吾一人而使百姓遭此大难，吾何生哉！"欲投江而死，左右急救止。百姓得知刘备如此爱民，莫不痛哭。刘备的船只到了南岸，回顾北岸，百姓有未渡者，望南而哭。刘备急令关羽催船渡百姓过江。来到襄阳城下的时候，守城将领魏延杀了守门将士，开门迎接刘备，却被刘琮手下大将文聘截住厮杀。刘备见此情景，说："本欲保民，反害民也。吾不愿入襄阳。"于是继续南下，准备到江陵安身。路过刘表墓的时候，刘备率众将在墓前祭拜，哭着说："辱弟备无德无才，负兄寄托之重，罪在备一身，与百姓无干。望兄英灵，垂救荆襄之民！"刘备言语悲切，军民闻之无不落泪。刘备带领十万多军民，大小车辆数千辆，逶迤南行，一天只能走十多里。众将都劝刘备率军先行，刘备说："举大事者，必以人为本。今人归我，奈何弃之？"百姓听了，甚为感伤。于此，作者引后人诗赞道："临难仁心存百姓，登舟挥泪动三军。至今凭吊襄阳口，父老犹然忆使君。"大队人马行至当阳，刘备遭到了曹操轻骑兵的袭击，百姓死伤无数。刘备甚为悲痛，说："十数万生灵，皆因恋我，遭此大难；诸将及老小，皆不知存亡；虽土木之人，宁不悲乎！"新野、樊城十几万百姓，不顾路途艰辛，一路追随刘备，在当阳遭遇了生死劫，许多人命丧黄泉。小说通过刘备携民渡江和当阳之战，突出表现了刘备的爱民之心，彰显了儒家的仁爱思想。

可是，像刘备这样的仁爱之心，很多人不理解，甚至遭到东吴张昭的诘难。诸葛亮赴江东商议孙、刘联合之事。张昭竟然拿刘备携民渡江、兵败当阳说事儿，讽刺诸葛亮说："近闻刘豫州三顾先生于草庐之中，幸得先生，以为如鱼得水，思欲席卷荆襄。今一旦以属曹操，未审是何主见？"诸葛亮则借机宣扬刘备的仁德："吾观取汉上之地，易如反掌。我主刘豫州躬行仁义，不忍夺同宗之基业，故力辞之。"张昭又反问诸葛亮："何先生自归豫州，曹兵一出，弃甲抛戈，望风而窜；上不能报刘表以安庶民，下不能辅孤子而据疆土；乃弃新野，走樊城，败当阳，奔夏口，无容身之地：是豫州既得先生之后，反不如其初也？管仲、乐毅，果如是乎？"诸葛亮仍然抓住刘备仁爱这一点做文章，反击张昭说："至于刘琮降操，豫州实出不知；且又不忍乘乱夺同宗之基业，此真大仁大义也。当阳之败，豫州见有数十万赴义之民，扶老携幼相随，不忍弃之，日行十里，不思进取江陵，甘与同败，此亦大仁大义也。"通过诸葛亮这么一解说，读者对刘备的仁爱有了新的认识。刘备的仁爱不是所谓的妇人之仁，而是有志于天下者的大仁大义，是真正的仁爱。

诸葛亮也是有大爱的人。在七擒孟获之役中，为了让孟获真心降服，他七擒七纵，为此，双方死伤了许多士卒。诸葛亮为此深感不安。在班师回西蜀的途中，路经泸水，"忽然阴云布合，狂风骤起，兵不能渡"。诸葛亮问孟获是何原因，孟获回答说："此水原有猖神作祸，往来者必须祭之。"孔明曰："用何物祭享？"孟获说："旧时国中因猖神作祸，用七七四十九颗人头并黑牛白羊祭之，自然风恬浪静，更兼连年丰稔。"孔明是仁爱之人，怎么可能无缘无故去杀人？他对孟获说："吾今事已平定，安可妄杀一人？"他亲自到泸水岸边观看，寻找当地土著询问原因。土人告诉他说："自丞相经过之后，夜夜只闻得水边鬼哭神号。自黄昏直至天晓，哭声不绝。瘴烟之内，阴鬼无数。因此作祸，无人敢渡。"他们告诉诸葛亮，要想驱除邪魅，需要用四十九颗人头来祭祀。诸葛亮反思南征之事，以为罪过起于南征，他作为主帅有不可推卸的责任，于是就在夜晚亲自去祭祀那些死难的人。他命令随军的厨师"宰杀牛马，和面为剂，塑成人头，内以牛羊等肉代之，名曰馒头"。当天夜里，诸葛亮在泸水岸上，摆设香案，铺开祭物，点燃四十九盏明灯，扬幡招魂。孔明亲自临祭，对死难的士兵表示："我当奏之天子，使汝等各家尽沾恩露，年给衣粮，月赐廪禄。用兹酬答，以慰汝心。"有战争就一定要有牺牲。如果战争不可避免，那就应该用最小的牺牲换取最大的利益。同时，对战争的死难者，也应有仁爱之心；对其家属，也应善尽抚慰赡养之责。诸葛亮的泸水祭祀，不仅反映出这样一位伟大军事家的仁厚之心，而且表现出他对战争后果承担者——百姓的仁爱之心。

西晋镇南大将军羊祜镇守襄阳，以仁爱治军，使其队伍成为仁者之师。小说写羊祜镇守襄阳，甚得军民之心，"吴人有降而欲去者，皆听之。减戍逻之卒，用以垦田八百余顷。其初到时，军无百日之粮；及至末年，军中有十年之积。祜在军，尝着轻裘，系宽带，不披铠甲，帐前侍卫者不过十余人"。不仅如此，羊祜还以仁德治军，与东吴守将陆抗和平相处：

> 一日，羊祜引诸将打猎，正值陆抗亦出猎。羊祜下令："我军不许过界。"众将得令，止于晋地打围，不犯吴境。陆抗望见，叹曰："羊将军有纪律，不可犯也。"日晚各退。祜归至军中，察问所得禽兽，被吴人先射伤者皆送还。吴人皆悦，来报陆抗。抗召来人入，问曰："汝主帅能饮酒否？"来人答曰："必得佳酿则饮之。"抗笑曰："吾有斗酒，藏之久矣。今付与汝持去，拜上都督：此酒陆某亲酿自饮者，特奉一勺，以表昨日出猎之情。"

来人领诺,携酒而去。左右问抗曰:"将军以酒与彼,有何主意?"抗曰:"彼既施德于我,我岂得无以酬之?"众皆愕然。

羊祜施以仁爱,令东吴士卒甚为感动。而东吴孙皓暴虐无道,民怨鼎沸,与怀有仁爱之心的羊祜形成鲜明对比。所以,才有了后来西晋大军伐吴的摧枯拉朽之势。从这个意义上说,东吴之亡,亡在不施行仁政,亡在早早就失掉了民心。正如杜牧在《阿房宫赋》中所言:"灭六国者,六国也,非秦也。族秦者,秦也,非天下也。嗟乎!使六国各爱其人,则足以拒秦。使秦复爱六国之人,则递三世可至万世而为君,谁得而族灭也?秦人不暇自哀,而后人哀之;后人哀之而不鉴之,亦使后人而复哀后人也。"仁者爱人,仁者无敌。相反,如果暴虐无道,视民如草芥,那么其下场终究是"亦使后人而复哀后人也"。

得民心者得天下,失民心者失天下。民心向背,是一个国家、一个政权能否持续的关键所在。得道多助,失道寡助。这个道理古人早就懂得,文人也谙熟于心。他们渴望仁政,向往仁政,希望统治者有仁爱之心。这样的话,国家安定,百姓乐业,社会就不会有大的动荡。所以,从先秦诸子到后世文人,都持续呼唤仁爱,希望社会多些仁爱,希望百姓少些灾难。《三国演义》的仁爱思想虽然表现在许多方面,但最主要的还是表现在刘备这一艺术形象身上。携民渡江,意在表现刘备是如何得民心,受民众爱戴。他动不动就流泪,似乎很伤心的样子,让百姓看了甚为感动,让众将看了也不忍拂其意。但是,一个大男人,动不动就哭,泪点也忒低了点。所以,民间流传着这样的谚语:"刘备的江山越哭越稳。"以至于鲁迅评价说,《三国演义》"欲显刘备之长厚而似伪"。这样的评价是有一定的道理的。

四 主题之四:君臣相得

《三国演义》是写三国历史,但历史是人创造的,也是人写的。人,尤其是那些与历史进程密切相关的人,是历史著作也是历史小说重点关注的对象。《三国演义》也是这样,重点表现了三国君臣的创业与守业,写了三国君臣在三国历史发展进程中的各种表现及发挥的作用。但总的趋势是：君臣相得则事业兴，君臣相悖则国运衰。因此，有论者以为，君臣相得就是《三国演义》表现出来的主要思想倾向。结合《三国演义》来看，这样的推论也有一定道理。

首先，汉末大乱是由君臣相悖引起的。桓灵之世，宦官干政，正直之臣遭到排挤，由此引发了党锢之祸。中国古代社会，帝王治理国家靠什么？靠的是三公九卿等朝中大臣和那些郡守、县令们，说白了，靠的是臣子。可是，像汉桓帝、汉灵帝那样听信宦官之言，对那么多正直之臣痛下杀手的帝王，还真的不多见。除了焚书坑儒的秦始皇外，如此大规模地迫害正直之臣和读书人的事情，只有在桓灵之世才会出现。小说对此虽然仅"推其致乱之由，殆始于桓、灵二帝。桓帝禁锢善类，崇信宦官"数语，但已经道出了汉末君臣相悖的事实。既然君臣相悖，汉末大乱也就是不可避免的了。

其次，三国之兴皆由君臣相得。汉末大乱，有那么多豪强争雄于一时，但最终先后被曹操、刘备、孙权剿灭，形成了天下三分的局面。细究其原因，除了诸葛亮草庐对中所说的北让曹操占天时、东让孙权得地利、刘备独得人和外，最为根本的原因是曹操、刘备、孙权皆是创业之主，他们识才、爱才、用才，和属下形成了良好的互动关系，彼此之间相互信任，相互关怀，相互理解，为各自的事业共同奋斗。

曹操和他手下的谋士荀彧、荀攸、郭嘉、程昱、刘晔等关系甚好，虽然不能说是言听计从，但只要是他认为有道理的，就一定会采纳。尤其是关键的几步棋，如奉汉献帝都许、下邳之役、官渡之战、平定辽东等，曹操都是从谏如流，打好了关键几次战役。至于对手下的武将，曹操也是知人善任，多有关爱，这才有了典韦、许褚等名将为了曹操奋不顾死。如第十六回写典韦为救曹操，身冒矢雨，拼死守住寨门：

> 韦方醉卧，睡梦中听得金鼓喊杀之声，便跳起身来，却寻不见了双戟。时敌兵已到辕门，韦急挚步卒腰刀在手。只见门首无数军马，各挺长枪，抢入寨来。韦奋力向前，砍死二十余人。马军方退，步军又到，两边枪如苇列。韦身无片甲，上下被数十枪，兀自死战。刀砍缺不堪用，韦即弃刀，

双手提着两个军人迎敌,击死者八九人。群贼不敢近,只远远以箭射之,箭如骤雨。韦犹死拒寨门。争奈寨后贼军已入,韦背上又中一枪,乃大叫数声,血流满地而死。死了半晌,还无一人敢从前门而入者。

事后,曹操亲自哭祭典韦,对众将说:"吾折长子、爱侄,俱无深痛。独号泣典韦也!"第五十八回"马孟起兴兵雪恨,曹阿瞒割须弃袍"一回,曹操在渭水遭遇危难之时,许褚驾船拼死保护曹操。典韦和许褚都是曹操帐下的虎将,他们对曹操如此忠心耿耿,甚至不惜献出生命,难道仅仅是尽他们的职责吗?这里有责任,有信任,也有君臣之情,主仆之情。

刘备和诸葛亮的关系是小说作者理想的君臣关系。三顾茅庐请得诸葛亮出山之后,刘备待诸葛亮如师,食则同食,寝则同榻,终日谈论国家大事。他对结义兄弟关羽、张飞说:"吾得孔明,犹鱼之得水也。"惹得关、张二人心里酸溜溜的,所以,得知曹操命夏侯惇领兵十万杀奔新野而来时,张飞说:"哥哥何不使水去?"面对张飞的冷嘲热讽,刘备却是不为所动,尽力维持与孔明的鱼水关系。正是刘备与孔明之间的这种鱼水关系,使得刘备的事业蒸蒸日上,先是孙、刘联手,赤壁之战打败了曹操,紧接着占领荆襄,站稳了脚跟,然后沿江而上夺取西川,与北方的曹操、江东的孙权形成了鼎足而三之势。然而,当刘备势力强大之后,为了替关羽、张飞报仇,不顾诸葛亮多次劝阻,执意发兵伐吴。他把诸葛亮等人的谏表掷于地下,说:"吾意已决,勿得再谏!"此时已是鱼水不谐,君臣离心。所以,刘备伐吴之役,被陆逊火烧连营,损失惨重,令蜀汉元气大伤。刘备无颜回成都见诸葛亮等大臣,竟病死在白帝城。这件事情,刘备临死之前才有所忏悔,他对诸葛亮说:"朕自得丞相,幸成帝业。何期智识浅陋,不纳丞相之言,自取其败。悔恨成疾,死在旦夕。嗣子孱弱,不得不以大事相托。"人之将死,其言也善。刘备能够意识到出于一时义气伐吴,是"不纳丞相之言,自取其败",也算是对已有裂痕的君臣关系的一种修复吧!

孙权和其臣下的关系也比较融洽。孙策去世时曾嘱托孙权:内事不决问张昭,外事不决问周瑜。事实上,孙权对于臣下并无偏爱,如果说有的话,这个人一定是鲁肃。因为,鲁肃是周瑜举荐的,而且鲁肃为孙权确定了"鼎足江东以观天下之衅"的策略，深得孙权信任。赤壁之战前夕，张昭等人力主投降曹操，唯鲁肃力排众议，持联刘抗曹之议，让孙权感慨"此天以子敬赐我也"：

> 权起更衣，鲁肃随于权后。权知肃意，乃执肃手而言曰："卿欲如何？"肃曰："恰才众人所言，深误将军。众人皆可降曹操，惟将军不可降曹操。"权曰："何以言之？"肃曰："如肃等降操，当以肃还乡党，累官故不失州郡也；将军降操，欲安所归乎？位不过封侯，车不过一乘，骑不过一匹，从不过数人，岂得南面称孤哉！众人之意，各自为己，不可听也。将军宜早定大计。"权叹曰："诸人议论，大失孤望。子敬开说大计，正与吾见相同。此天以子敬赐我也！"

孙权对于周瑜、鲁肃、吕蒙、陆逊四任都督，以及程普、黄盖、甘宁、韩当等大将都能推心置腹，真诚相待，很少有失于礼数的地方。东吴能够在三国时期与曹魏、蜀汉鼎足而三，靠的也是君臣相得。孙权之后，孙皓等荒淫无道，御臣下如牛马，视臣下如草芥，自取败道也就势所必然了。

再次，汉末其他各路诸侯没有能成大气候，不善用人是重要原因。汉末诸侯中最为典型的是袁绍。袁绍出身四世三公的汝南袁氏，年轻时就喜欢结交游侠，喜养门客，有许多人所不能比的人脉，也有一股豪气。当初，董卓欲强行废立君主的时候，大臣们慑于董卓的淫威，没有人敢于表示反对。时任中军校尉的袁绍挺身而出，慨然道："今上即位未几，并无失德。汝欲废嫡立庶，非反而何？"卓怒曰："天下事在我！我今为之，谁敢不从！汝视我之剑不利否？"袁绍却是毫不退让，亦拔出剑来，说："汝剑利，吾剑未尝不利！"袁绍公然在宴席上与董卓对抗，并仗剑而出，扬长而去。这时候的袁绍，令人击节赞叹！然而，当袁绍成为冀州牧，成为十八路诸侯盟主的时候，兵多将广的袁绍却一事无成。官渡之战，以优势兵力惨败于曹操，最后不仅丢了老巢邺城，而且连儿媳妇甄氏也成了曹丕的媳妇。袁绍为何会有如此下场？史家有很精彩的评论："外宽内忌，好谋无决；有才而不能用，闻善而不能纳；废嫡立庶，舍礼崇爱。

至于后嗣颠蹶，社稷倾覆，非不幸也。"① "有才而不能用，闻善而不能纳"这句话，说出了袁绍与其臣下的关系。看一看他对沮授、田丰、许攸等谋士的态度，就可以明白袁绍之败是早晚的事儿。君臣不谐，怎么可能打胜仗？

吕布的情况和袁绍有些相似。吕布没有袁绍显赫的身世，也没有袁绍的势力大。但在刚愎自用、心胸狭窄这方面，却与袁绍相似。他据有徐州，与刘备、曹操周旋，且屡有小胜。不料被陈登算计，先后失了小沛和徐州，被迫困守下邳。谋士陈宫建议吕布趁曹操立足未稳之时，及时出击。吕布自恃粮足，又有泗水之险，不纳陈宫之策。待曹军安下营寨之后，陈宫又建议吕布引步骑屯扎在城外，成掎角之势，相互救应。吕布以为有理，回去后却遭到妻子严氏的阻挠，三日不出。陈宫知曹军缺少粮草，建议去截曹军粮道。吕布以为此计甚好，准备亲自前往，又遭到妻子严氏和侍妾貂蝉的阻拦，再次作罢。吕布不纳陈宫之策，最后众叛亲离，兵败下邳城，命丧白门楼。

孔子说："君使臣以礼，臣事君以忠。"意思是说，君主对待臣子不能傲慢无礼，要遵从礼数；臣子对于君主则不能欺瞒，要忠心耿耿。这是中国古代最为理想的君臣关系。但是，君主高高在上，要遵从礼数，就需要胸怀，需要修养，需要气度。看一看中国古代史，真正能够对臣子遵从礼数的帝王少之又少，唐太宗也许算一个。刘备和诸葛亮可以说是君臣而师友，但到了关键时刻，刘备仍然颐指气使，傲慢无礼。君主对臣下不能遵从礼数，想要臣下忠心耿耿也就难之又难了。所以，中国历史上有许许多多臣下欺骗君主的事例，甚者还有弑君的事情发生。原因之一，则是君主不能遵从对待臣下应有的礼数。所谓遵从礼数，就是有规矩。有规矩，臣下就有遵循，即便当庭抗争，只要遵循礼数，就不会发生不虞之事，不会有飞来横祸。所以，唐太宗朝有敢于直言进谏的魏征。唐太宗曾经对大臣们说："夫以铜为镜可以正衣冠，以古为镜可以知兴替，以人为镜可以明得失。朕常保此三镜，以防己过。今魏征殂逝，遂亡一镜

---

① 《三国志·魏书》卷六《袁绍传》。

矣。"① 唐太宗以魏征为镜鉴，是因为魏征能够及时指出他的错误，让他明白得失所在，从而及时改正，防止出现大的失误。贞观之治的出现，与魏征这面镜子有很大关系。但是，反过来看一看，中国历史上那些社会动乱、政治黑暗、民不聊生的时代，都和君臣关系失去了应有的规矩有直接联系。《三国演义》通过刘备与诸葛亮君臣之间鱼水关系的描写，表现君臣相得，呼唤明君贤相，有其积极意义。

五　主题之五：英雄悲剧

《三国演义》是一部历史演义，也是一部英雄传奇。其中可称为英雄者有许许多多，如与宦官做殊死斗争的陈蕃、窦武，讨伐董卓之乱的袁绍、孙坚，争雄于中原的吕布，创造三国鼎立局面的曹操、刘备、孙权，都堪称英雄。三国鼎立之后，魏、蜀、吴三大集团的英雄更是不胜枚举，刘备手下的关羽、张飞、赵云、马超、黄忠"五虎上将"以及姜维、魏延、廖化等英雄，曹操手下的张辽、徐晃、许褚、夏侯惇、张郃等一班能征惯战的英雄，孙权手下的周瑜、程普、吕蒙、陆逊、黄盖、凌统、甘宁等保东吴平安的英雄，都在历史上留下了他们的美名。但是，在《三国演义》中，这些英雄几乎都是悲剧英雄，他们的结局有的壮烈，有的悲惨，使《三国演义》蒙上了浓厚的悲剧色彩。

且不说汉末大乱中的袁绍、孙坚、吕布等悲剧英雄，他们生当乱世，不甘寂寞，争当时代的弄潮儿，结果都成为乱世中的悲剧英雄。袁绍之死甚为悲凉，孙坚之死颇为悲壮，吕布的下场更为凄惨。弄潮儿反被浪潮所吞噬，自是情理之中的事，也许用不着更多的惋惜。可是，看一看刘备、曹操、孙权帐下的英雄，他们的结局同样充满悲剧色彩，同样令人唏嘘。

刘备帐下的"五虎大将"具有典型意义，而关羽则是"五虎大将"的代表。想当初，关羽是何等的威风：温酒斩华雄华丽亮相，斩颜良诛文丑出尽风

---

① 《旧唐书》卷七十一《魏征传》。

头,过五关斩六将威风八面,夜读《春秋》现儒将风采,华容道释曹操义薄云天,单刀赴会正气凛然,水淹七军威震华夏,刮骨疗毒尽显英雄本色。如果关羽的一生就此戛然而止,那么,关羽就是神一样的人物,是真正完美的英雄。可是,正像俗语所说的那样,不能光说过五关,不说走麦城。在《三国演义》中,自从吕子明白衣渡江袭取荆州开始,关羽就开始了他悲壮的走麦城之路。吕蒙为袭取荆州,假称有病,把守陆口的重任交给了年轻的陆逊。关羽骄傲轻敌,对陆逊的使者说:"仲谋见识短浅,用此孺子为将!"他哪里知道,陆逊正是要借此麻痹关羽,使其放松对荆州的防守。关羽果然中计,把防守荆州的兵马调往北方,攻取樊城,荆州城内防守空虚。吕蒙乘机夺取荆州,又悄无声息地占领了公安、南郡。与此同时,魏将徐晃得到关羽后路已断的消息,也加强了攻势。关羽右臂箭伤新愈,不能施展神勇,在与徐晃的对阵中难以取胜。坚守樊城的曹仁得知徐晃援军已到,里应外合,夹击关羽。关羽兵败,往襄江上流奔逃。恰在此时传来了荆州失守,公安、南郡已为东吴所得的消息。关羽气急攻心,疮口迸裂,昏倒于地。醒来之后,关羽一面修书向成都告急,一面引兵去取荆州。一路上遇到东吴兵马截击,关羽惨败,手下军士仅剩下三百多人,后得关平、廖化救出,困守麦城。关羽令廖化杀出重围,往上庸求救。上庸守将刘封、孟达不肯救援,廖化只好往成都求救。关羽困守麦城,孤立无援,于是试图突围,力尽被擒,被孙权杀害。纵观关羽的一生,失荆州之前,关羽的形象几乎是完美的。但失荆州之后,关羽就开始了他的英雄悲剧,而走麦城则成了他的英雄悲剧的终止符。深入分析一下可以看出,关羽的英雄悲剧,早在他违背诸葛亮为他制定的"北拒曹操,东和孙权"战略之时就已经开始了。曹操准备联合孙权进攻蜀汉,孙权则采纳诸葛瑾的建议,打算与关羽联姻,然后共同进攻曹魏。诸葛瑾前去见关羽,说:"吾主吴侯有一子,甚聪明;闻将军有一女,特来求亲。两家结好,并力破曹。此诚美事,请君侯思之。"关羽此时早忘记了诸葛亮临行前的叮嘱,勃然大怒,说:"吾虎女安肯嫁犬子乎!不看汝弟之面,立斩汝首!再休多言!"遂唤左右把诸葛瑾赶了出去。诸葛瑾抱头鼠窜,见了孙权,只好以实相告。孙权闻言大怒,说:"何太无礼耶!"于是决意夺取荆州，这才有了吕子明白衣渡江，有了关羽败走麦城。当然，关羽的悲剧还与他骄傲轻敌、刚愎自用有很大关系。小说写关羽败走麦城，虽然文字简略，但已经把关羽的英雄末路展现无遗。为了给关羽的英雄悲剧一个圆满的结局，小说设计了关羽亡魂在玉泉山与普净长老会面的场景，由普净长老点化关羽，使之恍然大悟，稽首皈依。关羽从此由人而神，成为护佑万民的关帝。这样的结局既是为了迎合民间对关羽的崇拜，同时也想淡化一下关羽的英雄悲剧气氛。

蜀汉"五虎大将"中的张飞，也是死于非命。为了给关羽报仇，他命令部下三日内赶制白旗白甲，三军挂孝出征，如果置办不齐，军法从事。范疆、张达知道难以按时完成，请求宽限时日，被各鞭背五十。无奈之下，二人铤而走险，杀了张飞，连夜投奔东吴去了。人们都说莽张飞粗中有细，但张飞真的"莽"起来，九头牛也拉不住。他的英雄悲剧也和他的"莽"有关系，莽撞、鲁莽且不讲道理，任性而为，迫使部下铤而走险，最后反送了卿卿性命。赵云、马超和黄忠三大将虽然皆得善终，但都是壮志未酬身先死，留下了许许多多的遗憾。尤其是他们为之付出全部心血的蜀汉政权竟然丧于后主阿斗之手，更令他们的亡魂不得安生。"五虎大将"之外的姜维，是诸葛亮寄寓厚望的英雄，最后怎么样呢？面对宦官弄权，他无计可施，竟以外出屯田的方式自保。在锺会、邓艾率曹魏奇兵来袭的时候，他也只好听命后主，投降曹魏。他后来试图以假投降复兴蜀汉，但功亏一篑，自刎而死，死后又被魏军剖腹取胆，下场着实悲惨。后人有诗叹之："天水夸英俊，凉州产异才。系从尚父出，术奉武侯来。大胆应无惧，雄心誓不回。成都身死日，汉将有余哀。"

蜀汉方面，最具悲剧色彩的则是刘备和诸葛亮。刘备从一个织席卖履的小贩起家，得到关羽、张飞和赵云的帮助，拉起了队伍，在汉末诸侯争雄的夹缝中生存下来。后来得到诸葛亮鼎力相助，这才逐渐由小到大、由弱到强，据有荆州，夺取西川，就位汉中王。正当他踌躇满志的时候，关羽不仅失了荆州，而且还丧了命。这让一向看重兄弟情义的刘备瞬间失去了理智。尤其是张飞遇害之后，刘备为了兄弟情义，完全置蜀汉大业于不顾，执意伐吴，被陆逊火烧连营七百里，不仅使蜀汉元气大伤，而且他自己也一病不起，命丧白帝城。诸葛亮在刘备去世之后一力挑起了蜀汉大业，践行了他对刘备的承诺：竭股肱之力，尽忠贞之节。他南征北战，操劳过度，不仅没有完成统一大业，而且最后竟然在劳师北伐的途中命丧五丈原，正所谓"出师未捷身先死，长使英雄泪满襟"。小说引唐代大诗人白居易的诗，对诸葛亮秋风五丈原深表惋惜："先生晦迹卧山林，三顾那逢圣主寻。鱼到南阳方得水，龙飞天汉便为霖。托孤既尽殷勤礼，报国还倾忠义心。前后出师遗表在，令人一览泪沾襟。"

和蜀汉一样，曹魏和孙吴在三国之争中也都不是胜者，包括曹操在内的许多将相，都以悲剧谢幕。曹操是乱世奸雄，在汉末大乱中奉天子以令诸侯，占有天时之利，叱咤风云，扫荡北方群雄，大有一统天下之势。可惜天不遂人愿，赤壁一战，损兵折将，伤筋动骨，使得曹操很长时间不能恢复元气，一统大业就此受阻。最后，曹操带着"有江东孙权，西蜀刘备，未曾剿除"的遗憾撒手人寰。他自知"获罪于天，无所祷也"，担心身后被人掘墓，遗令设立疑冢七十二座，可谓用心良苦。但这一遗令更增添了曹操悲剧命运的色彩，使人不由得感慨：乱世奸雄，英雄一世，竟然对身后留有恐惧！曹操手下的主要谋士如荀彧、郭嘉等人，也都是悲剧人物。他们虽然称不上悲剧英雄，但他们的一生却是充满悲剧色彩。荀彧是曹操的首席谋士，在许多事关全局的事情上为曹操出谋划策，建立了奇勋。可是，荀彧因反对曹操加九锡而被逼自尽。小说第六十一回写道：

> 侍中荀彧曰："不可。丞相本兴义兵，匡扶汉室，当秉忠贞之志，守谦退之节。君子爱人以德，不宜如此。"曹操闻言，勃然变色。董昭曰："岂可以一人而阻众望？"遂上表请尊操为魏公，加九锡。荀彧叹曰："吾不想今日见此事！"操闻，深恨之，以为不助己也。建安十七年冬十月，曹操兴兵下江南，就命荀彧同行。彧已知操有杀己之心，托病止于寿春。忽曹操使人送饮食一盒至。盒上有操亲笔封记。开盒视之，并无一物。彧会其意，遂服毒而亡，年五十岁。后人有诗叹曰："文若才华天下闻，可怜失足在权门。后人休把留侯比，临没无颜见汉君。"

郭嘉也是深得曹操信任的谋士，但他在远征乌桓的途中病逝，早早地离开了曹魏集团。临死前，他还献计给曹操，明确平定辽东之策。曹操依计而行，果然兵不血刃平定辽东。郭嘉追随曹操十一年，多建奇勋，可惜英年早逝，壮志未酬，给后人留下了"可惜身先丧，中原栋梁倾"的感慨！此外，曹魏集团的锺会、邓艾也是典型的悲剧英雄。二人奉命伐蜀，邓艾偷渡阴平，直捣成都，取得大功；锺会正面吸引蜀汉大军，不自觉中与邓艾形成了很默契的配合。但灭蜀之后，锺会与邓艾彼此不睦，明争暗斗，为朝廷猜忌，而锺会又被姜维利用，于是酿成了"二士争功"的局面，最后却被监军卫瓘杀害，结束了悲剧的人生。

周瑜则是东吴方面悲剧英雄的代表。周瑜原是孙策手下的得力干将，孙策去世时曾留下"外事不决问周瑜"的遗言，可见孙策对周瑜是如何倚重。孙权割据江东后，周瑜则成为孙权倚重的将领。赤壁之战爆发前，周瑜和鲁肃一起，力主抗曹，被孙权任命为大都督，率领大军，沿江而上，屯扎在夏口，寻机与曹操决战。在整个赤壁之战中，周瑜雄姿英发，指挥若定，创造了中国历史上以少胜多的著名战役，也赢得了如潮般的好评。周瑜太渴望成功了，他想乘赤壁之战的东风，一举收复荆州等地，实现竟长江之极而有之的战略目标，与曹操隔江对峙。可是，他低估了对手诸葛亮，更不会想到刘备会坐享渔人之利。他指挥千军万马打败曹操，本指望一举收复荆襄，不料却被诸葛亮捷足先登，占领了荆州，摘走了胜利果实，顺便还占领了长沙、零陵、桂阳。心高气傲的周瑜如何能忍下这口气？他想方设法要夺回荆州，可他在与诸葛亮的斗智中始终占不了上风，诸葛亮总是技高一招，先人一步。周瑜拼死拼活不仅没有占到任何便宜，反而被诸葛亮玩得团团转，受尽奚落和羞辱。小说挥毫泼墨写了诸葛亮三气周瑜，尤其是周瑜假借收西川，欲行假途灭虢之计，趁势夺取荆州。但此时的周瑜已是英雄末路，难以有所作为了。他临终之时仍念念不忘东吴大业，嘱咐众将："吾非不欲尽忠报国，奈天命已绝矣！汝等善事吴侯，共成大业。"一个悲剧英雄，能有如此胸襟，真的不失为英雄啊！

《三国演义》写了许许多多的英雄，表现了各种不同的英雄悲剧。深入分析可以发现，造成英雄悲剧的原因多种多样，有个人原因，有他人原因，但最主要的则是时代原因。三国时期是由治趋乱，又由乱趋治的时代，也是由合到分，又由分趋合的时代，同时也是产生悲剧的时代。在这样一个时代，英雄悲剧是不可避免的。不论个人有多大能耐，如果不能顺时应势，终究会成为悲剧人物。诸葛亮、刘备是如此，曹操、周瑜何尝不是如此！譬如诸葛亮，被称为"智绝"，但就是这样一个能够夺天地之造化的人物，在三国鼎立之后，却一直在做知其不可为而为之的事情，明知伐魏没有任何胜算，却是很执着地不断北伐。自蜀汉建兴四年（226）上《出师表》开始北伐，至建兴十二年（234），8年之间六出祁山，持续北伐，却是损兵折将，收效甚微。何以如此？是诸葛亮以攻为守，明知不可为而为之。这是逆天命而动，逆时势而行。所以，纵以诸葛亮之才，最终还是成了悲剧英雄。

《三国演义》是长篇历史小说，也是中国的英雄史诗。如何看待它表现出来的复杂而丰富的思想倾向呢？嘉靖壬午本庸愚子《序》云："予尝读《三国志》求其所以，殆由陈蕃、窦武立朝末久，而不得行其志，卒为奸宄谋之，权柄日窃，渐浸炽盛，君子去之，小人附之，奸人乘之。当时国家纪纲法度坏乱极矣。噫，可不痛惜乎！矧何进识见不远，致董卓乘衅而入，权移人主，流毒中外，自取灭亡，理所当然。曹瞒虽有远图，而志不在社稷，假忠欺世，卒为身谋，虽得之，必失之。万古奸贼，仅能逃其不杀而已，固不足论。孙权父子虎视江东，固有取天下之志，而所用得人，又非老瞒可议。惟昭烈，汉室之胄，结义桃园，三顾草庐，君臣契合，辅成大业，亦理所当然。其最尚者，孔明之忠，昭如日星，古今仰之；而关、张之义，尤宜尚也。其他得失，彰彰可考，遗芳遗臭，在人贤与不贤。君子小人，义与利之间而已。观演义之君子，宜致思焉。"读《三国演义》，在读其情节故事的同时，不能不思考其所表现出来的思想倾向。其人物有贤愚忠奸之分，其事件有是非义利之辨，其思想倾向自然可以有多种多样的理解和阐释，立场不同，视角不同，看问题的方式方法不同，得出的结论自然也会有多种多样。对于这种情况，不必强求一致，不必整齐划一，完全可以一种开放的心态去看待它，包容它，理解它。至于是否接受，那就看每个人对《三国演义》思想倾向的认识和理解了。

第四章 《三国演义》的叙事艺术

作为中国古代第一部长篇历史小说，《三国演义》在叙述三国历史故事、表现三国分合进程等方面，都表现出很高的艺术性。毛宗岗在《读三国志法》中把《三国演义》的叙事艺术概括为以下 16 个方面：总起总结之中又有六起六结，有追本穷源之妙，有巧收幻结之妙，有以宾衬主之妙，有同树异枝、同枝异叶、同叶异花、同花异果之妙，有星移斗转、雨覆风翻之妙，有横云断岭、横桥锁溪之妙，有将雪见霰、将雨闻雷之妙，有浪后波纹、雨后霢霖之妙，有寒冰破热、凉风扫尘之妙，有笙箫夹鼓、琴瑟间钟之妙，有隔年下种、先时伏着之妙，有添彩补锦、移针匀绣之妙，有近山浓抹、远树轻描之妙，有奇峰对插、锦屏对峙之妙，有首尾大照应、中间大关锁处。毛宗岗对《三国演义》叙事艺术的总结和分析，属于古典小说评点范畴，且多用比喻、形容等形象词汇，容易让人产生联想，也比较容易理解。但其分析失之于琐碎，而且有时也不免牵强。但总体而言，毛宗岗的评点，对读者了解《三国演义》的叙事艺术还是很有帮助的。

当代研究者借鉴西方的叙事学理论,对《三国演义》的叙事艺术进行过较为深入的探讨。如郑铁生的《三国演义叙事形态的时空关系》,从叙事主体的控制机制入手,探讨小说建构的叙事时空形态,认为"历史时空形态与叙事时空形态差的实质,即历史真实与艺术真实的区别,而叙事主体对艺术真实的追求和实现,形成了小说审美价值本体的基础"。① 探讨《三国演义》的叙事艺术需要远眺,也需要近观。远眺观其轮廓,近观察其细微。唯有多视角观察,多层面探讨,才能深入《三国演义》叙事艺术的核心,探知其叙事艺术的真谛。

一 《三国演义》的叙事视角

《三国演义》的作者从无所不能的全知视角叙述三国故事。不论故事发生在何时何地,也不论故事发生在什么人身上,作者对故事的来龙去脉非常清楚,对故事的起承转合非常清楚,对故事中各色人物的各种活动非常清楚,对各色人物在事件中的所思所想非常清楚。作者似乎无所不知,无所不晓,读者想到的,作者知道;读者没有想到的,作者也知道。

作者从全知视角叙述三国故事,把已然之事和未然之事,都全景式展现在读者眼前。所谓已然之事,是指那些已经发生的历史事件。如毛宗岗所说的"总起总结之中又有六起六结",都属于已然之事。小说从汉灵帝建宁二年(169)写起,按照"分久必合,合久必分"的历史演进逻辑,叙述汉末至三分,再至归晋这一百多年间的历史,波谲云诡,起承转合。在这一总体框架下,把黄巾起义、董卓之乱、诸侯争雄、曹操平定北方、赤壁之战、三国鼎立、三国归晋等重大历史事件逐一叙述。在这些已然事件中,又可分为几个单元,毛宗岗把它划分为"六起六结":其叙汉献帝,以董卓废立为起,以曹丕禅代作结;其叙蜀汉事,以刘备进位汉中王起,以刘禅绵竹出降为结;其叙刘、关、张结

---

① 胡世厚主编:《三国演义与罗贯中》,中州古籍出版社2000年版,第397页。

义事，以桃园结义起，以白帝城托孤作结；其叙诸葛亮，以三顾茅庐为起，以秋风五丈原作结；其叙曹魏事，以曹丕受禅起，以司马炎受禅结；其叙东吴事，以孙坚藏匿玉玺起，以孙皓衔璧作结。通过总起总结和六起六结，作者把三国时期曾经发生的历史事件做了全景式展现。与此同时，作者还根据小说情节发展和塑造人物形象的需要，叙述了许多未然之事。所谓未然之事，就是在史书甚至稗史中都找不到踪影的事情，也就是人们所说的虚构故事。小说需要虚构，历史小说也需要虚构。相比"说唐"系列或其他历史小说，《三国演义》的虚构成分不算高，章学诚称之为"七实三虚"，意思是《三国演义》有十分之三的内容属于虚构性质的。小说作者在叙述这些虚构故事时，也是无所不知，无所不晓，甚至人物形象心里怎么想，作者都一清二楚。譬如赤壁之战中周瑜几次想除掉诸葛亮，都是为了呼应民间的"瑜亮情结"而虚构出来的。在第四十四、四十五、四十六和四十九回中，作者写了周瑜四次欲谋杀诸葛亮，每一次都属于作者虚构的"未然之事"。

周瑜第一次对诸葛亮动杀心，是在第四十四回。诸葛亮赴江东劝说孙权与刘备联合抗击曹操，他看出孙权虽然当众表示要与曹操决战，但实际上则是心存忧虑，于是让周瑜再去向孙权细说大计。周瑜再次面见孙权，细数曹军之弊、东吴之利，这才坚定了孙权的决心。周瑜由此看出诸葛亮智谋在自己之上，便不由得动了杀心。小说写道："周瑜谢出，暗忖曰：孔明早已料着吴侯之心。其计画又高我一头。久必为江东之患，不如杀之。乃令人连夜请鲁肃入帐，言欲杀孔明之事。肃曰：'不可。今操贼未破，先杀贤士，是自去其助也。'瑜曰：'此人助刘备，必为江东之患。'肃曰：'诸葛瑾乃其亲兄，可令招此人同事东吴，岂不妙哉！'瑜善其言。"诸葛瑾劝说不成，周瑜"转恨孔明，存心欲谋杀之"。

周瑜第二次谋杀诸葛亮，是在第四十五回。赤壁之战前，周瑜设谋，准备借曹操之手除掉诸葛亮。周瑜亲率大军在西山结营扎寨之后，请诸葛亮到中军帐议事。周瑜对诸葛亮说，当初曹操兵少，袁绍兵多，而曹操反而能够打败袁绍，究其原因，是用了许攸的计谋，先截断袁绍乌巢的粮草。如今曹操有八十三万大军，我们的兵力只有五六万，怎么能够与曹操对峙呢？也必须先截断曹操的粮草，然后才可以打败他。我已派探子前去打探，摸清了曹军的粮草囤聚在聚铁山。先生久居汉上，熟知那里的地理形势。就烦请先生与关羽、张飞、子龙等人，我也给你添派一千兵马，连夜赶往聚铁山，截断曹操的粮道。我们彼此都是各为其主，替主人办事，请不要推却。诸葛亮听了，暗自思忖：这是因为劝我归顺东吴没有成功，要设计害我。我如果推却，必定被他耻笑。不如暂且答应下来，再作计较。于是就欣然领诺。周瑜见诸葛亮中计，非常高兴。鲁肃不知道周瑜壶里卖什么药，悄悄问周瑜："公使孔明劫粮，是何意见？"周瑜说："吾欲杀孔明，恐惹人笑，故借曹操之手杀之，以绝后患耳。"鲁肃是忠厚之人，于是去见孔明，看他是否知道周瑜的计谋。到那里一看，孔明没有一点为难的意思，整点军马就要出发。鲁肃忍不住试探诸葛亮："先生此去可成功否？"诸葛亮笑着回答："吾水战步战马战车战，各尽其妙，何愁功绩不成！非比江东公与周郎辈，止一能也。"鲁肃问道："吾与公瑾，何谓一能？"诸葛亮说："吾闻江南小儿谣言云：伏路把关饶子敬，临江水战有周郎。公等于陆地，但能伏路把关，周公瑾但堪水战，不能陆战耳！"鲁肃把这些话传给周瑜，惹得周瑜大怒，说："何欺我不能陆战耶？不用他去，我自引一万军马往聚铁山，断操粮道。"周瑜的第二次谋杀，又被诸葛亮轻松化解。

  周瑜第三次谋杀诸葛亮，是在第四十六回。周瑜执意要杀诸葛亮，假称水战需要大量箭支，要诸葛亮三日之内监造十万支箭。诸葛亮不仅慨然应命，而且还立了军令状，答应三日之内如果完不成十万支箭，愿军法从事。忠厚的鲁肃替诸葛亮捏了一把汗，诸葛亮却没事儿似的，前两天轻松度过。到了第三日夜，诸葛亮向鲁肃借了二十条快船，每船三十余人，各用青布为幔，扎束草千余个，分布船两边。当夜四更时分，用长锁相连二十条快船一同往江北进发。这时，大雾弥江，对面不见人影。船只到了曹操水寨，诸葛亮令士兵擂鼓呐喊。曹军以为东吴兵来偷袭，不敢出战，只好乱放箭。等到日高雾散，诸葛亮下令收船急回。这就是草船借箭的故事。诸葛亮凭其智慧，轻松化解了周瑜的第三次谋杀。

周瑜第四次谋杀诸葛亮，是在第四十九回。周瑜用黄盖行诈降计，准备用火攻破曹军，却因为没有东南风而忧虑万分。诸葛亮答应借东南风帮助周瑜，让周瑜在南屏山筑七星坛，于十一月二十日甲子祭风，二十二日丙寅风止。周瑜大喜，派士兵在南屏山筑坛，并派一百二十名士兵守坛。同时，周瑜调派人马，准备决战。时值隆冬，怎么会有东南风？周瑜十分怀疑。到了甲子日三更时分，果然东南风起，而且越刮越大。周瑜心中骇然，说："此人有夺天地造化之法，鬼神不测之术。若留此人，乃东吴祸根也。及早杀却，免生他日之忧。"然而，等他派遣水陆两路人马去捉拿诸葛亮时，诸葛亮早已乘船离开了。

周瑜谋杀诸葛亮源自民间故事传说，在正史里找不到踪影。但为了强化所谓的"瑜亮情结"，《三国演义》虚构了周瑜四次谋杀诸葛亮的故事。既然周瑜不曾干过这样的事情，那么，所有这些故事都属于未然之事。从《三国演义》对这些故事的叙述来看，都属于周瑜所想。第一次是"暗忖"，第二次是"存心欲谋杀之"，第三次是逼诸葛亮就范，第四次是付诸行动，直接来硬的。但每一次都有周瑜的心理活动，小说也都有所表现。不论所思所想还是心理活动，都是未然之事，作者都不可能看到。但小说作者从全知视角加以描写，写得绘声绘色，甚为生动。既然是全知视角，小说作者不仅能够看到故事的发展过程和细节，而且能够推测人物的心理，模拟人物的行动，代替人物发表与故事情节相关的言论。由于作者从全知视角叙述故事，把已然之事与未然之事杂糅在一起，使二者浑然一体，令读者不知何为史实，何为虚构。由于《三国演义》是历史小说，所以，读者常常把虚构作史实来看，有的人甚至把《三国演义》作为三国历史。如此以来，作者全知视角下的许多虚构内容，在一些人的眼里也成了历史了。

让我们看一看吕布被困下邳城。谋士陈宫几次为吕布出谋划策，以求破解危局。吕布每次都是答应得好好的，可是，回到家中之后就马上变卦了。为什么会出现这样的情况呢？小说第十九回以全知视角写了吕布与妻妾在内室的对话，不仅让读者明白了吕布变卦的原因，也让读者明白了吕布失败的原因：

宫谓布曰："曹操远来，势不能久。将军可以步骑出屯于外，宫将余众闭守于内；操若攻将军，宫引兵击其背；若来攻城，将军为救于后；不过旬日，操军食尽，可一鼓而破：此乃掎角之势也。"布曰："公言极是。"遂归府收拾戎装。时方冬寒，分付从人多带绵衣。布妻严氏闻之，出问曰："君欲何往？"布告以陈宫之谋。严氏曰："君委全城，捐妻子，孤军远出，倘一旦有变，妾岂得为将军之妻乎？"布踌躇未决，三日不出。宫入见曰："操军四面围城，若不早出，必受其困。"布曰："吾思远出不如坚守。"宫曰："近闻操军粮少，遣人往许都去取，早晚将至。将军可引精兵往断其粮道。此计大妙。"布然其言，复入内对严氏说知此事。严氏泣曰："将军若出，陈宫、高顺安能坚守城池？倘有差失，悔无及矣！妾昔在长安，已为将军所弃，幸赖庞舒私藏，妾身再得与将军相聚；孰知今又弃妾而去乎？将军前程万里，请勿以妾为念！"言罢痛哭。布闻言愁闷不决，入告貂蝉。貂蝉曰："将军与妾作主，勿轻骑自出。"布曰："汝无忧虑。吾有画戟、赤兔马，谁敢近我！"乃出谓陈宫曰："操军粮至者，诈也。操多诡计，吾未敢动。"宫出叹曰："吾等死无葬身之地矣！"布于是终日不出，只同严氏、貂蝉饮酒解闷。

吕布与妻子严氏、侍妾貂蝉内室里的对话，作者如在眼前，悉数闻知。严氏怎么说的，什么表情，如何流泪，都历历在目。无情未必真豪杰。吕布本来就是儿女情长的人。早在他还寄人篱下的时候，在凤仪亭就见不得貂蝉痛苦的样子，并因此与董卓反目，后来还亲手杀了董卓。如今有兵有马，又有坚固的下邳城，吕布何惧之有？所以，他颇为得意地对貂蝉说："吾有画戟、赤兔马，谁敢近我！"作者从全知视角写吕布与妻妾在内室中的对话，不是随意而为，而是为了揭示吕布兵败下邳城的原因所在：儿女情长，英雄气短。

二 《三国演义》的叙事时空

叙事艺术的一个重要方面，就是要处理好人物、事件在时空中的推进过程和转换方式。如果是短篇小说，叙事时空处理相对来说要容易得多。但长篇小说尤其是时空跨度比较大的长篇历史小说，叙事时空的处理就非常见功力。既要兼顾不同的历史时段、历史人物、历史事件，又要跌宕起伏，波谲云诡，吸引读者读下去；既要突出重点人物、重大事件，把故事讲精彩，又要把握好时空转换，处理好时空衔接，以保持故事情节的完整性。

其一是注重处理时间的相对连续性与空间的相对独立性。小说时间的连续性并不表现在历史纪年的不间断，而是表现在重要历史事件的时间接续。小说从汉灵帝建宁二年（169）陈蕃、窦武被宦官杀害写起。但如此重大的历史事件，小说仅是一笔带过，连由于陈蕃、窦武被杀而引起的党锢之祸这样在中国历史上有重要影响的事件都没有提及。这不是作者没有注意到，而是叙事时空处理的需要。党锢之祸是汉末发生的仅次于黄巾起义的重大历史事件，如果要叙写这一事件，不仅需要很多笔墨，而且更为重要的是，叙写这一事件会使小说偏离主线，显得很拖沓。为了让小说很快进入主线，让《三国演义》最为重要的主人公刘、关、张早点与读者见面，小说按下陈蕃、窦武被杀引起的党锢之祸不表，直接就进入了黄巾之乱，让刘、关、张在桃园结义中来了个亮相，然后在平定黄巾之乱中建立功勋。由此，小说按照历史发展进程进入正常的叙事时空。虽然其叙事有疏有密，空间也在不断转换，但重要历史事件没有遗漏，而其空间转换则随着历史事件的变化而变化。譬如，叙述董卓之乱和诸侯争雄，时间在汉灵帝中平末年（188）至汉献帝兴平初年（194），空间则主要在洛阳至长安之间；而随着汉献帝建安元年（196）曹操奉汉献帝都许，曹操开始了统一北方的事业，叙事空间则移至中原，以及围绕着中原的徐州、兖州、青州、冀州等地；至建安九年（204）曹操统一北方之后，建安十三年（208）曹操兴兵南下，平定荆州，在赤壁与孙、刘联军对峙，叙事空间则移至荆州和东吴；赤壁之战后，刘备集团开始壮大，叙事空间则以巴蜀和荆州为主。此后，随着主要历史事件的变化，小说的叙事空间也随之持续发生变化，如诸葛亮七擒孟获，叙事空间主要在南越（今云贵之地）；诸葛亮六出祁山和姜维九伐中原，叙事空间主要在今四川、陕西、甘肃三省交界的汉中和陇中、陇上等地。叙事时间转换，叙事空间亦随之发生转换，时间与空间有相对独立性，但在叙事时空中有其内在联系。

其二是根据表现思想倾向和塑造人物的需要有效控制叙事时空。熟悉三国历史的人都知道,《三国演义》虽然是演绎三国历史,但和三国历史还是有很大区别。区别之一,就是《三国志》是客观地叙述三国历史,不论人物还是事件,都是完整地叙述。《三国演义》叙述三国故事时,其时空处理不是平均分配,而是有轻重和主次之分。重大事件和主要人物给予的时空就少一些,一般事件和次要人物所占时空就要多一些。小说写汉末之乱,用了13回(第一回至第十三回),事件跨度为汉灵帝建宁二年(169)至汉献帝兴平二年(195),时长26年;写曹操平定北方,自汉献帝建安元年(196)至建安十二年(207),用了20回(第十四回至第三十三回),时间跨度为11年;写三国之分,从曹操南征荆州写起,至诸葛亮三气周瑜结束,用了23回(第三十四回至第五十六回),所叙写的历史仅是建安十三年(208)至建安十五年(210)之事,时长仅2年;写三国之争,从建安十六年(211)至晋武帝泰始元年(265),用了63回(第五十七至第一百一十九回),时长54年;西晋灭东吴,在第一百二十回完成,时长达15年。小说写汉末之乱,平均2年1回;写曹操平定北方,则接近1年2回,叙事的时空密度是汉末大乱的2倍;写三国之分,其叙事时空密度最高,3年23回,平均1年近8回,是曹操平定北方的4倍,汉末大乱的16倍;写三国之争,54年63回,平均1年1.17回。而写西晋灭东吴,则是15年仅用了1回。从以上简单的统计可以看出,《三国演义》的叙事时空有疏有密,有轻重主次之分,叙事空间越小,叙事密度越大;反之,叙事空间越大,叙事密度越小。

那么,《三国演义》是根据什么原则来确定其叙事时空的疏与密呢?一言以蔽之,就是关系三国分合治乱的重大历史事件和主要历史人物。需要说明的是,作者确定重大历史事件和主要历史人物,不完全按照《三国志》的书写方式,而是有自己的划分标准,这就是作者的情感取向和审美取向。作者的情感取向是蜀汉集团,刘、关、张和诸葛亮的戏份就特别多,而作为蜀汉集团主要对手的曹魏集团自然要和蜀汉集团演出更多的对手戏;江东孙吴集团是三国鼎立的重要角色,自然也占一定分量。所以,在《三国演义》的叙事时空中,蜀汉、曹魏和孙吴三大集团几乎占了全部叙事空间的百分之九十。同时，作者的审美取向在诸葛亮、关羽和曹操"三奇"，故而在他们身上着墨最多，而他们三人所占有的叙事时空也最多。正如毛宗岗《读三国志法》所说：

> 吾以为三国有三奇，可称三绝：诸葛孔明一绝也，关云长一绝也，曹操亦一绝也。历稽载籍，贤相林立，而名高万古者莫如孔明。其处而弹琴抱膝，居然隐士风流；出而羽扇纶巾，不改雅人深致。在草庐之中，而识三分天下，则达乎天时；承顾命之重，而至六出祁山，则尽乎人事；七擒八阵，木牛流马，既已疑鬼疑神之不测；鞠躬尽瘁，志决身歼，仍是为臣为子之用心。比管、乐则过之，比伊、吕则兼之，是古今来贤相中第一奇人。历稽载籍，名将如云，而绝伦超群者莫如云长。青史对青灯，则极其儒雅；赤心如赤面，则极其英灵。秉烛达旦，人传其大节；单刀赴会，世服其神威。独行千里，报主之志坚；义释华容，酬恩之谊重。作事如青天白日，待人如霁月光风。心则赵忭焚香告帝之心，而磊落过之；意则阮籍白眼傲物之意，而严正过之：是古今来名将中第一奇人。历稽载籍，奸雄接踵，而智足以揽人才而欺天下者，莫如曹操。听荀彧勤王之说而自比周文，则有似乎忠；黜袁术僭号之非而愿为曹侯，则有似乎顺；不杀陈琳而爱其才，则有似乎宽；不追关公以全其志，则有似乎义。王敦不能用郭璞，而操之得士过之；桓温不能识王猛，而操之知人过之。李林甫虽能制禄山，不如操之击乌桓于塞外；韩侂胄虽能贬秦桧，不若操之讨董卓于生前。窃国家之柄而姑存其号，异于王莽之显然弑君；留改革之事以俟其儿，胜于刘裕之急欲篡晋：是古今来奸雄中第一奇人。有此三奇，乃前后史之所绝无者。故读遍诸史，而愈不得不喜读《三国志》也。

作者偏爱"三奇"，就有意识地把有关"三奇"的历史故事尽可能地展现出来，所以小说的叙事时空就更多地偏向这三个人。譬如诸葛亮，人物真正出场是在第三十八回"定三分隆中决策"一节，但在此前三回的叙事时空中，诸葛亮的大名已如空谷足音，令人怦然心动，恨不能早点一睹风采。诸葛亮出场后，几乎占据了全书第三十八回之后的二分之一的叙事空间，从火烧新野到智

第四章　《三国演义》的叙事艺术

激周瑜,从草船借箭到借东风,从进军西蜀到七擒孟获,从六出祁山到秋风五丈原,诸葛亮占据了叙事空间的核心,甚为风光。关羽在《三国演义》的叙事空间中也占有一定长度和密度。从第一回"宴桃园豪杰三结义,斩黄巾英雄首立功"开始,一直到第二十四回,关羽很少离开读者的视线。在以后的叙事空间中,小说用了两个密度较大的叙事单元,集中叙述关羽的故事,其一是在第二十五至第二十八回,其二是在第七十三至第七十七回,在这两个叙事单元中,关羽成为叙事空间的核心,前一叙事单元集中叙述了关羽屯土山约三事、挂印封金、千里走单骑、过五关斩六将等故事,后一单元则集中叙述了关羽水淹七军、擒于禁、斩庞德、刮骨疗毒、败走麦城等故事。至于作为汉末大乱终结者的曹操,从第四回"谋董贼孟德献刀"一节开始至第七十八回,曹操的身影几乎也是无处不在。小说虽然没有像写诸葛亮和关羽那样给予他较为独立的叙事单元,但在第七十八回之前的叙事空间中,曹操其人则是如影随形,不论曹操是否出场,读者都能够感受到他的存在。小说正是通过这样一种叙事空间,让读者感受到曹操这位乱世奸雄的强大气场。

其三是根据故事推进的节奏和速度随时调度叙事空间。叙事文学作品尤其是长篇叙事文学作品,其叙事时空的转换是很正常的。长篇叙事文学作品很少是单一线索,故事发展往往是多线索齐头并进,这就需要根据叙事线索的转换进行叙事时空的转换。《三国演义》作为第一部长篇历史小说,在叙事时空的转换方面已经注意到了根据故事推进的节奏和速度随时调度叙事空间,通过叙事空间的适时调度,插入那些同时发生在不同空间的故事。譬如第七回"袁绍磐河战公孙,孙坚跨江击刘表",先写孙坚率兵回江东,中途反被刘表劫杀,幸得程普、韩当等死救得脱,才逃回江东。叙事时空由荆州传至江东。然而,作者此时却按下江东孙坚之事,叙事时空忽然转到河内,写袁绍欲因缺少粮草,用逢纪之谋,约居燕代之地的公孙瓒共取冀州。同时又暗地使人告诉冀州牧韩馥,说公孙瓒要进攻冀州。韩馥闻报,担心不是对手,遂请袁绍到冀州共治州事。可是,袁绍到了冀州之后,大权独揽。馥懊悔无及,遂弃下家小,一个人投奔陈留太守张邈去了。公孙瓒得知袁绍已经占领冀州,派弟弟公孙越前来,要分享胜利果实,结果公孙越被杀,于是公孙瓒起兵杀奔冀州而来。两军在磐河展开恶战,互有胜负。后得朝廷诏书,二人才得和解。这时,小说却按下公孙瓒与袁绍之争,转换了叙事时空,写孙坚得到袁术书信,率长子孙策,杀奔樊城,讨伐刘表,以报此前刘表截断归路之仇。孙坚势如破竹,沿汉江而上,围困襄阳。不料孙坚轻敌冒进,被刘表部将射杀。东吴将士逃回汉水。孙策用刘表部将黄祖换回孙坚尸首,罢战回江东。为了叙述同时发生的故事,小说在一回之中多次转换叙事时空,先叙江东孙坚,然后按下不表,转而叙述袁绍,叙事时空从江东转到冀州。袁绍与公孙瓒讲和后,叙事时空又转回江东,写孙坚溯汉江而上,攻打襄阳、樊城。叙事时空频繁转换,故事情节和主要人物也随叙事时空的转换而转换。小说把约略发生在同一时段的重大历史事件组合在一起,通过叙事时空的调度,让读者领略到了三国时期的风云变幻。

小说作者调度叙事时空,不用铺垫,不事张扬,而是简简单单,仅"却说"二字,就非常轻松地把叙事时空调度过去了。如第六十七回"曹操平定汉中地,张辽威震逍遥津",先叙写曹操率军亲征汉中,大获全胜,令益州震动。小说忽然一转,用一"却说",把叙事时空转到成都。为防曹操乘势夺取益州,诸葛亮派使者赴东吴,以交还长沙、江夏、桂阳三郡为代价,换取孙权出兵袭取合淝,逼迫曹操退兵。于是,叙事时空自然转至东吴。孙权接受诸葛亮的条件,派人接受长沙、江夏、桂阳三郡,随后出兵攻打合淝。叙事时空随即转换到宛城,孙权攻下宛城,直逼合淝。这时,合淝守将张辽才再次出场,一战而败孙权,迫使孙权撤兵回濡须。孙权回到濡须,准备整兵再战。张辽闻知,急忙修书告知曹操。于是,叙事时空又转换到汉中。作者在叙事中,随故事情节的发展自由调度叙事时空,不仅没有任何障碍,而且显得自然而然。

三 《三国演义》的叙事方式

叙事文学都要按照一定的叙事方式讲述故事,推进情节。《三国演义》是中国叙事文学的代表作,它也有自己的叙事方式。《三国演义》是长篇叙事文学作品，为适应其叙事时间跨度大、叙事空间广阔的特点，其叙事方式也需要多样化。分析一下《三国演义》的叙事方式可以发现，中国古典叙事文学的所有经典叙事方式，在《三国演义》中都有运用，如顺叙、倒叙、插叙、补叙、平叙、直叙等叙事方式，不仅可以找到许多例证，而且都很经典，对其后的叙事文学尤其是历史小说有深远影响。但是，《三国演义》的叙事方式最具特点的，则是其历史叙事、文化叙事和情感叙事。

《三国演义》通过历史叙事重构三国历史。对于三国历史，罗贯中之前已经有史书采用各种不同的叙事方式，如陈寿的《三国志》、习凿齿的《汉晋春秋》、司马光的《资治通鉴》、朱熹的《通鉴纲目》，等等，都按照各自对三国历史的理解进行历史叙事，给读者展示了不同的三国历史。诚如四库馆臣所言："（陈寿）其书以魏为正统，至习凿齿作《汉晋春秋》始立异议。自朱子以来，无不是凿齿而非寿。然以理而论，寿之谬万万无辞；以势而论，则凿齿帝汉顺而易，寿欲帝汉逆而难。盖凿齿时晋已南渡，其事有类乎蜀，为偏安者争正统，此孚于当代之论者也。寿则身为晋武之臣，而晋武承魏之统，伪魏是伪晋矣，其能行于当代哉？此犹宋太祖篡立近于魏，而北汉南唐迹近于蜀。故北宋诸儒皆有所避，而不伪魏；高宗以后，偏安江左近于蜀，而中原魏地全入于金，故南宋诸儒乃纷纷起而帝蜀。此皆当论其世，未可以一格绳也。"① 然而，不论陈寿、习凿齿还是司马光、朱熹，他们都是以史学家的眼光和胸襟进行历史叙事，而罗贯中则是以文学家的方式进行历史叙事。文学叙事不同于历史叙事，它不必拘泥于正史，而是可以依据各种正史、野史和民间故事传说，甚至可以借用戏曲话本等素材，按照作者的叙事逻辑重构历史。首先，从历史纪元来看，汉献帝车驾从长安返回洛阳之后，立即下诏改兴平为建安元年（196），此后叙述时间，皆以建安纪年，如第三十八回"定三分隆中决策，战长江孙氏报仇"，叙述建安七年、八年事：

> 建安七年，曹操破袁绍，遣使往江东，命孙权遣子入朝随驾。权犹豫

---

① 纪昀《三国志提要》，上海古籍出版社1987年影印《文渊阁四库全书》本。

未决。吴太夫人命周瑜、张昭等面议。张昭曰:"操欲令我遣子入朝,是牵制诸侯之法也。然若不令去,恐其兴兵下江东,势必危矣。"周瑜曰:"将军承父兄遗业,兼六郡之众,兵精粮足,将士用命,有何逼迫而欲送质于人?质一入,不得不与曹氏连和;彼有命召,不得不往:如此,则见制于人也。不如勿遣,徐观其变,别以良策御之。"吴太夫人曰:"公瑾之言是也。"权遂从其言,谢使者,不遣子。自此曹操有下江南之意。但正值北方未宁,无暇南征。

建安八年十一月,孙权引兵伐黄祖,战于大江之中。祖军败绩。权部将凌操,轻舟当先,杀入夏口,被黄祖部将甘宁一箭射死。凌操子凌统,时年方十五岁,奋力往夺父尸而归。权见风色不利,收军还东吴。

再如第四十八回"宴长江曹操赋诗,锁战船北军用武",叙述曹操在长江之上大宴众将之事,这样写道:"时建安十三年冬十一月十五日,天气晴明,平风静浪。"至延康元年(220)汉献帝禅位给曹丕之后,小说写道,曹丕"改延康元年为黄初元年,国号大魏。丕即传旨,大赦天下。谥父曹操为太祖武皇帝"。华歆奏曰:"天无二日,民无二主。汉帝既禅天下,理宜退就藩服。乞降明旨,安置刘氏于何地?"言讫,扶献帝跪于坛下听旨。丕降旨封帝为山阳公,即日便行。自此,东汉灭亡。但在同一回中,叙及刘备成都称帝,其纪年仍沿用汉献帝建安年号,称"惟建安二十六年(221)四月丙午朔,越十二日丁巳,皇帝备,敢昭告于皇天后土",改元章武元年。此后,凡是叙述蜀汉之事,则标以蜀汉纪年。东吴孙权虽然在黄初三年(223)自称吴大帝,改元黄武,但小说不仅没有叙述这件事,而且在此后的叙述中也很少使用东吴的纪年。如东吴陆逊大破蜀军于猇亭夷陵,小说则记曰"章武二年夏六月,东吴陆逊大破蜀兵于猇亭夷陵之地",根本不用东吴孙权的纪年。自蜀汉章武元年开始,叙述蜀汉之事,用蜀汉纪年;叙述曹魏之事用曹魏纪年。东吴纪年很少出现,其中有两次是叙述东吴事变时出现的:一次是述及孙权太子更替时,说太子孙登"于吴赤乌四年身亡",太元二年(252)孙权病逝。接着是诸葛恪立孙亮为帝,大赦天下,改元建兴元年。再一次是孙权之孙孙皓即皇帝位,改元为元兴元年。此外叙述三国故事，则多采用蜀汉或曹魏纪年。至于三国末代之君归宿的交代，则统一使用西晋纪年："后来后汉皇帝刘禅亡于晋泰始七年，魏主曹奂亡于太安元年，吴主孙皓亡于太康四年，皆善终。"这样的历史叙事既有别于《三国志》和《资治通鉴》，也有别于《汉晋春秋》和《通鉴纲目》。罗贯中虽然在情感上倾向于蜀汉，但在历史叙事方面没有选择某一方为一尊，而是尊重历史事实，分别按照蜀汉和曹魏纪年重新叙述三国历史，重构三国历史，展现三国历史，让读者看到了与各种有关三国的正史所不一样的三国历史，生动地展现了三国风云。从读者对《三国演义》的喜爱程度来看，作者的这一历史叙事获得了很大的成功。

《三国演义》通过文化叙事宣扬历史观念。在重构三国历史的同时，罗贯中还通过文化叙事来表明自己的历史观念。在整个三国故事的叙述中，读者看到的不仅是三国历史，还有三国文化，其中最为主要的是谋士文化、贤士文化和名士文化。通过对这些文化的叙写，作者在不经意间表达了自己的历史观念。

贤士文化是三国文化叙事的重要内容。陈蕃是汉末有名的贤士，可惜小说仅仅是在开篇提到他的名字，没有做更多的描写。接下来出场的贤士是王允。王允在董卓之乱中位居司徒，面对董卓恃强凌弱、祸国殃民，他虽然满腔义愤，却是束手无策。满怀正义感的王允为了国家社稷忧虑万分，在一个偶然的机会，他发现了貂蝉，巧妙地用貂蝉施展连环计，借吕布之手除掉了董卓，在历史的关键时刻，挽救了濒临灭亡的东汉政权。在董卓的部将围困长安的时候，他没有临阵脱逃，而是大义凛然。他对吕布说："若蒙社稷之灵，得安国家，吾之愿也；若不获已，则允奉身以死。临难苟免，吾不为也。为我谢关东诸公，努力以国家为念！"落入叛军之手后，面对叛军的威胁，他大义凛然，坚决不赦免他们，最后被叛军残忍地杀害。在董卓专权的时候，如果没有王允这样的贤士临危不惧，果断设计除掉董卓，东汉末年的历史将会怎样发展，还未可知。吉平是三国贤士中的又一代表。吉平参与董承等人谋诛曹操之事，见董承等人一直不能得手，遂利用自己太医的身份，准备在给曹操医治头风病的时候，下毒将曹操毒死。不料曹操十分狡诈，让吉平先尝药，说："汝既读儒书，必知礼义：

君有疾饮药，臣先尝之；父有疾饮药，子先尝之。汝为我心腹之人，何不先尝而后进？"吉平说："药以治病，何用人尝？"他知道曹操已经怀疑他，纵步向前，扯住曹操耳朵就灌。曹操用手一推，药泼在地上，砖块皆迸裂。事情败露，吉平被下狱，遭到严刑拷打，依然守口如瓶。次日，曹操宴请大臣，又当众拷打吉平，审问谁是同党。吉平宁死不屈。宴会后，曹操把在衣带诏上署名的王子服等四人留下，把出首告他们的庆童喊出来指证。四人皆不承认。曹操于是把四人下狱。次日，曹操令人押着吉平同到董承府，让他指证董承。小说第二十三回写道：

（曹操）因问平曰："谁教汝来药我？可速招出！"平曰："天使我来杀逆贼！"操怒，教打。身上无容刑之处。承在座视之，心如刀割。操又问平曰："你原有十指，今如何只有九指？"平曰："嚼以为誓，誓杀国贼！"操教取刀来，就阶下截去其九指，曰："一发截了，教你为誓！"平曰："尚有口可以吞贼，有舌可以骂贼！"操令割其舌。平曰："且勿动手。吾今熬刑不过，只得供招。可释吾缚。"操曰："释之何碍？"遂命解其缚。平起身望阙拜曰："臣不能为国家除贼，乃天数也！"拜毕，撞阶而死。操令分其肢体号令。时建安五年正月也。史官有诗曰："汉朝无起色，医国有称平。立誓除奸党，捐躯报圣明。极刑词愈烈，惨死气如生。十指淋漓处，千秋仰异名。"

吉平是知书达理的贤士，明白士人肩负的职责，所以，在曹操流露出篡逆之心的时候，他不顾安危，毅然加入了反对曹操的阵营，并准备利用自己身为太医的便利，借机除掉曹操。事情败露后，他怒斥曹操，坚贞不屈，宁死不招供，最后触阶而死。正如后人之诗赞扬的那样"立誓除奸党，捐躯报圣明"。吉平是真正的贤士，是可称之为民族脊梁的贤士。

谋士文化在三国文化叙事中占有很大分量。《三国演义》写了很多谋士，曹魏、蜀汉和孙吴各有自己的谋士群体。这些谋士既是三国历史进程的参与者，又是见证者，更是三国重大历史事件的谋划者。三国文化叙事不仅让读者领略了三国时期面目各异的谋士风貌，而且全面展示了谋士在三国历史进程中的重要作用。出现在《三国演义》中的谋士大概可以分为三个层次：谋道者、谋事者、谋利者。谋士谋道是最高层次，为了某种理念或理想而寻找明主，借助他人的力量来实现自己的理想。诸葛亮、荀彧、鲁肃都是这样的谋士。诸葛亮常自比管仲、乐毅，志在高远。汉末大乱之时，他躬耕南阳，以待天时，也期待明主。刘备三顾茅庐，请他出山辅佐。他虽然被刘备的诚意所感动，但他还不是十分了解刘备这个人，更不了解他的志向，所以见面之后，当刘备对他说"愿以天下苍生为念"的时候，他对刘备说"愿闻将军之志"，想以此来了解刘备这个人，看看刘备是何等人物，值不值得辅佐。如果是一个鼠目寸光的人，随便几句话就把他打发了。而当刘备说出"汉室倾颓，奸臣窃命，备不量力，欲伸大义于天下，而智术浅短，迄无所就。惟先生开其愚而拯其厄，实为万幸"这番话时，诸葛亮知道刘备乃是有志天下的人，这才答应出山。从诸葛亮与刘备草庐对话可以看出，诸葛亮是真正谋道的，是孔子所说的"谋道不谋食"的人，是为天下苍生谋的人。为了他所追求的道，为了天下苍生，他不计个人成败利钝、利害得失，而是鞠躬尽瘁，死而后已。从诸葛亮身上，读者看到了中国真正的谋士文化。荀彧是曹操的首席谋士，他原在袁绍手下，曹操平定青州黄巾之乱后，荀彧弃袁绍而投曹操。荀彧投奔曹操之后，曹操帐下的谋士才通过互荐的方式逐渐多了起来，谋士队伍蔚为大观。小说第十回"报父仇曹操兴师"一节写道：

> 操在兖州，招贤纳士。有叔侄二人来投操：乃颍川颍阴人，姓荀名彧，字文若，荀绲之子也；旧事袁绍，今弃绍投操。操与语大悦，曰："此吾之子房也！"遂以为行军司马。其侄荀攸，字公达，海内名士，曾拜黄门侍郎，后弃官归乡，今与其叔同投曹操，操以为行军教授。荀彧曰："某闻兖州有一贤士，今此人不知何在。"操问是谁，彧曰："乃东郡东阿人，姓程名昱，字仲德。"操曰："吾亦闻名久矣。"遂遣人于乡中寻问。访得他在山中读书，操拜请之。程昱来见，曹操大喜。昱谓荀彧曰："某孤陋寡闻，不足当公之荐。公之乡人姓郭名嘉，字奉孝，乃当今贤士，何不罗而致之？"彧猛省曰："吾几忘却！"遂启操征聘郭嘉到兖州，共论天下之事。郭嘉荐光武嫡派子孙，淮南成德人，姓刘名晔，字子阳。操即聘晔至。晔又荐二

人：一个是山阳昌邑人，姓满名宠，字伯宁；一个是武城人，姓吕名虔，字子恪。曹操亦素知这两个名誉，就聘为军中从事。满宠、吕虔共荐一人，乃陈留平邱人，姓毛名玠，字孝先。曹操亦聘为从事。

荀彧的加盟不仅使曹操的谋士队伍迅速壮大起来，而且也开始了曹操经略北方的大业。曹操初得荀彧，与之交谈之后，高兴地说："此吾之子房也！"这既是对荀彧的夸赞，也流露出曹操的远大志向。曹操把荀彧比作张良，那也就是以刘邦自居。刘邦是何许人？是开汉朝四百年基业的开国帝王。曹操自比刘邦，其志向亦自可知。所以，荀彧尽心竭力辅佐曹操，为曹操谋划大计。曹魏集团能够由小到大、由弱到强，荀彧功莫大焉。尤其是荀彧为曹操制定的"奉天子以从众望"的战略，让曹操奉汉献帝都许，占据天时之利，很快发展起来。然而，当董昭劝曹操加九锡的时候，荀彧明确表示反对："不可。丞相本兴义兵，匡扶汉室，当秉忠贞之志，守谦退之节。君子爱人以德，不宜如此。"荀彧这话是对董昭说的，同时也是说给曹操听的，所以他说"丞相本兴义兵，匡扶汉室，当秉忠贞之志，守谦退之节"。对董昭这样的提议，荀彧认为不是君子应该做的事情，故表示"君子爱人以德，不宜如此"。然而，此时之曹操已非彼时之曹操，对荀彧的逆耳忠言，曹操不仅听不进去，还以为荀彧是有意和他作对。事主如此，荀彧无话可说，最后选择了自尽。荀彧之死，也许有追悔之意，但更多的是对谋道不成的绝望。

三国时期的谋士有许多人是在谋事。谋士谋事是很正常的，所谓各为其主，所谓受人之托忠人之事，都是要谋事。不谋事的话，还要谋士干什么？只是谋事者的格局和境界，和谋道者不能同日而语。《三国演义》在其文化叙事中，对这类谋士有很多描写，兹以贾诩为例，略作探讨。贾诩原是李傕帐下的谋士，董卓被诛杀后，王允传令大赦天下，唯独不赦免为虎作伥的李傕、郭汜、张济、樊稠四人。李傕等人准备各自逃生，谋士贾诩说："诸君若弃军单行，则一亭长能缚君矣。不若诱集陕人并本部军马，杀入长安与董卓报仇。事济，奉朝廷以正天下；若其不胜，走亦未迟。"贾诩为李傕等谋生路，无可厚非，但提出为董卓报仇，就有些不明事理了。这是为私仇而废公义，由此已可看出贾诩的格局。

贾诩只知自己是李傕的谋士，而不知为天下苍生考虑。结果李傕等人攻入长安之后，不仅杀了王允，为董卓报了仇，而且纵容部下大肆掳掠，残害百姓，搞得长安混乱不堪。贾诩作为谋士，却没有建一言让李傕节制部下。后来，李傕、郭汜闹起内讧，一个劫持天子，一个劫持公卿，把天子和公卿当筹码，结果天子蒙尘，公卿蒙羞，遭殃的还是百姓。汉献帝逃回洛阳，李傕随后追来。贾诩劝李傕投降已进入洛阳保护汉献帝的曹操，李傕大怒，要斩贾诩。于是贾诩连夜逃回家乡去了。贾诩后来为张济帐下谋士，张济在进攻南阳时中箭而死，贾诩因此成为张济之侄张绣的谋士。曹操亲征张绣，贾诩见曹操势大，劝张绣投降曹操。曹操赏识他的才能，欲用他为谋士，他则以张绣对他言听计从为由加以拒绝。曹操招降张绣之后，见张济之妻邹氏非常漂亮，遂留置帐中，日夜取乐。张绣忍不下这口气，准备报仇，贾诩又为张绣出谋划策，使曹操折了长子曹昂、侄子曹安民和爱将典韦，曹操在逃命时，肩上也中了一箭，险些丧命。由此来看，贾诩又是一个没有操守的谋士。既然劝张绣投降曹操，而张绣也按照他的意思投降了曹操，贾诩就应该站在曹操的立场上考虑问题，为曹操排忧解难。可是，当张绣忍不下那口气，决定反叛的时候，他又为张绣出点子。他辅佐张绣，据守南阳，与曹操对垒，多次取胜。然而，当曹操派刘晔来招降时，贾诩再次劝张绣投降曹操，而且还讲了一堆理由。小说第二十三回写道：

> 晔至襄城，先见贾诩，陈说曹公盛德。诩乃留晔于家中。次日来见张绣，说曹公遣刘晔招安之事。正议间，忽报袁绍有使至。绣命入。使者呈上书信。绣览之，亦是招安之意。诩问来使曰："近日兴兵破曹操，胜负何如？"使曰："隆冬寒月，权且罢兵。今以将军与荆州刘表俱有国士之风，故来相请耳。"诩大笑曰："汝可便回见本初，道汝兄弟尚不能容，何能容天下国士乎！"当面扯碎书，叱退来使。张绣曰："方今袁强曹弱。今毁书叱使，袁绍若至，当如之何？"诩曰："不如去从曹操。"绣曰："吾先与操有仇，安得相容？"诩曰："从操其便有三：夫曹公奉天子明诏，征伐天下，其宜从一也；绍强盛，我以少从之，必不以我为重，操虽弱，得我必喜，其宜从二也；曹公王霸之志，必释私怨，以明德于四海，其宜从三也。愿

将军无疑焉。"绣从其言，请刘晔相见。晔盛称操德，且曰："丞相若记旧怨，安肯使某来结好将军乎？"绣大喜，即同贾诩等赴许都投降。绣见操，拜于阶下。操忙扶起，执其手曰："有小过失，勿记于心。"遂封绣为扬武将军，封贾诩为执金吾使。

不能不佩服，贾诩是很有眼光的人。他能在袁强曹弱之时劝张绣投降曹操，是很有远见的。他料定曹操不计前嫌，事实证明也是对的。但是，贾诩这些作为都是在谋事。虽然他说曹操有王霸之志，但他这样的谋士并没有王者之佐的气度和胸怀。归顺曹操之后，贾诩很少再有奇谋，也从一个方面证明他是在谋事，而不是在谋道，更不是辅佐王者谋天下。他的格局和气量，决定了贾诩只是一个谋事的谋士，而不可能是谋道的谋士，不是为天下苍生谋的谋士。

三国时期的谋士，有不少人在谋事的同时也在谋利。《三国演义》的文化叙事对这样的谋士文化也有生动表现。比较典型的是许攸。接到郑康成写来的求援书信，袁绍为是否发兵进攻曹操、救援刘备而犹豫不决，他手下的谋士田丰、审配、沮授、郭图也为此争论不休。许攸、荀谌认为"明公以众克寡，以强攻弱，讨汉贼以扶王室：起兵是也"。此次伐曹之役，袁绍大张旗鼓，兴师动众，还让陈琳写了讨伐曹操的檄文，但最后无功而返。建安五年，袁绍不听田丰、沮授等谋士的劝阻，起兵七十万，与曹操相峙于官渡。当时，曹操仅有七万人马，扼守关隘，使袁绍不能南下。双方自八月相峙，到了九月快结束的时候，都是军力疲乏、粮草不济。恰在此时许攸截得曹操催运粮草的书信，于是献计袁绍：趁许昌空虚，派一支兵马直取许昌。袁绍听信审配之言，以为许攸与曹操有旧，是曹操的奸细，把许攸赶了出去。许攸无路可走，就投奔了曹操，向曹操献计："袁绍军粮辎重，尽积乌巢。今拨淳于琼守把，琼嗜酒无备。公可选精兵诈称袁将蒋奇，领兵到彼护粮，乘间烧其粮草辎重，则绍军不三日将自乱矣。"曹操采纳许攸之计，亲率大军，夜袭袁军屯粮之地乌巢，一把火把袁军的粮草辎重烧了个干净。然后，曹军乘胜追击，大破袁绍。后来，曹操围攻邺城，久攻不下，许攸又献计说："何不决漳河之水以淹之？"操采纳许攸之计，派遣士兵在邺城外挖掘壕沟，周围四十里。审配在城上看见操军在城外挖掘壕沟，挖掘得却很浅，已经明白曹操之意，暗笑道："这是想决漳河之水来灌邺城啊！

壕沟深了可以淹，这么浅的壕沟，有什么用啊！"也就不加防备。当天夜里，曹操增添十倍军士，合力发掘壕沟，等到天明的时候，壕沟已经有二丈深。曹操令士兵挖开漳水，直灌邺城，邺城中很快就是水深数尺。再加上缺少粮食，许多士兵都饿死了。邺城守军失去抵抗，曹操得以顺利进入邺城。快要进城的时候，许攸纵马来到曹操面前，用鞭指着城门，大声叫着曹操的小名说："阿瞒，汝不得我，安得入此门？"曹操大笑，不作计较。可是，曹操手下众将听了，都愤愤不平。进入邺城之后，一日，许褚快马从东门进城，迎面遇见许攸。许攸呼唤许褚说："你们这些人要是没有我，怎么能够进出邺城城门？"许褚大怒，说："我们这些人出生入死，拼死血战，夺得邺城，你怎么敢夸这么大的海口！"许攸骂道："你们这些匹夫，何足道哉！"许褚大怒，拔剑杀了许攸，提着许攸的头来见曹操，说："许攸如此无礼，已经把他杀了。"曹操说："子远和我是老交情，所以相戏谑罢了，为什么把他杀了？"曹操虽然这么说，也就是责备一下许褚而已，并没有深究。许攸也是谋士，但从许攸的做派来看，确实格局不大，有一点成就，就沾沾自喜，甚至狂妄自大，颐指气使。这样的做派，曹操能忍，曹操手下的将领未必能忍，更何况许攸还是刚刚投诚过来的人？古训有"良禽择木而栖，贤臣择主而事"之说，但像许攸这样一言不合，立马走人，并投入原来事主敌人的怀抱，就显得过于急功近利了。像这样的谋士，不仅格局不大，而且过于势利，所以很难成就大业。许攸最后死于非命，看似是许褚不能容忍而杀了他，实际上很可能是许褚揣摩了曹操的心思而为之。曹操是一个很重视谋士的人，许褚杀了刚刚为其立了大功的人，他竟然不予深究，是很值得玩味的。

《三国演义》通过情感叙事表达情感取向，这是《三国演义》叙事艺术非常显著的特色。在叙事文学作品中，不论作者是否想保持客观，但结果都不可避免地要对其钟爱的人物形象在叙事上给予更多的关照，扩张叙事长度，增加叙事密度，甚至在叙事安排上也要有所偏向。从这个意义上说，情感叙事是观察作者情感取向的重要风向标。《三国演义》的主要情感取向是蜀汉集团的刘、关、张、诸葛亮和赵云。所以，《三国演义》的情感叙事无论是在叙事长度还是在叙事密度上，都是围绕着蜀汉集团的这些主要人物。汉末大乱之时，刘备集团比较弱小，但小说在叙事上还是给予刘备集团比较多的关注。诸葛亮出山之前的37回中，涉及刘、关、张的回数有19回，占了二分之一还要多，其中刘、关、张作为回中主要人物的有15回。自第三十八回诸葛亮出山之后至第五十六回的29回中，小说的整个情感叙事完全偏向于刘备集团。在这29回中，除第四十七回和第四十八回刘备集团的人物较少露面外，在其他27回中，刘备集团的人物大多都居于叙事的主要场景中，即使是写东吴抗曹之事，也是让诸葛亮出尽风头。如第四十三回"诸葛亮舌战群儒，鲁子敬力排众议"，第四十四回"孔明用计激周瑜，孙权决计破曹操"，第四十六回"用奇谋孔明借箭，献密计黄盖受刑"，都是诸葛亮反客为主占据主场。在那些叙写东吴主场的回目，也不乏诸葛亮等人的身影。如第四十五回"三江口曹操折兵，群英会蒋干中计"，看起来和刘备集团没有丝毫关系，但实际上本回则是以"瑜亮情结"开篇，以"瑜亮情结"收束。本回开篇是周瑜得知诸葛亮不愿投降东吴，遂起杀心，要让诸葛亮去截曹操聚铁山粮道，结果反被诸葛亮轻易化解。本回结束时，周瑜用蒋干行离间计，借曹操之手杀了曹军熟悉水战的将领蔡瑁、张允之后，自以为得计，就让鲁肃去试一试诸葛亮，看他是否看出此计。这样，在本回收束时，又准备把诸葛亮请出来。刘备集团的主要人物在东吴主场中依然如影随形，让读者感受到东吴的主场似乎都是诸葛亮在主导。第四十八回分写曹操和东吴，但依然可以看到刘备集团的影子。曹操在长江之上大宴诸将，酒酣之时，手指夏口说："刘备、诸葛亮，汝不料蝼蚁之力，欲撼泰山，何其愚耶！"

由于蜀汉集团是作者情感叙事的关注点，所以，在刘备集团主场的回目，作者叙写刘备、诸葛亮等人的故事，就更加得心应手，辞采飞扬了。如第五十回"诸葛亮智算华容，关云长义释曹操"，曹操兵败赤壁之后，向夷陵而逃，逃至乌林之西、宜都之北，见树木丛杂，山谷险峻，在马上大笑不止。众将问他为何大笑，曹操说："吾不笑别人，单笑周瑜无谋，诸葛亮少智。若是吾用兵之时，预先在这里伏下一军，如之奈何？"可是，话音刚落，赵云率领一支人马杀了出来，杀得曹军落荒而逃。逃至葫芦口，曹军人困马乏，有不少士兵倒在路上。曹操令人在山边埋锅造饭，割马肉烧吃。曹操坐在疏林之下，又忽然仰面

关云长义释曹操

大笑。众官问:"适来丞相笑周瑜、诸葛亮,引惹出赵子龙来,又折了许多人马。如今为何又笑?"曹操说:"吾笑诸葛亮、周瑜毕竟智谋不足。若是我用兵时,就这个去处,也埋伏一彪军马,以逸待劳;我等纵然脱得性命,也不免重伤矣。彼见不到此,我是以笑之。"正说话间,张飞带领一支人马杀了出来。张飞横矛立马,大叫:"操贼那里去!"诸军众将见了张飞,尽皆胆寒,无心恋战。许褚、张辽、徐晃三将来战张飞,保护曹操逃走,然后诸将各自脱身。这一战曹操损兵折将,幸存下来的也多数受了伤。逃至华容道,曹操又在马上扬鞭大笑。众将问他为何又大笑,曹操说:"人皆言周瑜、诸葛亮足智多谋,以吾观之,到底是无能之辈。若使此处伏一旅之师,吾等皆束手受缚矣。"话未落地,一声炮响,两边五百校刀手摆开,为首大将关云长,提青龙刀,跨赤兔马,截住去路。此时的曹操已是无路可逃,只好上前哀求关羽看在往日的情面上,放他一条生路。小说叙述曹操赤壁之战后的败逃，是两条线索交替进行：一边是曹操忙于逃命，一边是诸葛亮预先埋伏的人马在关键时刻杀出。曹操忙着逃命，惶惶若丧家之犬。他一次次大笑，看似精通兵法战阵，实际上却是一次次在铁的事实面前受奚落。每一次大笑，都反衬诸葛亮有先见之明。刘备集团一方，诸葛亮则是善于排兵布阵，了解曹操心理，熟悉各地地形，他事先埋伏的三支兵马，每次出场都是威风凛凛，让曹兵闻之丧胆。尤其是赵云、张飞、关羽的出场，都是大义凛然，威风八面，带有鲜明的情感倾向。如赵云出场，小说写道：说犹未了，两边鼓声震响，火光竟天而起，惊得曹操几乎坠马。斜刺里一彪军杀出，大叫："我赵子龙奉军师将令，在此等候多时了！"写张飞出场：早见四下火烟布合，山口一军摆开，为首乃燕人张翼德，横矛立马，大叫："操贼那里去！"诸军众将见了张飞，尽皆胆寒。写关羽出场：言未毕，一声炮响，两边五百校刀手摆开，为首大将关云长，提青龙刀，跨赤兔马，截住去路。操军见了，亡魂丧胆，面面相觑。从作者的用词上，读者分明可以感受到作者情感叙事的作用，体味到作者的情感倾向。

　　在小说的情感叙事中，作者倾注心血最多的是诸葛亮。所以，从第三十八回诸葛亮出场以后，小说的情感叙事都围绕着诸葛亮展开。诸葛亮初出茅庐，有博望坡之战、火烧新野；赤壁之战有舌战群儒、智激周瑜、草船借箭、七星坛祭风、智算华容道；接下来的荆州之争，诸葛亮则有三气周瑜；在刘备取西川的进程中，庞统虽然作为军师随刘备前行，但未到成都，已惨死在落凤坡。诸葛亮临危受命，带领张飞、赵云两员猛将入川增援，成功收取西川；入川之后，紧接着便是关羽失荆州，刘备伐吴兵败夷陵。这两大事件占了十几个回目，其情感叙事的主要对象是关羽和刘备，但诸葛亮的身影亦时隐时现。譬如第八十四回"陆逊营烧七百里，孔明巧布八阵图"，刘备在夷陵夹江结营扎寨，绵延七百余里。然后画成图册，让马良送往成都。马良见了诸葛亮，说："今移营夹江，横占七百里，下四十余屯，皆依溪傍涧，林木茂盛之处。皇上令良将图本来与丞相观之。"诸葛亮看罢，拍案叫苦，问："是何人教主上如此下寨？可斩此人！"马良说："皆主上自为，非他人之谋。"孔明叹息道："汉朝气数休矣！"

孔明巧布八阵图

马良问何出此言。诸葛亮说:"包原隰险阻而结营,此兵家之大忌。倘彼用火攻,何以解救?又,岂有连营七百里而可拒敌乎?祸不远矣!陆逊拒守不出,正为此也。汝当速去见天子,改屯诸营,不可如此。"成都到夷陵,路途遥远,怎么来得及?所以,马良问道:"倘今吴兵已胜,如之奈何?"诸葛亮说:"陆逊不敢来追,成都可保无虞。"马良又问:"陆逊何故不追?"诸葛亮说:"恐魏兵袭其后也。主上若有失,当投白帝城避之。吾入川时,已伏下十万兵在鱼腹浦矣。"马良大惊,说:"某于鱼腹浦往来数次,未尝见一卒,丞相何作此诈语?"诸葛亮说:"后来必见,不劳多问。"小说通过诸葛亮与马良的一段对话,突出了诸葛亮在夷陵之战后期的重要作用。由此,读者不难猜测,如果诸葛亮随同大军出征,蜀汉绝不会有此劫难。可惜的是,刘备已经被兄弟义气冲昏了头脑,听不进任何人的劝说。像伐吴这样的大事,刘备自己不懂军事,竟然不让军师参与，任凭自己义气行事。诸葛亮虽然看出了刘备结营扎寨出现的问题，但相距遥远，只能徒唤奈何！为了突出诸葛亮的作用，小说借用相关民间传说，把诸葛亮八阵图用在了鱼腹浦。小说没有直接叙写诸葛亮，而是通过陆逊误入鱼腹浦八阵图，写出了八阵图的神奇，印证了诸葛亮"吾入川时，已伏下十万兵在鱼腹浦矣"的说法。这是一种非常高超的叙事艺术。而这种叙事艺术，是和作者的情感叙事密切相关的。

四 《三国演义》的叙事技巧

探讨《三国演义》的叙事艺术，不能不涉及其叙事技巧。《三国演义》的叙事技巧，毛宗岗在《读三国志法》中总结了十多种，也做了必要的分析。但是，读《三国演义》，很少有人先读毛宗岗的《读三国志法》。而且，毛宗岗的《读三国志法》对《三国演义》叙事技巧的分析，有些比较中肯，有的也不免牵强。所以，这里在毛宗岗《读三国志法》的基础上，对《三国演义》的叙事技巧略作分析。

其一，注重故事的完整性。《三国演义》的叙事属于古典叙事，它不像现代叙事文学那样可以采用意识流或穿越剧等方式来叙述故事，而是有起有结，线条清晰，故事的来龙去脉非常清楚。《三国演义》所述故事起于汉末十常侍弄权和黄巾之乱，终于西晋统一三国。其间大故事套小故事，环环相扣，形成完整的故事链条。而每一个故事，不论大故事还是小故事，作者在叙述其故事的发生、发展和终结时，都把来龙去脉交代得很清楚，都很完整。譬如关羽千里走单骑，只是关羽一生中的一个小故事。但作者叙述这一故事，同样一丝不苟，认认真真。小说从关羽挂印封金写起，把曹操赠袍、关羽挑袍、关羽拒绝廖化的请求等作为千里走单骑的序曲。接下来从容叙写关羽过五关，过东岭关斩了守将孔秀，过洛阳关杀了洛阳太守韩福和其部将孟坦，过泗水关杀了守将卞喜，过荥阳关杀了荥阳太守王植，过滑县黄河渡口杀了守将秦琪。叙述完关羽过五关斩六将之后，作者还不忘总结一句"关公所历关隘五处，斩将六员"，并以一首后人诗作结:"挂印封金辞汉相,寻兄遥望远途还。马骑赤兔行千里,刀偃青龙出五关。忠义慨然冲宇宙,英雄从此震江山。独行斩将应无敌,今古留题翰墨间。"过五关斩六将是关羽一生中最为辉煌的故事,也是小说虚构的故事。故事中的许多事情虽然都经不起考究,但这个故事却深入人心。读了这个故事,很多人也许记不得关羽过的是哪五关,斩的是哪六将,但总之记住了关羽过五关斩六将的故事,记住了关羽为了寻找原在冀州的结义兄弟刘备,不畏艰险,千里远行,匹马单刀保护两位嫂嫂,顺利过了沿途各种关隘。关羽过五关斩六将是《三国演义》中一个很小的故事单元,但作者叙来,有起因,有过程,有结局,来龙去脉非常清晰,故事非常完整。关羽千里独行的起因,是关羽在许都得到南阳陈震送来的刘备书信,得知刘备暂时在冀州袁绍处栖身的消息,决意去寻找刘备,几次去向曹操辞行,曹操都闭门不见。无奈之下,关羽才挂印封金,决定不辞而别。这是起因。关羽过五关斩六将的过程,是小说重点叙述的内容。小说依先后顺序,娓娓道来。至黄河渡口斩了守将韩琪,关羽过五关斩六将的故事才算完满结束。

  一个小小的故事尚且如此,那么,对于时空跨度较大的故事,作者就更加重视了。譬如赤壁之战,从第四十三回"诸葛亮舌战群儒,鲁子敬力排众议",至第五十回"诸葛亮智算华容,关云长义释曹操",总计用了8回,前后历时数月,空间则在许都、荆州和东吴之间来回转换,跨度相当大。小说叙述这一故事,同样是有起因,有过程,有结局,整个故事很完整。建安十三年(208),曹操率军南下,收复荆州,然后传檄孙权,约孙权于江夏会猎刘备。诸葛亮明知刘备不是曹操的对手,于是亲自赴江东,游说孙权联合刘备,共同抗击曹操。由此点燃了赤壁之战的导火索。此后,孙、刘联军与曹军在赤壁摆下战场,相互间排兵布阵,斗智斗勇。由于赤壁之战是三国之分的决定性一役,所以,作者叙来不像千里走单骑那样单一线索连贯整个故事,而是曹操、刘备、孙权三条线索相互交叉,共同推进。一会儿是周瑜,一会儿是曹操,一会儿是诸葛亮。但由于作者的情感叙事重点在诸葛亮,所以,三条线索只是在赤壁之战的文学叙事中交互进行,而其情感叙事则始终围绕诸葛亮与周瑜斗智,用以呼应民间流传已久的"瑜亮之争"。所以,在整个决定三国之分的赤壁之战中,直接写战争的场面不是很多。除初次交锋的三江口曹操折兵和最后的火烧赤壁之外,其余的叙事几乎都是围绕着诸葛亮与周瑜斗智、周瑜与曹操斗智来展开,而诸葛亮与周瑜斗智则又占了较大比重。赤壁之战在三方的相互斗智中逐次展开,一步步推向高潮。但它始终服从服务于孙、刘联军共同抗击曹操这一大局。譬如,周瑜让诸葛亮去截曹操聚铁山粮道,诸葛亮通过鲁肃说明利害,周瑜主动作罢;周瑜让诸葛亮立军令状,三日之内造出十万支箭,诸葛亮欣然答应,通过草船借箭化解了与周瑜的矛盾;周瑜要在诸葛亮借东风之后杀了他,诸葛亮提前就安排好了退路,轻松撤离东吴。正是由于"瑜亮之争"始终都能被诸葛亮轻松化解,赤壁之战中孙、刘联军才能同心协力,共同应对曹军的威胁,一把火使得曹操八十三万大军灰飞烟灭,最终取得赤壁之战的胜利。赤壁之战的过程概括起来就是三方争斗和"瑜亮之争",赤壁之战的结局表面上看是孙、刘联军的共同胜利,但由于在"瑜亮之争"中诸葛亮始终技高一筹,先人一着,在赤壁之战后迅速布局,使得刘备几乎攫取了赤壁之战的所有胜利成果,而孙权一方仅仅是通过赤壁之战换取了东吴的暂时安定。

通过关羽千里走单骑和赤壁之战可以看出,《三国演义》在叙事上追求故事的完整性,一个故事一旦展开,就一定有起因,有发展,有结局。这是历史小说所特有的。任何历史事件的发生,历史发展进程的演进,都必然有其因果。历史事件为什么会发生,发生之后怎样演进,最后有什么样的结局,在历史小说中都要有所交代,这样才能显示出叙事的完整性。如果凭空冒出一件事、一个人,而这件事、这个人和其他事件、人物没有任何联系,那是不可能的。联系是普遍的。历史事件与历史人物也是这样。只有弄清楚历史事件、历史人物之间的相互联系,才有可能搞清楚历史进程的来龙去脉。作为长篇历史小说的《三国演义》同样需要这样。了解这一点,才能更为深刻地认识《三国演义》叙事的完整性。

叙事完整性并不意味着小说中出现的每一人物生平履历都很完整。据统计,《三国演义》中出现的人物有1100多人,罗贯中"三国志宗僚"中列的人物也有477人之多。那么多的人物，不可能每个人物都是有始有终。不要说许多属于"过客"式的人物，就是那些在三国历史进程中曾经发挥了一些作用的人物，也不可能都有始有终。最为典型的是貂蝉和徐庶。貂蝉是在第八回"王司徒巧使连环计"一节中出现的，到第十九回"下邳城曹操鏖兵，白门楼吕布殒命"，貂蝉与吕布妻严氏哭哭啼啼劝吕布不要出城驻扎。吕布儿女情长，不纳陈宫的建议，命丧白门楼。而在王允连环计中担任主要角色的貂蝉，最后一次露面，是对吕布说："将军与妾作主，勿轻身自出。"自此以后，便无下落。徐庶是诸葛亮出山前刘备的军师，深受刘备倚重，帮助刘备打了几个漂亮仗。《三国演义》第三十五回和三十六回中对徐庶有集中叙述。后来，由于其母亲被曹操控制，徐庶不得已来到许都。其母因徐庶中了曹操的奸计，愤而自杀。徐庶因此留在曹营。此后，其便很少露面。直到第四十七回，徐庶才再次露面。当时，庞统到曹操那里献连环计，让曹操把大船用铁环连在一起，以避免水面上颠簸。然而，当庞统准备回江南的时候，"忽见岸上一人，道袍竹冠，一把扯住统曰：'你好大胆！黄盖用苦肉计，阚泽下诈降书，你又来献连环计：只恐烧不尽绝！你们把出这等毒手来，只好瞒曹操，也须瞒我不得？'唬得庞统魂飞魄散。却说庞统闻言，吃了一惊，回头一看，原来是徐庶，这才放下心来"。庞统悄悄对徐庶说："你若说破我计，可惜江南八十一州百姓，皆是你送了也！"徐庶笑着说："此间八十三万人马，性命如何？"统曰："元直真欲破我计耶？"庶曰："吾感刘皇叔厚恩，未尝忘报。曹操送死吾母，吾已说过终身不设一谋，今安肯破兄良策？只是我亦随军在此，兵败之后，玉石不分，岂能免难？君当教我脱身之术，我即缄口远避矣。"庞统在徐庶耳边悄悄说了数句。徐庶当晚就派身边亲近的人到各寨中散布谣言，说西凉韩遂、马腾要偷袭许都。探子将此事报知曹操，曹操急聚众谋士商议，说："吾引兵南征，心中所忧者，韩遂、马腾耳。军中谣言，虽未辨虚实，然不可不防。"这时徐庶进言道："庶蒙丞相收录，恨无寸功报效。请得三千人马，星夜往散关把住隘口；如有紧急，再行告报。"操喜曰："若得元直去，吾无忧矣！散关之上，亦有军兵，公统领之。目下拨三千马步军，命臧霸为先锋，星夜前去，不可稽迟。"徐庶辞了曹操，率兵往大散关而去。此后，便再无下文。但是，个别人物生平履历的不完整，甚至是有头无尾，并不影响整部小说故事的完整性。《三国演义》是历史小说，重在叙事写人，叙述重大历史事件，表现重要历史人物。一般人物，甚至是在小说中有一定作用和影响的人物，有些许瑕疵，并不影响小说故事的完整性。

其二，注重叙事的起伏性。文似看山不喜平。读小说就像欣赏一道道风景，越是有起伏，就越有看头。如果小说没有起伏，没有波折，平淡无奇，读者会味同嚼蜡，不愿意再读下去。所以，中国古典叙事文学作品，都非常重视叙事的起伏性，不断制造看点，吸引读者读下去。《三国演义》是长篇历史小说，叙述三国历史的发展演进，动荡起伏，波谲云诡，越看越有看头，令人百读不厌。

三国历史是由许许多多的历史事件构成的，其中有些历史事件富有戏剧性，有些则较为平淡。作者叙事不是事无巨细照单全录，而是按照作者的历史观念和思想倾向进行选择，根据情节发展的需要进行取舍，从而择取若干能够反映三国历史面貌的重大历史事件，重新进行艺术创作，使之环环相扣，连绵不断，用以表现三国时期波折起伏的历史进程。由此，小说中出现了许多精彩的章节和许多扣人心弦的片段，产生了连绵不断的故事高潮。如叙董卓之乱有连环计，叙汉末诸侯争雄有水淹下邳，叙曹操统一北方有官渡之战，叙刘、关、张兄弟之情有关羽过五关斩六将，叙刘备求贤若渴有三顾茅庐，叙三国之分有赤壁之战，叙荆州之争有水淹七军，叙蜀汉故事有七擒孟获、六出祁山、九伐中原。毛宗岗言及《三国演义》这种叙事艺术的时候，概括为"《三国》一书，有横云断岭、横桥锁溪之妙"。他说："文有宜于连者，有宜于断者。如五关斩将，三顾草庐，七擒孟获，此文之妙于连者也。如三气周瑜，六出祁山，九伐中原，此文之妙于断者也。盖文之短者，不连叙则不贯串；文之长者，连叙则惧其累赘，故必叙别事以间之，而后文势乃错综尽变。后世稗官家鲜能及此。"[①] 时空较密的故事叙事需要紧凑，时空跨度大的故事叙事则需要缓冲。时空密度小的故事和时空跨度大的故事相互穿插，自然就形成了叙事的起伏性。这种通过叙

---

① 毛宗岗《读三国志法》，《增像全图三国演义》，中国书店1985年影印版。

事单元的大小制造叙事起伏效果的艺术，在《三国演义》中的运用可谓炉火纯青。譬如诸葛亮三气周瑜，是赤壁之战后刘备集团和孙权集团荆州之争的集中表现。小说不以荆州之争立题，而是用诸葛亮三气周瑜来表现。这本是一个完整的故事，但由于这一故事时空跨度较大，小说在叙述这一故事时不是连续叙述三气周瑜，而是穿插了诸葛亮取长沙、桂阳、零陵三郡，孙权合淝战张辽，刘备东吴招亲等故事，前后共用了6回的篇幅来叙述。穿插进去的故事，每一个不仅都是完整的故事，而且同样曲折紧张。如刘备东吴招亲，本是根据戏曲、平话中的情节，《三国演义》把它移植过来，经过加工和演绎，形成了刘备东吴招亲的故事。在《三国志平话》中，是周瑜设计，让鲁肃率领五千人马、二十员将领，以送亲为名，准备偷袭荆州。鲁肃见诸葛亮早有防备，不敢动手。过了不久，孙夫人以看望母亲为名回东吴，请刘备同往。刘备过江后，得孙夫人保护，后又得以重返荆州。《三国演义》对《三国志平话》的情节做了较大改动，变成周瑜用美人计，骗刘备到江东，准备囚禁刘备以换取荆州。诸葛亮识破周瑜之谋，授予赵云三个锦囊妙计，让赵云保护刘备赴江东招亲。一个锦囊妙计就是一出精彩故事，三个锦囊妙计环环相扣，使刘备安全返回荆州，令周瑜赔了夫人又折兵。正是由于运用了这种叙事技巧，《三国演义》才是好戏连连，精彩不断。

叙事单元密度大小的调节不仅可以使故事波荡起伏，而且可以使小说叙事张弛有度。小的叙事单元的时空容量有限，不可能容纳重大历史事件，而只能是历史事件的某些插曲或片段，所以，其激烈紧张程度相对来说要弱一些。所以，通过调节叙事单元的大小，可以使小说叙述张弛有度，曲折起伏。从小说结构的角度看，小的叙事单元，如同大的叙事单元的序曲。从叙事角度看，则是叙事单元的调节。譬如，叙述曹操大军平定荆州、下江东之前，先写刘备三顾茅庐，把《三国演义》的重要人物诸葛亮请出来，为赤壁之战做必要的准备。从小处来看，叙述刘备败走汉津口之前，先写刘备携民渡江，为刘备当阳之败做铺垫。毛宗岗把《三国演义》这种叙事艺术称作"有将雪见霰、将雨闻雷之妙"。他说："将有一段正文在后，必先有一段闲文以为之引；将有一段大文在后,必先有一段小文以为之端。如将叙曹操濮阳之火,先写糜竺家中之火一段闲文以启之;将叙孔融求救于昭烈,先写孔融通刺于李弘一段闲文以启之;将叙赤壁纵火一段大文,先写博望、新野两段小文以启之;将叙六出祁山一段大文,先写七擒孟获一段小文以启之是也。鲁人将有事于上帝,必先有事于泮宫。文章之妙,正复类是。"① 毛宗岗所谓"正文""闲文""小文""大文",都是不同的叙事单元。但毛宗岗所说的一些事件,有的有联系,有的则没有关系。如糜竺家中遇火,与曹操濮阳城遭受火攻,没有一丁点的关系。诸葛亮博望坡和新野用火攻打败曹军,与周瑜火烧赤壁虽可前后呼应,但相隔过于遥远。至于七擒孟获,也作为一段小文来看,就更不太合适了。七擒孟获前后用了将近5回的文字,是一个时空跨度较大的叙事单元。整个故事跌宕起伏,曲折多变,路转峰回,引人入胜。把它作为六出祁山前的一段"小文",实在是委屈了七擒孟获这一叙事单元。七擒孟获是诸葛亮掌握蜀汉军政大权之后,与北伐中原相互呼应的一次大规模军事行动。诸葛亮为相父之后做了两件大事,一件是南征,收服孟获,稳定南方;一件是北伐,易守为攻,六次北伐中原,劳师动众却没有大的收获。从这个角度来看,南征是诸葛亮掌握蜀汉军政大权后最为得意的杰作。毛宗岗把这样一件大事作为诸葛亮六出祁山前的一段"小文",显然不太妥当。因为,它既不符合事实,也不符合小说叙事张弛有度的原则。七擒孟获是一个较大的叙事单元,其中有张有弛,起起伏伏。最为紧张也最为惨烈的,则是第九十回"驱巨兽六破蛮兵,烧藤甲七擒孟获"。乌戈国主兀突骨率三万藤甲军帮助孟获,接连胜了十五阵,追击蜀兵到盘蛇谷。小说写道:

> 兀突骨统引兵众,随后追杀。兀突骨望见山上并无草木,料无埋伏,放心追杀。赶到谷中,见数十辆黑油柜车在当路。蛮兵报曰:"此是蜀兵运粮道路,因大王兵至,撇下粮车而走。"兀突骨大喜,催兵追赶。将出谷口,不见蜀兵,只见横木乱石滚下,垒断谷口。兀突骨令兵开路而进,忽见前面大小车辆,装载干柴,尽皆火起。兀突骨忙教退兵,只闻后军发喊,

---

① 毛宗岗《读三国志法》,《增像全图三国演义》,中国书店1985年影印版。

报说谷口已被干柴垒断,车中原来皆是火药,一齐烧着。兀突骨见无草木,心尚不慌,令寻路而走。只见山上两边乱丢火把,火把到处,地中药线皆着,就地飞起铁炮。满谷中火光乱舞,但逢藤甲,无有不着。将兀突骨并三万藤甲军,烧得互相拥抱,死于盘蛇谷中。孔明在山上往下看时,只见蛮兵被火烧的伸拳舒腿,大半被铁炮打的头脸粉碎,皆死于谷中,臭不可闻。孔明垂泪而叹曰:"吾虽有功于社稷,必损寿矣!"左右将士,无不感叹。

盘蛇谷之战是诸葛亮七擒孟获最惨烈的一役,也把七擒孟获这一叙事单元推向了高潮。比较起来,此前一擒至六擒,虽然是长波涌动,波涛滚滚,甚至一浪高过一浪,但在整个叙事单元中都不算是巨浪。直至盘蛇谷之战,七擒孟获之役才达到高潮。而随后的诸葛亮泸水致祭,则是诸葛亮七擒孟获的余波,不仅使七擒孟获至此一缓,而且为七擒孟获画上了圆满的句号。毛宗岗把这种叙事艺术称为"有浪后波纹、雨后霢霂之妙",所谓"凡文之奇者,文前必有先声,文后亦必有余势"。①

通过叙事时空的调度,把迥然不同的事件自然连接在一起,使叙事空间跌宕起伏,引人入胜。《三国演义》叙事时空的调度很有特色,一是把喧嚣与沉静两种截然不同的时空自然衔接起来,形成叙事时空的起伏。毛宗岗把这种情况称为"有寒冰破热,凉风扫尘之妙"。他列举了一些例子,"如关公五关斩将之时,忽有镇国寺内遇普静长老一段文字;昭烈跃马檀溪之时,忽有水镜庄上遇司马先生一段文字;孙策虎踞江东之时,忽有遇于吉一段文字;曹操晋爵魏王之时,忽有遇左慈一段文字;昭烈三顾草庐之时,忽有遇崔州平席地闲谈一段文字;关公水淹七军之后,忽有玉泉山月下点化一段文字。至于武侯征蛮而忽逢孟节,陆逊追蜀而忽遇黄承彦,张任临敌而忽问紫虚丈人,昭烈伐吴而忽问青城老叟。或僧或道,或隐士或高人,俱于极喧闹中求之,真足令人躁思顿清,烦襟尽涤"。毛宗岗列举的事件大抵属于两种相对应的情况,一则喧嚣,一则沉

---

① 毛宗岗《读三国志法》,《增像全图三国演义》,中国书店1985年影印版。

静，喧嚣之后突然陷入沉静，则可以让读者在紧张之余得到片刻的舒缓，调节一下紧张的情绪。二是把性质不同的时空自然衔接在一起，毛宗岗称之为"有笙箫夹鼓、琴瑟间钟之妙"。他列举的一些例证，颇有代表性："如正叙黄巾扰乱，忽有何后、董后两宫争论一段文字；正叙董卓纵横，忽有貂蝉凤仪亭一段文字；正叙催、汜猖狂，忽有杨彪夫人与郭汜之妻来往一段文字；正叙下邳交战，忽有吕布送女、严氏恋夫一段文字；正叙冀州厮杀，忽有袁谭失妻、曹丕纳妇一段文字；正叙荆州事变，忽有蔡夫人商议一段文字；正叙赤壁鏖兵，忽有曹操欲取二乔一段文字；正叙宛城交攻，忽有张济妻与曹操相遇一段文字；正叙赵云取桂阳，忽有赵范寡嫂敬酒一段文字；正叙昭烈争荆州，忽有孙权亲妹洞房花烛一段文字；正叙孙权战黄祖，忽有孙翊妻为夫报仇一段文字；正叙司马懿杀曹爽，忽有辛宪英为弟画策一段文字。至于袁绍讨曹操之时，忽带叙郑康成之婢；曹操救汉中之日，忽带叙蔡中郎之女。诸如此类，不一而足。人但知《三国》之文是叙龙争虎斗之事，而不知为凤、为鸾、为莺、为燕，篇中有应接不暇者，令人于干戈队里时见红裙，旌旗影中常睹粉黛，殆以豪士传与美人传合为一书矣。"所谓"笙箫夹鼓、琴瑟间钟"，实际上是把三国纷争的战场看作男人的战场，女人应该置于战场之外，而不应置身其内，这就是人们常说的战争让女人走开。但事实上，战争一旦开打，就无所谓男女，女人自觉不自觉地会被牵扯进去。所以，在《三国演义》这部英雄史诗中，女人也时时展露一下风采和妩媚，在男人的世界里或纵横驰骋，或轻歌曼舞。如此以来，不仅恰当地调节了叙事节奏，而且也使得整部小说的叙事时空更加波澜起伏。

其三，叙事突出其意外性。世界之大，无奇不有。世事不可预测，充满各种不确定性，反映在叙事文学作品中，就是故事的发展或结局既在情理之中，又在意料之外。所谓文学叙事的意外性，就是不能用寻常的思路预测故事的发展进程或结局，而是往往出于意料之外，但细思其发展或结局，又符合情理，有其内在逻辑联系。也就是说，叙事中出现的任何意料之外的事情，都有其内在的合理性。毛宗岗对《三国演义》这种叙事艺术甚为推崇，认为"《三国》一书有星移斗转、雨覆风翻之妙。杜少陵诗曰：'天上浮云如白衣，斯须改变成苍狗。'此言世事之不可测也，《三国》之文亦犹是尔。"

　　《三国演义》在叙事过程中常常制造出意料之外的效果。譬如叙吕布杀丁原和董卓，都是情理之中，意料之外。在董卓准备擅自行废立之事的时候，荆州刺史丁原坚决反对，他质问董卓："天子乃先帝嫡子，初无过失，何得妄议废立！汝欲为篡逆耶？"董卓原想拔剑杀死丁原，因见其身后一人手持方天画戟，器宇轩昂，威风凛凛，才没敢下手。事后，董卓得知此人乃是丁原的义子吕布。次日董卓与丁原对阵，被吕布一阵冲杀，溃退三十余里。可是，后来吕布却被同乡李肃甜言蜜语加上利诱，转而杀了丁原，投靠了董卓，从此成为董卓手下令人畏惧的猛将。至此，读者以为吕布将会追随董卓，成为董卓的左膀右臂。事实上，吕布投靠董卓之后，又认董卓为义父，为董卓立了大功。董卓对吕布也甚为倚重，让他领兵打仗，让他做贴身侍卫。在十八路诸侯讨伐董卓的时候，吕布扼守虎牢关，大战十八路诸侯，屡斩对方大将。如果不是刘、关、张三英战吕布为诸侯挽回一些面子，十八路诸侯几乎颜面扫地。但是，后来事情的发展完全出乎人们的意料。在貂蝉的美人计面前，吕布彻底放弃了董卓，并亲手杀了董卓。从李肃离间吕布与丁原的说词，以及吕布背叛丁原的原因来看，吕布是一个很看重功名利禄的人。投靠董卓之后，董卓位高权重，可以满足吕布的任何要求。按照常理，只要董卓不倒，吕布就不会背叛董卓。可是，在金钱与美色面前，吕布更看重美色，所谓英雄爱美人。再加上王允、貂蝉从中离间，原本就没有任何道德底线的吕布再次充当了"杀父"的凶手。董卓收服吕布，原是要吕布为他所用，结果却成了他的催命鬼。吕布杀董卓虽然出乎意料，但细思其缘由，也是有蛛丝马迹可寻。对于吕布这样一个只讲个人利益而没有任何道德底线的人来说，义父与义子只是名义上的关系，没有任何实质性约束。当利益发生冲突的时候，吕布则是个人利益至上，其他的都可以不管不顾。所以，从这个角度来看，吕布杀董卓与杀丁原一样，都是情理之中的事情。

　　在《三国演义》中，类似这种出乎意料之外的故事有很多。毛宗岗在《三国志读法》中列举了很多例子，如"本是昭烈从袁绍以讨董卓，却弄出助公孙瓒以攻袁绍，则一变。本是昭烈救徐州，却弄出昭烈取徐州，则一变。本是吕布投徐州，却弄出吕布夺徐州，则一变。本是吕布攻昭烈，却弄出吕布迎昭烈，则一变。本是吕布绝袁术，又弄出吕布求袁术，则一变。本是昭烈助吕布以讨袁术，又弄出助曹操以杀吕布，则一变。本是昭烈助曹操，又弄出昭烈讨曹操，则一变。本是昭烈攻袁绍，又弄出昭烈投袁绍，则一变。本是昭烈助袁绍以攻曹操，又弄出关公助曹操以攻袁绍，则一变"。细读《三国演义》可以发现，许多意外之事都有其内在的事理逻辑，细细分析，似乎都不那么意外。但有些故事却是属于意料之外。譬如诸葛亮赴柴桑吊唁周瑜，就是大出意外的事情。赤壁之战中，周瑜几次欲杀诸葛亮皆未如愿，鲁肃等人也了解这种情况。赤壁之战后，诸葛亮乘周瑜攻取南郡、大战曹仁之机，捷足先登，占了南郡、襄阳和荆州，气得周瑜金疮迸裂，半晌才苏醒过来。诸葛亮随后又抢占了零陵、桂阳、长沙三郡，东吴损兵折将赢得了赤壁之战的胜利，胜利的果实却几乎让刘备集团全部摘走。为夺回荆州，周瑜用孙权妹妹做诱饵，诱使刘备来东吴，想挟持刘备，换取荆州，不想弄巧成拙，赔了夫人又折兵，气得前来督战的周瑜金疮迸裂，倒于船上。后来周瑜又想用假途灭虢之计，名义上替刘备取西川，实际上则是偷袭荆州，又被诸葛亮识破，气愤填膺，金疮再次迸裂，倒于马下，命丧于巴丘。从小说叙述的诸葛亮三气周瑜事件来看，东吴将士对诸葛亮应是恨之入骨。周瑜死后，诸葛亮有天大的胆子，也不敢到东吴吊唁周瑜。然而，不可能的事情竟然发生了。诸葛亮闻听周瑜病逝的消息，要赴东吴吊唁，刘备担心东吴将士加害，想要劝阻。诸葛亮则料定鲁肃会继周瑜之后为东吴大都督，而鲁肃是忠厚之人，深知孙、刘联合对于双方都至关紧要，断不会做出危害他的事情。小说于此写道：

> 孔明曰："代瑜领兵者，必鲁肃也。亮观天象，将星聚于东方。亮当以吊丧为由，往江东走一遭，就寻贤士佐助主公。"玄德曰："只恐吴中将士加害于先生。"孔明曰："瑜在之日，亮犹不惧；今瑜已死，又何患乎？"乃与赵云引五百军，具祭礼，下船赴巴丘吊丧。于路探听得孙权已令鲁肃为都督，周瑜灵柩已回柴桑。

诸葛亮敢于赴江东的真正理由，是他料定代替周瑜为东吴大都督者，一定是鲁肃。诸葛亮与鲁肃有老交情，对鲁肃的为人十分清楚，断定有鲁肃在，东吴将士绝对不敢加害他。为防止出现意外，他带上曾经随他和刘备去过东吴的赵云，径往柴桑。东吴将士见了诸葛亮，皆欲杀之而后快，但他们都知道赵云的厉害，没有人敢动诸葛亮一根毫毛。在灵堂吊唁时，诸葛亮情真意切，"伏地大哭，泪如涌泉，哀恸不已"。忠厚老实的鲁肃见了，也十分感伤，对诸葛亮多了几分理解："孔明自是多情，乃公瑾量窄，自取死耳。"赤壁之战后，诸葛亮为实现占据荆州以为根本的战略，多次设谋，屡出奇兵，占据了荆州各郡。他屡破周瑜之谋，令周瑜壮志未酬，英年早逝。东吴将士对诸葛亮恨之入骨，必欲除之而后快。就是在这样一种背景下，诸葛亮赴柴桑吊唁周瑜，不仅安然返回荆州，而且以其真诚感动了新任大都督鲁肃，为其后刘备集团与东吴的短暂和平相处奠定了基础。毛宗岗论及《三国演义》的叙事，曾言"论其呼应有法，则读前卷定知其有后卷；论其变化无方，则读前文更不料其有后文。于其可知，见《三国》之文之精；于其不可料，更见《三国》之文之幻矣"。读前文不料其有后文，指出了《三国演义》叙事艺术的意外性，对读者把握《三国演义》的叙事艺术有所帮助。

其四，注重叙事的连贯性。长篇小说很容易出现有头无尾、顾此失彼的现象。洋洋洒洒数十万言，人物、事件、线索，头绪那么多，稍有疏忽就可能出现失去连贯与照应的现象。《三国演义》的叙事虽然偶尔也有失去照应的现象，但总体而言其叙事比较注重连贯性。为保持叙事连贯性，作者采用插叙、补叙、伏笔等叙事手法，使故事主体保持连贯，相互照应。毛宗岗把《三国演义》的伏笔称为"隔年下种、先时伏着"。他说："善圃者投种于地，待时而发。善弈者下一闲着于数十着之前，而其应在数十着之后。文章叙事之法亦犹是已。"有的伏笔是为人物而伏，有的是为事件而伏。如叙述刘备破黄巾的时候，并叙曹操，带叙董卓，早为董卓乱国、曹操专权伏下一笔；赵云与刘备在袁绍磐河战公孙瓒时相遇，为刘备与赵云古城聚义伏下一笔；庞统之名早在襄阳刘备访贤之时就与诸葛亮并称，所谓"卧龙凤雏"，而庞统归于刘备，则在周郎病死柴桑之后。至于历史事件，有些也是早有伏笔。如诸葛亮在上方谷欲把司马懿父子葬身火海，可偏偏此时天降大雨，浇灭了上方谷之火，诸葛亮由此感慨"谋事在人、成事在天"！而这种结局早在诸葛亮出山之前，已有司马徽"未遇其时"之语，崔州平"天不可强"之言作为伏笔。诸葛亮一出祁山时收服姜维，为其后姜维九伐中原埋下伏笔；曹丕篡汉称帝在第八十回，而早在第三十三回，已有青云紫云之祥瑞作为预兆；司马炎篡魏在第一百十九回，而早在第五十七回，曹操已有三马同槽之梦作为伏笔。稍微留意一下可以发现，《三国演义》中的许多人和事，都有伏笔在前，毛宗岗所谓"凡伏笔之处，指不胜屈"。为保持叙事的连贯性和完整性，《三国演义》还常常使用补叙的方式，对没有来得及交代的事情进行补充叙述，毛宗岗把这种叙事方式称为"添丝补锦、移针匀绣"。他说："凡叙事之法，此篇所阙者补之于彼篇，上卷所多者匀之于下卷，不但使前文不拖沓，而亦使后文不寂寞；不但使前事无遗漏，而又使后事增渲染，此史家妙品也。"所谓补叙，就是前文未及叙述的事情在必要的时候进行补充叙述。如望梅止渴的故事，原本发生在曹操南阳进攻张绣的时候，但是却在曹操请刘备到府上煮酒论英雄时叙之；管宁割席的故事本来发生在华歆尚未出仕之前，却在第六十六回华歆破壁捕杀伏皇后时叙之；诸葛亮求黄承彦女为妻，本在未出草庐之前，却在第一百一十七回诸葛瞻战死绵竹之时叙之。

其五，为增强叙事生动性而采用多种叙事手法。如渲染烘托法，正对反对法，都运用得炉火纯青，出神入化。为了让诸葛亮隆重登场，小说采取了反复渲染烘托的叙事方式，先由徐庶走马荐诸葛，再让赴隆中请诸葛亮的刘备遇司马徽，由司马徽再荐诸葛亮。在他看来，诸葛亮之才能超过了管仲、乐毅，"可比兴周八百年之姜子牙，旺汉四百年之张子房也"。只是"虽得其主，不得其时"。司马徽之后，刘备又先后遇见崔州平、石广元、孟公威等人，用这些仙风道骨、超然尘世的世外高人衬托诸葛亮。后又遇诸葛均，而诸葛均对诸葛亮的介绍，又增加了诸葛亮的神秘色彩："或驾小舟游于江湖之中，或访僧道于山岭之上，或寻朋友于村落之间，或乐琴棋于洞府之内：往来莫测，不知去所。"通过如此渲染烘托，使得读者急于一睹诸葛亮这位世外高人的风采。结合全书来看，小说叙事的烘托渲染手法更为高超。前有谋士徐庶作为铺垫，以徐庶之智谋衬托诸葛亮；后有庞统做衬托，以庞统之智反衬诸葛亮。刘备原无谋士，得到徐庶之后，接连打了几个胜仗，对徐庶十分信任，以为徐庶是最好的谋士，"天下高贤，无出先生之右者"。然而，就是这样的谋士，竟然对诸葛亮十分推崇。刘备把诸葛亮与徐庶相比，徐庶说："以某比之，譬犹驽马并麒麟、寒鸦配鸾凤耳。此人每尝自比管仲、乐毅；以吾观之，管、乐殆不及此人。此人有经天纬地之才，盖天下一人也！"庞统加入刘备集团之后，被任命为副军师，在取西川战略的制定上发挥了重要作用。但庞统急于追求事功，在取西川之役中，中了张任之计，命丧于落凤坡。小说在叙事中，把庞统作为诸葛亮出山后的衬托，更突出了诸葛亮的深谋远虑和淡泊自然。小说叙述庞统取西川之役，明是写庞统，实际上则是借庞统来衬托诸葛亮。

除渲染衬托之外，小说叙事非常重视对比手法的运用。《三国演义》的对比叙事，有正对，有反对，有同卷对，有隔卷对。各种对比手法在《三国演义》中都得到很好运用，如表现酗酒误事，先写张飞因酒而失徐州，后写吕布因酒而丢下邳；如写关张之义，前有关羽华容道义释曹操，后有张飞取西川义释严颜；杨仪、魏延之争在诸葛亮去世后班师回朝之时，钟会、邓艾之争在对蜀用兵取胜之际。张飞因酒惹祸与吕布因酒丧命，前后相连，相互呼应。刘备出征袁术，留张飞守徐州。行前刘备嘱咐张飞少饮酒，不要因酒误事，张飞欣然答应。但是，刘备走后，张飞为了戒酒，召集众将宴饮，说："我兄临去时，吩咐我少饮酒，恐致失事。众官今日尽此一醉，明日都各戒酒，帮我守城。今日却都要满饮。"吕布的岳父大人曹豹不能饮酒，被张飞下令打了五十鞭。曹豹一怒之下向吕布告状，并请吕布袭取徐州。张飞喝醉了酒，不能出战，侥幸逃脱。张飞一场酒，不仅丢了徐州，而且连刘备的家小也全部失陷吕布之手。此事发生在第十四回。隔下第十九回，曾经乘张飞醉酒袭取徐州的吕布，在曹操、刘备的夹击下，困守下邳。他每天与妻妾痛饮美酒，因酒色过伤，形容消瘦。有一天他取镜子自己照了照，发现人已变样，大为吃惊，说："吾被酒色伤矣！自今日始，当戒之。"遂下令城中，但有饮酒者皆斩。其部将侯成的马匹失而复得，不顾禁令，聚众饮酒，被吕布发现，打了五十背花。侯成怀恨在心，与宋宪、魏续合谋，由侯成偷走吕布的赤兔马，宋宪、魏续二人又乘吕布巡城疲惫之机，把吕布绳捆索绑献给曹操，这才有了吕布白门楼殒命之事。两相对比，可以发现张飞饮酒招祸与吕布饮酒殒命前后呼应，相得益彰。张飞饮酒原是为了戒酒，但因其性格暴躁，容不得部下，反而因酒误事，让吕布乘其酒醉之时袭取了徐州；吕布是因与妻妾每天饮酒，导致醉酒伤身，才下令禁酒。结果反而惹得部将纷纷背叛，连他本人也被部将捉去献给了曹操。小说叙述张飞徐州之失和吕布下邳之败，两件事情既各自独立，又前后呼应。小说通过对比叙事，把因酒而起、因酒而结的两件事情前后联系起来，突出了酒在叙事中的作用。《三国演义》中类似的情况很多，毛宗岗把这种叙事方法称为"奇峰对插、锦屏对峙"。他说："其对之法，有正对者，有反对者，有一卷之中自为对者，有隔数十卷而遥为对者。"为了说明《三国演义》的对比叙事手法，毛宗岗列举了许多例证。如一回之中而自为对者："昭烈则自幼便大，曹操则自幼便奸。张飞则一味性急，何进则一味性慢。议温明是董卓无君，杀丁原是吕布无父。袁绍磐河之战胜败无常，孙坚岘山之役生死不测。马腾勤王室而无功，不失为忠；曹操报父仇而不果，不得为孝。袁绍起马步三军而复回，是力可战而不断；昭烈擒王、刘二将而复纵，是势不敌而从权。孔融荐祢衡是缁衣之好，祢衡骂曹操是巷伯之心。昭烈遇德操是无意相遇，单福过新野是有心来谒。曹丕苦逼生曹植是同气戈矛，昭烈痛哭死关公是异姓骨肉。火熄上方谷是司马之数当生，灯灭五丈原是诸葛之命当死。诸如此类，或正对，或反对，皆一回之中而自为对者也。"也有许多隔卷相对者，如关羽义释曹操，张飞义释严颜，中间相隔13回，其情形有相似处，也有不同处。关羽义释曹操，是在曹操走投无路之时；张飞义释严颜，是在严颜被俘之后；关羽义释曹操，是曹操乞求得来；张飞义释严颜，是张飞亲解其缚，以恩义感动之。从关羽、张飞这个角度看，都是义释，但从被释放的对象看，却有很大不同。关羽放了曹操，曹操却成为劲敌；张飞放了严颜，严颜却成了蜀汉的功臣。虽然都是对比叙事，其进程与结果却是迥然不同。

第五章 《三国演义》的人物群像

《三国演义》不仅成功地塑造了诸葛亮、关羽、曹操"三绝",而且塑造了一系列人物群像。有运筹帷幄、决胜千里的统帅群像,有料事如神、算无遗策的谋士群像,有冲锋陷阵、勇冠三军的名将群像,有长于理政、不辱使命的贤臣群像,有忠贞报国、视死如归的忠臣群像,有才思敏捷、学富五车的文士群像,有放情山水、志在高远的隐士群像,有舍生取义、一诺千金的义士群像。这些群像在作者的生花妙笔之下栩栩如生,神采各异,反映出作者不同的思想倾向,表现出动人的艺术魅力,为《三国演义》增添了最为靓丽的色彩。

一 《三国演义》的统帅群像

汉末群雄逐鹿,各自为战,拼命争抢地盘,壮大实力,完全是一幅乱战的景象,很难产生主导一方战事的三军统帅。如果说有的话,十八路诸侯讨伐董卓之时的袁绍有点接近。但袁绍只是盟主，各路人马依然听从原来主人的号令。十八路诸侯虽然歃血为盟，明确表示齐心勠力，共赴国难，但实际上仍然是各有各的主意，各打各的算盘。所以，袁绍这个盟主难以发挥统帅作用，致使十八路诸侯讨伐董卓无功而返。三国时期，真正出现三军统帅，是在曹操奉汉献帝都许之后，曹操最早成为主导一方的三军统帅。曹操去世后，曹丕以贾诩为太尉，让贾诩执掌兵权，但贾诩并没有成为曹魏集团的统帅。到了曹睿的时候，司马懿则成了曹魏集团的统帅。司马懿之后，司马师、司马昭先后为统帅。东吴孙权集团的统帅也是多有变化，赤壁之战爆发后，孙权把军事指挥权交给周瑜，周瑜成了东吴的军事统帅。其后，鲁肃、吕蒙、陆逊、陆抗等先后为大都督，成为事实上的东吴统帅。至于刘备集团，在诸葛亮出山之后，军事指挥权基本上归于诸葛亮。所以，从诸葛亮出山到秋风五丈原，诸葛亮始终是刘备或蜀汉集团的统帅。诸葛亮之后，尽得诸葛亮之学的姜维，继诸葛亮之后成为蜀汉集团的统帅。鉴于曹操、诸葛亮两个人物将在"纵横捭阖说三奇"一章进行讨论，所以，讨论《三国演义》的统帅群像，事实上仅涉及曹魏集团的司马懿、司马师、司马昭，东吴集团的周瑜、鲁肃、吕蒙、陆逊、陆抗，蜀汉集团的姜维。作为三国时期的重要历史人物，他们往往是一身而兼数任，是三军统帅，也是魏、蜀、吴三国的首席谋士，有的甚至也是冲锋陷阵的猛将，在三国历史进程中发挥了非常重要的作用。他们是《三国演义》中非常重要的人物形象，对作者历史观念的展示、思想理念的表达，以及对小说整体结构的完善、叙事艺术的演进，同样具有非常重要的作用。

司马懿与其二子司马师、司马昭作为曹魏集团的统帅，早在曹操的"三马同槽"之梦中，就已经做了暗示。小说第七十八回"治风疾神医身死，传遗命奸雄数终"这样写道：

> 操病势转加。忽一夜梦三马同槽而食，及晓，问贾诩曰："孤向日曾梦三马同槽，疑是马腾父子为祸；今腾已死，昨宵复梦三马同槽。主何吉凶？"诩曰："禄马，吉兆也。禄马归于曹，王上何必疑乎？"操因此不疑。
> 后人有诗曰："三马同槽事可疑，不知已植晋根基。曹瞒空有奸雄略，岂识

朝中司马师？"

从诸葛亮一出祁山开始，司马懿成为曹魏政权的三军统帅就已经是确定无疑的了。虽然诸葛亮采用马谡的离间之计，让曹睿罢免了骠骑大将军司马懿，使司马懿暂时离开了曹魏权力中心，但曹魏与蜀汉的战事一旦吃紧，司马懿不仅立马官复原职，重新被起用，而且加封平西都督。司马懿再获重用，尚未进入雍、凉之地，已先取新城、金城、上庸等地，解除了京师洛阳西南方的威胁。为此，曹睿称赞司马懿："卿之学识，过于孙、吴矣！"并赐司马懿金钺斧一对，以后遇有机密要事，可以便宜行事，先斩后奏。从此开始，司马懿就成了曹魏集团事实上的军事统帅，开始了与诸葛亮对抗的时代。小说从第九十四回司马懿成为曹魏集团的军事统帅开始写起，至一百七回司马懿病逝，前后用了14回的篇幅，写司马懿与诸葛亮斗阵、斗智、斗勇，表现出三军统帅的超凡才能。正是由于司马懿表现出卓越的统帅之才，才使得曹魏政权的西部防线固若金汤，诸葛亮六出祁山却难以取得预期效果。如诸葛亮四出祁山，曹魏大都督曹真因战场失利，气愤交加，病死军中。朝廷下诏催促司马懿出战，为曹真报仇。司马懿无奈之下，只好向诸葛亮下战书。司马懿与诸葛亮在祁山寨前斗阵，司马懿摆了个混元一气阵，被诸葛亮识破；诸葛亮摆了个八卦阵，被司马懿识破。但司马懿在破阵时，却是损失惨重，破阵的戴陵、张虎、乐綝三将全部被俘，被以墨涂面放了回来。司马懿大怒，亲自督阵与蜀军厮杀，未能取胜，遂在渭滨南岸下寨，坚守不出。然后用离间计迫使诸葛亮退兵。诸葛亮六出祁山之时，力求速战速决，而司马懿经历了上方谷一战，深知诸葛亮之谋出神入化，难以匹敌，就下令坚守渭河北岸营寨，明令"渭南寨栅，今已失了。诸将如再言出战者斩"。诸葛亮屯兵五丈原，屡次派人挑战，司马懿就是不理不睬，坚守不出。小说第一百三回这样写道：

> 且说孔明自引一军屯于五丈原，累令人搦战，魏兵只不出。孔明乃取巾帼并妇人缟素之服，盛于大盒之内，修书一封，遣人送至魏寨。诸将不敢隐蔽，引来使入见司马懿。懿对众启盒视之，内有巾帼妇人之衣，并书一封。懿拆视其书，略曰："仲达既为大将，统领中原之众，不思披坚执

锐,以决雌雄,乃甘窜守土巢,谨避刀箭,与妇人又何异哉!今遣人送巾帼素衣至,如不出战,可再拜而受之。倘耻心未泯,犹有男子胸襟,早与批回,依期赴敌。"司马懿看毕,心中大怒,乃佯笑曰:"孔明视我为妇人耶!"即受之,令重待来使。懿问曰:"孔明寝食及事之烦简若何?"使者曰:"丞相夙兴夜寐,罚二十以上皆亲览焉。所啖之食,日不过数升。"懿顾谓诸将曰:"孔明食少事烦,其能久乎?"

为迫使魏军出战,诸葛亮不顾一国丞相身份,出此下策,想逼司马懿出战。司马懿虽然是一须眉男子,但他更是三军统帅,不能意气用事。在明知士气低落、战局不利的情况下,他当着众将的面,强压胸中怒火,欣然接受了诸葛亮送来的妇人衣帽等服饰,并厚待来使,还主动与来使攀谈,询问诸葛亮的寝食,从中了解到诸葛亮的身体状况。司马懿知己知彼,已经下定决心,以逸待劳,与蜀军长期对峙下去。但他手下的将领却难以咽下这口气,纷纷请战。作为三军统帅,司马懿此时表现得出奇的冷静,抬出魏主曹睿作挡箭牌:

却说魏将皆知孔明以巾帼女衣辱司马懿,懿受之不战。众将不忿,入帐告曰:"我等皆大国名将,安忍受蜀人如此之辱!即请出战,以决雌雄。"懿曰:"吾非不敢出战而甘心受辱也。奈天子明诏,令坚守勿动。今若轻出,有违君命矣。"众将俱忿怒不平。懿曰:"汝等既要出战,待我奏准天子,同力赴敌,何如?"众皆允诺。懿乃写表遣使,直至合淝军前,奏闻魏主曹睿。睿拆表览之。表略曰:"臣才薄任重,伏蒙明旨,令臣坚守不战,以待蜀人之自敝;奈今诸葛亮遗臣以巾帼,待臣如妇人,耻辱至甚!臣谨先达圣聪:旦夕将效死一战,以报朝廷之恩,以雪三军之耻。臣不胜激切之至!"睿览讫,乃谓多官曰:"司马懿坚守不出,今何故又上表求战?"卫尉辛毗曰:"司马懿本无战心,必因诸葛亮耻辱,众将忿怒之故,特上此表,欲更乞明旨,以遏诸将之心耳。"睿然其言,即令辛毗持节至渭北寨传谕,令勿出战。司马懿接诏入帐,辛毗宣谕曰:"如再有敢言出战者,即以违旨论。"众将只得奉诏。懿暗谓辛毗曰:"公真知我心也!"于是令军中传说:魏主命辛毗持节,传谕司马懿勿得出战。蜀将闻知此事,报与孔明。

孔明笑曰："此乃司马懿安三军之法也。"姜维曰："丞相何以知之?"孔明曰："彼本无战心。所以请战者，以示武于众耳。岂不闻：将在外，君命有所不受。安有千里而请战者乎? 此乃司马懿因将士忿怒，故借曹睿之意，以制众人。今又播传此言，欲懈我军心也。"

司马懿不是以权威压制众将，而是抬出了皇帝。这一招一举三得，既洗刷了自己怯战的耻辱，又假曹睿之名约束了众将，同时又懈怠了蜀汉军心。作为三军统帅，不能一味好战，而应知己知彼，把握好时机，谋定而后动。司马懿为了取得战争的胜利，能够忍人所不能忍之气，受人所不能受之辱，静待时机，伺机决战。尤其是他得知诸葛亮的寝食情况之后，就更加坚定了这样一种策略。果然，这年八月二十三日，诸葛亮便在五丈原病逝。司马懿以逸待劳，在与诸葛亮的对抗中笑到了最后。次年，司马懿就被曹睿授予太尉之职，总督各路兵马，掌握了曹魏的军事大权，为其后司马师、司马昭篡夺曹魏政权铺平了道路，暗应了曹操的"三马同槽"之梦。

姜维是继诸葛亮之后蜀汉集团的三军统帅。诸葛亮一出祁山的最大成就，就是收服了姜维，为蜀汉找到了军事上的继承人。诸葛亮一出祁山收服姜维后，执姜维之手说："吾自出茅庐以来，遍求贤者，欲传授平生之学，恨未得其人。今遇伯约，吾愿足矣。"在诸葛亮去世之后，姜维虽执掌兵权，但他既无诸葛亮那样的功勋可以依仗，又不及诸葛亮的计谋，九伐中原，皆是勉力而为，故而免不了虎头蛇尾。一伐中原，兵败牛头山，折兵数万，只好领败兵回汉中驻扎。二伐中原，虽然斩杀魏将徐质，射死曹魏名将郭淮，并曾困司马昭于铁笼山，但也损兵折将，只能算打了个平手。姜维第三次北伐中原，则是利用司马师新亡，司马昭政权未稳之机，姜维采纳张翼之计，出奇兵于洮水大败魏军。五伐中原，姜维径取骆谷，虽取得局部战斗的胜利，挫煞魏军锐气，但由于遇到了邓艾这样一个强有力的对手，同样未能建功。姜维六伐中原，兵出祁山，与邓艾斗阵。他用诸葛亮所授八卦阵，引邓艾破阵，结果乘势夺取魏军祁山九寨，迫使邓艾在渭水南安营扎寨。邓艾斗阵失败后，命司马望与姜维斗阵，缠住姜维，自己则率大军袭击姜维后方。不料姜维已经看破邓艾之计，事先埋伏两支人马，出其不意，杀得邓艾措手不及。邓艾身中四箭，侥幸逃回渭南大寨。这是姜维九伐中原最为辉煌的一次。正当姜维准备乘胜进击的时候，后主忽然下令班师，致使姜维错过了一次很好的北伐机会。此后几次北伐，姜维虽有小胜，但终于难以撼动中原。粗略梳理姜维九伐中原几次较为重要的战役，可以发现，诸葛亮虽然说过传授其平生所学，但姜维实际上却难以望诸葛亮项背。只有六伐中原，斗阵破邓艾，尚有诸葛亮斗阵破司马懿之余风，其余战役皆无法与诸葛亮六出祁山相提并论。这不仅因为姜维谋略不及诸葛亮，而且因为时势已经发生了根本性变化。姜维九伐中原的时候，蜀汉由于连年征战而国力疲惫，且姜维手下已经没有多少可用之人。俗语"蜀中无大将，廖化作先锋"，描述的就是姜维北伐中原无将可用的困境。诸葛亮一出祁山时，廖化仅是平北将军马岱的副将。而到姜维二伐中原时，廖化已经充当蜀军的先锋。《三国演义》第一百九回开篇便是"蜀汉延熙十六年秋，将军姜维起兵二十万，令廖化、张翼为左右先锋，夏侯霸为参谋，张嶷为运粮使，大兵出阳平关伐魏"。按当时的国力，蜀汉最为弱小。正如张翼在姜维三伐中原之前所说的那样："蜀地浅狭，钱粮鲜薄，不宜远征；不如据险守分，恤军爱民：此乃保国之计也。"但姜维自恃秉持诸葛丞相未竟之志，不顾蜀汉势单力薄的现实，执意北伐。这虽然也可能是秉承诸葛亮以攻为守的策略，但连年劳师远征，搞得蜀汉国力困乏，人力疲惫，所以一有风吹草动，就人心惶惶。以至于邓艾三千兵马偷度阴平，竟然得手，令蜀汉君臣束手就擒，俯首听命。这是蜀汉的悲哀，也是姜维连年征战的必然结果。后蜀花蕊夫人面对后蜀灭亡，曾经愤然写下了"十四万人齐解甲，更无一个是男儿"的诗句，感慨后蜀将士缺少血性，没有男儿气概。岂不知，早在蜀汉后主之时，面对邓艾三千轻骑，成都守军已经毫无斗志，朝中大臣纷纷劝降。这个时候，虽有北地王刘谌站出来反对，却得不到一人支持，蜀汉满朝文武已经"更无一个是男儿"了。由此而论，蜀汉之亡，姜维作为三军统帅虽然有不可推卸之责，但后主刘禅、佞臣黄皓等一帮君臣贪图富贵、苟且偷生，已经注定了蜀汉的亡国之运。

东吴的三军统帅，以周瑜、陆逊最为著名。周瑜作为东吴三军统帅的地位，早在孙策去世之时就已经确定了。孙策临死时曾经对孙权留下遗言："内事不决问张昭，外事不决问周瑜。"所谓"外事"，就是对外的征战杀伐之事。当曹操八十三万大军气势汹汹顺江而下，杀向东吴的时候，孙权一时不知如何是好。这个时候吴国太一句话提醒了孙权，让他请周瑜来商议。周瑜与鲁肃一样，力主抗曹，并亲自为孙权分说大计，坚定孙权抗击曹操的决心，解除了孙权的顾虑。孙权亲授周瑜大都督之职。当夜与周瑜深谈后，孙权抚周瑜之背言："公瑾此言，足释吾疑。子布无谋，深失孤望；独卿及子敬，与孤同心耳。卿可与子敬、程普即日选军前进。孤当续发人马，多载资粮，为卿后应。卿前军倘不如意，便还就孤。孤当亲与操贼决战，更无他疑。"从此，周瑜意气风发，纵横捭阖，运筹帷幄，指挥若定，在赤壁与曹操展开决战。为了取得战争的胜利，他先在三江口小试锋芒，挫曹军锐气；接着又通过蒋干使用离间计，借曹操之手除掉了曹操手下懂得水战的水军都督蔡瑁、张允；他深知若想以弱胜强，只有采用火攻，于是就用黄盖行诈降计，用庞统献连环计，为火烧赤壁做准备。最后，利用孔明所借东风，将曹操八十三万大军付之一炬，取得了赤壁之战以少胜多的重大胜利。纵观赤壁之战，周瑜作为三军统帅的才能得到了充分发挥。三江口之战是试探对手，摸清敌人虚实，以便寻找胜敌之策。除掉蔡瑁、张允，是火烧赤壁的必要前提。因为二人熟悉水战，如果不除掉二人，庞统的连环计就不能奏效，甚至可能被识破，让火烧赤壁的各种准备功亏一篑。用黄盖行诈降计，为南方战船接近北方战船创造了条件。不然的话，在宽阔江面上，南方战船无法接近北方战船，当然也就无法采用火攻。从《三国演义》对整个赤壁之战的描写来看，周瑜作为三军统帅不仅善于用兵，长于用计，而且对整个战役有系统谋划，全面部署，整体把握，显示出卓越的统帅才能。

　　陆逊是继周瑜、鲁肃、吕蒙之后，东吴的三军统帅。他对东吴的贡献从某种意义上说，不亚于周瑜。刘备为替关羽、张飞报仇，起兵七十万，沿江而下，御驾亲征。东吴举国震惊，求和不成，只好勉强迎战，却是连战连败。刘备大军自巫峡建平起，直至夷陵之界，绵延七十余里，扎下四十余寨，声势浩大。小说于此写道："此时先主威声大震，江南之人尽皆胆裂，日夜号哭。"当此危难之时，阚泽向孙权举荐了陆逊："此人名虽儒生，实有雄才大略。以臣论之，不在周郎之下。前破关公，其谋皆出于伯言。主上若能用之，破蜀必矣。如或有失，臣愿与同罪。"孙权对陆逊十分信任，筑坛拜将，对陆逊说："阃之内，孤主之；阃之外，将军制之。"陆逊果然不负众望，赴任之后，传令各处关防，严守隘口，不许轻敌。众将受不了蜀军的羞辱，累次要求出战，都被陆逊严令制止。陆逊深谋远虑，深知蜀军锐气正盛，难以抵挡，就采用骄兵之计，以逸待劳，消耗蜀军的士气和粮草，然后寻机决战。得知蜀军夹江联结营寨，纵横七百余里，分四十余屯，皆是傍林下结寨的消息后，陆逊已是成竹在胸。他像周瑜赤壁之战一样，同样是采用火攻，同样是利用东南风，一把火把刘备四十连营烧个干净。更为可贵的是，陆逊在胜利面前十分冷静，他深悟"螳螂捕蝉，黄雀在后"之理，担心魏军乘其后方空虚，出兵进攻东吴，所以，没有命令部下乘胜追击，而是下令班师。果然，魏军乘东吴与蜀汉大战之际，分兵三路，进攻东吴。陆逊则令吕范、诸葛瑾、朱桓领兵拒之，三路兵马同样大获全胜。儒将陆逊以其超人的胆略，先败刘备于夷陵，后败曹丕三路人马，为东吴赢得了宝贵的战略机遇。如果说周瑜赤壁之战奠定了东吴的三分基业，那么，陆逊的夷陵之战以及稍后的三次战役胜利，则树立起东吴的国威，让曹魏和蜀汉从此不敢小觑东吴，实现了名副其实的三国鼎立。

　　三国时期的军事统帅各有所长，各领风骚。《三国演义》中的三军统帅同样是各有擅场，名震中外。如果要作一下比较，则很难分出优劣上下。他们虽然有交集，甚至有过交锋，但毕竟对手不同，时势不同，战争或战役所处的各种环境不同，很难进行比较。只有同场竞技，才可以进行比较。譬如赤壁之战，可以把诸葛亮、周瑜、曹操进行对比；再譬如，六出祁山可以把司马懿与诸葛亮进行对比；九伐中原可以把姜维与邓艾进行对比。但是，由于作者的情感取向是尊刘抑曹，所以，作者在表现这些作为三军统帅的人物时，其艺术笔触就有意无意向蜀汉倾斜，同时也有意无意地贬抑曹魏，而东吴只是必要的参与者和陪衬者。写蜀汉与曹魏之争的时候，有意识地倾向于蜀汉三军统帅；写曹魏与东吴之争的时候，则相对比较公允，多有持平之论；写蜀汉与孙吴联合对抗曹魏，则同样有意识地倾向蜀汉；写蜀汉与东吴之争时，虽然相对曹魏而言，大抵能够持平，但某些时候还是倾向于刘备和蜀汉。如赤壁之战，写诸葛亮与周瑜斗智，诸葛亮总是略胜一筹；写夷陵之战，由于刘备为了所谓的兄弟义气破坏了诸葛亮制定的东联孙吴的战略，因而作者有意识地表现刘备之骄、陆逊之忍，并在对比描写中突出了陆逊的统帅风范和杰出的军事才能。诸葛亮去世后，作者才比较能够坦然地表现三国统帅的真实水平，如姜维与邓艾，二人在战场上互有胜负，各有千秋。但也正因为《三国演义》在诸葛亮去世之后能够回归事情的本来面目，情感倾向相对弱化一些，历史真实相对增加一些，所以，小说较为真实地表现了三国统帅各自不同的才能，以及他们的勇略和胆识。作者这样做的必然结果，是《三国演义》自诸葛亮秋风五丈原之后，不论艺术水准还是可读性，都已经不及此前。这并非是所谓的"江郎才尽"，而是作者倾注了所有心血的诸葛亮这一艺术形象已经远去。作者纵然有心继续保持此前的艺术水准，但也已经是有心无力了。

二 《三国演义》的谋士群像

谋士是《三国演义》人物形象的重要群体，在三国发展进程中发挥了非常重要的作用。在《三国演义》中，曹魏、蜀汉、东吴以及后来的司马氏政权都有各自的谋士团队，其中不少谋士都是智谋高超，料事如神，具有运筹帷幄之中、决胜千里之外的才能。从他们身上，读者可以看到中国古代文士的一些基本品格和传统文化的某些基因。

曹魏集团谋士众多，堪与诸葛亮一较高下的，有荀彧、郭嘉、司马懿等，其余荀攸、程昱、刘晔、贾诩等人，也都是料事如神的谋士。曹操平定北方，主要依靠这些谋士制定战略，出谋划策。很多情况下，他们就是出个主意，供曹操选择，但有时也会解释一下原因。如曹操平定冀州和并州之后，准备西击乌桓。曹洪担心刘备乘许都空虚，袭取许都，建议回师："袁熙、袁尚兵败将亡，势穷力尽，远投沙漠；我今引兵西击，倘刘备、刘表乘虚袭许都，我救应不及,为祸不浅矣;请回师勿进为上。"郭嘉则及时为众人分析利弊:"诸公所言错矣。主公虽威震天下,沙漠之人恃其边远,必不设备;乘其无备,卒然击之,必可破也。且袁绍与乌桓有恩,而尚与熙兄弟犹存,不可不除。刘表坐谈之客耳,自知才不足以御刘备,重任之则恐不能制,轻任之则备不为用。虽虚国远征,公无忧也。"曹操听了郭嘉对形势的分析,认为"奉孝之言极是",于是亲率大军远征乌桓。大军远征,道路崎岖难行,曹操有回师之意,询问郭嘉。郭嘉建议曹操轻兵兼道而行,以收攻其不备之效果。曹操兵出卢龙口,跨越白檀之险,直逼柳城,在白狼山一战而胜。袁熙、袁尚引数千骑投辽东去了。等曹操回到易州的时候,留在易州养病的郭嘉已经去世数日。曹操亲自拜祭,大哭曰:"奉孝死,乃天丧吾也!"曹操对众人说:"诸君年齿,皆孤等辈,惟奉孝最少,吾欲托以后事。不期中年夭折,使吾心肠崩裂矣!"这时,郭嘉身边的人把郭嘉临死之前密封的书信呈递上来,说:"郭公临亡,亲笔书此,嘱曰:丞相若从书中所言,辽东事定矣。"曹操拆开书信,看了之后点头嗟叹。小说在这里故意不挑明郭嘉信函的内容,而是留待后面辽东平定之后,由曹操亲自对大家说明。在夏侯惇等人建议乘胜远征辽东的时候,曹操笑着说:"不烦诸公虎威。数日之后,公孙康自送二袁之首至矣。"诸将皆不相信。曹操在易州按兵不动,夏侯惇等人劝他班师回许都。曹操让众人再等一下,"待二袁首级至,即便回兵"。众人皆暗笑。这时,忽然有人报告:辽东公孙康遣人送袁熙、袁尚首级到了。众人都感到很吃惊,曹操却大笑说:"不出奉孝之料!"众官询问郭嘉临死前说了什么,曹操这才把郭嘉的书信拿出来给大家看。其书信略曰:"今闻袁熙、袁尚往投辽东,明公切不可加兵。公孙康久畏袁氏吞并,二袁往投必疑。若以兵击之,必并力迎敌,急不可下;若缓之,公孙康、袁氏必自相图,其势然也。"这就是著名的郭嘉遗计定辽东的故事。郭嘉的遗计,与他建议曹操轻兵倍道远征乌桓一样,是建立在对敌方形势的深入了解与细致分析之上。这是典型的知己知彼,也是谋士为主子出谋划策的必要前提。郭嘉在曹操的谋士中占有很重要的地位。曹操兵败赤壁,狼狈而逃的路上,曾经感慨道:"郭奉孝在,不使孤至此!"这是对郭嘉很高的褒奖。

被曹操称之为"贤人"的荀攸，字公达，荀彧之侄。曹操得荀彧，称荀彧为"吾之子房"。对于荀攸，曹操也有很高评价，他曾对荀彧、锺繇说："公达非常人也。吾得与之计事，天下何当忧哉！"以之为军师，负责征伐谋略之事。建安二年（197），曹操准备南征张绣，荀攸以为应缓而待之，不可急于进攻。曹操不听，导致大败，后悔没有听荀攸之言。下邳之战，曹操久攻不下，有退兵之意。荀攸和郭嘉则建议曹操加紧进攻："吕布勇而无谋，今三战皆北，其锐气衰矣。三军以将为主，主衰则军无奋意。夫陈宫有智而迟，今及布气之未复，宫谋之未定，进急攻之，布可拔。"①《三国演义》第十九回"下邳城曹操鏖兵，白门楼吕布殒命"，集中描写了曹操手下三大谋士攻取下邳城的谋略：

> 却说曹操攻城，两月不下。忽报："河内太守张杨出兵东市，欲救吕布；部将杨丑杀之，欲将头献丞相，却被张杨心腹将眭固所杀，反投犬城去了。"操闻报，即遣史涣追斩眭固。因聚众将曰："张杨虽幸自灭，然北有袁绍之忧，南有表、绣之患，下邳久围不克，吾欲舍布还都，暂且息战，何如？"荀攸急止曰："不可。吕布屡败，锐气已堕。军以将为主，将衰则军无战心。彼陈宫虽有谋而迟。今布之气未复，宫之谋未定，作速攻之，布可擒也。"郭嘉曰："某有一计，下邳城可立破，胜于二十万师。"荀彧曰："莫非决沂、泗之水乎？"嘉笑曰："正是此意。"操大喜，即令军士决两河之水。曹兵皆居高原。坐视水淹下邳。下邳一城，只剩得东门无水；其余各门，都被水淹。

吕布、袁绍是曹操在北方的两大劲敌。曹操要统一北方，必须先剪灭这两大劲敌。可是，由于曹操当时实力不够，而四面又有强敌环伺，所以，每一仗他都必须格外小心。与吕布对峙了两个月，还没有结果，曹操担心有人伺机袭取许都，这才萌生了撤兵的念头。然而，荀攸以为，此时不仅不能撤兵，反而还要加强进攻。他的理由是敌人锐气已堕，吕布可以一战而擒。郭嘉则出了水淹下邳之计，得到了荀彧的赞许。曹操见手下三大谋士都主张继续攻击，于是

---

① 《三国志·魏书》卷十《荀攸传》。

就下决心攻城,果然大获全胜。官渡之战,荀攸建议曹操派遣大将截击袁绍运送粮草辎重的队伍,又奏大功。荀攸经常与曹操谋划于密室,许多计谋,人们都无法知晓。史称"公达前后凡画奇策十二,唯(锺)繇知之"。从曹操对荀攸的赞许来看,荀攸当是荀彧之下第一人。建安十二年,曹操论功行赏,称"忠正密谋,抚宁内外,文若是也,公达其次也"。曹操曾经对人说:"公达外愚内智,外怯内勇,外弱内强,不伐善,无施劳,智可及,愚不可及,虽颜子、宁武不能过也。"①曹操曾经颁布命令说:"孤与荀公达周游二十余年,无毫毛可非者。"又说:"荀公达真贤人也!所谓温良恭俭让以得之。孔子称'晏平仲善与人交,久而敬之'。公达即其人也。"②然而,由于荀彧、荀攸叔侄对曹操称王一事态度不同,其结局也就截然不同了。

曹操帐下的其他谋士,如程昱、贾诩、刘晔、董昭等,也都为曹操出了不少计谋。如曹操收复汉中,贾诩、刘晔都出了很好的主意。小说第六十七回"曹操平定汉中地,张辽威震逍遥津",写曹操得到东川之后,刘晔和司马懿都建议曹操乘胜追击,收复蜀地。时任曹操主簿的司马懿说:"刘备以诈力取刘璋,蜀人尚未归心。今主公已得汉中,益州震动。可速进兵攻之,势必瓦解。智者贵于乘时,时不可失也。"曹操却满足于收复东川的胜利,说:"人苦不知足,既得陇,复望蜀耶?"刘晔则认同司马懿之见,认为这样的机会不可错过。他对曹操说:"司马仲达之言是也。若少迟缓,诸葛亮明于治国而为相,关、张等勇冠三军而为将,蜀民既定,据守关隘,不可犯矣。"曹操以"士卒远涉劳苦,且宜存恤"为由,拒绝了司马懿和刘晔的建议,遂按兵不动,丧失了一次一鼓作气收复巴蜀的机会。

曹操死后,司马懿是曹魏政权的重要谋士,也是唯一可与蜀汉诸葛亮抗衡的人物。诸葛亮一出祁山,就是担心司马懿,采用马谡的离间之计,派人到洛阳散布谣言,说司马懿欲拥兵造反,迫使曹睿剥夺了托孤大臣司马懿的兵权,

---

① 《三国志·魏书》卷十《荀攸传》。

② 《三国志·魏书》卷十《荀攸传》裴松之注引《魏书》。

这才有了诸葛亮一出祁山的节节胜利。然而，在曹魏面临危难的时候，曹睿听从锺繇的建议，重新起用司马懿。司马懿出奇兵夺取街亭要道，迫使诸葛亮在西城玩起了空城计，由此一举扭转了不利局面。此后，司马懿与诸葛亮就成了战场上的一对好对手，你攻我守，你守我攻，演绎出一幕幕精彩的活剧。《三国演义》从第九十四回至一百四回用了11回的篇幅，写诸葛亮与司马懿斗智斗勇。最终天不假人寿，诸葛亮先于司马懿而去，反而成就了司马懿，使司马懿在外失去了最为强劲的竞争对手，在内逐步夺取曹魏大权，为司马氏最终取曹氏而代之奠定了基础。从这个意义上说，司马懿无论是作为三军统帅还是作为曹操之后曹魏政权的首席谋士，都是一个成功的形象。新编历史剧《大军师之司马懿之军师联盟》把司马懿作为三国时期最为主要的谋士来写，也是有其历史依据的。诸葛亮纵然谋略无双，但他毕竟英年早逝。这样才成全了司马懿，使司马懿成为诸葛亮之后最为耀眼的三军统帅和谋士。

蜀汉政权的谋士相对较少，除诸葛亮外，可得而数者，尚有庞统、姜维、法正、马谡等人。诸葛亮是《三国演义》谋略的化身，从他身上，读者不仅可以看到他超凡入圣的谋略，而且可以理解到中国古代谋略的方方面面。除所谓的智谋外，诸葛亮还可以假借超自然的力量，来实现自己的谋略。如赤壁之战的借东风和草船借箭。诸葛亮最为成功的是空城计。一出祁山，由于马谡的失误，造成街亭失守，粮道断绝，陇西难以固守，只好撤兵回汉中。司马懿攻克街亭之后，乘胜追击。当时诸葛亮在西城，无兵可用，无险可守，只好用几个羸弱老兵演出了一出空城计。司马懿到了西城，见无人防守，城门内外，只有二十多个老百姓低头洒扫，旁若无人。司马懿十分怀疑，立即命令后军作前军，前军作后军，急忙向北山路撤退。其子司马昭不解，问道："莫非诸葛亮无军，故作此态？父亲何故便退兵？"司马懿说："诸葛亮平生谨慎，不曾弄险。今大开城门，必有埋伏。我兵若进，中其计也。汝辈岂知？宜速退。"诸葛亮侥幸弄险成功。众官不知何故，问道："司马懿乃魏之名将，今统十五万精兵到此，见了丞相，便速退去，何也？"诸葛亮说："此人料吾生平谨慎，必不弄险；见如此模样，疑有伏兵，所以退去。吾非行险，盖因不得已而用之。"诸葛亮知己知

取长城伯约鏖兵

彼,才敢于险中求胜。由于诸葛亮这一"智绝"的存在,蜀汉政权的谋士一个个都黯然失色。即使是曾经与诸葛亮齐名的庞统,也只是刘备集团夺取西川的一个阶段性人物,在诸葛亮的光环下黯然失色,并没有特别突出的表现。但庞统作为一个谋士,还是显示出其非凡的谋略。早在赤壁之战时,庞统就曾经向曹操献连环计,让曹军把战船用铁索连在一起,为周瑜火烧赤壁创造了有利条件,使周瑜一战成功。投身刘备集团后,他力主收取西川,并促成了刘备入川。可惜天不遂人愿,庞统在落凤坡中了张任之计,被乱箭射死。蜀汉集团另一堪与曹魏、东吴抗衡的人物是姜维。诸葛亮一出祁山的最大收获就是收服了姜维,并把平生所学传授给姜维,希望他能够继承其衣钵,主持蜀汉大局。但姜维作为三军统帅,其谋略和曹魏集团的邓艾大体在一个层级,《三国演义》有几个章节写姜维与邓艾斗智的故事,结果则是互有胜负。此外,蜀汉还有法正、马谡等谋士，只是偶有表现，与曹魏集团的程昱、贾诩、刘晔等谋士不可同日而语。

东吴孙权集团的谋士虽然不像曹魏集团那样形成一个谋士团体，但和刘备集团相比较，阵容也是不可小觑。在《三国演义》第四十三回"诸葛亮舌战群儒"一节中，东吴谋士一个个先后亮相，如张昭、虞翻、步骘、薛琮、陆绩、严峻、程德枢等，都是孙权帐下谋士。这些谋士在不同时期、不同事件上为孙权出谋划策，为孙权所倚重。当然，东吴谋士中最为著名的则是东吴四都督周瑜、鲁肃、吕蒙和陆逊。四人都是极有谋略之人，尤其是周瑜、鲁肃和陆逊，堪称东吴的擎天玉柱、架海金梁。鲁肃为孙权制定了固守江东以待时局之变的策略，稳定了江东；周瑜在赤壁之战接连施用妙计，一战而胜，名扬天下；陆逊在夷陵之战巧施骄兵之计，火烧连营，以少胜多，不仅令蜀汉元气大伤，而且令蜀汉从此不敢东顾。

《三国演义》中的谋士不仅有谋略高下之别，有谋道与谋事的不同，还表现出不同的人生境界。俗话说，良禽择木而栖，良臣择主而事。谋士是为主人出谋划策的，善于对各种人物、事件，各种复杂的局面等进行分析，从而选择优化方案。因此，谋士对于所事之主一般都比较了解，主人是否可以信赖，是否能够施展自己的才干，谋士都有一个基本的分析和判断。但是，由于各人境界不同，格局不同，因而对所事之主的态度也就不同。有些谋士忠心事主，谋大事，建大功，求大业。为了这种追求，无论时局发生怎样的变化，他们都矢志不移，不离不弃，相伴终生。如曹操帐下的谋士郭嘉，孙权手下的周瑜、鲁肃、吕蒙、陆逊，都是忠心事主的谋士，都建立了大功勋。他们常常设身处地为主人着想，替主人谋划，从不计个人利害得失、成败利钝。譬如周瑜，很多人都说他肚量小，容不下诸葛亮。戏曲小说更是着意渲染周瑜与诸葛亮的矛盾，制造出"瑜亮之争"。但是，从《三国演义》来看，周瑜既是一个善于识才的人，也是一个忠心为主的人。他看出诸葛亮是一个难得的人才，久必为江东之患，便起了杀心。鲁肃以为正是孙、刘联合之际，不如让诸葛瑾去做说客，让诸葛亮为东吴所用。得到诸葛亮不为所动的报告后，周瑜这才执意要设计除掉诸葛亮。可见，周瑜要杀诸葛亮，是因为他早已看出诸葛亮久后必为江东之患。这是为江东着想，也是为孙权着想。从周瑜的动机来看，周瑜的所作所为似乎没有多少可以指责的。在一个诸侯争雄的时代，谋士能够尽心竭力，忠心耿耿，为主人着想，为所在地百姓着想，已属不易。

既然是诸侯争雄，良臣择主而事也就无可厚非。所以，在《三国演义》中也有一些轻于去就的谋士，如徐庶、许攸、贾诩等，都曾经事二主甚至三主。传统文化历来推崇忠臣不事二主，但在一个战乱频仍、诸侯争雄的时代，要求谋士不事二主，也有些不太现实。人往高处走，水往低处流。谋士可以选择自己所事之主，关键看选择的是什么样的主子。如徐庶，舍弃刘备而改事曹操，虽是被迫所为，是不得已之举，并且在离开刘备时留下了终身不为曹操设一谋的承诺，但毕竟背弃了自己的初心。而且，按照《三国演义》的描写，徐庶此举不是弃暗投明，而是弃明投暗。所以，名士司马徽得知徐庶赴许昌的消息后，说："此中曹操之计矣！吾素闻徐母最贤，虽为操所囚，必不肯驰书召其子；此书必诈也。元直不去，其母尚存；今若去，母必死矣。"事情的发展，果如司马徽所料。徐庶到了许昌，见到母亲之后，母亲痛骂徐庶不明事理，弃明投暗，自取恶名，竟自缢而死。正是因此，徐庶虽身在曹营，却自此不为曹操设一谋。许攸原是袁绍的谋士，因所献之计不被袁绍采用，遂一气之下转而投降了曹操，成为曹操帐下的谋士。这种一言不合就另择主子的行为，既是其性格使然，同时也暴露出许攸急于事功的心态。许攸后来被许褚所杀，也是事属必然。至于贾诩，则是三次择主。先事李傕，再事张绣，三事曹操。从其选择的主人来看，是一个更比一个强，证明贾诩还是很有眼光的。贾诩为张绣谋主的时候，张绣对他言听计从，十分信任。贾诩则是士为知己者死，竭尽全力为张绣谋划，曾经重创曹操，让曹操失去了爱将典韦，并失去了爱子和侄儿。但贾诩对张绣和曹操各方的情况也了如指掌，知道曹操挟天子以令诸侯，占据天时，具有其他诸侯无可比拟的优势。所以，当刘晔前来劝降的时候，贾诩欣然同意，并再次劝张绣归顺曹操。从贾诩的几次选择来看，贾诩是在寻找真正的明主。虽然曹操帐下有许多谋士，而且有不少谋略远在他之上的谋士，但他最终还是选择了曹操，不仅因为曹操求贤若渴，爱才惜才，而且更主要的是投靠曹操之后，可以结束他颠沛流离、无所依托的生活状态，也能够更好地施展自己的才干。

徐庶、许攸、贾诩都是经过再次选择归顺了曹操，但结局截然不同。徐庶进曹营一言不发，没有发挥什么作用。赤壁之战中，他得到庞统的暗中指点，及时脱身，带兵前往大散关，此后便下落不明。许攸献计攻下邺城，恃功而骄，被许褚杀死。只有贾诩，归顺曹操之后，深得重用，得以善终。陈寿《三国志》把贾诩与荀彧、荀攸并传，认为"荀彧清秀通雅，有王佐之风。然机鉴先识，未能充其志也；荀攸贾诩庶乎算无遗策，经达权变，其良平之亚欤?"① 作为谋士，能够被称为"算无遗策"，也应是最高的评价了。

三 《三国演义》的名将群像

三国时期，人才济济，英雄辈出。汉末有吕布、太史慈等，三国蜀汉有"五虎大将"关羽、张飞、赵云、马超、黄忠，曹魏有张辽、徐晃、张郃、夏侯惇、许褚，东吴有徐盛、黄盖、周泰、甘宁、丁奉，等等。这些英雄人物经过作者的艺术加工进入《三国演义》之后，成为一个个栩栩如生的艺术形象。他们骁勇善战，勇冠三军，冲锋陷阵，摧枯拉朽，不仅为《三国演义》增添了许多可读性，成为书中的一道靓丽风景，而且深得读者喜爱，为读者津津乐道。

(一) 蜀汉"五虎大将"

说起三国英雄，人们自然会想起蜀汉"五虎大将"。"五虎大将"虽然出身不同，背景不同，所建功业不同，但他们在《三国演义》中同样都有不俗表现，临敌对阵之时，无一不是威风凛凛，锐不可当。他们不是赳赳武夫，不是一味地恃勇斗强，而是常常表现出有勇有谋，智勇双全。他们都是蜀汉顶天立地的英雄人物。他们在世时，蜀汉安如磐石；他们去世之后，蜀汉已是好运不再，风雨飘摇。

位居"五虎大将"之首的关羽，是一个融义气、勇气、豪气、胆气于一身

---

① 《三国志·魏志》卷十《荀彧荀攸贾诩传》。

的英雄。温酒斩华雄，表现的是关羽之勇猛；过五关斩六将，表现的是关羽之忠勇；斩颜良、诛文丑，表现的是关羽之英勇；华容道义释曹操，表现的是关羽之义气；单刀赴会，表现的是关羽之胆气；水淹七军，擒于禁、斩庞德，表现的是关羽之智慧；刮骨疗毒，表现的是关羽之豪气。但《三国演义》塑造英雄人物绝不是那种"高大全"式的，而是注重表现人物性格的不同方面，力求给读者一个立体的、完整的人物形象。譬如写关羽，作者虽然着重表现关羽忠义、勇猛的品格，并且从不同方面、不同场景、不同背景加以表现，但作者同样也表现了关羽的刚愎自用和目空一切，以及由此带来的严重后果。刘备进位汉中王之后，派遣费诗到荆州，令关羽起兵攻取樊城。关羽见了费诗，不问蜀汉大事，而是特别关心自己的名位和利益，开口就是问："汉中王封我何爵？"关羽当年在许都时，汉献帝曾封他为汉寿亭侯，仅在公爵之下。如今刘备裂土为王，关羽作为刘备的结义兄弟，作为立下了赫赫战功的人物，他自然会关心自己的爵位。可是，关羽太看重名位了。汉献帝尚在，刘备仅仅是汉中王，怎么可能封别人爵位呢？所以，当费诗说刘备封关羽为"五虎大将"之首，而"五虎大将"是关、张、赵、马、黄五人的时候，关羽开始发作了。小说写道：

  云长怒曰："翼德吾弟也；孟起世代名家；子龙久随吾兄，即吾弟也：位与吾相并，可也。黄忠何等人，敢与吾同列？大丈夫终不与老卒为伍？"遂不肯受印。诗笑曰："将军差矣。昔萧何、曹参与高祖同举大事，最为亲近，而韩信乃楚之亡将也；然信位为王，居萧、曹之上，未闻萧、曹以此为怨。今汉中王虽有五虎将之封，而与将军有兄弟之义，视同一体。将军即汉中王，汉中王即将军也。岂与诸人等哉？将军受汉中王厚恩，当与同休戚、共祸福，不宜计较官号之高下。愿将军熟思之。"云长大悟，乃再拜曰："某之不明，非足下见教，几误大事。"即拜受印绶。

关羽之怒是借机发难。因为，他的理由实在难以服人。老将黄忠虽然年龄比其他四人要大一些，但黄忠之武功并不在四人之下。当初关羽取长沙，与年近六旬的黄忠大战一百余合，不分胜负；次日再战，又大战五六十回合，分不出输赢。如果不是黄忠马失前蹄，还不知道二人会战到什么时候，何时能够分出输赢。关羽正当壮年，面对年近六旬的老将，竟然占不了丝毫便宜。所以，从长沙之战来看，黄忠的功夫绝不在关羽之下，关羽也没有任何可以骄傲的资本。更何况，刘备取西川时，以老将黄忠为前部，魏延为后军，二人相互配合，建立了奇功。刘备将黄忠与关羽等人并列"五虎大将"，自然有其道理。关羽所言"黄忠何等人，敢与吾同列"，虽是对黄忠而言，但实际上则是因为刘备给予他的名爵，不及他的期望那样高，故而胸中有气，借机发难。好在费诗能言善辩，说："今汉中王虽有五虎将之封，而与将军有兄弟之义，视同一体。将军即汉中王，汉中王即将军也。岂与诸人等哉？"这一番车轱辘话说得关羽心花怒放，以为他和刘备真的如一体，高兴地接受了印绶。人都是有欲望、有要求的。关羽也不例外。他跟随刘备南征北战，战功赫赫，最终也跳不出功名利禄的圈子。刘备称汉中王后，他询问自己的封爵，属于情理之中的事情，故亦无可厚非。但从中也不难看出，关羽实际上也是俗人，也难以挣脱名缰利锁的束缚。对关羽来说，这样的事情丝毫没有减弱其艺术形象的高大与伟岸，相反，倒是让人更觉真实可信。至于败走麦城，对关羽来说虽然属于英雄末路，但实际上则是他疏于对荆州防范的必然结果。人们常说"大意失荆州"，但对关羽来说，荆州是大意不得的，这不仅有诸葛亮嘱咐在先，更有他攻取樊城之前对荆州防守的周密安排。他在沿江各处设置烽火台，用以报警，曾经令东吴大都督吕蒙束手无策。所以，说关羽"大意失荆州"并不恰当。关羽在进攻樊城的时候，丝毫没有放松对荆州的防守。只是他擒于禁、斩庞德之后，急于攻取樊城，又得到东吴新任都督陆逊的信件，请求修两家之好，且言辞极其谦卑，给关羽造成了错觉。关羽以为东吴已不足惧，遂撤荆州兵北上增援，导致吕子明白衣渡江，荆州被袭，关羽失去了战略后方。荆州之失，是关羽中了陆逊的骄兵之计。所以，得知荆州被袭的消息后，关羽跌足感叹道："吾中奸贼之谋矣！"这个时候，关羽本该冷静下来，分析形势，寻找机会，可他又不够冷静，甚至一时失去理智，回取荆州的路上再中吕蒙之计，以致屡战屡败，最后困守麦城。突围的路上，为吴将马忠所擒。所以，关羽之败，败在一个"骄"字。而骄兵必败，则是千古不易之理。

张飞是典型的猛将，故民间有"猛张飞"之说。张飞之所以给人猛将的印象，是因为他勇猛而且鲁莽。怒鞭督邮，表现出张飞鲜明的爱憎与鲁莽性格；三英战吕布，再现张飞的勇猛和鲁莽；留守徐州城，张飞鲁莽行事，使刘备丧失了立足的根本，导致兄弟失散；古城聚义，张飞不认关羽，表现出鲜明的爱憎；长坂桥拒敌，张飞气势如虹，三声断喝，吓退曹操百万兵；随诸葛亮取西川，张飞粗中有细，义释严颜，抢得头功；葭萌关大战马超，既表现出张飞的豪气，也显示出张飞的鲁莽勇猛。但猛张飞也不是只有勇猛和鲁莽，粗人也有细致的时候。《三国演义》中有两个事件表现出张飞粗中有细，猛将也能用智。一是取西川时，张飞在巴郡与严颜对峙，张飞百般挑战，严颜就是坚守不出。情急之下，张飞生出一计，命士兵四出打探偷过巴郡的路径。严颜得知后，让人混在张飞的士卒中打探消息。而张飞则是将计就计，小说于此写道：

当日诸军回寨。张飞坐在寨中，顿足大骂："严颜老匹夫！枉气杀我！"只见帐前三四个人说道："将军不须心焦：这几日打探得一条小路，可以偷过巴郡。"张飞故意大叫曰："既有这个去处，何不早来说？"众应曰："这几日却才哨探得出。"张飞曰："事不宜迟，只今二更造饭，趁三更明月，拔寨都起，人衔枚，马去铃，悄悄而行。我自前面开路，汝等依次而行。"传了令便满寨告报。探细的军听得这个消息，尽回城中来，报与严颜。颜大喜曰："我算定这匹夫忍耐不得。你偷小路过去，须是粮草辎重在后；我截住后路，你如何得过？好无谋匹夫，中我之计！"即时传令：教军士准备赴敌，今夜二更也造饭，三更出城，伏于树木丛杂去处。只等张飞过咽喉小路去了，车仗来时，只听鼓响，一齐杀出。

为了瞒过严颜，张飞先是在寨中顿足大骂，接着又在众人面前大叫。安排了夜过巴郡之后，"传了令便满寨告报"，故意把消息放出去。张飞这些小计谋，只是要蒙骗严颜，故意钓鱼上钩。严颜得到细作的报告，自以为得计，调集人马，在张飞必经之路埋伏，准备劫夺张飞粮草辎重。不料，严颜却中了张飞之计。张飞令人假扮自己在前开路，而自己则随车仗而行。待严颜出马劫夺辎重时，张飞乘机生擒严颜，夺取巴郡。此时的张飞不像大战马超那样逞匹夫之勇，

张翼德义释严颜

而是亲自解除捆绑严颜的绳索，拿衣服给严颜穿上，把严颜扶到中间位子坐下，低头便拜。张飞如此善待严颜，令严颜十分感动，于是投降了张飞。正是凭借严颜对巴蜀的巨大影响，张飞所到之处，尽皆投降，入川之途一帆风顺。以至于诸葛亮见到张飞，向张飞祝贺道："张将军能用谋，皆主公之洪福也。"

张飞给人的印象虽然多是匹夫之勇，但他用谋的时候，也显得很可爱。如张飞智取瓦口隘，就是利用了别人对他的成见，把他的鲁莽和匹夫之勇发挥到极致，就中用计，夺取了瓦口隘。当时曹军守将是名将张郃，他凭险坚守，拒不出战。张飞让人在阵前叫骂，张郃也令士兵对骂。两军相距五十余日，张飞就在阵前饮酒，饮至大醉，就到寨前叫骂。刘备差人前去劳军，回报张飞天天就是喝酒，喝醉了酒就到阵前辱骂曹军。刘备闻报大惊，担心张飞义像过去那样饮酒误事，就急忙去问孔明。孔明说："原来如此！军前恐无好酒；成都佳酿极多，可将五十瓮作三车装，送到军前与张将军饮。"玄德很是不解，问道："吾弟自来饮酒失事，军师何故反送酒与他？"孔明笑着回答："主公与翼德做了许多年兄弟，还不知其为人耶？翼德自来刚强，然前于收川之时，义释严颜，此非勇夫所为也。今与张郃相拒五十余日，酒醉之后，便坐山前辱骂，旁若无人；此非贪杯，乃败张郃之计耳。"张飞饮酒，乃是败敌之计。在相持阶段，张飞不仅与张郃比耐心，而且斗心计，通过饮酒叫骂刺激张郃，将其耐心逼至极限，迫使他下山对战，然后乘机夺取关隘。张飞之计果然奏效，张郃"见张飞坐于帐下饮酒，令二小卒于面前相扑为戏"，愤然道："张飞欺我太甚！"传令夜里下山劫寨，结果反中张飞埋伏，被张飞劫了三寨。然后，张飞令魏延从正面攻打瓦口隘，自己则利用当地百姓做向导，绕道关后，一鼓作气夺下了瓦口隘。张飞确实如孔明所言，向来刚强，好逞匹夫之勇，但到了关键的时候，能够做到粗中有细，甚至能够用谋，却也反映出张飞性格中的另一面。值得注意的是，张飞用谋，带有鲜明的张飞印痕。他的计谋不像小说中的谋士用谋，既细致入微，又不露破绽。张飞用谋同样是粗线条的。譬如智擒严颜，夺取巴郡，他把走小道夜里偷过巴郡的事满寨宣传，唯恐别人不知。这也就是遇到了严颜，若是巴蜀其他略通谋略的战将，他这套把戏一眼就被看穿；张飞对付张郃也是如此，先用持续不断的辱骂麻痹张郃，然后再激起张郃之怒，击破他的心理底线，迫使他下山挑战，最后一举击破，夺取胜利。这样一些事件虽然未必能够改变人们对张飞的基本看法，但是却使得张飞这一艺术形象更加丰满，更具艺术活力。

在刘备的"五虎大将"中，赵云也许是小说作者最为偏爱的一个。赵云与刘备是在磐河之战中相识的，当时二人虽然只有一面之缘，但刘备已是"甚相敬爱，便有不舍之心"。古城聚义前，在卧牛山落草的赵云再次与刘备相会之后，遂投奔刘备，自此成为刘备手下的得力战将，为刘备集团立下了不朽功勋。长坂坡，赵云单枪匹马，杀入重围，寻得幼主刘禅，把刘禅抱在怀中，凭着一杆枪一把剑，杀透重围，保护幼主脱险。小说于此写道："这一场杀：赵云怀抱后主，直透重围，砍倒大旗两面，夺槊三条；前后枪刺剑砍，杀死曹营名将五十余员。后人有诗曰：血染征袍透甲红，当阳谁敢与争锋！古来冲阵扶危主，只有常山赵子龙。"赵云不仅武艺超群，而且深得刘备和诸葛亮信赖。夺取桂阳之役，赵云看穿赵范之计，将计就计，兵不血刃，轻取桂阳。刘备赴东吴招亲，诸葛亮授赵云三个锦囊，让赵云随同保护。赵云一个人、一杆枪令刘备安然返回荆州。孙夫人准备带刘备幼子刘禅回东吴，赵云截江夺阿斗，不怕冒犯孙夫人，为刘备留下血脉，显示出对刘备的赤胆忠心。赵云不是一介武夫，而是一个有思想有见解的大将。刘备为替关羽报仇，执意伐吴。赵云劝谏道："国贼乃曹操，非孙权也。今曹丕篡汉，神人共怒。陛下可早图关中，屯兵渭河上流，以讨凶逆，则关东义士，必裹粮策马以迎王师；若舍魏以伐吴，兵势一交，岂能骤解。愿陛下察之。"刘备此时已被所谓的结义之情冲昏了头脑，哪里听得进赵云的劝阻，说："孙权害了朕弟；又兼傅士仁、糜芳、潘璋、马忠皆有切齿之仇：啖其肉而灭其族，方雪朕恨！卿何阻耶？"赵云则劝刘备以天下为重，以大局为重："汉贼之仇，公也；兄弟之仇，私也。愿以天下为重。"先主答曰："朕不为弟报仇，虽有万里江山，何足为贵？"遂不听赵云之谏，下令起兵伐吴。赵云劝说刘备，是站在公理和道义的高度，意在让刘备分清孰轻孰重，不要破坏孙、刘联盟，而应把讨伐曹魏、收复中原作为头等大事。在劝阻刘备讨伐东吴之事上，赵云非常有远见，与诸葛亮之见也是不谋而合。

诸葛亮第一次上表北伐，已是年迈的赵云主动请缨，要充当伐魏的先锋。诸葛亮一出祁山，用赵云为先锋。赵云老当益壮，力斩五将，令魏兵闻风丧胆。一出祁山，赵云不仅再立新功，而且在蜀军丢失街亭要道之后，他所带领的大军有序撤退，没有损失一兵一卒。诸葛亮对此感到惊奇，问邓芝是怎么回事儿，邓芝回答说："某引兵先行，子龙独自断后，斩将立功，敌人惊怕，因此军资什物，不曾遗弃。"诸葛亮感慨道："真将军也！"这句话包含着丰富的内容。真正的将军，不仅要冲锋陷阵，身先士卒，还应善于用兵。尤其是在撤军的时候，最能考验将军领兵打仗的水平和战术。胜仗好打，以得胜之师追击溃败之兵，怎么打都是赢；撤军就不同了，尤其是被敌人打个措手不及之时，想全师而退，是很困难的。可是，赵云做到了。他凭一人之力，独自断后，令敌人望而却步，不敢贸然追击。在《三国演义》中，魏、蜀、吴相互攻伐，都有不少败仗。以诸葛亮这样的稀世杰出之人，在蜀军丢失街亭要道后，急切之中无法应对，利用司马懿的多疑，竟然弄险玩起了空城计，侥幸得以全师而退。其他各路人马则是损兵折将，比较而言，赵云则真正堪称大将！

名列"五虎大将"的马超和黄忠，论武艺皆可与关羽、张飞一较高下。但论起领兵打仗，则都要输赵云一筹。马超虽然武艺绝伦，但论起在《三国演义》中的表现，不仅无法与关羽、张飞、赵云相提并论，甚至还比不上老将黄忠。马超有两次精彩的表现。一是为父报仇的渭水之战，他逼得曹操割须弃袍，狼狈逃窜。二是葭萌关与张飞大战。马超名列"五虎大将"，是因其出身名门，而不是因为他为蜀汉立下了怎么显赫的战功。归顺刘备之后，他的表现甚至还不如他的弟弟马岱。马超名列"五虎大将"，反映出马超的武艺，以及刘备对世家大族的呵护，而不能说明马超的功勋可以与关羽等人相提并论。黄忠是老将，他出身行伍，武艺超群。长沙之战，他以年迈之身与关羽恶战，竟然不输半分，足可见其武艺是多么高强！取西川、伐东吴，黄忠深得刘备信赖，两次充当前部先锋。伐吴之时，黄忠已是七十有余，但他人老心不老，勇于充当先锋，亲自上阵拼杀，最后竟然丧身于伐吴之役。刘备闻讯，感慨万端："五虎大将已亡三人，吾尚不能复仇，深可痛哉！"

作为三国英雄，"五虎大将"名副其实。如果把"五虎大将"做一比较，则是各有千秋。但在《三国演义》中的地位，在民间的影响，却是不可同日而语。关羽和张飞与刘备桃园三结义，不少人视三人为一体。所以，在刘备白帝城托孤之前，三人所占篇幅在《三国演义》中占了很大的比重。而关羽和张飞作为战将，在无数次战斗中都是披坚执锐，冲锋陷阵，斩将搴旗，摧枯拉朽。赵云自磐河之战与刘备相识、卧牛山归顺刘备以后，成为刘备的心腹，为刘备立下了汗马功劳。伐吴之役，赵云深明大义，执意劝阻，惹得刘备不高兴，被弃置不用，而已年逾七旬的黄忠则被刘备委任为先锋。赵云后来随诸葛亮北伐中原，勇当先锋，斩将立功，挫敌锐气，建立殊勋。赵云在诸葛亮一出祁山时拼死也要争先锋，固然是因为他明白蜀汉真正的敌人是谁，但也有赌一口气的意思。刘备当初伐吴，弃置赵云不用，而用老将黄忠，不就是因为赵云用曹魏是真正的敌人来劝阻，惹得刘备不高兴吗？如今诸葛亮北伐中原，与赵云当初的想法正相吻合，赵云怎么能够不身先士卒、勇当先锋呢？赵云不仅争先锋，而且用斩将立功的实际行动证明，他这个先锋当之无愧！至于马超、黄忠，一个出身名门，一个起于行伍，追随刘备的时间都不长，建立的功业也不能与关羽、张飞、赵云相提并论。所以，如果要把"五虎大将"进行比较，则是出身各有不同，武艺不相上下，功业各有大小，在《三国演义》中所占的分量各有轻重，受读者喜爱的程度也是不尽相同。

除"五虎大将"外，蜀汉另一名将则是非魏延莫属。魏延字文长，义阳（治今河南桐柏）人。刘备携民渡江，行至襄阳东门，欲让随行的百姓入城，呼唤刘琮打开城门。此时，城门之上旌旗猎猎，壕边密布鹿角，城上守军严阵以待。百姓想往城门靠近，城上乱箭射下。百姓皆望城楼而哭。就在此时，魏延挥刀砍死守门将士，打开城门，放下吊桥，招呼刘备等人入城。这时，刘琮手下大将文聘杀出，与魏延在城边混战。刘备见此情形，不忍入城，遂引着百姓，向江陵而去。魏延与文聘厮杀，手下士卒折尽，又寻不见刘备，就投奔了长沙太守韩玄。后来，关羽攻打长沙，僵持不下，又是魏延杀了韩玄，打开城门，迎关羽等入城。刘备和孔明随后来到长沙，关羽领魏延来见，孔明喝令刀斧手将魏延推出斩首。刘备大惊，问孔明道："魏延乃有功无罪之人，军师何故欲杀之？"孔明说："食其禄而杀其主，是不忠也；居其土而献其地，是不义也。吾观魏延脑后有反骨，久后必反，故先斩之，以绝祸根。"刘备为魏延求情道："若斩此人，恐降者人人自危。望军师恕之。"孔明手指魏延，说："吾今饶汝性命。汝可尽忠报主，勿生异心，若生异心，我好歹取汝首级。"魏延为归顺刘备，两次背叛主子，诸葛亮因此给魏延加上了"脑后有反骨，久后必反"的罪名。虽然因刘备求情而得免于一死，魏延却从此背上了"脑后有反骨，久后必反"名声。好在魏延确实功夫了得，又深得刘备的信任，所以，在取西川之役中，刘备把关羽、张飞、赵云等留在荆州，而仅仅带上了黄忠和魏延。魏延与黄忠一样，在攻取西川中立下了汗马功劳。刘备进位汉中王后，以魏延为汉中太守，对魏延给予了充分的信任。诸葛亮对魏延虽然多有防备，但不论是七擒孟获，还是六出祁山，每次征战不仅都能见到魏延的身影，而且魏延往往是身担重任。诸葛亮南征，以赵云、魏延为大将，总督军马。魏延为前部先锋，张翼、王平为其副将。在诸葛亮南征之役中，魏延多次深入敌阵，以身犯险，斩将搴旗，杀敌立功，保证了诸葛亮战略战术的实施。斜谷之战，魏延射中曹操人中，让曹操丢失了两颗门牙。如果仅仅以功勋而论，魏延比起蜀汉"五虎大将"来，至少不在马超、黄忠之下，甚至超过了张飞。但是，就是这样一个有着非凡武艺和杰出军事才能的战将，却因所谓的"脑后有反骨"，时刻被人提防。诸葛亮一出祁山，时任镇北将军、丞相司马、凉州刺史的魏延为前督部。在商议进兵之时，魏延上帐献策，建议出奇兵以胜之："夏侯楙乃膏粱子弟，懦弱无谋。延愿得精兵五千，取路出褒中，循秦岭以东，当子午谷而投北，不过十日，可到长安。夏侯楙若闻某骤至，必然弃城望横门邸阁而走。某却从东方而来，丞相可大驱士马，自斜谷而进。如此行之，则咸阳以西，一举可定也。"诸葛亮行事谨慎，从不弄险，说："此非万全之计也。汝欺中原无好人物，倘有人进言，于山僻中以兵截杀，非惟五千人受害，亦大伤锐气。决不可用。"魏延担心从大路进兵，曹魏必然尽起关中之兵前来迎战，如此则旷日持久，收复中原将是遥遥无期。诸葛亮则十分自信，说："吾从陇右取平坦大路，依法进兵，何忧不胜！"没有采纳魏延的计谋。兵法讲究出奇制胜。突出奇兵，打敌人一个措手不及，很容易收到意想不到的战果。但这样做也有风险，因为一旦被敌人发觉而有所准备的话，就可能变主动为被动，甚至遭受重大挫折。诸葛亮担心的就是这个，怕魏军半道劫杀，那样的话将会全军覆没。诸葛亮是为了求稳，要堂堂正正地与魏军对垒，力求稳中求胜。行军打仗的风格不同，结果自然也就不同。魏延对诸葛亮的建议，见载于史籍。诸葛亮没有采纳他的建议，史籍也有明确记载。魏延的建议着眼于出奇制胜，虽未被采纳，但是不能否认魏延还是很有战略眼光的。其实，诸葛亮的担心也许有不可为人道的原因。他早已明言魏延"脑后有反骨"，他担心的是魏延势力坐大，难以制服。这不是推测之词，而是见诸诸葛亮对魏延的态度和行动。吴太后曾经对后主说："尝闻先帝有言：孔明识魏延脑后有反骨，每欲斩之；因怜其勇，故姑留用。"以魏延之勇之谋之才，竟然被自己人时刻提防，最终也死于自己人之手。其结局可堪一叹。

"五虎大将"和魏延之外，蜀汉可称名将者微乎其微。马岱、关兴、张苞、廖化等人，以之冲锋陷阵尚可，以之领兵打仗则难当重任。所以，诸葛亮去世之后，姜维执掌蜀汉兵权的时候，已经到了"蜀中无大将，廖化作先锋"的地步了。姜维后来无所作为，不仅是姜维的能力问题，更重要的是蜀汉国力不继，人才不继。在三国争锋的时代，没有人才，谈何争强斗胜？谈何一统天下？

(二) 曹魏名将如云

曹魏集团谋士众多，名将也众多。曹操传檄孙权会猎刘备的时候，号称八十三万人马，其属下谋士如云、战将千员，虽然有些夸张，但相比刘备和孙权，他确实可以夸这样的海口。其手下战将如张辽、徐晃、张郃、曹仁，以及许褚、典韦、夏侯惇等，皆可称为名将。

张辽原是吕布手下的将领，下邳之战后归顺曹操。关羽屯土山约三事，张辽曾经作为说客，劝关羽归顺曹操。曹操对张辽这位降将没有丝毫的歧视，而是委以重任。曹操率大军西征汉中时，把守卫东南大门的重任交给了张辽。《三国演义》第六十七回，写孙权乘曹操西征汉中之机，亲率大军，以吕蒙为先锋，攻取皖城和合淝。在皖城已失的情况下，合淝守将张辽命乐进前去诱敌，命李典在逍遥津北埋伏，待东吴兵马过后，拆掉小师桥，然后张辽、李典分别从左右两边杀入。张辽巧妙布阵，突出奇兵，打得孙权措手不及。小说于此写道：

> 却说孙权令吕蒙、甘宁为前队，自与凌统居中，其余诸将陆续进发，望合淝杀来。吕蒙、甘宁前队兵进，正与乐进相迎。甘宁出马与乐进交锋，战不数合，乐进诈败而走。甘宁招呼吕蒙一齐引军赶去。孙权在第二队，听得前军得胜，催兵行至逍遥津北，忽闻连珠炮响，左边张辽一军杀来，右边李典一军杀来。孙权大惊，急令人唤吕蒙、甘宁回救时，张辽兵已到。凌统手下，止有三百余骑，当不得曹军，势如山倒。凌统大呼曰："主公何不速渡小师桥！"言未毕，张辽引二千余骑，当先杀至。凌统翻身死战。孙权纵马上桥，桥南已折丈余，并无一片板。孙权惊得手足无措。牙将谷利

大呼曰:"主公可约马退后,再放马向前,跳过桥去。"孙权收回马来有三丈余远,然后纵辔加鞭,那马一跳飞过桥南。后人有诗曰:"的卢当日跳檀溪,又见吴侯败合淝。退后着鞭驰骏骑,逍遥津上玉龙飞。"孙权跳过桥南,徐盛、董袭驾舟相迎。凌统、谷利抵住张辽。甘宁、吕蒙引军回救,却被乐进从后追来,李典又截住厮杀,吴兵折了大半。凌统所领三百余人,尽被杀死。统身中数枪,杀到桥边,桥已折断,绕河而逃。孙权在舟中望见,急令董袭棹舟接之,乃得渡回。吕蒙、甘宁皆死命逃过河南。这一阵杀得江南人人害怕;闻张辽大名,小儿也不敢夜啼。

张辽一战立威,不仅自己的名字令江南人尽知,而且让孙权很长一段时间不敢北窥,保证了曹魏东南疆域的暂时安定。逍遥津之战,张辽作为主将,为了曹魏的事业,勇于身先士卒,敢于以身犯险,亲自披坚执锐,杀得东吴众将狼奔豕突,忙于逃命。孙权更是狼狈,差一点被张辽生擒。黄初六年(225),张辽病逝的时候,魏文帝曹丕颁诏称:"合肥之役,辽、典以步卒八百,破贼十万,自古用兵未之有也,使贼至今夺气,可谓国之爪牙矣。"①

徐晃原是杨奉、韩暹手下的战将。曹操奉汉献帝移驾许县途中,徐晃奉杨奉、韩暹之命,于半道截击曹操。曹操令有虎痴之誉的许褚迎战徐晃,二人大战五十余合,不分胜败。曹操爱才心切,喝令鸣金收兵,然后派满宠夜入敌营,劝说徐晃弃暗投明,归顺曹操。曹操奉汉献帝都许之后。当时关羽以夏侯渊、夏侯惇、曹仁、曹洪为将军,徐晃、乐进、李典、于禁等为校尉,以许褚、典韦为都尉。徐晃虽然比李典、乐进归顺曹操要晚一些,但曹操对他却很重视,常常委以重任。徐晃的成名之战,是在关羽水淹七军,斩庞德、擒于禁之后。当时关羽威震华夏,朝野震惊,曹操不知如何是好,甚至提出迁都以避关羽锋芒。关键时刻,徐晃挺身而出,率五万精兵,前去增援坚守樊城的曹仁。徐晃在沔水大战关平、廖化,先取偃城和四冢,乘势直逼关羽大寨。关羽得知徐晃领兵前来,料知关平等人不是对手,不顾臂膀箭伤尚未痊愈,出马向徐晃挑战。

---

① 《三国志·魏志》卷十七《张辽传》。

徐晃与关羽是老朋友、旧相知。所以，徐晃一见关羽，不免先客气一番，说："自别君侯，倏忽数载，不想君侯须发已苍白矣！忆昔壮年相从，多蒙教诲，感谢不忘。今君侯英风震于华夏，使故人闻之，不胜叹羡！兹幸得一见，深慰渴怀。"徐晃的客气，是不忘故旧，却言不及国家大事。关羽却是因私而及公，他说："吾与公明交契深厚，非比他人；今何故数穷吾儿耶？"所谓"数穷吾儿"，是指责徐晃大战沔水，逼得关平无处逃身。既然说到国家大事，就不能因私废公。徐晃立刻变了颜色，回头对众将厉声大叫："若取得云长首级者，重赏千金！"徐晃变脸太快，弄得关羽很不适应，惊问道："公明何出此言？"徐晃很不客气地回答："今日乃国家之事，某不敢以私废公。"说罢，招呼也不打，挥大斧直取关羽。二人在阵前刀往斧迎，大战八十余合，不分胜负。关羽虽武艺绝伦，终究因右臂箭伤尚未痊愈，总觉得力气不加。关平看出苗头，害怕父亲有什么闪失，急忙鸣金收兵。就在这时，关羽大寨周围忽然喊声大震，"原来是樊城曹仁闻曹操救兵至，引军杀出城来，与徐晃会合，两下夹攻，荆州兵大乱。关公上马，引众将急奔襄江上流头。背后魏兵追至。关公急渡过襄江，望襄阳而奔"①。仅此一役彻底扭转了曹魏与蜀汉之争的被动局面。关羽由于此役失利，又得知荆州被吕蒙偷袭，军心大乱，接着便有了关羽败走麦城的最后挽歌。关羽是蜀汉"五虎大将"之首，许多名将丧身于他的青龙偃月刀下，较为著名的有华雄、颜良、文丑、庞德等。不少人闻关羽之名便不战自乱，哪里还敢与他对阵？尤其是关羽擒于禁、斩庞德之后，声名大振，谁还敢直撄其锋？但是，徐晃却不惧关羽，关键时刻站了出来，而且出手不凡，一战而胜，狠狠地挫了关羽的锐气。关羽败走麦城虽然是由于失去荆州这一根本，但他在败走麦城之前，徐晃的沔水之战已经把关羽送上了英雄末路。对于徐晃沔水之战，曹操曾经给予很高评价，其令称："贼围堑鹿角十重，将军致战全胜，遂陷贼围，多斩首虏。吾用兵三十余年，及所闻古之善用兵者，未有长驱径入敌围者也。且樊、襄阳之在围，过于莒、即墨。将军之功逾孙武、穰苴。"樊城之围即解，曹操在

---

① 《三国演义》第七十六回"徐公明大战沔水，关云长败走麦城"。

七里外迎接徐晃，设置庆功宴，举杯慰劳徐晃，说："全樊、襄阳，将军之功也！"当时，各路兵马云集，各营士兵皆离阵观赏，只有徐晃的军营十分整齐，将士皆按阵型排列，丝毫不乱。曹操看后感慨道："徐将军可谓有周亚夫之风矣！"①

  张郃也是曹魏名将。张郃字儁义，河间鄚（今河北任丘鄚州镇）人。张郃原是袁绍的部将，在袁绍与公孙瓒争夺地盘的战斗中，曾经立了不少功绩。袁绍与曹操战于官渡的时候，曹操采纳许攸之计，派兵偷袭袁绍囤积粮草之所乌巢。得到乌巢被曹军偷袭的讯息后，张郃建议迅速救援。袁绍的谋士郭图却加以阻止，说："不可。曹军劫粮，曹操必然亲往；操既自出，寨必空虚，可纵兵先击曹操之寨；操闻之，必速还：此孙膑围魏救赵之计也。"张郃不赞成郭图之计，说："曹操多谋，外出必为内备，以防不虞。今若攻操营而不拔，琼等见获，吾属皆被擒矣。"袁绍不听张郃之见，令张郃与高览去攻打曹营，结果中了曹军的埋伏，张郃与高览死战得脱。郭图担心张郃回营对质，一边在袁绍面前诋毁张郃，一边暗中派人告诉张郃、高览："主公要杀汝二人。"所以，当袁绍的使者来见张郃、高览时，高览拔剑杀了使者，与张郃一同投奔了曹操。曹操不计前嫌，封张郃为偏将军、都亭侯。张郃归顺曹操之后，如鱼得水，如虎归山，其作为名将的才能得到了充分发挥。曹操平定汉中，以夏侯渊、张郃为先锋。二人冲锋陷阵，勇不可当，为曹操平定汉中建立了头功。后来，为救援合淝，曹操回师洛阳，留张郃与夏侯渊守汉中。张郃守汉中时，与刘备进行了激烈的争夺战。《三国志·魏志》张郃本传对此有较为详细的记载：

> 太祖还，留郃与夏侯渊拒刘备，张郃别督军，降巴东巴西二郡，徙其民于汉中，进军宕渠，为备将张飞所拒，引还南郑，拜荡寇将军。刘备屯阳平，郃屯广石。备以精兵万余，分为十部，夜急攻郃。郃率亲兵搏战。备不能克。其后，备于走马谷烧都围，渊救火从他道，与备相遇交战，短兵接刃，渊遂没。郃还阳平。当时是，新失元帅，恐为备所乘，三军皆失色。

---

① 《三国志·魏志》卷十七《徐晃传》。

渊司马郭淮乃令众曰："张将军国家名将，刘备所惮。今日事急，非张将军不能安也。"遂推郃为军主。郃出勒兵安阵，诸将皆受郃节度。众心乃定。①

《三国演义》为了突出蜀汉的主体地位，汉中之战着重描写了张飞、黄忠、赵云等蜀汉名将的英勇善战，而把张郃和夏侯渊作为陪衬人来描写，致使张郃的形象如此不堪，与历史上真实的张郃有很大距离。诸葛亮一出祁山，节节胜利。魏文帝曹丕重新起用司马懿之后，张郃奉司马懿之命，抢占街亭要道，在街亭大败马谡，为司马懿挽回败局、挫败诸葛亮立下了头功。诸葛亮再出祁山时，南安、天水、安定等郡相继反叛，响应诸葛亮。张郃出兵讨伐，稳定了后方。魏文帝曹丕特意颁诏嘉奖："贼亮以巴蜀之众，当虓虎之师。将军被坚执锐，所向可定。朕甚嘉之。"② 对于张郃，史家给予很中肯的评价，认为"张郃以巧变为称"，指出了张郃用兵善于巧变的特点。

曹仁字子孝，曹操的从祖弟，三国名将。曹仁早年跟随曹操转战南北，立下许多战功，深得曹操倚重。曹仁的得意之作，是与周瑜的南郡之战。赤壁之战后，曹操留曹仁守南郡，东拒周瑜。当时，周瑜挟赤壁之战余威，对南郡是志在必得。他和刘备约定，由他先攻取南郡，如果打不下来，任凭刘备去取。然而，当周瑜率领大军攻打南郡时，曹仁并无畏惧。他令曹洪守夷陵，与南郡成掎角之势，互为屏障，相互增援。周瑜为夺取南郡，下了血本，他令蒋钦为先锋，丁奉、徐盛为副将，先领五千精锐渡江，周瑜则自率大军随后。在蒋钦率兵攻城时，曹仁下令坚守勿出。部将牛金以为是怯战，他对曹仁说："兵临城下而不出战，是怯也。况吾兵新败，正当重振锐气。某愿借精兵五百，决一死战。"曹仁于是拨给牛金五百精兵，令其出战。丁奉与牛金对战，只是战了三五回合，就诈败而逃。牛金率兵追击，却被东吴兵围困。牛金左冲右突，难以冲出重围。曹仁在城楼上看见，遂引壮士数百人，打开城门，奋力杀入。徐盛前来迎战，不能抵挡。曹仁救出牛金等人，回头一看，还有几十人被围，遂反身

---

① 《三国志·魏志》卷十七《张郃传》。
② 《三国志·魏志》卷十七《张郃传》。

再次杀入,救众人出重围。回城途中,蒋钦等拦住。曹仁又是一场好厮杀。危机之时,曹仁之弟曹纯引兵杀出,与东吴兵一场混战,吴军溃败。周瑜闻报大怒,欲亲率大军攻打南郡。甘宁主动请缨,率领三千人马先去攻打夷陵,周瑜随后再去攻打南郡。曹仁得知消息,暗中派曹纯和牛金去增援曹洪。曹洪用诱敌之计,假作败走,把夷陵留给了甘宁。待曹纯、牛金的人马一到,反而把甘宁围困在夷陵城中。周瑜得知这一消息,想要分兵去救,又怕曹仁来袭击。无奈之际,周瑜令凌统暂代其职,留守大寨,自己则亲率大军去解甘宁之围。曹仁得到信息,亦领兵救援。两军一场混战之后,曹仁迎曹洪等入南郡。曹仁此时十分冷静,他按照曹操事先设定的计谋,在南郡城上遍插旌旗,虚张声势,然后大军从三个城门而出。周瑜观察到曹兵出城,而城中却是静悄悄的,以为曹仁已经先逃跑了,遂下令大军追击,自己则亲自率军攻取南郡。孰料曹仁战败之后,并不入城,而是朝西北而逃。周瑜见城门大开,城中无人,下令抢城。当东吴兵进入瓮城的时候,城上弓弩齐发,吴兵抢先入城的不是被弓弩射中,就是掉落陷阱。周瑜急忙勒马,左肩却早已中了弩箭,翻身落马。埋伏在城中的曹兵奋勇杀出,来捉周瑜。徐盛、丁奉拼死抢救,才把周瑜救回。这时,曹仁、曹洪分两路杀回。东吴兵大败,纷纷逃命。与东吴兵相持阶段,曹仁故意激怒周瑜,在一次对阵中,曹仁令士卒大骂周瑜,气得周瑜口吐鲜血,坠落马下。曹仁乘势掩杀,双方又是一场混战。在与周瑜的对抗中,曹仁虽然在兵力和气势上都不占上风,但他并不怯战,而是充分利用战机,主动出击,在与周瑜这样强大的对手对战中不仅丝毫不落下风,而且射伤周瑜,重挫东吴兵。在曹操刚刚遭受赤壁之战的失败之后,曹仁能够以弱势之军,战胜挟赤壁之战余威的周瑜,不是凭运气,而是凭实力。

许褚和典韦是曹操手下猛将。曹操视之为心腹,如同左右手。许褚字仲康,谯国谯(今安徽亳州)人。早年追随曹操,被曹操称为"吾之樊哙"。曹操对许褚非常信任,视为亲信,出入同行,不离左右。据《三国志·魏书·许褚传》载,官渡之战时,曹操身边的常从士、徐他等人谋刺曹操,却害怕许褚,就在许褚休息的时候下手。碰巧那天许褚感觉要有大事发生,放弃休息回到曹操身边。常从士、徐他等人准备动手的时候，被许褚发觉，皆被许褚所杀。曹操因此视许褚为心腹，每逢征战，必定要把许褚带在身边。许褚对曹操则是忠心耿耿，誓死效忠。潼关之战，曹操为避马超锋锐，准备北渡，留下许褚等百余死士断后。许褚以百余士卒，与马超万余士兵对抗。待士兵快要渡河完毕时，许褚催促曹操赶快渡河。这时敌人箭矢如雨，许褚一手持马鞍保护曹操，一只手摇橹，把曹操安全送到对岸。曹操此役能够捡回一条命，完全归功于许褚。如果不是许褚身冒矢雨，摇橹渡曹操过河，曹操就不可避免地要成为马超的俘虏了。后来，曹操曾在战场上与马超会面，所带将领只有许褚一人。马超自以为武艺胜过曹操，想发动突袭擒获曹操，但是，看到有一将领跟随曹操，怀疑是许褚，就问曹操："听说您有虎侯这样一个人，他在哪里？"曹操指了指许褚，说："此人便是。"许褚怒目圆睁，直视马超。马超因此不敢轻举妄动。军中因为许褚力大如虎而又憨直近痴，都称之为"虎痴"。马超不便直称"虎痴"，就称许褚为"虎侯"。曹操对许褚的信任，每每在关键时刻获得回报，所以就在潼关之战后升任许褚为武卫中郎将。从此，中国古代的将军就增加了武卫中郎将这样一个称号。

典韦是陈留己吾（今属开封）人，身材魁梧，膂力过人，任侠仗义，甚有气节。汉献帝初平中归顺曹操，遂成为曹操的得力战将。曹操在濮阳战吕布，不料陷入重围，形势十分危急，高呼："谁人救我！"小说第十一回写道：

> 马军队里，一将踊出，乃典韦也，手挺双铁戟，大叫："主公勿忧！"飞身下马，插住双戟，取短戟十数枝，挟在手中，顾从人曰："贼来十步乃呼我！"遂放开脚步，冒箭前行。布军数十骑追至。从人大叫曰："十步矣！"韦曰："五步乃呼我！"从人又曰："五步矣！"韦乃飞戟刺之，一戟一人坠马，并无虚发，立杀十数人。众皆奔走。韦复飞身上马，挺一双大铁戟，冲杀入去。郝、曹、成、宋四将不能抵挡，各自逃去。典韦杀散敌军，救出曹操。

濮阳之战，典韦救曹操于危难，被擢升为领军都尉。曹操视之为心腹，留在身边，作为贴身侍卫。典韦率领数百亲兵，保护曹操的安全。宛城之变，典韦更是以死报主。曹操征荆州时,大军至宛城。宛城守将张绣投降了曹操。可是曹操好女色,见一女子甚美,就派人把她请来。问之,乃张济之妻、张绣之婶。曹操当时顾不得那么多,就留宿帐中。为避人耳目,次日则移至城外中军帐中,令典韦在帐外守卫。张绣虽然投降了曹操,但受不了这种屈辱,遂设计把典韦灌醉,派人混入典韦随从之中,夜里放起火来。曹操得知失火,急忙把醉酒的典韦喊醒。典韦听到杀喊之声,找不到双戟,就掣了一把腰刀在手。这时,张绣的人马已到大寨辕门。典韦奋力杀敌,勇不可当。小说于此着力表现了典韦的神勇:"韦奋力向前,砍死二十余人。马军方退,步军又到,两边枪如苇列。韦身无片甲,上下被数十枪,兀自死战。刀砍缺不堪用,韦即弃刀,双手提着两个军人迎敌,击死者八九人,群贼不敢近,只远远以箭射之,箭如骤雨。韦犹死拒寨门。争奈寨后贼军已入,韦背上又中一枪,乃大叫数声,血流满地而死。死了半响,还无一人敢从前门而入者。"① 典韦堪称曹操的"救星",两次在曹操必死之时,以自己的勇力和忠诚救曹操于危难之中。所以,曹操对典韦之死十分后悔,设祭祭之,并痛哭流涕,对众将说:"吾折长子、爱侄,俱无深痛;独号泣典韦也。"典韦死后,曹操给予他隆重的礼遇,在许都立祠祭之。史家把许褚、典韦比作刘邦帐下的樊哙,认为"许褚、典韦折冲左右,亦汉之樊哙也"。

(三) 东吴名将有几许

孙权继父兄基业,割据江东,士民拥戴。其部下不仅有周瑜、鲁肃、吕蒙、陆逊等统帅先后执掌兵权,而且有一帮能征惯战的名将。《三国志·吴志》卷十列出的东吴名将有程普、黄盖、韩当、蒋钦、周泰、陈武、董袭、甘宁、凌统、徐盛、潘璋、丁奉等12位。陈寿评价他们说:"凡此诸将,皆江表之虎臣,孙氏所厚待也。"② 此外还有太史慈、朱桓等。屈指算来,东吴的将领虽然不及曹魏那么兴盛,但和刘备的蜀汉集团相比并不逊色。由于《三国演义》主要是表

---

① 《三国演义》第十六回"吕奉先辕门射戟,曹孟德败师淯水"。
② 《三国志·吴志》卷十陈寿评曰。

现曹魏与蜀汉集团的兴盛和相互争锋，而东吴仅仅是勉强鼎足而三，在《三国演义》中占据的分量不是那么重，所以，东吴名将除周瑜、吕蒙、陆逊等人所占篇幅较大一些外，其余众将仅是在某些相关的重大战役中才有所表现。如黄盖，在赤壁之战中献苦肉计，行诈降计，为赤壁大战立下首功。此后则鲜有表现。东吴其他一些将领在赤壁之战中也都有所表现，但由于赤壁之战的锋芒被周瑜占尽，而东吴当时是得胜之师，所以，其他将领的表现皆乏善可陈。《三国演义》用笔墨较多者，有甘宁、徐盛、丁奉三员虎将。

甘宁字兴霸，巴郡临江（治今重庆忠州镇）人。少好游侠，长于弓箭。初投荆州刘表，后转依黄祖，黄祖待之甚薄。遂转投孙权，劝孙权剿除黄祖。孙权待之以礼，视同旧臣。甘宁向孙权献计说："今汉祚日微，曹操弥憍，终为篡盗。南荆之地，山陵形便，江川流通，诚是国之西势也。宁已观刘表，虑既不远，儿子又劣，非能承业传基者也。至尊当早规之，不可后操图之。图之之计，宜先取黄祖。祖今年老，昏耄已甚，财谷并乏，左右欺弄，务于货利，侵求吏士，吏士心怨。舟船战具，顿废不修。怠于耕农，军无法伍。至尊今往，其破可必。一破祖军，鼓行而西。西据楚关，大势弥广，即可渐规巴蜀。"① 甘宁的建议与鲁肃的建议不谋而合。孙权听后甚为高兴，采纳甘宁的建议，西征黄祖，一鼓而克。在征讨黄祖的战役中，甘宁冲锋陷阵，多建奇功，并且亲自射杀了黄祖，为孙权报了杀父之仇。《三国演义》在第三十八回"定三分隆中决策，战长江孙氏报仇"中，对甘宁在剿除黄祖一役中的英勇表现，给予了充分描写，表现了甘宁的勇武和智慧。皖城之战，甘宁手执铁链，身冒矢雨，率众登城，一链打倒皖城守将朱光，为夺取皖城建立了首功；濡须之战，在张辽挟大胜余威，又有曹操四十万大军增援的情况下，甘宁自告奋勇，率领百名骑兵夜劫曹营。小说于此着重描写了甘宁的神勇和忠义：

> 甘宁见凌统回，即告权曰："宁今夜只带一百人马去劫曹营；若折了一人一骑，也不算功。"孙权壮之，乃调拨帐下一百精锐马兵付宁；又以酒五

---

① 《三国志·吴志》卷十《甘宁传》。

十瓶，羊肉五十斤，赏赐军士。甘宁回到营中，教一百人皆列坐，先将银碗斟酒，自吃两碗，乃语百人曰："今夜奉命劫寨，请诸公各满饮一觞，努力向前。"众人闻言，面面相觑。甘宁见众人有难色，乃拔剑在手，怒叱曰："我为上将，且不惜命；汝等何得迟疑！"众人见甘宁作色，皆起拜曰："愿效死力。"甘宁将酒肉与百人共饮食尽，约至二更时候取白鹅翎一百根，插于盔上为号；都披甲上马，飞奔曹操寨边，拔开鹿角，大喊一声，杀入寨中，径奔中军来杀曹操。原来中军人马，以车仗伏路穿连，围得铁桶相似，不能得进。甘宁只将百骑，左冲右突。曹兵惊慌，正不知敌兵多少，自相扰乱。那甘宁百骑，在营内纵横驰骤，逢着便杀。各营鼓噪，举火如星，喊声大震。甘宁从寨之南门杀出，无人敢当。孙权令周泰引一枝兵来接应。甘宁将百骑回到濡须。操兵恐有埋伏，不敢追袭。后人有诗赞曰："鼙鼓声喧震地来，吴师到处鬼神哀！百翎直贯曹家寨，尽说甘宁虎将才。"甘宁引百骑到寨，不折一人一骑；至营门，令百人皆击鼓吹笛，口称"万岁"，欢声大震。孙权自来迎接，甘宁下马拜伏。权扶起，携宁手曰："将军此去，足使老贼惊骇。非孤相舍，正欲观卿胆耳！"即赐绢千匹，利刀百口。宁拜受讫，遂分赏百人。权语诸将曰："孟德有张辽，孤有甘兴霸，足以相敌也。"

甘宁夜劫曹营，堪称孤胆英雄。他以上将身份，身先士卒，奋勇杀敌，令曹兵闻风丧胆，狠狠地挫动了曹军的锐气，令大败之后的东吴将士为之一振。正是因此，甘宁得胜回来的时候，孙权亲自到营门迎接，并称"孟德有张辽，孤有甘兴霸，足以相敌也"。更为可敬的是，作为东吴虎将，甘宁屡建奇功却不居功自傲，而是善待同僚。他为黄祖部将时，曾经射杀凌统之父凌操。后来归顺孙权，凌统念杀父之仇，多次想为父报仇。甘宁从东吴大局考虑，都隐忍下来。濡须之战中，凌统见甘宁建立奇功，心有不甘，主动请缨上阵，与乐进厮杀，不料却被曹军冷箭射中坐骑，掀下马来。正当乐进准备刺杀凌统的时候，是甘宁一箭射中乐进门面，救了凌统一命。后来凌统感谢孙权，孙权说是甘宁救了他，让凌统十分感激，说："不想公能如此垂恩！"关键时刻，甘宁考虑的是东吴大局，而不是个人恩怨。正是他的大度，化解了与凌统之间的矛盾。甘宁能够与部下甘苦与共，善待部下。夜劫曹营得胜后，他把孙权赏赐的财物全部分赏部下，显示出作为上将的品格。另据《甘宁传》记载，甘宁还是一个恩怨分明的人。他手下有一个厨师犯了错，害怕甘宁杀他，就投奔了吕蒙。吕蒙当时是东吴大都督，担心厨师回去被甘宁杀了，就把厨师留了下来。后来，甘宁带着礼物去看望吕蒙的老母亲，吕蒙就借机把厨师还给甘宁。甘宁答应吕蒙不杀厨师，却借口把厨师送回安置，将厨师捆绑在桑树上，亲自用箭射杀了厨师，之后，脱下衣服，上船休息。吕蒙闻之大怒，带兵去抓捕甘宁，甘宁躺在船上，动也不动。吕蒙的老母亲害怕二人闹出事来，急忙赶上来，对吕蒙说："至尊待汝如骨肉，属汝以大事，何有以私怨而欲攻杀甘宁？宁死之日，纵至尊不问，汝是为臣下非法。"吕蒙是个孝顺子，听了母亲的话，忽然醒悟过来，就独自到船上，笑着对甘宁说："兴霸，老母待卿食，急上。"① 甘宁也十分感动，流着泪对吕蒙说："是我辜负了您。"于是就和吕蒙一起回见吕蒙的老母亲，欢宴终日。这件事情，《三国演义》虽然没有写进来，但是却让人们看到了甘宁的另一面。

徐盛字文向，琅玡莒（今山东莒县）人。早年追随孙权，驻守柴桑，曾以不满二百士卒，与黄祖之子黄射数千人对垒，伤敌千余人之后，打开城门出战，大破敌军，令黄祖从此不敢东窥。徐盛一生大小数战，多建奇功。其最为辉煌的一战，是以少胜多，用火攻大败曹丕。这一仗，在《三国志·吴志》徐盛本传中有记载，但寥寥数语，不足以显示徐盛作为东吴名将的风采。《三国演义》第八十六回"破曹丕徐盛用火攻"一节，写出了徐盛的忠勇和智慧。小说首先突出了徐盛的责任担当。孙权得知曹丕亲自统率水陆兵马三十万直奔广陵而来的消息后，大为吃惊，急忙聚集文武大臣商议。顾雍建言："今主上既与西蜀连和，可修书与诸葛孔明，令起兵出汉中，以分其势；一面遣一大将，屯兵南徐以拒之。"孙权明知此为良策，却苦于找不到能够与曹丕抗衡的大将，认为"非

---

① 《三国志·吴志》卷十《甘宁传》。

破曹丕徐盛用火攻

陆伯言不可当此大任"。可是，陆逊镇守荆州要地，不能轻易调动。而不用陆逊，别的则实在无人可以与曹丕抗衡。孙权为此苦恼不已。就在此时，徐盛应声而出，说："臣虽不才，愿统一军以当魏兵。若曹丕亲渡大江，臣必生擒以献殿下；若不渡江，亦杀魏兵大半，令魏兵不敢正视东吴。"危急之时，徐盛站了出来，勇于为主分忧，令孙权十分高兴。孙权深知徐盛乃是有勇有谋的大将，由徐盛领军，足以和曹丕抗衡，可保江南无忧。孙权于是封徐盛为安东将军，总镇都督建业、南徐军马。

其次，小说突出了徐盛严于军纪。徐盛领受任务后，即传令教众官军多置器械，多设旌旗，以为守护江岸之计。孙权的侄子孙韶见徐盛仅是注重防守，于是主动请缨，请命渡江破敌，说："今日大王以重任委托将军，欲破魏兵以擒曹丕，将军何不早发军马渡江，于淮南之地迎敌？直待曹丕兵至，恐无及矣。"

徐盛知孙韶年轻气盛，极有胆勇，但他更清楚，若于淮南之地迎战，并无胜算，于是对孙韶说："曹丕势大，更有名将为先锋，不可渡江迎敌。待彼船皆集于北岸，吾自有计破之。"孙韶执意要渡江与曹丕决一死战，并表示：如不胜，甘当军令。徐盛不答应，孙韶坚持要去，二人为此争执不下。最后，徐盛大怒，行使主帅权力，要把孙韶斩首示众。后来，孙权赶到，救了孙韶。徐盛见了孙权，质问道："大王命臣为都督，提兵拒魏；今扬威将军孙韶，不遵军法，违令当斩，大王何故赦之？"孙权为孙韶求情说："韶倚血气之壮，误犯军法，万希宽恕。"徐盛却是不依不饶，说："法非臣所立，亦非大王所立，乃国家之典刑也。若以亲而免之，何以令众乎？"最后，孙权讲出实情："韶犯法，本应任将军处治；奈此子虽本姓俞氏，然孤兄甚爱之，赐姓孙；于孤颇有劳绩。今若杀之，负兄义矣。"徐盛无奈，说："且看大王之面，寄下死罪。"

再次，徐盛讲究大局。孙韶不听号令，夜里带领本部三千精兵，悄悄渡过长江，寻机与曹兵决战。徐盛闻报，不计前嫌，担心孙韶有失，忙唤丁奉过来，授以密计，让他领三千兵渡江接应孙韶。

最后，徐盛长于用计。他以长江为天然防线，采取疑兵之计，以静制动。曹丕三十万大军在江北布好阵势之后，曹丕问前部先锋曹真："江岸有多少兵？"曹真回答说："隔岸远望，并不见一人，亦无旌旗营寨。"听此回答，曹丕以为这必是徐盛的诡计，就亲自前往观察敌军虚实。他乘坐龙船来到长江，在江边泊住船，向江南遥望，对岸竟然不见一兵一卒。曹丕问谋士刘晔、蒋济可否渡江，刘晔说："兵法实实虚虚。彼见大军至，如何不作整备？陛下未可造次。且待三五日，看其动静，然后发先锋渡江以探之。"当日天晚，曹丕宿于江中。魏军皆执灯火，明耀天地，恰如白昼。遥望江南，却不见半点儿火光。曹丕不明所以，问身边的人说："此何故也？"有人拍马说："想闻陛下天兵来到，故望风逃窜耳。"等到天亮的时候，江面上大雾弥漫，对面看不见人。不大一会儿，江面风起，雾散云收，再看江南一带，沿江皆是连城，"城楼上枪刀耀日，遍城尽插旌旗号带"。紧接着不断来人报告，说："南徐沿江一带，直至石头城，一连数百里，城郭舟车，连绵不绝，一夜成就。"原来这是徐盛的疑兵之计，他传令士兵束缚芦苇为人，尽穿青衣，执旌旗，立于假城疑楼之上。一夜之间，江南城上出现那么多人马，魏兵隔江望见如何不心惊胆寒？曹丕看见此景，感慨道："魏虽有武士千群，无所用之。江南人物如此，未可图也！"这时传来赵云出兵阳平关径取长安的消息。曹丕知道此次下江南难以成功，传令撤兵。而已经潜入江北的孙韶、丁奉等乘机放火，截杀魏军。魏军大败，吴军大获全胜。此役成就了徐盛的大名，也使徐盛居于东吴名将的行列。

丁奉字承渊，庐江安丰（今安徽霍邱）人。年少之时就以骁勇出名。后来跟随甘宁、陆逊等征战，冲锋陷阵，斩将搴旗，屡建奇功。由于徐盛、甘宁等老将尚在，丁奉仅表现出勇猛的一面。东吴老一代名将先后凋零之后，丁奉才有崭露头角的机会。孙权去世后，会稽王孙亮为帝，改元建兴。是年十二月，司马昭统军三十万杀奔东兴而来。吴太傅诸葛恪得知魏兵从三路而来，聚众商议。平北将军丁奉曰："东兴乃东吴紧要处所，若有失，则南郡、武昌危矣。"诸葛恪说："此论正合吾意。"于是就让丁奉带领三千水兵从江中去守卫东兴，自己则率大军随后接应。丁奉引三千水兵，分作三十只船，向东兴而来。时值严寒，天降大雪，魏征东将军胡遵在徐塘大寨正与众将设席高会。忽报水上有三十只战船来到。胡遵出寨观察，见船将次傍岸，每船上约有百人，也就不以为意，回到中军帐中，对诸将说："不过三千人耳，何足惧哉！"继续与众将饮酒，全不把丁奉放在眼里。《三国演义》第一百八回于此写道：

> 丁奉将船一字儿抛在水上，乃谓部将曰："大丈夫立功名，取富贵，正在今日！"遂令众军脱去衣甲，卸了头盔，不用长枪大戟，止带短刀。魏兵见之大笑，更不准备。忽然连珠炮响了三声，丁奉扯刀当先，一跃上岸。众军皆拔短刀，随奉上岸，砍入魏寨，魏兵措手不及。韩综急拔帐前大戟迎之，早被丁奉抢入怀内，手起刀落，砍翻在地。桓嘉从左边转出，忙绰枪刺丁奉，被奉挟住枪杆。嘉弃枪而走，奉一刀飞去，正中左肩，嘉望后便倒。奉赶上，就以枪刺之。三千吴兵，在魏寨中左冲右突。胡遵急上马夺路而走。魏兵齐奔上浮桥，浮桥已断，大半落水而死；杀倒在雪地者，不知其数。车仗马匹军器，皆被吴兵所获。司马昭、王昶、毋丘俭听知东

兴兵败，亦勒兵而退。

丁奉以三千敢死之士，杀入魏军阵中，左冲右突，所向披靡。魏军争相逃命，溃不成军。魏军三路人马中的胡遵一路既遭大败，其他两路人马只好撤退了。在东吴后期，丁奉是与北军作战的常客，而且多有胜绩。寿春之战，丁奉与敌追军战于高亭，跨马持矛冲入敌阵，斩首数百。后迁大将军，领徐州牧，参与东吴朝廷机密大事。东吴后期朝廷多变，丁奉虽位高权重，但在军事上却再也没有大的作为。

审视三国名将群体，读者常常会发出谁武功最高的疑问。《三国演义》在写到这些名将时，常常会使用"英勇无敌""有万夫不当之勇"之类的赞美词。既然都有"万夫不当之勇"，那么谁更厉害一些呢？读者有这样的疑问是可以理解的，因为《三国演义》确实写了许多有"万夫不当之勇"的名将。但作为一种研究，做这样的比较，就有些问题了。因为，不论武功多么高强的名将，其武功的发挥都受不同环境和心情的影响，正像围棋高手水平的发挥受其所处环境和心情的影响一样，环境适宜、心情舒畅，可能会超水平发挥；环境不好、情绪低落，连正常水平也难发挥出来。譬如"三英战吕布"，刘、关、张三人大战吕布，战了三十回合，吕布竟然不见败象。刘备武功平平，可以不论，但关羽、张飞是何等人物！他们联手大战吕布，竟然还占不到上风！如此说来，是不是吕布的武功在关羽、张飞二人之上？可是，徐州之战，吕布多次与关羽、张飞交手，每次都不占上风。如此说来，是不是吕布的武功在关羽、张飞之下？民间有言：三国战将数马超。意思是三国战将中，马超的武功最高。但此话也经不起检验。比如葭萌关马超与张飞之战，二人挑灯夜战，也没有分出胜负。潼关之战，他想阵前袭击曹操，可是知道许褚勇力过人，只好作罢。关羽斩华雄、诛文丑，过五关斩六将，十分神勇，几无对手。但长沙之战，年富力强的关羽对战老将黄忠，大战五十回合，竟然不分胜负；樊城战徐晃，关羽也没有占到便宜。关羽的武功究竟是强还是弱？张飞的武功曾被关羽赞为"百万军中取上将之首，如探囊取物"。长坂桥前，他一声断喝，吓得夏侯杰肝胆碎裂，倒撞于马下，是何等的威武！可是，随刘备取西川时，他与巴郡名将严颜对阵，却没有讨到任何便宜。通读《三国演义》，只有常山赵子龙一生没有遇到真正的对手。但是，赵云跟随刘备之时，吕布已命丧白门楼，他与堪称名将的关羽、张飞、马超等人同属刘备集团，没有交手的机会，分不出高下。而丧于他枪下的曹魏战将基本上没有名将，曹魏和东吴的名将则没有和赵云交手的机会。所以，对于三国名将要用辩证的眼光和历史的观念来看待，而不能拘泥于某一次具体战斗的胜负，否则就可能以偏概全，其结论也就难以令人信服。

四 《三国演义》其他人物群体

除统帅群体、谋士群体、名将群体外，《三国演义》还描写了文士群体、隐士群体和女性群体。这些人物既各有特色，又栩栩如生，极大地丰富了《三国演义》的人物形象，展示了三国时期鲜活生动的社会生活，对读者了解三国时期的社会文化有很大帮助。

（一）三国文士群体

《三国演义》塑造了许多文士形象，较为知名者如马融、郑玄、蔡邕、孔融、王粲、陈琳、祢衡、杨修、杜预等，都在各自的领域表现出非凡的才华。其中马融、郑玄、杜预在经学方面有很高的造诣；蔡邕、孔融、王粲、陈琳、祢衡、杨修等在文学方面取得了不俗的成就。但《三国演义》并没有把笔墨放在他们的经学或文学成就上，而是着重写他们作为文士的内心世界、出众才华、性格特征和文士风采。

《三国演义》主要描写军国大事，其表现文士风采则是忙中偷闲，寥寥数笔。如其写马融和郑玄，仅在第二十二回顺带提及：

> 原来郑康成名玄，好学多才，尝受业于马融。融每当讲学，必设绛帐，前聚生徒，后陈声妓，侍女环列左右。玄听讲三年，目不邪视，融甚奇之。及学成而归。融叹曰："得我学之秘者，惟郑玄一人耳！"玄家中侍婢俱通毛诗。一婢尝忤玄意，玄命长跪阶前。一婢戏谓之曰："胡为乎泥中？"此婢应声曰："薄言往愬，逢彼之怒。"其风雅如此。桓帝朝，玄官至尚书；

后因十常侍之乱，弃官归田，居于徐州。玄德在涿郡时，已曾师事之；及为徐州牧，时时造庐请教，敬礼特甚。当下玄德想出此人，大喜，便同陈登亲至郑玄家中，求其作书。玄慨然依允，写书一封，付与玄德。

马融字季长，扶风茂陵（今陕西兴平）人，东汉名将马援的从孙，著名经学家。小说没有写他怎样注释经典，而只是写了他授徒讲学的事。他每次给学生们授课，一定要设置一个绛色的帐子，前面坐的是学生，后面则坐着一排歌妓，又有侍女环列在两边。作为著名的经学家，马融对声色竟是如此喜好！也许他是为了考验弟子们的意志，看他们在美色面前的表现。但如此讲学，学生们的注意力岂不会转移？当然，除非他阐释经学的吸引力远超那些美色。纵然他的讲授可能并没有那么大的吸引力，但至少有一人还是能够全神贯注，他就是郑玄。郑玄字康成，北海高密（今属山东）人。他跟着马融学习三年，在那样特殊的学习环境中，他竟然能够做到目不斜视，心无旁骛，让马融感觉这是一个了不起的弟子。郑玄果然把老师的学术思想发扬光大，成为东汉最著名的经学家。郑玄也经常讲课授徒，传授《诗经》等儒家经典。他家的婢女耳濡目染，竟然能够用《诗经》对话。《三国演义》把最早出现在《世说新语》中的这样一个故事写了进来，通过这样一个故事让读者感受到了郑玄的经学成就不仅为学者所称赞，而且让其身边的人也学到了不少东西。

杜预字元凯，京兆杜陵（今陕西西安东）人。杜预是西晋名将，也是著名的经学家。他得羊祜举荐，出任镇南大将军，奉晋武帝之命伐吴，是灭吴之役的功臣。在全书的最后一回，杜预才在羊祜的隆重推荐下出场。咸宁四年（278）十一月，征南大将军羊祜病危，司马炎亲自到其家问安，询问谁可以继承其伐吴之志。羊祜临死之时推荐了杜预，说："臣死矣，不敢不尽愚诚：右将军杜预可任劳，伐吴须当用之。"于是司马炎拜杜预为镇南大将军、都督荆州事。小说此时才对杜预做了简要介绍："杜预为人，老成练达，好学不倦，最喜读左丘明《春秋传》，坐卧常自携，每出入必使人持《左传》于马前，时人谓之'《左传》癖'。"杜预一生在经学方面有很多成就，人称"杜武库"。但小说写杜预的经学成就仅仅偏重于《左传》，并很传神地写出了杜预的"《左传》

癖",让读者看到了经学家的杜预形象。

蔡邕字伯喈,陈留圉(今开封陈留镇)人,东汉末年著名文学家、书法家。他一生的经历富有传奇色彩。但是,《三国演义》仅撷取了几个能够展示人物个性的片段。一是董卓把持朝政后,为收买人心,拉拢社会名流为自己撑门面,就想起了蔡邕。小说写道:"李儒劝卓擢用名流,以收人望,因荐蔡邕之才。卓命征之,邕不赴。卓怒,使人谓邕曰:'如不来,当灭汝族。'邕惧,只得应命而至。卓见邕大喜,一月三迁其官,拜为侍中,甚见亲厚。"这就是蔡邕一月三迁的故事。在《后汉书》蔡邕本传中,董卓闻蔡邕高名,就下令让他出来做官。蔡邕以身体有疾推辞,惹得董卓大怒,说:"我力能族人!"蔡邕不得已而到董卓府,面见董卓,先任祭酒,继补侍御史,转治书侍书御史,迁尚书,史官称其"三日之间,周历三台"。又迁巴郡太守,留为侍中。初平元年(190),拜左中郎将,从汉献帝迁都长安,封高阳乡侯。① 董卓需要名人给他撑门面,就选中了蔡邕。在其强权之下,蔡邕没有别的选择。但他"三日之间,周历三台",却又为后人诟病。《三国演义》选取的第二个片段,是蔡邕在董卓被杀后哭尸。王允用连环计除掉董卓,并将其暴尸街头点天灯。蔡邕来到街上,伏在董卓尸体上大哭。王允闻讯大怒,说:"董卓伏诛,士民莫不称贺;此何人,独敢哭耶!"令武士把哭尸者抓来。众人一看,原来是侍中蔡邕。王允质问道:"董卓逆贼今日伏诛,国之大幸。汝为汉臣,乃不为国庆,反为贼哭,何也?"蔡邕主动认罪,表示"邕虽不才,亦知大义,岂肯背国而向卓?只因一时知遇之感,不觉为之一哭,自知罪大。愿公见原:倘得黥首刖足,使续成汉史,以赎其辜,邕之幸也"。文武百官都想救蔡邕。太傅马日䃅也私下对王允说:"伯喈旷世逸才,若使续成汉史,诚为盛事。且其孝行素著,若遽杀之,恐失人望。"王允坚执不允,说:"昔孝武不杀司马迁,后使作史,遂致谤书流于后世。方今国运衰微,朝政错乱,不可令佞臣执笔于幼主左右,使吾等蒙其讪议也。"遂不听马日䃅之言,命将蔡邕下狱中缢死。"三日之间,周历三台",在别人看来是很荣耀的事

---

① 《后汉书》卷九十《蔡邕传》。

情，但对蔡邕来说，这并不是他想要的，只是慑于董卓的淫威，他才不得不接受；董卓被诛后，他敢于当街哭尸，是感谢董卓的知遇之恩，让他的史才得以发挥。但他没有想到，他的哭尸行为令王允大为恼怒。他请求赦免，以便续成汉史。王允听了此话，当即动了杀心。他担心蔡邕成为另一个司马迁，把他们的丑事写进史书。小说作者通过马日䃅的话，对王允这种做法表示了谴责："王允其无后乎！善人，国之纪也；制作，国之典也。灭纪废典，岂能久乎？"从小说选取的这两件事情来看，蔡邕真是一介书生，他的想法，他的作为，都是典型的书生意气，在尔虞我诈的官场不仅会碰壁，而且还会送命。

孔融、王粲、陈琳都是"建安七子"中的人物，他们一个个能诗擅文，才气横溢。孔融字文举，鲁国（今山东曲阜）人，孔子第二十世孙。《三国演义》第十一回孔融第一次出场，是任北海太守时应郑玄之请出兵为徐州牧陶谦解围；第二次出场是在第二十回为太尉杨彪向曹操求情；第三次出场是在第二十二回曹操商议如何对付袁绍的会议上；第四次出场是在第二十三回，曹操欲斩刘岱、王忠，孔融为二人求情，并建议暂缓南征；第五次出场是在第四十回，曹操亲率大军准备南征，孔融谏阻，称"今丞相兴此无义之师，恐失天下之望"。出府时仰天长叹："以至不仁伐至仁，安得不败乎！"遭到御史大夫郗虑的弹劾，因此被曹操杀害。孔融是汉末重要文士，他先是出任北海太守，后来回朝任少府、将作大匠，算是一个官场人物。小说写孔融，侧重他与曹操的冲突，对其文采则较少表现，仅是在第二十三回采录了孔融的《荐祢衡表》。该文章是孔融的代表作，文章激情澎湃，辞采飞扬，如其称赞祢衡"淑质贞亮，英才卓跞；初涉艺文，升堂睹奥。目所一见，辄诵于口；耳所暂闻，不忘于心。性与道合，思若有神；弘羊潜计，安世默识，以衡准之，诚不足怪。忠果正直，志怀霜雪。见善若惊，疾恶若仇；任座抗行，史鱼厉节，殆无以过也"。其真挚的情感、华丽的辞采，令后世选家折服，萧统《文选》、欧阳询《艺文类聚》、李昉《太平御览》、王钦若《册府元龟》等大型选集和类书都收录有此文。

王粲在《三国演义》中出场不多。王粲出场在第四十回，其主要使命是劝刘琮投降曹操。在傅巽、蒯越劝刘琮投降曹操，刘琮拿不定主意的时候，王粲则又从后面推了一把,促使刘琮下定了投降曹操的决心。小说先对王粲做了简要介绍,说王粲"容貌瘦弱,身材短小。幼时往见中郎蔡邕,时邕高朋满座,闻粲至,倒履迎之。宾客皆惊曰:'蔡中郎何独敬此小子耶?'邕曰:'此子有异才,吾不如也。'粲博闻强记,人皆不及:尝观道旁碑文,一过便能记诵;观人弈棋,棋局乱,粲复为摆出,不差一子。又善算术。其文词妙绝一时。年十七,辟为黄门侍郎,不就。后因避乱至荆襄,刘表以为上宾"。接着写王粲质问刘琮:"将军自料比曹公何如?"在刘琮回答"不如也"之后,王粲为之分析大势说:"曹公兵强将勇,足智多谋;擒吕布于下邳,摧袁绍于官渡,逐刘备于陇右,破乌桓于白狼:枭除荡定者,不可胜计。今以大军南下荆襄,势难抵敌。傅、蒯二君之谋,乃长策也。将军不可迟疑,致生后悔。"刘琮征得母亲蔡夫人同意,于是下定决心,投降曹操,便写了投降书,令宋忠悄悄地往曹操军前投献。荆州平定后,王粲因劝降有功,被曹操封为关内侯。对王粲的文学造诣,小说仅有"文词妙绝一时"六字评价,但是却没有涉及具体诗文。

陈琳字孔璋,广陵射阳(今江苏淮安)人。在《三国演义》中,陈琳出场比较早。在第二回中,大将军何进准备召集藩镇入京诛杀宦官的时候,时任何进主簿的陈琳劝阻说:"俗云:掩目而捕燕雀,是自欺也。微物尚不可欺以得志,况国家大事乎?今将军仗皇威,掌兵要,龙骧虎步,高下在心。若欲诛宦官,如鼓洪炉燎毛发耳。但当速发雷霆,行权立断,则天人顺之。却反外檄大臣,临犯京阙,英雄聚会,各怀一心:所谓倒持干戈,授人以柄,功必不成,反生乱矣。"何进不听,终酿大祸。后来,陈琳又依附袁绍,为袁绍书记。袁绍准备起兵讨伐曹操,陈琳为其草拟《为袁绍讨曹操檄》,援笔立成。檄文大气磅礴,甚有气势,是中国古代檄文中的名篇。小说作者为其辞采所折服,全文收录了这篇檄文。其文堪称嬉笑怒骂皆成文章,辱骂曹操祖宗三代,言辞恶毒却不带脏字:"司空曹操:祖父中常侍腾,与左棺、徐璜并作妖孽,饕餮放横,伤化虐民;父嵩,乞匄携养,因赃假位,舆金辇璧,输货权门,窃盗鼎司,倾覆重器。操赘阉遗丑,本无懿德,骠狡锋协,好乱乐祸。"骂曹操是"赘阉遗丑",话语够恶毒的了。当时曹操正患头风病,读陈琳檄文,头风病马上就好了。后来曹操攻取邺城，擒获陈琳，责问他："汝前为本初作檄，但罪状孤可也；何乃辱及祖父耶？"琳答曰："箭在弦上，不得不发耳。"左右劝曹操杀了陈琳，曹操却是爱陈琳之才，不仅赦免了他，而且还用他为从事。

祢衡字正平，平原（今山东临邑）人。祢衡是三国时期颇具个性的文士，德行文采都大受称赞，孔融因此向汉献帝举荐祢衡。孔融的本意是为朝廷举荐人才，可是祢衡太有个性了，他一出场就和曹操杠上了，并演出了一场击鼓骂曹的活剧。小说为表现祢衡的个性，同时也是出于贬抑曹操的目的，对祢衡击鼓为《渔阳三挝》，痛骂曹操，做了生动而形象的描述：

> 操遂使人召衡至。礼毕，操不命坐。祢衡仰天叹曰："天地虽阔，何无一人也！"操曰："吾手下有数十人，皆当世英雄，何谓无人？"衡曰："愿闻。"操曰："荀彧、荀攸、郭嘉、程昱，机深智远，虽萧何、陈平不及也。张辽、许褚、李典、乐进，勇不可当，虽岑彭、马武不及也。吕虔、满宠为从事，于禁、徐晃为先锋；夏侯惇天下奇才，曹子孝世间福将。安得无人？"衡笑曰："公言差矣！此等人物，吾尽识之：荀彧可使吊丧问疾，荀攸可使看坟守墓，程昱可使关门闭户，郭嘉可使白词念赋，张辽可使击鼓鸣金，许褚可使牧马放牛，乐进可使取状读招，李典可使传书送檄，吕虔可使磨刀铸剑，满宠可使饮酒食糟，于禁可使负版筑墙，徐晃可使屠猪杀犬；夏侯惇称为完体将军，曹子孝呼为要钱太守。其余皆是衣架、饭囊、酒桶、肉袋耳！"操怒曰："汝有何能？"衡曰："天文地理，无一不通；三教九流，无所不晓；上可以致君为尧舜，下可以配德于孔颜。岂与俗子共论乎！"时止有张辽在侧，掣剑欲斩之。操曰："吾正少一鼓吏。早晚朝贺燕享，可令祢衡充此职。"衡不推辞，应声而去。辽曰："此人出言不逊，何不杀之？"操曰："此人素有虚名，远近所闻。今日杀之，天下必谓我不能容物。彼自以为能，故令为鼓吏以辱之。"来日，操于省厅上大宴宾客，令鼓吏挝鼓。旧吏云："挝鼓必换新衣。"衡穿旧衣而入，遂击鼓为《渔阳三挝》。音节殊妙，渊渊有金石声。坐客听之，莫不慷慨流涕。左右喝曰："何不更衣！"衡当面脱下旧破衣服，裸体而立，浑身尽露。坐客皆掩面

衡乃徐徐着裤，颜色不变。操叱曰："庙堂之上，何太无礼？"衡曰："欺君罔上，乃谓无礼。吾露父母之遗，以显清白之体耳！"操曰："汝为清白，谁为污浊？"衡曰："汝不识贤愚，是眼浊也；不读诗书，是口浊也；不纳忠言，是耳浊也；不通古今，是身浊也；不容诸侯，是腹浊也；常怀篡逆，是心浊也！吾乃天下名士，用为鼓吏，是犹阳货轻仲尼，臧仓毁孟子耳！欲成王霸之业，而如此轻人耶？"①

祢衡在《三国演义》中仅出现一次。作者之所以要把祢衡写进作品中，除了祢衡在汉末文士中具有独特的地位外，一个非常重要的原因，是要借祢衡之口来贬损曹操及其阵营的人物，从而达到"抑曹"的目的。曹操慑于祢衡的名气，不愿意承担"不能容物"之名，就逼迫祢衡去荆州劝说刘表投降。刘表明白曹操的用意，不杀祢衡，而是让祢衡去见黄祖。祢衡到了黄祖那里，依然狂放不羁，结果惹恼了黄祖，被黄祖杀害。祢衡之死，固然因为曹操、刘表、黄祖等不能容人。但祢衡不论到了哪里，都是目中无人，狂妄自大，自然让人难以接受。譬如他到了黄祖那里，黄祖问许都有哪些人物，祢衡很狂妄地说："大儿孔文举，小儿杨德祖。除此二人，别无人物。"黄祖又问像他这样的人怎么样。祢衡说："汝似庙中之神，虽受祭祀，恨无灵验。"惹得黄祖大怒，当时就把他杀了。或许，祢衡自知难以为世人所容，故意激怒那些实权人物，以求一死，以全其名。但从曹操到刘表再到黄祖，竟无一人能容之，既说明当时的人文环境和政治环境非常恶劣，同时也说明文人狂放自大是非常容易招致祸患的。

杨修是《三国演义》着墨较多的文士。杨修字德祖，弘农华阴（今陕西华阴）人。杨修出身弘农杨氏，是太尉杨彪之子。他曾任丞相主簿，经常跟随在曹操身边。西蜀张松来许都，本来准备把西川图献给曹操，但曹操过于骄纵，不把张松放在眼里，错失了机会。当时，杨修与张松有过交锋，都被张松占了上风。但杨修是一个聪明过人的人。曹操救援汉中，途经蓝田，在蔡琰家中见一图轴，上书"黄绢幼妇，外孙齑臼"八字。曹操问蔡琰："汝解此意否？"蔡

---

① 《三国演义》第二十三回"祢正平裸衣骂贼，吉太医下毒遭刑"。

琰回答说:"虽先人遗笔,妾实不解其意。"操回顾众谋士曰:"汝等解否?"众皆不能答。这时,杨修站出来说:"某已解其意。"曹操让杨修暂且不要说出来,等他思考一下。曹操引众出了庄子,上马行三里,忽省悟,笑着对杨修说:"卿试言之。"杨修说:"此隐语耳。黄绢乃颜色之丝也:色傍加丝,是绝字。幼妇者,少女也:女傍少字,是妙字。外孙乃女之子也:女傍子字,是好字。齑臼乃受五辛之器也:受傍辛字,是辞字。总而言之,是'绝妙好辞'四字。"曹操大惊,说:"正合孤意!"杨修才思敏捷,又才气外露,即使在曹操面前,也是如此,因此惹得曹操很不高兴。《三国演义》第七十二回写到杨修之死时,叙述了几件犯忌的事情:

> 原来杨修为人恃才放旷,数犯曹操之忌:操尝造花园一所;造成,操往观之,不置褒贬,只取笔于门上书一"活"字而去。人皆不晓其意。修曰:"门内添活字,乃阔字也。丞相嫌园门阔耳。"于是再筑墙围,改造停当,又请操观之。操大喜,问曰:"谁知吾意?"左右曰:"杨修也。"操虽称美,心甚忌之。又一日,塞北送酥一盒至。操自写"一合酥"三字于盒上,置之案头。修入见之,竟取匙与众分食讫。操问其故,修答曰:"盒上明书一人一口酥,岂敢违丞相之命乎?"操虽喜笑,而心恶之。操恐人暗中谋害己身,常分付左右:"吾梦中好杀人;凡吾睡着,汝等切勿近前。"一日,昼寝帐中,落被于地,一近侍慌取覆盖。操跃起拔剑斩之,复上床睡;半晌而起,佯惊问:"何人杀吾近侍?"众以实对。操痛哭,命厚葬之。人皆以为操果梦中杀人;惟修知其意,临葬时指而叹曰:"丞相非在梦中,君乃在梦中耳!"操闻而愈恶之。操第三子曹植,爱修之才,常邀修谈论,终夜不息。操与众商议,欲立植为世子,曹丕知之,密请朝歌长吴质入内府商议;因恐有人知觉,乃用大簏藏吴质于中,只说是绢匹在内,载入府中。修知其事,径来告操。操令人于丕府门伺察之。丕慌告吴质,质曰:"无忧也;明日用大簏装绢再入以惑之。"丕如其言,以大簏载绢入。使者搜看簏中,果绢也,回报曹操。操因疑修谮害曹丕,愈恶之。操欲试曹丕、曹植之才干。一日,令各出邺城门;却密使人分付门吏,令勿放出。曹丕先至,

门吏阻之，丕只得退回。植闻之，问于修。修曰："君奉王命而出，如有阻当者，竟斩之可也。"植然其言。及至门，门吏阻住。植叱曰："吾奉王命，谁敢阻当！"立斩之。于是曹操以植为能。后有人告操曰："此乃杨修之所教也。"操大怒，因此亦不喜植。修又尝为曹植作答教十余条，但操有问，植即依条答之。操每以军国之事问植，植对答如流。操心中甚疑。后曹丕暗买植左右，偷答教来告操。操见了大怒曰："匹夫安敢欺我耶！"此时已有杀修之心。

杨修惹上杀身之祸，是汉中之役，他泄露了曹操的机密。曹操与诸葛亮在汉中相持日久，难以取胜。夏侯惇问其口令，曹操随口说："鸡肋！鸡肋！"夏侯惇于是传令众官，都称"鸡肋"。杨修见传"鸡肋"二字作为口令，就教随行军士收拾行装，准备归程。有人报告夏侯惇，夏侯惇就问杨修是怎么回事儿。杨修说："以今夜号令，便知魏王不日将退兵归也。鸡肋者，食之无肉，弃之有味。今进不能胜，退恐人笑，在此无益，不如早归。来日魏王必班师矣。故先收拾行装，免得临行慌乱。"夏侯惇曰："公真知魏王肺腑也！"于是，寨中众将都开始收拾行装。于是寨中诸将，无不准备归计。曹操当夜得知此事，急回帐召夏侯惇询问缘由。夏侯惇如实告知。曹操唤杨修来，问得实情，勃然大怒，说："汝怎敢造言乱我军心！"喝刀斧手将杨修推出斩之，并把首级号令于辕门外。曹操早有杀杨修之心，如今只是借惑乱军心的罪名，把杨修杀了。时年杨修仅34岁。作者引后人诗，对杨修之死表示惋惜："聪明杨德祖，世代继簪缨。笔下龙蛇走，胸中锦绣成。开谈惊四座，捷对冠群英。身死因才误，非关欲退兵。"杨修之死，有论者说他是过于聪明，又才气外露。他这种聪明假如是在寻常人物面前表现一下也就罢了，别人可能还会认为他很聪明，但他在曹操面前耍小聪明，就显得用的不是地方了。这种说法有一定道理，但也未必尽然。比起曹操梦中杀人被杨修道破，以及杨修教唆曹植杀城门守官，杨修猜中曹操以"鸡肋"为口令的心思，并没有造成实际后果，也不影响曹操的高大形象。可是，杨修前面一而再、再而三地冒犯曹操，曹操都容忍了。这说明什么？说明曹操对杨修的聪明还是爱惜的。那么，杨修这次猜中曹操的心思，曹操为何就不能容忍了呢？唯一的解释，是杨修这次聪明用的不是时候。这和田丰劝阻袁绍有些相似。杨修聪明外露的时候，正是曹操在汉中进退两难之际，进不能取胜，退则怕招人耻笑，因此心中十分烦躁。这个时候，杨修窥知了他心中的秘密，若是不动声色，自己暗中准备，那还罢了。可是他却对夏侯惇等人说了，弄得大家都忙着收拾行装，准备撤军，而这个时候曹操作为主帅竟然还不知道是怎么回事，你说他能不恼？何况这还是在前线，倘若消息被敌人探知，乘机发动进攻，该如何是好？在这种情况下，别说是曹操，换一个人当主帅，恐怕也难以容忍杨修。所以，杨修之死既是因才气外露而惹祸，更是因为他才气外露的不是时候。他之前多次才气外露，曹操心情好，没有太当回事。但在两军对垒的时候，杨修依然自作聪明，不知收敛，触动了曹操心里那根最脆弱的弦，被杀也就在所难免了。

(二) 三国隐士群体

《三国演义》主要表现三国时期不同政治集团之间的政治军事斗争，政治人物、军事将领和谋略之士是其要塑造的主要人物群体。但它也根据情节发展需要写了一些隐士高人，其中较为著名者有司马徽、崔州平、石广元、孟公威、管宁、管辂等。这些隐士都是世外高人，他们寄身山间林下，放情山水，超凡脱俗，但他们并非不关心时事，而是典型的"秀才不出门，全知天下事"，对天下大事了如指掌，有自己鲜明的态度，只是不愿意染指罢了。

司马徽字德操，道号水镜先生，颍川阳翟（今河南禹州）人。汉末大乱期间，他隐居荆州南漳，与庞德公、庞统叔侄为友。当时荆州相对安定，许多文士都跑到荆州隐居起来。在这些隐士中，声望最高的则是司马徽。这首先是因为司马徽有很高的道德操守，为人敬重。当时有一人家的猪走失了，便认为司马徽家的猪就是他们家的。司马徽也不和他争辩，让那人把猪赶走了。过了几天，那户人家的猪回来了，就归还了司马徽家的猪，并十分自责，给司马徽叩头请求原谅。司马徽不仅没有责怪他，还给他很多财物作为答谢。有一户人家养蚕，待蚕上簇时，家里没有簇，就向司马徽借。司马徽把自家的簇借给了他，而自己的蚕却弃置不管。正是由于有如此高的道德境界，司马徽就成了当时荆州隐士的领袖人物。他和当时的荆州隐士几乎都有交往,除了庞德公和庞统叔侄外,他和诸葛亮、徐庶、崔州平、石广元、孟公威等都有交往。这样一位隐士,却是刘备在马跃檀溪之后无意间遇到的。他见司马徽"松形鹤骨,器宇不凡",慌忙施礼。司马徽一眼就看出刘备"今日幸免大难"。刘备再看司马徽的草堂,"架上满堆书卷,窗外盛栽松竹,横琴于石床之上,清气飘然"。交谈之中,司马徽认为,刘备之所以命途多蹇,是因为左右不得其人。刘备自称"尝侧身以求山谷之遗贤,奈未遇其人何"!司马徽以孔子"十室之邑必有忠信"开导刘备,并以当时童谣"八九年间始欲衰,至十三年无孑遗。到头天命有所归,泥中蟠龙向天飞"讲解天下大势:"此谣始于建安初。建安八年,刘景升丧却前妻,便生家乱,此所谓始欲衰也;无孑遗者,不久则景升将逝,文武零落无孑遗矣;天命有归,龙向天飞,盖应在将军也。"他让刘备在荆州访求天下奇才,言称:"伏龙、凤雏,两人得一,可安天下。"而当刘备询问"伏龙、凤雏何人也"的时候,司马徽只是抚掌大笑,连说:"好!好!"吩咐"明日当言之"。夜里徐庶来访司马徽,司马徽暗示他投奔刘备。刘备听到二人密语,"暗忖此人必是伏龙、凤雏,即欲出见,又恐造次"。次日天晓,刘备问昨夜来者是谁,司马徽回答说:"此吾友也。"并言"此人欲往投明主,已到他处去了"。刘备再问伏龙、凤雏是什么人,司马徽仍是笑着说:"好!好!"刘备拜请司马徽出山相助,同扶汉室。司马徽说:"山野闲散之人,不堪世用。自有胜吾十倍者来助公,公宜访之。"

从小说中有关司马徽的描写来看,司马徽确实是一个有高情雅致的人。他所交往的隐士,皆是脱俗之人,其中不乏经天纬地之才的高人。他虽然不涉足世事,但对当时天下却是了然于胸。譬如他对建安初年民谣的解释,表明他对天下大势非常熟悉。一个隐居山间林下的文士,看似不关心身外之事,可他说起来的时候,竟然头头是道,且深得其中之妙。因此,不能不说他是一个寄身世外的有心人。后来,刘备在徐庶回许都之后,准备根据徐庶的举荐去请诸葛亮出山的时候,司马徽却是主动来见刘备,再次举荐诸葛亮,并对诸葛亮的才能做了高度评价。他对刘备说:"孔明与博陵崔州平、颍川石广元、汝南孟公威与徐元直四人为密友。此四人务于精纯,惟孔明独观其大略。尝抱膝长吟,而指四人曰:'公等仕进可至刺史、郡守。'众问孔明之志若何,孔明但笑而不答。每常自比管仲、乐毅,其才不可量也。"关羽对诸葛亮自比管仲、乐毅表示质疑,司马徽则说诸葛亮"可比兴周八百年之姜子牙、旺汉四百年之张子房也"。司马徽辞行而去,出门仰天大笑:"卧龙虽得其主,不得其时,惜哉!"言罢,飘然而去。刘备对司马徽更加敬佩,由衷地称赞道:"真隐居贤士也!"

  崔州平是在刘备一请诸葛亮未见其人的回程中出场的。他的出场最为隆重。刘备一请诸葛亮,没有见到其人,便勒马而回,行走数里,回头一看隆中景物,"果然山不高而秀雅,水不深而澄清;地不广而平坦,林不大而茂盛;猿鹤相亲,松篁交翠"。就在这个时候,"忽见一人,容貌轩昂,丰姿俊爽,头戴逍遥巾,身穿皂布袍,杖藜从山僻小路而来"。小说先描写隆中风物,淡雅幽静,天人和谐。接着写崔州平,其风姿装束,尽显儒雅逍遥。刘备以为此人就是卧龙先生,急忙上前施礼,原来来人却是诸葛亮的好朋友崔州平。刘备与崔州平对坐于林间石上,向崔州平说明请诸葛亮出山辅佐的意思:"方今天下大乱,四方云扰,欲见孔明,求安邦定国之策耳。"崔州平却给刘备上了一课:"公以定乱为主,虽是仁心,但自古以来,治乱无常。自高祖斩蛇起义,诛无道秦,是由乱而入治也;至哀、平之世二百年,太平日久,王莽篡逆,又由治而入乱;光武中兴,重整基业,复由乱而入治;至今二百年,民安已久,故干戈又复四起:此正由治入乱之时,未可猝定也。将军欲使孔明斡旋天地,补缀乾坤,恐不易为,徒费心力耳。岂不闻顺天者逸,逆天者劳;数之所在,理不得而夺之;命之所在,人不得而强之乎?"玄德曰:"先生所言,诚为高见。但备身为汉胄,合当匡扶汉室,何敢委之数与命?"从崔州平这番话不难看出,自称"山野之夫"的崔州平,也是一位见识深远的隐士。首先,他认为当时天下正处于由治入乱之时,既然天下已乱,就难以在短时间内由乱入治;其次,孔明虽然有经天纬地之才,但时机不对,恐怕是徒费心力;最后,天下兴衰治乱有其一定之数,需要顺天命而为之,不可逆大命而行之。命数所在,是无法靠人力改变的。崔州平的一番话虽然流露出浓厚的天命观,但在当时而言,还是有其一定的道理。刘备见崔州平乃世外高人，想请他出山，崔州平则以"愚性颇乐闲散，无意功名久矣"为由，拒绝了刘备的邀请。崔州平本是散淡的人，又无意功名，哪里会对世间俗务感兴趣呢？他拒绝刘备，和司马徽拒绝刘备一样，不是看不上刘备这个人，而是不愿意踏入世俗之境。

石广元和孟公威是刘备二顾茅庐时遇见的两位隐士。他们的出场与崔州平又有不同。崔州平出场，不论景物还是人物，都以静谧为特色；石广元和孟公威的出场，则是以寂静来烘托喧闹。《三国演义》第三十七回写刘备带领关羽、张飞二请诸葛亮，"时值隆冬，天气严寒，彤云密布。行无数里，忽然朔风凛凛，瑞雪霏霏；山如玉簇，林似银妆"，其环境银装素裹，寂静安详。将近茅庐，忽闻路旁酒店中有人作歌。其歌曰："壮士功名尚未成，呜呼久不遇阳春！君不见东海老叟辞荆榛，后车遂与文王亲；八百诸侯不期会，白鱼入舟涉孟津；牧野一战血流杵，鹰扬伟烈冠武臣。又不见高阳酒徒起草中，长揖芒砀隆准公；高谈王霸惊人耳，辄洗延坐钦英风；东下齐城七十二，天下无人能继踪。两人非际圣天子，至今谁复识英雄？"又有一人击桌而歌："吾皇提剑清寰海，创业垂基四百载；桓灵季业火德衰，奸臣贼子调鼎鼐。青蛇飞下御座傍，又见妖虹降玉堂；群盗四方如蚁聚，奸雄百辈皆鹰扬。吾侪长啸空拍手，闷来村店饮村酒；独善其身尽日安，何须千古名不朽！"歌罢，二人抚掌大笑。未见其人，先闻其声。刘备听后欣然神往，待见到二人凭桌对饮，一个"白面长须"，一个"清奇古貌"，皆非凡夫俗子。一问其名，得知二人就是司马徽所说的石广元和孟公威，刘备就想和他们深谈。石广元却以"吾等皆山野慵懒之徒，不省治国安民之事，不劳下问"为由，拒绝了刘备的邀请。石广元和孟公威虽然自称"不省治国安民之事"，但从他们的歌咏来看，他们对西周至两汉的历史非常熟悉，他们赞美的姜尚和郦食其，一为西周开国名臣，一为西汉著名谋士，为周朝和汉朝建立了不朽功勋。对东汉桓灵二帝之后的事情，他们也是了然于胸。而"独善其身尽日安，何须千古名不朽"，表明他们尊奉的是儒家"天下有道则仕，天下无道则隐"的处世原则。

管宁字幼安，北海朱虚（今山东临朐）人，东汉末年隐士。年轻时与华歆、邴原相友善，时人称三人为一龙：华歆为龙头，邴原为龙腹，管宁为龙尾。有一天，管宁与华歆一起在园中种菜，锄地时他们发现一块金属，管宁继续挥锄锄地，像没有看到一样；华歆却是拾起来看一看，然后才扔掉。一次，管宁与华歆一同读书，听到门外有喧哗之声，原来是有贵人乘坐华丽的车辆而过。管宁端坐不动，华歆则丢掉书出去观看。管宁因此鄙弃华歆的人品，于是就把座席分开，不再与华歆同座，也不再与他为友。这些故事，《世说新语》都有记载。《三国演义》在写到华歆时，为了让读者对华歆其人有个全面了解，把这些故事都写了进来。同时对管宁的下落也做了交代："后来管宁避居辽东，常戴白帽，坐卧一楼，足不履地，终身不肯仕魏。"而他的同学华歆则先事孙权，后归曹操，成为曹魏的心腹之臣。他不仅率人收捕伏皇后，而且在曹丕称帝一事上也非常积极，并因此而摄居高位。小说引后人诗把二人进行比较，可以看出作者鲜明的倾向性。其叹华歆诗曰："华歆当日逞凶谋，破壁生将母后收。助虐一朝添虎翼，骂名千载笑龙头！"其诗赞管宁曰："辽东传有管宁楼，人去楼空名独留。笑杀子鱼贪富贵，岂如白帽自风流。"

管辂字公明，平原（今山东平原）人。他是隐士而兼术士，尤以方术知名。曹操因左慈之事而患病，诸药无效。太史许芝向曹操推荐管辂，小说借许芝之口对管辂做了介绍：

> 管辂字公明，平原人也。容貌粗丑，好酒疏狂。其父曾为琅琊即丘长。辂自幼便喜仰视星辰，夜不肯寐，父母不能禁止。常云家鸡野鹄，尚自知时，何况为人在世乎？与邻儿共戏，辄画地为天文，分布日月星辰。及稍长，即深明《周易》，仰观风角，数学通神，兼善相术。琅琊太守单子春闻其名，召辂相见。时有坐客百余人，皆能言之士。辂谓子春曰：辂年少胆气未坚，先请美酒三升，饮而后言。子春奇之，遂与酒三升。饮毕，辂问子春：今欲与辂为对者，若府君四座之士耶？子春曰：吾自与卿旗鼓相当。于是与辂讲论易理。辂亹亹而谈，言言精奥。子春反覆辩难，辂对答如流。从晓至暮，酒食不行。子春及众宾客，无不叹服。于是天下号为神童。后有居民郭恩者，兄弟三人，皆得躄疾，请辂卜之。辂曰：卦中有君家本墓

中女鬼,非君伯母即叔母也。昔饥荒之年,谋数升米之利,推之落井,以大石压破其头,孤魂痛苦,自诉于天,故君兄弟有此报。不可禳也。郭恩等涕泣伏罪。安平太守王基,知辂神卜,延辂至家。适信都令妻常患头风,其子又患心痛,因请辂卜之。辂曰:此堂之西角有二死尸:一男持矛,一男持弓箭。头在壁内,脚在壁外。持矛者主刺头,故头痛;持弓箭者主刺胸腹,故心痛。乃掘之。入地八尺,果有二棺。一棺中有矛,一棺中有角弓及箭,木俱已朽烂。辂令徙骸骨去城外十里埋之,妻与子遂无恙。馆陶令诸葛原,迁新兴太守,辂往送行。客言辂能覆射。诸葛原不信,暗取燕卵、蜂窠、蜘蛛三物,分置三盒之中,令辂卜之。卦成,各写四句于盒上。其一曰:含气须变,依乎宇堂;雌雄以形,羽翼舒张:此燕卵也。其二曰:家室倒悬,门户众多;藏精育毒,得秋乃化:此蜂窠也。其三曰:觳觫长足,吐丝成罗;寻网求食,利在昏夜:此蜘蛛也。满座惊骇。乡中有老妇失牛,求卜之。辂判曰:北溪之滨,七人宰烹;急往追寻,皮肉尚存。老妇果往寻之:七人于茅舍后煮食,皮肉犹存。妇告本郡太守刘邠,捕七人罪之。因问老妇曰:汝何以知之?妇告以管辂之神卜。刘邠不信,请辂至府,取印囊及山鸡毛藏于盒中,令卜之。辂卜其一曰:内方外圆,五色成文;含宝守信,出则有章:此印囊也。其二曰:岩岩有鸟,锦体朱衣;羽翼玄黄,鸣不失晨:此山鸡毛也。刘邠大惊,遂待为上宾。一日,出郊闲行,见一少年耕于田中,辂立道傍,观之良久,问曰:"少年高姓、贵庚?答曰:"姓赵,名颜,年十九岁矣。敢问先生为谁?"辂曰:"吾管辂也。吾见汝眉间有死气,三日内必死。汝貌美,可惜无寿。"赵颜回家,急告其父。父闻之,赶上管辂,哭拜于地曰:"请归救吾子!"辂曰:"此乃天命也,安可禳乎?"父告曰:"老夫止有此子,望乞垂救!"赵颜亦哭求。辂见其父子情切,乃谓赵颜曰:"汝可备净酒一瓶,鹿脯一块,来日赍往南山之中,大树之下,看盘石上有二人弈棋:一人向南坐,穿白袍,其貌甚恶;一人向北坐,穿红袍,其貌甚美。汝可乘其弈兴浓时,将酒及鹿脯跪进之。待其饮食毕,汝乃哭拜求寿,必得益算矣。但切勿言是吾所教。"老人留辂在家。次日，赵颜携酒脯杯盘入南山之中。约行五六里，果有二人于大松树下盘石上着棋，全然不顾。赵颜跪进酒脯。二人贪着棋，不觉饮酒已尽。赵颜哭拜于地而求寿，二人大惊。穿红袍者曰："此必管子之言也。吾二人既受其私，必须怜之。"穿白袍者，乃于身边取出簿籍检看，谓赵颜曰："汝今年十九岁，当死。吾今于十字上添一九字，汝寿可至九十九。回见管辂，教再休泄漏天机；不然，必致天谴。"穿红者出笔添讫，一阵香风过处，二人化作二白鹤，冲天而去。赵颜归问管辂。辂曰："穿红者，南斗也；穿白者，北斗也。"颜曰："吾闻北斗九星，何止一人？"辂曰："散而为九，合而为一也。北斗注死，南斗注生。今已添注寿算，子复何忧？"父子拜谢。自此管辂恐泄天机，更不轻为人卜。此人现在平原，大王欲知休咎，何不召之？

这段故事是小说作者连缀干宝《搜神记》的相关文字而成。文字之所以比较长，首先是因为这些故事都比较神奇，具有可读性；其次，从这些故事中可以看到管辂的方术已经出神入化，不仅可以为人消灾解难，而且可以巧夺天工，贯通鬼神。正是因为管辂的方术如此神奇，才能令不信鬼神的曹操怦然心动。管辂来到洛阳，为曹操占卜，说左慈之术不过是幻术，不足为虑。曹操这才放心，病慢慢就好了。于是，曹操对管辂的方术十分信服，让他占卜天下大事。管辂占卜之后说："三八纵横，黄猪遇虎；定军之南，伤折一股。"曹操又让他占卜国运修短之数，管辂说："狮子宫中，以安神位；王道鼎新，子孙极贵。"曹操不明白这些韵语是什么意思，让管辂解释一下。管辂说："茫茫天数，不可预知。待后自验。"曹操欲封管辂为太史，以便把他留在宫中。管辂推辞说："命薄相穷，不称此职，不敢受也。"管辂还向曹操解释了他为何"命薄相穷"："辂额无主骨，眼无守睛，鼻无梁柱；脚无天根，背无三甲，腹无三壬。只可泰山治鬼，不能治生人也。"曹操又让管辂为他看相，管辂说："位极人臣，又何必相？"曹操再三问之，管就是但笑而不答。为了验证管辂占卜之术是否灵验，曹操令他占卜东吴、西蜀二处。管辂占卜之后，说："东吴主亡一大将，西蜀有兵犯界。"曹操根本不信。可是，就在这时，忽然合淝方面来报："东吴陆口守将鲁肃身故。"曹操闻听大惊，急忙派人往汉中探听消息。不数日，信使飞报：刘玄德遣张飞、马超兵屯下辨取关。曹操大怒，便欲自领大兵再入汉中，令管辂占卜吉凶。管辂说："大王未可妄动，来春许都必有火灾。"曹操见管辂的占卜都得到了验证，因此不敢轻举妄动。不久，管辂预言的两件事情又应验了。先是许都火灾。耿纪、韦晃谋杀曹操，于正月十五夜在军营中放火，大火烧着了五凤楼。幸亏夏侯惇率兵及时赶到，才平息叛乱。曹操借机清洗异己，说那些救火的人当时并非是要救火，而是要帮助叛贼，于是把出来救火的三百多人全部斩首。而守东川的夏侯渊，则在建安二十四年（219）正月，被蜀汉老将黄忠两军阵前斩于定军山。曹操得知夏侯渊死于定军山，放声大哭。这时，他才明白管辂占卜国家大事时说的几句话："三八纵横"，乃建安二十四年也；"黄猪遇虎"，乃岁在己亥正月也；"定军之南"，乃定军山之南也；"伤折一股"，乃是夏侯渊与曹操有兄弟之亲情也。曹操见管辂有如此神奇的方术，派人去寻管辂，而管辂已经不知去向了。管辂本是不愿入世的术士，他只愿在民间为百姓排忧解难；不得已被请到朝中，又不得已为曹操占卜，但占卜的结果他并没有对曹操说明。这不仅是所谓的"天机不可泄露"，而且因为他对官场实在没有兴趣。所以，在曹操对他不甚关注的时候，就不辞而别，不知去向了。

　　隐士是中国社会值得重视的一种文化现象。从传说中的上古之时，中国就出现了"不事王侯，高尚其事"的隐士。《庄子·让王篇》、嵇康《高士传》、皇甫谧《高士传》等，都记载了一些上古时期"让王"的故事。其中许由不受尧之禅让的故事，很有代表性。尧认为许由十分贤德，想把天下让给许由。许由认为尧把天下治理得很好，不想要这样的虚名，就推辞了，逃到箕山之下、颍水之阳，在那里隐居下来。后来，尧又让许由做九州长。许由不想听到这样的话，认为尧的话弄脏了他的耳朵，就到颍水边洗耳朵。碰巧巢父牵着牛来河边饮牛，问许由为何洗耳朵。许由说："尧欲召我为九州长，恶闻其声，是故洗耳。"巢父一听，担心水脏了牛口，就牵着牛到上游去饮牛。类似这样"耻闻禅代，高让帝王"的故事还有很多，其中虽不乏文士的自我标榜，但每逢乱世确实有不少"藏声江海之上，卷迹嚣氛之表，漱流而激其清，寝巢而韬其曜，良画以符其志,绝机以虚其心"的隐士。① 的确,汉末以至魏晋时期,确有不少这样的隐士,正如《隋书·隐逸传论》所言:"魏晋以降,其流愈广。其大者则轻天下,细万物;其小者则安苦节,拾遗粒而织落毛,饮石泉而阴松柏,放情宇宙之外,自足怀抱之中。然皆欣欣于独善,鲜汲汲于兼济。"② 出现在《三国演义》中的隐士虽然也都是寄身山间林下,与世人很少来往,但他们对国家大事、民生疾苦并非漠不关心,而是在以不同的方式关心或留意。像司马徽这样的人物,在当时的隐士中有着巨大影响。他对世事的关心,表现在他对诸葛亮的赞美上。初次和刘备相见,他只是向刘备称赞伏龙、凤雏的才能,而没有说明伏龙、凤雏是何人。后来得知徐庶已经向刘备推荐诸葛亮之后,把诸葛亮比作辅佐文王兴周的姜尚和帮助刘邦建立汉朝的张良,对诸葛亮的才能大加称赞。这既是赞美诸葛亮,也是在鼓励刘备请诸葛亮出山。崔州平对刘备的一番话,表明他对当时社会十分了解;石广元、孟公威和刘备交谈话语不多,但他们吟咏的歌词,也流露出他们关心社会的心迹;他们虽然身在江湖之上,但依然关心国家大事,心系天下苍生。管辂是隐士而兼术士,他偶尔涉足尘世,但对功名利禄并无兴趣,所以,稍稍有机会,他还是藏身敛迹,远离尘世;至于管宁,不仅自己无意功名利禄,对那些热衷功名利禄的人也很不以为然,以至于"管宁割席"成为千古佳话。管宁是那种"以万乘为垢辱,之死亡而无悔"的真正隐者。

(三) 三国女性群体

毛宗岗评《三国演义》,说其有"笙箫夹鼓,琴瑟间钟"之妙,意为《三国演义》在表现男人的世界时,常常根据需要写一些女性,以作情节缓冲。如写王允施用连环计,则有貂蝉居间轻舞红裙;叙写李傕、郭汜作乱,则有杨彪妻与郭汜妻的暗中往来;叙徐庶回许都,则有徐母骂曹操;叙孙权伐黄祖,则有孙翊妻密谋为夫报仇;叙刘备东吴招亲,则有孙权妹洞房花烛;叙曹操征汉

---

① 房玄龄等《晋书》卷九十四《隐逸传论》。

② 魏征等《隋书》卷七十七《隐逸传论》。

中,则有蔡文姬解说曹娥碑;叙司马懿杀曹爽,则有辛宪英为弟划策,有夏侯令女自残明志。正所谓"干戈队里时见红裙,旌旗影中常睹粉黛"。① 这些女性出身不同,经历不同,年龄悬殊,性格迥异,在小说中的表现也是异彩纷呈,成为《三国演义》的一道靓丽风景。她们有的是政治斗争的牺牲品,有的是三从四德的殉道者,有的是个性精神的张扬者;有的聪明睿智,有的大智若愚;有的循规蹈矩,有的悍妒异常;有的被描绘成红颜祸水,有的则成为男人世界相互争斗的砝码。小说在表现这些女性的时候,时常陷于不自觉的矛盾之中。

貂蝉和孙权之妹是政治斗争的牺牲品,也是女性被用作政治斗争工具的典型例证。在董卓专擅朝政,滥杀无辜,根本不把汉天子放在眼里的时候,有心报效国家的司徒王允感受到了肩上担子的沉重。为此,他下朝之后,到后花园荼䕷架旁仰天垂泪,不想遇到了家中歌妓貂蝉在牡丹亭畔长吁短叹。王允近前一问,方知貂蝉是因见他愁眉紧锁,行坐不安,自己却不敢问,只好在此长叹。原来貂蝉是因不能为主人分忧而发愁。她表示:"倘有用妾之处,万死不辞!"王允见到如此漂亮的歌妓,又有如此胸怀,马上想出了除掉佞臣董卓的办法,高兴得以杖击地,说:"谁想汉家天下却在汝手中耶!"原来,王允是要把貂蝉作为政治斗争的工具,用貂蝉施连环计,离间董卓和吕布义父义子的关系。得到貂蝉"但有使令,万死不辞"的承诺后,王允才把计谋说出来:"先将汝许嫁吕布,然后献于董卓。汝于中取便,谋间他父子反颜,令布杀卓,以绝大恶。重扶社稷,再立江山,皆汝之力也。"貂蝉欣然应允。王允于是利用司徒的身份,在家中设宴,先请吕布,席间让美丽可人的貂蝉出来把盏献歌,把本来就好色的吕布弄得神魂颠倒。王允借机把貂蝉许与吕布为妻。稍后又宴请董卓,再次依样画葫芦,令董卓对貂蝉垂涎三尺。王允借机又把貂蝉献与董卓。王允于是连夜把貂蝉送到丞相府。貂蝉到了董卓府上,施展美人手段,离间董卓和吕布父子。她早起于窗下梳头的时候,见吕布在窗外窥视,就故意紧蹙双眉,

---

① 毛宗岗《读三国志法》。

做忧愁不乐之态，复以香罗频拭眼泪，让吕布看到她伤心的样子；吕布侍董卓用餐时偷目窃望，"见绣帘内一女子往来观觑，微露半面，以目送情。布知是貂蝉，神魂飘荡"。而董卓"自纳貂蝉后，为色所迷，月余不出理事。卓偶染小疾，貂蝉衣不解带，曲意逢迎，卓心意喜"。吕布来问安的时候，"貂蝉于床后探半身望布，以手指心，又以手指董卓，挥泪不止。布心如碎"。董卓蒙眬之中，见布目不转睛地朝床后看，回身一看，却见貂蝉立于床后，不由得大怒，叱布曰："汝敢戏吾爱姬耶！"唤左右把吕布赶出去，今后不许入堂。小说写得最精彩的还是凤仪亭一段：

  卓疾既愈，入朝议事。布执戟相随，见卓与献帝共谈，便乘间提戟出内门，上马径投相府来。系马府前，提戟入后堂，寻见貂蝉。蝉曰："汝可去后园中凤仪亭边等我。"布提戟径往，立于亭下曲栏之傍。良久，见貂蝉分花拂柳而来，果然如月宫仙子。泣谓布曰："我虽非王司徒亲女，然待之如己出。自见将军，许侍箕帚，妾已生平愿足。谁想太师起不良之心，将妾淫污。妾恨不即死，止因未与将军一诀，故且忍辱偷生。今幸得见，妾愿毕矣！此身已污，不得复事英雄；愿死于君前，以明妾志！"言讫，手攀曲栏，望荷花池便跳。吕布慌忙抱住，泣曰："我知汝心久矣！只恨不能共语！"貂蝉手扯布曰："妾今生不能与君为妻，愿相期于来世。"布曰："我今生不能以汝为妻，非英雄也！"蝉曰："妾度日如年，愿君怜而救之。"布曰："我今偷空而来，恐老贼见疑，必当速去。"蝉牵其衣曰："君如此惧怕老贼，妾身无见天日之期矣！"布立住曰："容我徐图良策。"语罢，提戟欲去。貂蝉曰："妾在深闺，闻将军之名，如雷灌耳，以为当世一人而已；谁想反受他人之制乎！"言讫，泪下如雨。布羞惭满面，重复倚戟，回身搂抱貂蝉，用好言安慰。两个偎偎倚倚，不忍相离。却说董卓在殿上，回头不见吕布，心下怀疑，连忙辞了献帝，登车回府。见布马系于府前，问门吏，吏答曰："温侯入后堂去了。"卓叱退左右，径入后堂中，寻觅不见；唤貂蝉，蝉亦不见。急问侍妾，侍妾曰："貂蝉在后园看花。"卓寻入后园，正见吕布和貂蝉在凤仪亭下共语，画戟倚在一边。卓怒，大喝一声。布见卓至，大惊，回身便走。卓抢了画戟，挺着赶来。吕布走得快，卓肥胖赶不上，掷戟刺布。布打戟落地。卓拾戟再赶，布已走远。

自董卓凤仪亭掷戟开始，吕布与董卓已是恩断义绝，他们之间的父子关系，在貂蝉的离间下已经演化为不可调和的矛盾。这正是王允所希望的。后来，王允正是利用了二人的矛盾，借吕布之手，除掉了董卓。在王允与董卓的斗争中，貂蝉充当了王允的棋子，成为王允出奇制胜的法宝。

貂蝉是一个处于社会下层的女子，命运不能自主，被用作政治斗争的工具尚且情有可原。而孙权之妹贵为公主，也成了政治斗争的工具。周瑜得知刘备没了甘夫人，设计用孙权之妹为钓饵来夺取荆州。他对鲁肃说："刘备丧妻，必将续娶。主公有一妹，极其刚勇，侍婢数百，居常带刀，房中军器摆列遍满，虽男子不及。我今上书主公，教人去荆州为媒，说刘备来入赘。赚到南徐，妻子不能勾得，幽囚在狱中，却使人去讨荆州换刘备。等他交割了荆州城池，我别有主意。"孙权也觊觎荆州，被周瑜说动，答应用妹妹作钓饵，诱骗刘备来南徐，然后囚禁起来，逼诸葛亮用荆州换回刘备。孙权之妹在浑然不觉的状况下，成为东吴与刘备斗法的砝码。然而，实际情况却不像周瑜预料的那样。由于乔国老和吴国太的参与，刘备东吴招亲弄假成真。喜欢舞枪弄棒的孙夫人对刘备非常中意，"当夜玄德与孙夫人成亲，两情欢洽"。周瑜一计不成，又生一计，他写信给孙权，让孙权"盛为筑宫室，以丧其心志；多送美色玩好，以娱其耳目；使分开关、张之情，隔远诸葛之契，各置一方，然后以兵击之，大事可定矣"。可是，周瑜的计谋都在诸葛亮的预料之中。建安十五年正月元旦之时，刘备与孙夫人借祭祀之名离开南徐，快马加鞭，赶到柴桑界首，被徐盛、丁奉拦住。关键时候，孙夫人和刘备站在一起，怒斥徐盛、丁奉，迫使他们让出大道。追兵赶来，也被孙夫人骂回。周瑜最终是"赔了夫人又折兵"。与貂蝉不同的是，貂蝉心甘情愿当王允政治斗争的工具，孙夫人在不自觉状态下充当工具，但她却爱上了刘备，在刘备闻报荆州危急，无法重返荆州的时候，她慨然表示："妾已事君，任君所之，妾当相随。"并在关键时刻为刘备解除了后顾之忧。孙夫人是在不自觉中充当政治斗争棋子的，所以，当她明白自己只是棋子的时候，她并没有采取与孙权、周瑜合作的态度，而是选择与她的丈夫刘备站在同一条战线上。正是由于她的选择倾向于刘备，才使得周瑜的妙计落空，也才使得刘备安然返回荆州。

《三国演义》中的女性像貂蝉、孙夫人那样被作为政治斗争工具的情况不是个案，而是比较普遍。如袁术为了达到借吕布之手除掉刘备的目的，主动提出娶吕布的女儿为儿媳，想通过与吕布联姻的方式让吕布为他出力；吕布当时势力正大，断然拒绝；后来，吕布被困在下邳城的时候，为了求袁术出兵救援，却要亲自送女出城嫁与袁术之子；曹操让张辽劝降关羽之后，送给关羽十名美女服侍关羽，并以此来笼络关羽；邺城被曹操攻下之后，袁绍妻为保全其家小，把儿媳甄氏献给曹丕，以求得曹丕的庇佑；孙权担心守荆州的关羽挥师东向，要和关羽结为儿女亲家。在这些事例中，女性已经成为男人的附属物，成为政治、军事、外交斗争的工具，甚至成为牺牲品。貂蝉等小人物自然不在话下，而像孙夫人那样有身份有地位的女性，最终也难逃这样的命运。这既是男权社会的必然现象，也是整个社会忽视女性诉求的必然结果。

徐庶母和夏侯令女则是明事理、守贞节的忠烈女性的代表。曹操在新野吃了败仗，得知是徐庶为刘备出谋划策，就用程昱之计，把徐庶的母亲请到许都，让徐母劝徐庶回许都。徐母是深明大义的女性，厉声斥责曹操："汝何虚诳之甚也！吾久闻玄德乃中山靖王之后，孝景皇帝阁下玄孙，屈身下士，恭己待人，仁声素著，世之黄童、白叟、牧子、樵夫皆知其名：真当世之英雄也。吾儿辅之，得其主矣。汝虽托名汉相，实为汉贼。乃反以玄德为逆臣，欲使吾儿背明投暗，岂不自耻乎！"说罢，拿过石砚就要打曹操。曹操大怒，欲斩徐母。程昱急忙谏止，说："徐母触忤丞相者，欲求死也。丞相若杀之，则招不义之名，而成徐母之德。徐母既死，徐庶必死心助刘备以报仇矣；不如留之，使徐庶身心两处，纵使助刘备，亦不尽力也。且留得徐母在，昱自有计赚徐庶至此，以辅丞相。"于是，程昱假称与徐庶结为兄弟，每天去问候，待徐母像亲母一样；还时不时送些东西过去，而且一定附有书信。徐母感谢程昱，也写信回复。不久，程昱就赚得徐母的笔迹，模仿其字体，给徐庶写了一封家书，信中称"不期曹丞相使人赚至许昌，言汝背反，下我于缧绁，赖程昱等救免。若得汝降，能免我死。如书到日，可念劬劳之恩，星夜前来，以全孝道"。徐庶念母心切，回到许都，面见老母。徐母见儿子回来，勃然大怒，拍案骂道："辱子飘荡江湖数年，吾以为汝学业有进，何其反不如初也！汝既读书，须知忠孝不能两全。岂不识曹操欺君罔上之贼？刘玄德仁义布于四海，况又汉室之胄，汝既事之，得其主矣。今凭一纸伪书，更不详察，遂弃明投暗，自取恶名，真愚夫也！吾有何面目与汝相见！汝玷辱祖宗，空生于天地间耳！"骂得徐庶拜伏于地，不敢抬头看母亲一眼。徐母骂毕，自缢而死。小说在叙写曹操南征荆州之前，插入徐母的故事，既是为了突出"尊刘抑曹"的思想倾向，也为后文徐庶看破庞统向曹操献连环计的目的而不肯说破埋下伏笔。俗谚"徐庶进曹营，一言不发"，说的就是这样的事情。而对于敢于当面骂曹操的徐母，作者则引后人《徐母赞》，给予高度赞扬："贤哉徐母，流芳千古。守节无亏，于家有补；教子多方，处身自苦；气若丘山，义出肺腑。赞美豫州，毁触魏武；不畏鼎镬，不惧刀斧。唯恐后嗣，玷辱先祖。伏剑同流，断机堪伍。生得其名，死得其所。贤哉徐母，流芳千古！"①

　　如果说《三国演义》写徐母着重表现其深明大义，那么，叙写夏侯令女则着重表现其刚强节烈。小说第一百七回写司马懿借曹爽奉天子祭奠高平陵之机发动兵变，诛杀曹爽一党，灭其三族。曹爽从弟文叔的妻子，是夏侯令的女儿。她早年守寡，又没有子嗣，其父想让她改嫁，她则把自己的耳朵截下一块，以此自誓，永不再嫁。等到曹爽被诛之后，夏侯令又想把女儿嫁出去，其女又自断其鼻。家人见了，都很惊恐，劝她说："人生世间，如轻尘栖弱草，何至自苦如此？且夫家又被司马氏诛戮已尽，守此欲谁为哉？"其女哭泣道："吾闻仁者不以盛衰改节，义者不以存亡易心。曹氏盛时，尚欲保终；况今灭亡，何忍弃之？此禽兽之行，吾岂为乎！"司马懿认为这样的女子非常贤德，就让她领养个儿子作为曹氏之后。夏侯令女不因夫死而改嫁，也不因夫家遭受灭门之祸而另

---

① 《三国演义》第三十七回"司马徽再荐名士，刘玄德三顾茅庐"。

择高门，而是坚守"一女不事二夫"的古训。父亲怜爱她，两次劝她改嫁，她都用截耳割鼻这样极端的方式，表明自己的坚贞之志。

《三国演义》还写了一些像蔡琰、孙翊妻、辛宪英这样聪明睿智的女性。蔡琰字文姬，蔡邕之女，汉末著名文学家。小说第七十一回写在曹操增援汉中路经蓝田时，专门到蔡琰居住的村庄去看望蔡琰，并于此对蔡琰做了介绍："原来操素与蔡邕相善。先时其女蔡琰，乃卫仲道之妻；后被北方掳去，于北地生二子，作《胡笳十八拍》，流入中原。操深怜之，使人持千金入北方赎之。左贤王惧操之势，送蔡琰还汉。操乃以琰配与董祀为妻。"小说不仅简要叙写了蔡琰经历，还特意提到了蔡琰的名作《胡笳十八拍》，让读者对蔡琰的文学成就有所了解。接下来则通过一个故事，表明蔡琰对当时一些故事的熟悉程度。小说写曹操在蔡琰家偶然看到壁间悬一碑文图轴，问蔡琰是何碑文。蔡琰回答说："此乃曹娥之碑也。昔和帝时，上虞有一巫者，名曹盱，能婆娑乐神；五月五日，醉舞舟中，堕江而死。其女年十四岁，绕江啼哭七昼夜，跳入波中；后五日，负父之尸浮于江面；里人葬之江边。上虞令度尚奏闻朝廷，表为孝女。度尚令邯郸淳作文镌碑以记其事。时邯郸淳年方十三岁，文不加点，一挥而就，立石墓侧，时人奇之。妾父蔡邕闻而往观，时日已暮，乃于暗中以手摸碑文而读之，索笔大书八字于其背。后人镌石，并镌此八字。"这就是曹操与杨修猜哑谜那八个字"黄绢幼妇，外孙齑臼"。曹操问蔡琰是否明白其意思，蔡琰说："虽先人遗笔，妾实不解其意。"小说写蔡琰，把她当作一个文学家来写，既写她的文学成就，也写她对当时文士和文学故事的了解，让读者看到了一个博闻强识、才华横溢的蔡琰。

孙翊妻徐氏的智慧是在危难之时表现出来的。其夫孙翊乃孙权之弟，任丹阳太守，因醉酒之后经常鞭挞士卒，被丹阳督将妫览、郡丞戴员和其随从边洪共谋杀害。孙翊遇害当天，徐氏日卜一卦，其象大凶，就劝孙翊不要出去会客。孙翊不听，宴会后遂被杀害。妫览、戴员归罪边洪，将其在市曹斩首，然后乘势掳掠孙翊的家产和侍妾。妫览贪图徐氏美貌，逼迫徐氏嫁给他。徐氏知道不能强硬拒绝，就来了个缓兵之计，说："夫死未几，不忍便相从；可待至晦日，设祭除服,然后成亲未迟。"妫览就答应了。于是,徐氏秘密召见孙翊的心腹旧将孙高、傅婴二人入府,以言感之,以情动之,说:"先夫在日,常言二公忠义。今妫、戴二贼,谋杀我夫,只归罪边洪,将我家资童婢尽皆分去。妫览又欲强占妾身,妾已诈许之,以安其心。二将军可差人星夜报知吴侯,一面设密计以图二贼,雪此仇辱,生死衔恩!"二人表示竭尽全力为徐氏报仇。到了这月的最后一天,"徐氏先召孙、傅二人,伏于密室帏幕之中,然后设祭于堂上。祭毕,即除去孝服,沐浴熏香,浓妆艳裹,言笑自若。妫览闻之甚喜。至夜,徐氏遣婢妾请览入府,设席堂中饮酒。饮既醉,徐氏乃邀览入密室。览喜,乘醉而入"。这个时候,孙高、傅婴突然从帏幕中持刀跃出,杀了妫览。徐氏于是又请戴员赴宴。戴员到了徐府,也被孙、傅二将杀死。徐氏不动声色,为丈夫报了仇。后人有诗赞徐氏:"才节双全世所无,奸回一旦受摧锄。庸臣从贼忠臣死,不及东吴女丈夫。"徐氏的聪明之处在于,明白自己处于弱势地位的时候,不与妫览等强贼硬抗,而是使用缓兵之计,先稳住强贼;然后暗设密计,用心腹之人除掉强贼。她的过人之处,还在于她能够临危不乱,镇定自若,不论是强贼逼迫之时,还是诱使强贼入彀的时候,她都面不改色,让人难以探知她深邃的内心世界。

辛宪英的聪明智慧表现在她面对大事有决断。高平陵之变事发的时候,曹爽的参军司马鲁芝见司马懿在城中发动政变,即与参军辛敞商议:"今仲达如此变乱,将如之何?"辛敞曰:"可引本部兵出城去见天子。"辛宪英见弟弟辛敞非常忙乱,问道:"汝有何事,慌速如此?"辛敞把司马懿谋逆的事告诉了姐姐。辛宪英虽是女流,对这件事却看得很透,说:"司马公未必谋逆,特欲杀曹将军耳。"辛敞闻言大惊,一时不知如何是好。辛宪英说:"曹将军非司马公之对手,必然败矣。"辛敞问是否该去报告消息,辛宪英说:"职守,人之大义也。凡人在难,犹或恤之;执鞭而弃其事,不祥莫大焉。"辛敞于是按照姐姐说的,乃与鲁芝引数十骑,斩关夺门而出。司马懿借高平陵之变掌握朝中大权后,有人要追究鲁芝和辛敞的责任,司马懿这时则很大度,说:"彼各为其主,乃义人也。"于是恢复二人原来的官职。人们常说"吕端大事不糊涂",是说吕端每到关键的时候就头脑清醒，后来人们用这句话指那些在关键时候能够做出正确决断的人。辛氏宪英就是这样的女性。在司马懿发动的高平陵之变中，她看清了司马懿发动政变的指向是曹爽及其一党，而不会涉及无辜的人，所以她劝说弟弟该尽自己的职责就不要犹豫。如果是你职责范围内的事，你不去做，反而不好。好在司马懿是一个明事理的人，知道辛敞是各为其主，是有情义的人，所以事变之后，司马懿不仅不追究辛敞的责任，反而让他官复原职。这正印证了辛宪英那句话"司马公未必谋逆，特欲杀曹将军耳"。一介女流，能有如此见识，着实让人佩服！

《三国演义》还写了其他许多女性，太后有何太后、董太后、卞太后，皇后有伏皇后、曹皇后、甄皇后、毛皇后、张皇后、吴皇后，夫人有甘夫人、糜夫人、孙夫人，其他如刘安妻、郭汜妻、杨彪妻、吕布妻曹氏、张济妻、袁绍妻、刘表妻蔡氏、黄奎妾李春香、赵范寡嫂，等等。她们有的连姓名也没有，但她们都从不同方面表现了中国古代女性的性格特征，展示了中国女性文化，使紧张曲折的三国故事为之一缓，让读者有片刻的缓冲，情节发展收到了冷热相济、张弛有度的效果。对于她们，作者有赞美，有哀怜，有同情，也有指责。从相关女性描写中，读者看到了男权社会下的女性生活和女性命运，也看到了女性在"三从四德"桎梏下对理想生活的渴望与追求。尽管她们中的许多人富有聪明智慧，是有贤德的贤妻良母，但她们仍然摆脱不了中国古代妇女作为男性社会附庸的共同命运。

第六章 纵横捭阖说"三奇"

毛宗岗在《读三国志法》中提到了"三奇"之说:"吾以为三国有三奇,可称三绝:诸葛孔明一绝也,关云长一绝也,曹操亦一绝也。"在他看来,"有此三奇,乃前后史之所绝无者。故读遍诸史而愈不得不喜读《三国志》也"。毛宗岗把诸葛亮、关云长、曹操视为三国时期的"三奇",并把它作为读者"不得不喜读《三国志》"的理由。毛宗岗这样评价诸葛亮、关云长和曹操,既有其特定的时代文化背景,又有其令人不得不服的理由。

一 毛宗岗与"三奇"之说

中国古典长篇小说在明代达到高峰,出现了《三国演义》《水浒传》《金瓶梅》《西游记》等在中国文学乃至在世界文学中都可以傲视群侪的伟大作品。明代中期以后,小说评点成为文学批评的重要内容,李贽、叶昼、锺惺、冯梦龙、张竹坡、金圣叹、李渔、毛宗岗等人的小说评点，形成了较为系统的小说批评，使小说批评开始受到人们的重视。在这些小说批评中，冯梦龙首提"四大奇书"说。李渔在醉田堂刊本《三国志演义序》中称："冯梦龙亦有四大奇书之目，曰《三国》也，《水浒》也，《西游》与《金瓶梅》也。"金圣叹在《三国志演义序》中则提出了"六大才子书"说："余尝集才子书者六，目曰《庄》也，《骚》也，马之《史记》也，杜之律诗也，《水浒》也，《西厢》也。谬加评订，海内君子皆许余，以为知言。"可见，明清之际的小说评论家已经有意识地对古典小说乃至中国文学史上的一些现象进行归类和总结。毛宗岗评点《三国演义》提出的"三奇"说，既是对冯梦龙、金圣叹等人小说评点的继承和发扬，同时又具有鲜明的个性特点。首先，他是就一部小说中的人物形象而提出的。冯梦龙的"四大奇书"涉及明代四部最著名的古典小说；金圣叹的"六大才子书"，是把他认为最好的作品汇集在一起，涉及诗歌、散文、史传、小说、戏曲等不同样式的作品。而毛宗岗的"三奇"说，则是就《三国演义》一部作品而言。《三国演义》写了许许多多的各色人物，毛宗岗却把诸葛亮、关羽、曹操三人拎出来，认为他们三人不仅超出诸人之上，而且代表了三个不同的类型，在各自所处的类型中堪称古今第一奇人。其次，诸葛亮、关羽、曹操三个人物代表的三个类型，在中国社会和民众中有广泛的基础，容易引起强烈的共鸣。再次，毛宗岗所说的"三奇"既是基于《三国演义》这部长篇历史小说，也有中国历史文化的深厚背景。最后，无论是从历史角度还是从艺术角度来看，诸葛亮、关羽、曹操这"三奇"都是《三国演义》塑造得最为成功的人物形象，也是最为鲜活的人物形象。在他们身上不仅倾注着作者浓厚的思想情感，而且凝结着人们对这些历史人物和艺术形象的文化认知。诸葛亮、关羽、曹操这三个艺术形象的出现，为中国文学艺术长廊增添了独具特色的靓丽风景。

毛宗岗称诸葛亮为"古今来贤相中第一奇人"，他说："历稽载籍，贤相林立，而名高万古者莫如孔明。其处而弹琴抱膝，居然隐士风流；出而羽扇纶巾，不改雅人深致。在草庐之中，而识三分天下，则达乎天时；承顾命之重，而至六出祁山，则尽乎人事。七擒八阵，木牛流马，既已疑鬼疑神之不测；鞠躬尽瘁，志决身歼，仍是为臣为子之用心。比管、乐则过之，比伊、吕则兼之：是古今来贤相中第一奇人。"在中国古代贤相中，诸葛亮为什么能够"名高万古"呢？在毛宗岗看来，是有以下几个方面的原因。其一，"其处而弹琴抱膝，居然隐士风流"。汉末战乱之时，诸葛亮躬耕南阳，隐身不交世务。其居处高岗屈曲，溪水潺潺，修竹交加，篱落野花。诸葛亮隐居其间，时而临流弹琴，时而抱膝长吟。而其所交往的人物，大多都是当时隐居荆州的高人雅士。毛宗岗说他"居然隐士风流"，却是深得其要。其二，出山之后，依然"羽扇纶巾，不改雅人深致"。诸葛亮是高人雅士，虽然应刘备之请而出山，但他始终都是文人雅士的做派，无论何时何地，都是羽扇纶巾，一副儒雅打扮，不改其雅人深致。其三，诸葛亮虽然躬耕南阳，却是心系天下，对天下大势了若指掌，所谓"在草庐之中，而识三分天下"，是真正的"达乎天时"。其四，出山之后，尤其是接受刘备的托孤之命以后，诸葛亮在明知伐魏不可能取得成功的情况下，依然执着地坚持北伐，先后六出祁山伐魏。这既是信守对刘备的承诺，也是知其不可为而为之，是尽人事而听天命，是所谓的"尽乎人事"。其五，诸葛亮才能出众，无人可及。不论是征南蛮时的七擒七纵，还是鱼腹浦预设的八阵图，抑或是六出祁山时的木牛流马，都从不同侧面表现了诸葛亮有鬼神不测之智慧，夺天地造化之功力。其六，诸葛亮忠君事主，鞠躬尽瘁，死而后已，是古今贤相的典范。刘备死后，诸葛亮虽为相父，但他对于蜀汉可谓忠心耿耿，他不仅告诫后主刘禅要亲君子，远佞臣，而且主动挑起维持蜀汉大业的职责，为了蜀汉大业，他鞠躬尽瘁，死而后已。其七，诸葛亮为蜀汉建立了殊勋，其丰功伟绩"比管、乐则过之，比伊、吕则兼之"，因而堪称"古今来贤相中第一奇人"。诸葛亮躬耕南阳期间，尝自比管仲、乐毅。但就其才能和功绩来看，确实是"比管、乐则过之"。司马徽把诸葛亮比作兴周之吕尚、佐汉之张良，毛宗岗以为诸葛亮则是"比伊、吕则兼之"，意谓诸葛亮之才能功勋则是伊尹、吕尚兼而有之。的确，不论就当时还是就后世而论，诸葛亮的名头都是响当当的。正如杜甫诗歌所赞扬的那样："诸葛大名垂宇宙，宗臣遗像肃清高。三分割据纡筹策，万古云霄一羽毛。伯仲之间见伊吕，指挥若定失萧曹。运移汉祚终难复，志决身歼军务劳。"诗歌中"伯仲之间见伊吕"和"志决身歼军务劳"二句，被毛宗岗借用过去，称赞诸葛亮这位"古今贤相中第一奇人"。而"诸葛大名垂宇宙"之句，对毛宗岗称赞诸葛亮为"古今贤相中第一奇人"有某种启迪意义。诸葛亮是名相，功大名高，世人对他多有称赞。尤其是刘备三顾茅庐向其问计，诸葛亮感其诚意，念及苍生，毅然出山辅佐刘备。虽然其最终结局难违天意，落得个"出师未捷身先死，长使英雄泪满襟"的悲剧结局，但诸葛亮这样一个知天达命却又尽人事而听天命的名相，依然让人们肃然起敬。

毛宗岗称关羽为"古今来名将中第一奇人"。古往今来，名将多多。唐肃宗上元元年（758），尊太公为武成王，以白起、韩信、诸葛亮、李靖、李𪟝列于左，张良、田穰苴、孙武、吴起、乐毅列于右，以张良为配享。唐德宗建中二年（781），诏考定可配享者，列古今名将六十四人，并画其形貌。其中唐朝之前的名将，包括春秋战国时期的白起、田单、廉颇、赵奢、李牧，秦汉时期的王剪、周勃、卫青、李广、霍去病、邓禹、马援，三国时期的关羽、张飞、张辽、周瑜、吕蒙、陆逊、陆抗、邓艾，西晋羊祜、杜预、王濬等。这些名将皆是战功赫赫，威名远扬。然而，在毛宗岗看来，堪称"古今来名将中第一奇人"者，则是非关羽莫属。他说："历稽载籍，名将如云，而绝伦超群者莫如云长。青史对青灯，则极其儒雅；赤心如赤面，则极其英灵。秉烛达旦，人传其大节；单刀赴会，世服其神威。独行千里，报主之志坚；义释华容，酬恩之谊重。作事如青天白日，待人如霁月光风。心则赵抃焚香告帝之心而磊落过之，意则阮籍白眼傲物之意而严正过之：是古今来名将中第一奇人。"毛宗岗称赞关羽为"古今来名将中第一奇人"，主要着眼于以下几个方面。其一，关羽是喜读《春秋》的儒将，所谓"青史对青灯"，是说关羽与刘备、张飞失散后，保护刘备的甘、糜二位夫人，夜里则秉烛读《春秋》。读经是儒将的标志。杜预喜欢读《左传》是出了名的，自称有"《左传》癖"，无论坐卧都要携带《左传》。每次外出，都会让随从带上《左传》走在马前面。关羽喜读《春秋》，也被视为儒将。其二，关羽无论对汉朝还是对蜀汉，都赤胆忠心。即使是在屯土山被围之际，他也声言降汉不降曹，表现出对刘汉的一片忠心。其三，非常情况下仍能保持大节。不论是在许都还是千里走单骑,他保护两位嫂夫人,尽心尽力,不存邪念。当曹操"欲乱其君臣之礼,使关公与二嫂共处一室"的时候,关羽"乃秉烛立于户外,自夜达旦",不失大节。其四,单刀赴会,倍显其神勇胆气。鲁肃为索取荆州,邀请关羽过江相会,意欲逼其归还荆州。关羽明知鲁肃摆下的是"鸿门宴",依然单刀赴会,席间假装醉酒,挟持鲁肃,平安离开东吴。其五,千里走单骑见其忠义之心。关羽降汉后,留意打探刘备的消息,得知刘备在河北袁绍处,遂挂印封金,保护两位嫂夫人,千里独行,表现出对结义兄弟刘备的一片真情。其六,华容道释放曹操见其知恩必报。中国古代的义士向来讲究滴水之恩当涌泉相报。关羽在许都时,曹操待他甚厚,上马一提金下马一提银,赠予美女服侍。关羽不辞而别,曹操不仅不追究,临别时又赠锦袍。虽然有人说这是曹操笼络关羽的手段,但对于一个降将,能够做到这样,也是一种胸怀。所以,当曹操华容道遇难,不得已向关羽求情的时候,关羽念及曹操的恩情,不顾与军师订立的军令状,放走了曹操。其七,做事如青天白日,待人如霁月光风。关羽做人做事光明磊落,心口如一,喜欢的就是喜欢,遇到不喜欢的人或事,同样会表现出不喜欢,从来不加掩饰,所谓"意则阮籍白眼傲物之意而严正过之"。古往今来有许多名将,是以勇武、功勋和谋略为后人所知。关羽则不同,他既有名将的勇武、功勋和谋略,又表现出儒雅和忠义,明大礼,顾大节,表现出"做事如青天白日,待人如霁月光风"的磊落品格。毛宗岗称赞关羽为"古今来名将中第一奇人",确实有其充足的理由。

毛宗岗所说的另一"奇人",是"古今来奸雄中第一奇人"曹操。曹操的"奸雄"之评,是许劭给他的。当时,许劭给曹操两句评语"治世之能臣,乱世之奸雄"。但由于在宋元戏曲小说中曹操这一人物形象已经被反面化,而《三国演义》又在"尊刘抑曹"思想倾向的影响下,进一步将曹操形象反面化,着重突出和加强了其"奸雄"的一面,这就成就了毛宗岗认为曹操是"古今来奸雄中第一奇人"之评:"历稽载籍,奸雄接踵,而智足以揽人才而欺天下者莫如曹操。听荀彧勤王之说而自比周文,则有似乎忠;黜袁术僭号之非,而愿为曹侯,则有似乎顺;不杀陈琳而爱其才,则有似乎宽;不追关公以全其志,则有似乎义。王敦不能用郭璞，而操之得士过之；桓温不能识王猛，而操之知人过之。李林甫虽能制禄山，不如操之击乌桓于塞外；韩侂胄虽能贬秦桧，不若操之讨董卓于生前。窃国家之柄而姑存其号，异于王莽之显然弑君；留改革之事以俟其儿，胜于刘裕之急欲篡晋：是古今来奸雄中第一奇人。"毛宗岗是《三国演义》"尊刘抑曹"思想倾向的重要推手，故而他看曹操，多是从"奸雄"的视角观察。角度一变，对人物形象的评价也就会跟着变。譬如荀彧劝曹操奉天子都许，认为曹操若能"奉天子以从众望"，则是"不世之略也"。曹操欣然采纳，并自比周文王。毛宗岗以为这是"有似乎忠"。袁术僭越自称帝号，曹操起兵伐之。而当部下劝曹操践帝位的时候，他则断然拒绝，甘愿为王为侯，毛宗岗以为这是"有似乎顺"。建安七子之一的陈琳为袁绍草拟讨伐曹操的檄文，骂了曹操祖宗三代，曹操后来不仅不杀陈琳，反而加以重用，毛宗岗以为这是"有似乎宽"。关羽得知刘备的去向，千里走单骑寻找兄长，曹操不加阻拦，毛宗岗以为这是"有似乎义"。曹操善于识人，善于用人。在董卓作乱的时候，曹操能够挺身而出，号召诸侯讨伐董卓。即使在汉献帝仅仅是名义上的皇帝的时候，曹操仍然保留其帝号，不为篡逆之事，而是把改朝换代的事情留给儿子曹丕去做，这比王莽弑君、刘裕篡晋要好得多。毛宗岗以为，这同样是曹操"奸雄"的证据。总之，在毛宗岗已经给曹操形象下了"奸雄"的定义之后，无论从哪个角度看曹操，都是一个"奸雄"形象。就像《吕氏春秋》中所说的那个丢失斧子的人，怀疑是邻居之子偷了斧子，那么，不论其行走、颜色、言语、动作、态度、等等，怎么看邻居的儿子怎么像是偷斧子的人。这是心中已经先有预设，那么，剩下的就是寻找证据了。毛宗岗寻找的这些证据，有些可以作为证据，有些就比较勉强。如曹操奉汉献帝都许之前，实力还不强，纵使想为"奸雄"事，也有很大难度。相反，某些真正可以称作"奸雄"之举的事情，如曹操杀吕伯奢，并言"宁教我负天下人，不叫天下人负我"，是典型的"奸雄"做派，毛宗岗却没有提及。所以，对于毛宗岗称曹操是"古今来奸雄中第一奇人"，确实还需要再作讨论。

在漫漫历史长河中，有名的人物亦如过江之鲫，数不胜数，但真正可以称为古往今来之"第一奇人"者,却不是很多。即使按行当而论,每个行当的顶尖人物大概都可以称为第一,但是不是"第一奇人"还很难说,因为既然是"第一奇人",就必须有可以称为"第一奇人"的独特之处。可是,毛宗岗评点《三国演义》,却一口气列出了三个古往今来"第一奇人":诸葛亮、关羽、曹操,而且这三个人都是三国时期的。这究竟是毛宗岗的偏爱,还是诸葛亮、关羽、曹操三人当之无愧呢?有必要认真考究一下。是否可以称为古往今来"第一奇人",有两个观察角度,一是历史的角度,即从历史发展的纵向来看,这些人物在同类型人物中是否可以称作"第一奇人";二是艺术的角度,即放在《三国演义》这部长篇历史小说中来看,诸葛亮、关羽和曹操的形象是否可以称为"第一奇人"。毛宗岗称诸葛亮、关羽、曹操为"三奇",虽然有历史角度的考量,但更主要的则是依据《三国演义》对三人的文学叙事和艺术描写。但诸葛亮、关羽和曹操毕竟是实有其人且曾经发挥过重要作用的历史人物,对他们的评价既不能脱离历史提供给我们的基本内容,也不能完全依据历史事实,因为他们还是《三国演义》的作者塑造的艺术形象。而且,对作为艺术形象的诸葛亮、关羽和曹操,从艺术的角度观察和评价,似乎更为重要。

二 古今贤相第一奇人:诸葛亮

说起诸葛亮,杜甫的一首诗很值得一提:"丞相祠堂何处寻,锦官城外柏森森。映阶碧草自春色,隔叶黄鹂空好音。三顾频烦天下计,两朝开济老臣心。出师未捷身先死,长使英雄泪满襟。"诸葛亮虽然是一个非常智慧的人,但不可否认,他也是一个悲剧人物。从"三顾频烦天下计"开始,诸葛亮就踏上了一条知其不可为而为之的人生之路。走上这条路,虽然是感动于刘备系念天下苍生,感恩于刘备三顾茅庐,但诸葛亮始终无怨无悔,而是殚精竭虑,勉力而为,尽人事而听天命。所谓"两朝开济老臣心",是说诸葛亮先后尽心尽力辅佐刘备和后主刘禅,帮助刘备取得了荆州和西川,辅佐刘禅稳固了蜀汉政权。但是,在诸葛亮掌握蜀汉大权之后,开始落实他在《草庐对》中制定的战略规划时,却遇到了前所未有的困难和阻力，最终却是"出师未捷身先死，长使英雄泪满襟"，六出祁山时，在五丈原为他悲剧的人生画上了句号。简单地观察诸葛亮的一生，似乎并无多少可以称奇之处。但是，如果结合《三国演义》，深入刘备蜀汉事业兴衰成败的重要节点考察诸葛亮发挥的重要作用，就可以发现诸葛亮有许多堪称"古今贤相第一奇人"之举。

（一）未出草庐，已知天下三分

汉末大乱时，诸葛亮隐居南阳，躬耕于野，可是竟然对天下大势了然于胸，知道天下将来会成鼎足而三之势。都说"秀才不出门，便知天下闻"，但在交通极为不发达的东汉末年，靠驿站传递书信才能了解异地发生的事件的情况下，诸葛亮对东西南北中发生的重大事情，竟然都十分熟悉，且有精到的分析，这的确令人十分惊奇。但这件事是实实在在发生的，因为有诸葛亮的《草庐对》为证："今操已拥百万之众，挟天子以令诸侯，此诚不可与争锋；孙权据有江东，已历三世，国险而民附，此可用为援而不可图也。荆州北据汉沔，利尽南海，东连吴会，西通巴、蜀，此用武之地，非其主不能守。是殆天所以资将军，将军岂有意乎？益州险塞，沃野千里，天府之国，高祖因之以成帝业；今刘璋暗弱，民殷国富，而不知存恤，智能之士，思得明君。将军既帝室之胄，信义著于四海，总揽英雄，思贤如渴，若跨有荆、益，保其岩阻，西和诸戎，南抚彝、越，外结孙权，内修政理；待天下有变，则命一上将将荆州之兵以向宛、洛，将军身率益州之众以出秦川，百姓有不箪食壶浆以迎将军者乎？诚如是，则大业可成，汉室可兴矣。"这是《诸葛亮集》收录的文章，小说作者直接把它拿了过来。很显然，这是诸葛亮未出草庐已知天下三分最直接的证据。当时其他一些有远见的谋士，如荀彧、鲁肃、郭嘉等，对当时天下大势都有精到分析，有很独特的见解。但相比诸葛亮，都要稍逊一筹。荀彧是在关键时候建议曹操奉汉献帝都许，"奉天子以从众望"，从而成就伟业；鲁肃在孙权立足未稳之时，建议孙权乘北方之乱，统一江南，占有荆州，从而待机成就大业。唯有诸葛亮在刘备集团还很弱小的时候，为刘备做了战略谋划。小说写诸葛亮明确告诉刘备"北让曹操占天时，南让孙权占地利，将军可占人和。先取荆州为家，后即取西川建基业，以成鼎足之势，然后可图中原也"，划定了天下三分的大势。关键问题是，之后历史的发展正像诸葛亮预料的那样，曹操、刘备、孙权成了三分天下的首要人物，他们割据一方，自立为王，开辟了三国时代。就此来看，不仅三国时期那么多高人奇人比不过诸葛亮，就是之前的伊尹、吕尚、管仲、张良等贤相，与诸葛亮也不能相提并论。

（二）反客为主，奠定三分局面

诸葛亮出山后，一直在推进他在《草庐对》中规划的战略。曹操征伐刘备，要求孙权至江夏围剿刘备，为诸葛亮推进这样的战略提供了良机。他应鲁肃之邀只身赶赴东吴，劝说孙权联刘抗曹。诸葛亮深知以刘备当时的力量，是无法说动孙权的，所以就采用激将法，激起周瑜对曹操的愤怒，然后借周瑜劝孙权。他一见周瑜，说："亮居隆中时，即闻操于漳河新造一台，名曰铜雀，极其壮丽，广选天下美女以实其中。操本好色之徒，久闻江东乔公有二女，长曰大乔，次曰小乔，有沉鱼落雁之容，闭月羞花之貌。操曾发誓曰：'吾一愿扫平四海，以成帝业；一愿得江东二乔，置之铜雀台，以乐晚年，虽死无恨矣。'今虽引百万之众，虎视江南，其实为此二女也。将军何不去寻乔公，以千金买此二女，差人送与曹操。操得二女，称心满意，必班师矣。"周瑜不信，问有何证据。诸葛亮则随口吟出曹植《铜雀台赋》中的"立双台于左右兮，有玉龙与金凤。揽二乔于东南兮，乐朝夕之与共"之句，惹得周瑜勃然大怒，愤然表示"吾与老贼势不两立"，并请诸葛亮助其一臂之力，共破曹贼。尽管东吴许多文臣都主张投降曹操，保全东吴，但孙权在周瑜、鲁肃、黄盖等将领的支持下，决心联合刘备，共同抗击曹操。诸葛亮知道孙权虽然嘴上说了要抗击曹操，但内心其实还是满腹狐疑，对孙、刘联军是否能够成功抗击曹操，心里没有底。关键时刻，诸葛亮让周瑜连夜去见孙权，解除孙权的顾虑。周瑜夜见孙权，为孙权分析大势，指出"主公因见操檄文，言水陆大军百万，故怀疑惧，不复料其虚实。今以实较之：彼将中国之兵，不过十五六万，且已久疲；所得袁氏之众，亦止七八万耳，尚多怀疑未服。夫以久疲之卒，御狐疑之众，其数虽多，不足畏也。瑜得五万兵，自足破之。愿主公勿以为虑"。在孙、刘联军共同抗击曹军的赤壁

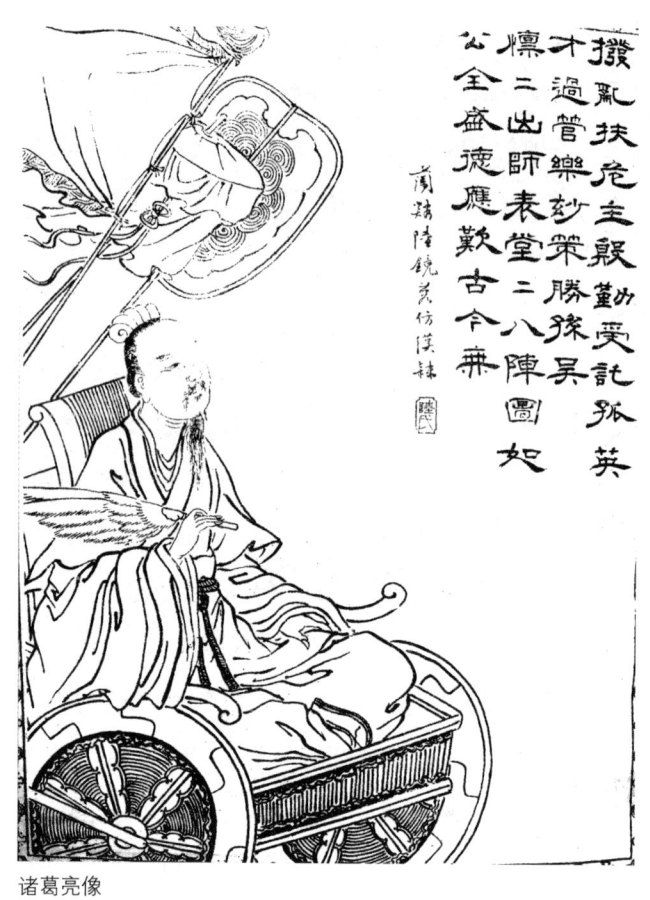

诸葛亮像

战中,周瑜见诸葛亮的才能在自己之上,多次不顾孙、刘联合的大局,欲置诸葛亮于死地。诸葛亮则往往棋先一着,一次次反客为主,迫使周瑜反过来求他帮忙,尤其是草船借箭和借东风这两个事关赤壁之战成败的重大事件,诸葛亮做来都是举重若轻,增加了刘备集团在赤壁之战中的砝码,为赤壁之战后刘备夺取荆州埋下了伏笔。在赤壁之战中,诸葛亮纵横捭阖,表现出夺天地造化之才能。赤壁之战后,他又巧施计谋,闪展腾挪,轻取荆州,为刘备集团与曹操、孙权抗衡找到了一块立身之地,实现了他为刘备制定的"先取荆州为家"的战略计划。

(三)西取巴蜀,形成鼎足之势

帮助刘备取得荆州作为立身之地,只是诸葛亮实现其三分天下战略的第一步。接下来就是立足荆州,进取巴蜀,与曹魏和东吴形成鼎足而三之势,然后等待时机，实施第三步战略。尽管西取巴蜀的计划进展得不是很顺利，甚至在刚刚开始时还折损了副军师庞统，但诸葛亮依然坚定不移地执行这一计划，直到巴蜀全境为刘备所得。可是，就在这个时候，荆州却失守了。留守荆州的关羽为胜利冲昏头脑，置诸葛亮"东和孙权，北拒曹操"的战略于不顾，在挥师北上之时，疏于荆州的防守，被东吴吕蒙袭取荆州。而关羽也在东吴和曹魏的夹击下，败走麦城，丢失了刘备赖以立身的根本之地——荆州。突如其来的变故，以及接下来发生的刘备讨伐东吴之役，诸葛亮虽然竭力阻止，却是无能为力，其结果是夷陵一战，陆逊烧营七百里，使刘备在悲愤中上演了白帝城托孤的悲剧。蜀汉实力因此受到巨大损失，短期内难以修复创伤，无力实现"待天下有变，则命一上将将荆州之兵以向宛、洛，将军身率益州之众以出秦川"的战略规划。面对蜀汉的现实，诸葛亮不得不做出战略调整，决定收服南蛮，扩大地盘，稳固后方。他七擒七纵，收服南蛮首领孟获，稳定了战略后方。值得称奇的是，在刘备白帝城托孤之后，蜀汉尚未安定的时候，曹丕采纳司马懿之策，调集五路兵马围攻西蜀：辽东鲜卑国王轲比能起辽西羌兵十万，先从旱路取西平关；南蛮王孟获起兵十万，攻打益州、永昌、牂牁、越巂四郡，以击西川之南；令孙权起兵十万攻两川峡口，径取涪城；令降将孟达起上庸兵十万，西攻汉中；命大将军曹真为大都督，提兵十万，由京兆径出阳平关取西川。面对五路来犯大军，诸葛亮足不出户，已经有退敌之策，这就是小说第八十五回所描写的"诸葛亮安居平五路"。司马懿当初出此计谋的时候曾说："诸葛亮便有吕望之才，安能当此乎？"但是，他小看了诸葛亮的才能。按照司马徽对诸葛亮的评价，诸葛亮"可比兴周八百年之姜子牙、旺汉四百年之张子房也"。既有如此才能，对付这样的乌合之众，诸葛亮还是很有办法的。此事之后，东吴和曹魏交恶，诸葛亮这才腾出手来稳固后方，发动了南征之役，演绎出七擒七纵的活剧，令以孟获为首的南蛮从此不敢再有非分之想。

（四）六出祁山，勉力以攻为守

六出祁山是诸葛亮落实其战略规划的具体行动，也是诸葛亮以攻为守战略的具体体现，更是诸葛亮为蜀汉大业尽人事听天命的杰作。夷陵之战后，蜀汉元气大伤，虽经短暂的修复，士气有所提振，但无论是国力、人力、财力，还是谋士、名将、疆土，蜀汉都无法与曹魏和东吴相抗衡。在这种情况下，蜀汉还想生存下去，且能引起曹魏和东吴的注意，不是偃旗息鼓，休养生息，而是以攻为守，让曹魏摸不清蜀汉的底牌，不敢轻易对蜀汉用兵。蜀汉后主刘禅建兴五年（227），诸葛亮乘曹丕新死、曹睿新立之机，上《出师表》请求伐魏，表中有言"今南方已定，甲兵已足，当奖帅三军，北定中原，庶竭驽钝，攘除奸凶，兴复汉室，还于旧都：此臣所以报先帝而忠陛下之职分也"。后主刘禅则委婉劝阻："相父南征，远涉艰难。方始回都，坐未安席。今又欲北征，恐劳神思。"太史谯周则以天象说事："臣夜观天象，北方旺气正盛，星曜倍明，未可图也。"因此对诸葛亮说："丞相深明天文，何故强为？"诸葛亮以"天道变易不常，岂可拘执"为词，执意北伐。由此开启了六出祁山的漫长征程。至建兴十二年（234），诸葛亮六出祁山，魂归五丈原，前后历时七年，总计六次北伐，几乎每年都在征战。难道诸葛亮不知道这样做劳民伤财？难道诸葛亮看不出北伐取胜无望？诸葛亮很清楚。但他同时还记得当年为刘备定下的战略，记得刘备白帝城托孤时他对刘备的承诺。建兴六年，诸葛亮再次上表请求北伐时，流露了这样的心迹："先帝虑汉贼不两立，王业不偏安，故托臣以讨贼也。以先帝之明，量臣之才，故知臣伐贼，才弱敌强也。然不伐贼，王业亦亡。惟坐而待亡，孰与伐之？是故托臣而弗疑也。臣受命之日，寝不安席，食不甘味。思惟北征，宜先入南，故五月渡泸，深入不毛，并日而食。臣非不自惜也，顾王业不可偏安于蜀都，故冒危难以奉先帝之遗意。"明知敌强我弱，如果仍无所作为，那无异于坐而待毙。所以，与其坐而待毙，不如以攻为守，主动出击，或许可以找到一条生路亦未可知。这就是诸葛亮《后出师表》中所说的"然不伐贼，王业亦亡。惟坐而待亡，孰与伐之？"这是诸葛亮的智慧，也是诸葛亮可以称为"古今来贤相第一奇人"的重要理由之一。

（五）奇思妙想，巧夺天地造化

诸葛亮是一个有经天纬地之才的人，也是一个有大智慧的人。尤其是在《三国演义》中，诸葛亮上通天文，下晓地理，夺天地之造化，通鬼神之不测，几乎是无所不知，无所不能。草船借箭，他能预知三日内江面上将有大雾，所以在三日内成功地取得了十万支箭。赤壁之战，本是发生在隆冬时节，很少有东南风。但是，诸葛亮竟然成功地预测到十一月二十日甲子至二十二日丙寅连续三天要刮东南风，使孙、刘联军得以火烧赤壁，大败曹军。七擒孟获之役，众军士因饮用哑泉水口不能言，诸葛亮拜谒伏波将军马援神庙，竟然有土地神出来为诸葛亮指点迷津，众军士方得无事。为解决士兵饮水，诸葛亮于夜半焚香告天，果然天赐甘泉。六出祁山，山路艰险，粮草运输是大问题，诸葛亮造出了木牛流马，解决了与魏军持久战运送粮草难的问题，魏军见之而感慨："此必神助也！"上方谷之战，诸葛亮好不容易才把司马懿父子诱入谷中，准备把司马懿父子烧死在上方谷中。而当蜀军火把火箭乱发的时候，突然天降大雨，把满山谷的大火尽皆浇灭，使得诸葛亮也不得不感慨："谋事在人，成事在天，不可强也！"虽然诸葛亮意识到天命不可违，但他并没有放弃努力，而是知天命，尽人事。六出祁山是这样，五丈原禳星也是如此。他自知将不久于人世，可依然听从姜维的劝说，想通过禳星来延长寿命。他告诉姜维："汝可引甲士四十九人，各执皂旗，穿皂衣，环绕帐外；我自于帐中祈禳北斗。若七日内主灯不灭，吾寿可增一纪；如灯灭，吾必死矣。"然而，就在第六夜，诸葛亮见主灯明亮，心中甚喜的时候，却有魏延进帐，报告军情，脚步太急，竟将主灯扑灭。诸葛亮不由得感慨："死生有命，不可得而禳也！"当然，最为神奇的则是诸葛亮在鱼腹浦布下的八阵图。陆逊用火攻之策，把刘备夹江布下的连营一把火烧个干净。陆逊挥师乘胜追击。小说第八十四回写道：

> 却说陆逊大获全功，引得胜之兵，往西追袭。前离夔关不远，逊在马上看见前面临山傍江，一阵杀气，冲天而起；遂勒马回顾众将曰："前面必有埋伏，三军不可轻进。"即倒退十余里，于地势空阔处，排成阵势，以御敌军；即差哨马前去探视。回报并无军屯在此。逊不信，下马登高望之，杀气复起。逊再令人仔细探视，哨马回报，前面并无一人一骑。逊见日将西沉，杀气越加，心中犹豫，令心腹人再往探看。回报江边止有乱石八九十堆，并无人马。逊大疑，令寻土人问之。须臾，有数人到。逊问曰："何

人将乱石作堆?如何乱石堆中有杀气冲起?"土人曰:"此处地名鱼腹浦。诸葛亮入川之时,驱兵到此,取石排成阵势于沙滩之上。自此常常有气如云,从内而起。"陆逊听罢,上马引数十骑来看石阵,立马于山坡之上,但见四面八方,皆有门有户。逊笑曰:"此乃惑人之术耳,有何益焉!"遂引数骑下山坡来,直入石阵观看。部将曰:"日暮矣,请都督早回。"逊方欲出阵,忽然狂风大作,一霎时,飞沙走石,遮天盖地。但见怪石嵯峨,槎枒似剑;横沙立土,重叠如山;江声浪涌,有如剑鼓之声。逊大惊曰:"吾中诸葛之计也!"急欲回时,无路可出。正惊疑间,忽见一老人立于马前,笑曰:"将军欲出此阵乎?"逊曰:"愿长者引出。"老人策杖徐徐而行,径出石阵,并无所碍,送至山坡之上。逊问曰:"长者何人?"老人答曰:"老夫乃诸葛孔明之岳父黄承彦也。昔小婿入川之时,于此布下石阵,名八阵图。反复八门,按遁甲休、生、伤、杜、景、死、惊、开。每日每时,变化无端,可比十万精兵。临去之时,曾分付老夫道:后有东吴大将迷于阵中,莫要引他出来。老夫适于山岩之上,见将军从死门而入,料想不识此阵,必为所迷。老夫平生好善,不忍将军陷没于此,故特自生门引出也。"逊曰:"公曾学此阵法否?"黄承彦曰:"变化无穷,不能学也。"逊慌忙下马拜谢而回。后杜工部有诗曰:"功盖三分国,名成八阵图。江流石不转,遗恨失吞吴。"陆逊回寨,叹曰:"孔明真卧龙也!吾不能及!"于是下令班师。

诸葛亮入川前,曾在鱼腹浦布下石阵,小说在前面并没有交代。陆逊追击蜀军离夔关不远的时候,因见隐隐有杀气,怀疑蜀军有伏兵,派人前去打探。回报说江边有乱石八九十堆,杀气就是从那里出来的。陆逊询问当地人,方知那是诸葛亮入川时在江边布成的石阵。陆逊是有名上将,饱读兵书,竟然不知此阵的阵名和奥妙,固然可以说陆逊年纪尚轻,书读得还不够多,但诸葛亮入川前就料定将来必有东吴大将迷于阵中,可谓够有远见的。入川之前,他已经给留守荆州的关羽定下了"东联孙权,北拒曹操"的战略。如果关羽忠实地执行其战略决策,荆州仍在蜀汉的控制之下,何来的"东吴大将迷于阵中"?显然,诸葛亮已经料到荆州必然失守,而且会落入东吴之手。如果把这些都联系起来看，读者应该惊奇的不仅是诸葛亮在江边布下的可敌十万精兵的八阵图，而且更应该是诸葛亮思维的缜密，以及对事情发展趋势和结果的准确把握。鲁迅先生评价《三国演义》，说其"状诸葛之多智而近妖"。这话有一定道理。譬如七星坛祭风、泸水祭祀亡灵、五丈原禳星等，都与其他古典小说描写的"妖道"有某种相似之处。但诸葛亮更多的时候表现出来的是智慧，是经天纬地之才。譬如草船借箭和赤壁之战的借东风，应该是基于其丰富的天文知识。小说作者称诸葛亮善观天象，则是对诸葛亮精通天文的另一种表述。在气象科学十分发达的当下，中短期天气预报准确率已经很高，什么时候有风，什么时候有雨，预报结果几乎不差毫厘。但在古代，在诸葛亮所处的时代，对天气和天象变化的把握，还仅仅是很少数人的事情。朝廷有钦天监负责这项事情，寻常人物还不能轻易对天象变化发表意见。诸葛亮则不同，他先是刘备的军师，后是蜀汉的丞相。观察天象虽然不是其职责所在，但在关系重要军事行动、国家安危大事或重要人物命运的时候，诸葛亮还是要经常观察天象，根据天象变化决定下一步的行动或对策。所以，《三国演义》经常写到诸葛亮观天象的故事。这虽然有一定的迷信色彩，但对于突出诸葛亮的超人的智慧和经天纬地之才，却是很有必要。即如前述八阵图，仔细分析可以知道，诸葛亮在入川之前已经料定荆州久后必然失守，占据荆州的一定是东吴，而将来从荆州进犯西蜀的，也一定是东吴军队。东吴和蜀汉互为唇齿，故其大军遇到八阵图将会知难而退。这是小说提供给读者的信息。把这些信息联系起来看，则诸葛亮之智慧所达到的高度，恐怕无人可及。所以，从这个角度看，说诸葛亮是"古今来贤相第一奇人"，确实名至实归。

按照《三国演义》的描写，有诸多理由称诸葛亮为"古今来贤相第一奇人"。换句话说，毛宗岗的评点是有道理的。但是，如果换个角度来看，诸葛亮也并非"完人"，有些事情还是需要认真加以讨论的。

其一，如何评价诸葛亮的"鞠躬尽瘁，死而后已"。诸葛亮在《后出师表》中尝言："臣鞠躬尽瘁，死而后已。至于成败利钝，非臣之明所能逆睹也。"诸葛亮是蜀汉丞相、刘禅的"相父"，是一国安危系于一身的人物。诸葛亮也深知自己肩上的担子沉重，所以，不论治国治军，还是领兵打仗，诸葛亮都是全神贯注，竭尽全力。也许，在诸葛亮看来，只有"鞠躬尽瘁，死而后已"，才能对得起刘备的嘱托，也才有可能实现《草庐对》中制定的战略规划。正是因为有了这样的心理压力，一生谨慎的诸葛亮做起事来才格外小心，而且蜀汉大事必亲力亲为，事必躬亲。压力所在，放不下心，也放不开手，自然是事必躬亲，劳心劳力。诸葛亮54岁时就魂归五丈原，很大程度上是操劳过度造成的。丞相主簿杨颙曾向诸葛亮进言："某见丞相常自校簿书，窃以为不必。夫为治有体，上下不可相侵。譬之治家之道，必使仆执耕，婢典爨，私业无旷，所求皆足，其家主从容自在，高枕饮食而已。若皆身亲其事，将形疲神困，终无一成。岂其智之不如婢仆哉？失为家主之道也。是故古人称：坐而论道，谓之三公；作而行之，谓之士大夫。昔丙吉忧牛喘，而不问横道死人；陈平不知钱谷之数，曰：自有主者。今丞相亲理细事，汗流终日，岂不劳乎？司马懿之言，真至言也。"杨颙的话说得非常到位。不同的人有不同的身份、不同的职责。在管理学上，最好的管理方式，就是让每个人做好自己应该做的事情。越俎代庖，缺位空位，都会造成相应的不良后果。诸葛亮位居丞相，应是"坐而论道"，谋大事，管大事，而不是"作而行之"，更不应事必躬亲。诸葛亮也明白这样的道理，但是，他受刘备托孤之重，"惟恐他人不似我尽心也"。一句"惟恐他人不似我尽心也"，是很让人寒心的。既然不被信任，那么别人何苦要付出那么多呢？所以，其结果是诸葛亮大事小事都要亲力亲为。这种现象往好处说是以身作则，率先垂范；往不好处说，则是不相信他人能把事情办好，不给他人发挥作用的空间。既然如此，别人也就不会尽心尽力，不少人乐得做甩手掌柜，看你表演，看你吃苦，甚至准备看你的笑话。蜀汉在三国之中最早灭亡，重要的原因是诸葛亮之后后继无人，没有能够支撑大局的重量级人物，也缺少若干可以独当一面的将才。这种局面的出现，诸葛亮作为丞相是要承担责任的。

其二，如何评价诸葛亮令关羽守华容道、守荆州。刘备三顾茅庐请诸葛亮出山之后，曾经对关羽、张飞说："吾得孔明，犹鱼之得水也。"这惹得二人很不高兴。所以，得知夏侯惇率十万大军杀奔新野，刘备聚众商议如何迎敌的时候,张飞嚷道:"哥哥何不使水去!"在诸葛亮指挥调度的时候,关羽质问道:"我等皆出迎敌,未审军师却作何事?"诸葛亮感受到了关羽、张飞的抵触情绪,通过博望火攻、火烧新野、白河水攻三场痛快淋漓的胜利,令关羽、张飞彻底信服。初出茅庐的这几次作战,诸葛亮对刘备手下的战将做了细致观察,对各人有了必要的了解。所以,赤壁之战,诸葛亮在调拨兵马追杀曹军的时候,故意对关羽不理不睬。小说于此写道:

> 时云长在侧,孔明全然不睬。云长忍耐不住,乃高声曰:"关某自随兄长征战,许多年来,未尝落后。今日逢大敌,军师却不委用,此是何意?"孔明笑曰:"云长勿怪!某本欲烦足下把一个最紧要的隘口,怎奈有些违碍,不敢教去。"云长曰:"有何违碍?愿即见谕。"孔明曰:"昔日曹操待足下甚厚,足下当有以报之。今日操兵败,必走华容道;若令足下去时,必然放他过去。因此不敢教去。"云长曰:"军师好心多!当日曹操果是重待某,某已斩颜良,诛文丑,解白马之围,报过他了。今日撞见,岂肯放过!"孔明曰:"倘若放了时,却如何?"云长曰:"愿依军法!"孔明曰:"如此,立下文书。"云长便与了军令状。云长曰:"若曹操不从那条路上来,如何?"孔明曰:"我亦与你军令状。"云长大喜。孔明曰:"云长可于华容小路高山之处,堆积柴草,放起一把火烟,引曹操来。"云长曰:"曹操望见烟,知有埋伏,如何肯来?"孔明笑曰:"岂不闻兵法虚虚实实之论?操虽能用兵,只此可以瞒过他也。他见烟起,将谓虚张声势,必然投这条路来。将军休得容情。"云长领了将令,引关平、周仓并五百校刀手,投华容道埋伏去了。玄德曰:"吾弟义气深重,若曹操果然投华容道去时,只恐端的放了。"孔明曰:"亮夜观乾象,操贼未合身亡。留这人情,教云长做了,亦是美事。"

按照小说的描写,诸葛亮明知曹操要走华容道,还是让关羽去把守华容道,用他自己的话解释,是"夜观乾象,操贼未合身亡。留这人情,教云长做了,亦是美事"。这显然是小说家言,是小说作者为了突出关羽的义气而特意设置的情节。既然如此,就不能按照史实的标准去要求,也不能用史家的标准去评价。

试想一下，一场经过精心谋划的大战役到了该收获胜利果实的时候，岂能轻易放过即将成为俘虏的敌酋？有人说，诸葛亮担心的是曹操被俘后，整个北方群龙无首，会再次陷入大乱，那样的话会更加难以收拾。这是无稽之谈！如果北方再次大乱，已经强大起来的刘备集团正可以乘机收拾旧山河，实现刘备恢复汉室的愿望。问题是，历史根本没有给刘备这样一个机会，如果有这样一个机会，刘备肯定不会放过。所以，话说过来，既然是小说，就要按照小说的叙事逻辑和发展逻辑去看待这个问题。既然小说作者设计关羽华容道义释曹操这样一个情节，是为了突出关羽的义气和报恩思想，那么，让诸葛亮来实施是最为合乎情理的。首先诸葛亮是有大智慧的人，他善观天象，对天下大势有准确的把握。让诸葛亮说出曹操要败走华容道，既突出了诸葛亮对事件发展趋势的预测能力，又可以通过这一事件让关羽欠诸葛亮一个人情，使刚愎自用的关羽稍稍收敛一下性子，为其后关羽听从诸葛亮的调度埋下伏笔。从这个角度来看，诸葛亮让关羽把守华容道，既是故事情节发展的需要，也是塑造诸葛亮和关羽人物形象的需要。至于对错，由于它是小说情节，而不是历史事件，故而不能用历史真实或史学家的标准去衡量。

诸葛亮留关羽守荆州，是历史上曾经发生的事情。据《三国志·蜀志》关羽本传记载："先主西定益州，拜羽董督荆州事。"另据《三国志·蜀志》诸葛亮本传，建安十六年，益州牧刘璋遣法正迎先主，使击张鲁。诸葛亮与关羽镇守荆州。这就是说，刘备取西川时，诸葛亮和关羽等人留守荆州。后来，刘备取西川时，军师庞统被张任射杀，入川遇到极大困难。无奈之际，诸葛亮率张飞、赵云等前往增援。关羽得知军师要入川增援，问道："军师去，谁人保守荆州？荆州乃重地，干系非轻。"诸葛亮说："主公书中虽不明言其人，吾已知其意了。"他对众人说："主公书中，把荆州托在吾身上，教我自量才委用。虽然如此，今教关平赍书前来，其意欲云长公当此重任。云长想桃园结义之情，可竭力保守此地，责任非轻，公宜勉之。"并给关羽留下了"北拒曹操，东和孙权"的八字箴言。可是后来，关羽辜负了刘备和诸葛亮的重托，丢失了刘备赖以起家的荆州重地。于是由此引起了一些笔墨官司。有论者以为，刘备信中没有点名留关羽守荆州,诸葛亮只是根据送信的人是关平,推测刘备的意思。而且,刘备信中说得很清楚,让诸葛亮量才委用。更何况,诸葛亮是军师,刘备的话如果不合适,他同样可以不听。诸葛亮说刘备"意欲云长公当此重任",是典型的臆测。根据小说的描写,刘备在信中的确没有说明留何人守荆州。但是,分析一下当时留守荆州的人物,就可以明白诸葛亮为何留关羽守荆州了。诸葛亮是要入川增援的,可以不说。剩下的只有关羽、张飞、赵云三员大将。关羽和张飞是刘备的结义兄弟,情同手足;赵云是从古城会才开始追随刘备的,长坂坡救刘禅,让刘备见识了他的忠心。所以,从忠诚度上来看,三人都不是问题。但此时巴蜀尚不为刘备所有,只有荆州是刘备的立身之地,对于刘备而言是何等的重要,自是不言而喻。这一点,关羽也很明白,一句"荆州乃重地,干系非轻",表明了他对荆州重要性的看法。能否认识到荆州的重要性,是诸葛亮委以重任的重要原因之一。关羽有这样的认识,具备了基本要求。剩下的就是能力的问题了。张飞虽然功夫了得,但性格暴躁,好酒误事,屡有前科;赵云文武兼备,忠诚度也不是问题,但毕竟追随刘备时间不长,而且最为重要的,赵云不是"桃园三结义"中的人物,在刘备看来还不完全是"自家人",交给赵云,即使诸葛亮放心,刘备也未必放心。所以,分析当时在荆州的几位大将的情况,留守荆州者,非关羽莫属。诸葛亮说刘备"意欲云长公当此重任",不是猜测之词,而是事所必然。他特意嘱咐关羽"想桃园结义之情,可竭力保守此地",是对关羽的嘱托,更是提醒关羽要时刻牢记当初的"桃园三结义"之情,尽心尽力守卫荆州,为刘备看好后院。虽然后来关羽由于自身的原因丢失了荆州,但诸葛亮当初决定留守荆州的人选来看,确实是非关羽莫属。

其三,如何评价鲁迅所说《三国演义》"状诸葛之多智而近妖"。鲁迅在评价《三国演义》的人物形象塑造时,有几句话常为人引用:"至于写人,亦颇有失,以致欲显刘备之长厚而似伪,状诸葛之多智而近妖。惟于关羽,特多好语,义勇之慨,时时如见矣。"[①]《三国演义》一些章节在写到诸葛亮的时候,确如

---

① 鲁迅《中国小说史略》,人民文学出版社1973年版,第107页。

鲁迅所言，描写诸葛亮披发仗剑、念咒作法，与古典小说中写的一些"妖道"有点相似。如"七星坛诸葛祭风"一节，小说写道："孔明于十一月二十日甲子吉辰，沐浴斋戒，身披道衣，跣足散发，来到坛前。分付鲁肃曰：'子敬自往军中相助公瑾调兵。倘亮所祈无应，不可有怪。'鲁肃别去。孔明嘱付守坛将士：'不许擅离方位，不许交头接耳，不许失口乱言，不许失惊打怪。如违令者斩！'众皆领命。孔明缓步登坛，观瞻方位已定，焚香于炉，注水于盂，仰天暗祝。"其中"沐浴斋戒，身披道衣，跣足散发"和"焚香于炉，注水于盂，仰天暗祝"等词汇，都是神魔小说或奇幻小说中描写道士的常用词汇。但诸葛亮做足这些表面文章，主要是吸引守卫七星坛士兵的注意力，以便从容离开江东；在"五丈原诸葛禳星"一节中，则有诸葛亮"步罡踏斗"的描写："孔明自于帐中设香花祭物，地上分布七盏大灯，外布四十九盏小灯，内安本命灯一盏。孔明拜祝曰：'亮生于乱世，甘老林泉。承昭烈皇帝三顾之恩，托孤之重，不敢不竭犬马之劳，誓讨国贼。不意将星欲坠，阳寿将终。谨书尺素，上告穹苍：伏望天慈，俯垂鉴听，曲延臣算，使得上报君恩，下救民命，克复旧物，永延汉祀。非敢妄祈，实由情切。'拜祝毕，就帐中俯伏待旦。次日，扶病理事，吐血不止。日则计议军机，夜则步罡踏斗。""步罡踏斗"往往是道士斋醮作法时的标准动作，意谓行步转折如踏在罡星斗宿之上。诸葛亮夜里"步罡踏斗"，就有些像斋醮作法的道士了。至于"出陇上诸葛妆神"一节，就更是"状诸葛之多智而近妖"了：

　　（诸葛亮）却选二十四个精壮之士，各穿皂衣，披发跣足，仗剑簇拥四轮车，为推车使者。令关兴结束做天蓬模样，手执七星皂幡，步行于车前。孔明端坐于上，望魏营而来。哨探军见之大惊，不知是人是鬼，火速报知司马懿。懿自出营视之，只见孔明簪冠鹤氅，手摇羽扇，端坐于四轮车上。左右二十四人，披发仗剑；前面一人，手执皂幡，隐隐似天神一般。懿曰："这个又是孔明作怪也！"遂拨二千人马，分付曰："汝等疾去，连车带人，尽情都捉来！"魏兵领命，一齐追赶。孔明见魏兵赶来，便教回车，遥望蜀营缓缓而行。魏兵皆骤马追赶，但见阴风习习，冷雾漫漫。尽力赶了一程，追之不上。各人大惊，都勒住马言曰："奇怪！我等急急赶了三十里，只见在前，追之不上，如之奈何？"孔明见兵不来，又令推车过来，朝着魏兵歇下。魏兵犹豫良久，又放马赶来。孔明复回车，慢慢而行。魏兵又赶了二十里，只见在前，不曾赶上，尽皆痴呆。孔明教回过车，朝着魏军，推车倒行。魏兵又欲追赶。后面司马懿自引一军到，传令曰："孔明善会八门遁甲，能驱六丁六甲之神。此乃六甲天书内缩地之法也。众军不可追之。"众军方勒马回时，左势下战鼓大震，一彪军杀来。懿急令兵拒之，只见蜀兵队里二十四人，披发仗剑，皂衣跣足，拥出一辆四轮车；车上端坐孔明，簪冠鹤氅，手摇羽扇。懿大惊曰："方才那个车上坐着孔明，赶了五十里，追之不上；如何这里又有孔明？怪哉！怪哉！"言未毕，右势下战鼓又鸣，一彪军杀来，四轮车上亦坐着一个孔明，左右亦有二十四人，皂衣跣足，披发仗剑，拥车而来。懿心中大疑，回顾诸将曰："此必神兵也！"众军心下大乱，不敢交战，各自奔走。正行之际，忽然鼓声大震，又一彪军杀来：当先一辆四轮车，孔明端坐于上，左右前后推车使者，同前一般。魏兵无不骇然。司马懿不知是人是鬼，又不知多少蜀兵，十分惊惧，急急引兵奔入上邽，闭门不出。

为了收割陇上的麦子，诸葛亮想出了装神弄鬼的招数，让"每一辆车，用二十四人，皂衣跣足，披发仗剑，手执七星皂幡，在左右推车"，以此来迷惑生性多疑的司马懿，使之不敢轻易出兵。司马懿则以为"孔明善会八门遁甲，能驱六丁六甲之神"，故而"奔入上邽，闭门不出"。蜀军则利用这个间隙，抢收小麦，以供军需。这是《三国演义》中描写诸葛亮最近"妖"的章节。但仔细分析，这一章节也是在表现诸葛亮的智慧。诸葛亮深知司马懿多疑的性格，故而才用疑兵之计，事先准备了几辆四轮车，全是一样的装束，一样的打扮，让魏军见之骇然，迫使司马懿收兵回城，闭门不出。如此以来，蜀军就利用这个机会，把该收的麦子收回来。小说为了制造意想不到的效果，同时也为了小说叙事更具喜剧效果，让司马懿说出诸葛亮使用"缩地之法"，如此以来，诸葛亮"陇上妆神"就由形似而至"神似"了。通览《三国演义》中"状诸葛之多智而近妖"的相关描写，虽有"神化"和"妖化"诸葛亮的嫌疑，但总体来看，还是为了突出诸葛亮超乎常人的智慧，丰富诸葛亮的人物形象，因而是必要的，而非多余的。

三 古今名将第一奇人：关羽

公平而论，如果仅仅依据正史，关羽作为古代名将，其战绩、功勋和作用和其前代名将相比，皆无多少值得特别称道之处。即使与同时期的名将相比，关羽也没有多少优势。关羽一生最值得称道的，是建安二十四年（219）进攻樊城之役，他擒于禁，斩庞德，威震华夏，使得曹操"议徙许都以避其锐"。①但是，进入《三国演义》之后，在小说作者着意渲染下，关羽不仅成为蜀汉"五虎大将"之首，成为三国名将，而且被毛宗岗评价为"古今来名将第一奇人"。其实，在《三国演义》中，关羽是被作为神来塑造的。

自唐朝中期关羽被列入古今六十四名将之后，关羽的地位逐渐上升。到了北宋末期，宋徽宗先封关羽为"忠惠公"，再封为"崇宁真君"，后又加封为"昭烈武安王"和"义勇武安王"。而宋元戏曲小说出于神化关羽的需要，有意舍弃关羽身上的人性，增加其神性。在元杂剧《关大王月夜斩貂蝉》中，关羽已经开始被神化了。故事说的是吕布下邳兵败后，张飞擒获貂蝉，把她送给关羽。关羽夜读《春秋》，看到许多女色误国的事例，于是就把貂蝉杀了。到了《三国演义》中，则是曹操送美女给关羽，把关羽斩貂蝉的故事舍弃了。但是，纵览《三国演义》有关关羽的描述，则是在突出关羽神勇的同时，淡化其身上的人性，渲染其性格中的神性，并最终让关羽由人而神，完成了关羽神化的过程。

（一）为了完成关羽由人而神的转化，小说着意突出了关羽的神勇

关羽之神勇在《三国演义》中得到了充分表现。"温酒斩华雄"一节，对关羽的神勇有出神入化的描写。华雄是董卓手下大将。十八镇诸侯汜水关挑战，

---

① 《三国志·蜀志》卷六《关羽传》。

华雄主动请缨,先斩济北相鲍信之弟鲍忠,又追得孙坚狼狈而逃,斩了孙坚手下将领祖茂。华雄挟得胜之勇,用长竿挑着孙坚的赤帻在寨前搦战,接连斩了袁术部下骁将俞涉、韩馥手下上将潘凤。一时间,诸侯闻之失色。危难之际,时为马弓手的关羽主动请缨。曹操为其酾酒一杯,为其壮行。关羽豪言道:"酒且斟下,某去便来。""众诸侯听得关外鼓声大振,喊声大举,如天摧地塌,岳撼山崩,众皆失惊。正欲探听,鸾铃响处,马到中军,云长提华雄之头,掷于地上。其酒尚温。"作者引后人诗赞之曰:"威镇乾坤第一功,辕门画鼓响冬冬。云长停盏施英勇,酒尚温时斩华雄。"屯土山约三事归降曹操之后,关羽的神勇表现在斩颜良、诛文丑。曹操与袁绍白马之战,颜良接连斩了宋宪、魏续,又挟余勇战败徐晃,令曹操"诸将栗然"。危急之时,关羽得曹操允准,"奋然上马,倒提青龙刀,跑下山来,凤目圆睁,蚕眉直竖,直冲彼阵。河北军如波开浪裂,关公径奔颜良。颜良正在麾盖下,见关公冲来,方欲问时,关公赤兔马快,早已跑到面前。颜良措手不及,被云长手起一刀,刺于马下。忽地下马,割了颜良首级,拴于马项之下,飞身上马,提刀出阵,如入无人之境"。① 在接下来的战斗中,关羽"战不三合",就将袁绍的另一位大将文丑斩下马来。华雄、颜良、文丑都是三国有名上将,功夫了得。但遇上关羽,他们似乎根本没有还手的机会。如果斩颜良、诛文丑得益于关羽坐下的赤兔马,那么斩华雄的时候,关羽骑的则是一匹寻常战马。而且,关羽出战时酾下的酒,得胜回营时,其酒尚温,如此而言,关羽在两军阵前与华雄也没有战几个回合。关羽的神勇在千里走单骑中得到了淋漓尽致的表现。为寻找远在河北的失散兄弟刘备,关羽一匹马、一把刀踏上了行程。他从许都出发,东岭关杀了守将孔秀,洛阳关斩了太守韩福、牙将孟坦,汜水关斩了守将卞喜,荥阳关斩了太守王植,黄河渡口关隘斩了守将韩琪。说起关羽的神勇,人们马上会想到过五关斩六将。的确,关羽过五关斩六将,果然是顺风顺水,威风凛凛。但是,看一看死于关羽刀下的这些人,基本都是无名之辈,根本不是有名上将,更不是三国名将。所

---

① 《三国演义》第二十五回"屯土山关公约三事,救白马曹操解重围"。

以，真正能够表现关羽神勇的，是战长沙和战樊城。因为，在这两次战斗中，关羽才算遇到了真正的对手。

长沙之战，关羽的对手是老将黄忠。无论从年龄还是武功等方面来看，关羽都似乎应该占上风。但是，长沙之战关羽只是险胜。刘备取长沙，如果不是魏延杀了韩玄，献了城池，关羽何时能够取得长沙还是个未知数。关羽与黄忠第一次交手，双方大战一百余合，竟然不分胜负。只是韩玄恐怕黄忠有失，鸣金收兵，二人才罢战。关羽见与黄忠对战找不到破绽，遂思量次日再战，用拖刀计胜之。次日再战，二人又大战五六十合，仍是不分胜负。关羽准备使用拖刀计，拨马便走。黄忠背后赶来。关羽正要用刀砍去，"忽听得脑后一声响。急回头看时，见黄忠被战马前失，掀在地下"。关羽是有名上将，当然不屑于此时下手，让黄忠换马后再来厮杀。黄忠长于射箭，百发百中，准备再战时用箭射之。关羽见连续两日不能战胜黄忠，第三日，抖擞威风，与黄忠再战。战不到三十余合，黄忠诈败，关羽随后追击。黄忠为昨日不杀之恩，"不忍便射，带住刀，把弓虚拽弦响，云长急闪，却不见箭；云长又赶，忠又虚拽，云长急闪，又无箭；只道黄忠不会射，放心赶来。将近吊桥，黄忠在桥上搭箭开弓，弦响箭到，正射在云长盔缨根上"。关羽大吃一惊，"方知黄忠有百步穿杨之能，今日只射盔缨，正是报昨日不杀之恩也"①。长沙之战，关羽对阵老将黄忠，竟然难以取胜。对于关羽来说，对战一个老将尚且不能取胜，那么实际上则意味着关羽的武功还有更进一步的空间。为此，关羽颇为耿耿于怀。刘备进位汉中王之后，册封"五虎上将"。费诗前往荆州宣读诰命之后，关羽愤愤然，说："翼德吾弟也；孟起世代名家；子龙久随吾兄，即吾弟也：位与吾相并，可也。黄忠何等人，敢与吾同列？大丈夫终不与老卒为伍？"② 竟然不肯接受印绶。此时，他也许忘了黄忠在两军阵前两次虚拽弓弦的事情。长沙之战，关羽不杀黄忠，是因为黄忠马失前蹄，关羽若乘人之危，则胜之不武；黄忠与关羽对阵，

---

① 《三国演义》第五十三回"关云长义释黄汉升，孙仲谋大战张文远"。

② 《三国演义》第七十三回"刘备进位汉中王，云长攻拔襄阳郡"。

若在关羽追击时施放暗箭，赢了关羽，则是技高一筹。但黄忠是有情有义之人，不愿暗箭伤人，也是为了报答关羽的不杀之恩。关羽却没有因为黄忠不放暗箭伤他而心怀感激，反而说出"大丈夫终不与老卒为伍"这样的话，是关羽之胸怀尚不及黄忠宽阔矣！

单刀赴会，关羽以其神武令东吴将领敛手。为了讨回荆州，鲁肃设计骗关羽到陆口相会。关平明知是计，劝阻父亲。关羽说："吾岂不知耶？此是诸葛瑾回报孙权，说吾不肯还三郡，故令鲁肃屯兵陆口，邀我赴会，便索荆州。吾若不往，道吾怯矣。吾来日独驾小舟，只用亲随十余人，单刀赴会，看鲁肃如何近我！"马良也劝阻。关羽以已经答应，不能失信为由，坚持单刀赴会。到了陆口，关羽与鲁肃宴饮，谈笑自若。酒至半酣，鲁肃说起荆州之事。关羽以宴席之上不宜谈论国家大事为由，劝阻鲁肃。鲁肃邀请关羽到陆口，目的就是讨回荆州，不顾劝阻继续说荆州之事，要关羽践约，把刘备答应的三郡先割给东吴。关羽见二人谈不拢，又料定鲁肃必然有伏兵，于是假装醉酒，右手提着刀，左手挽住鲁肃的手，说："公今请吾赴宴，莫提起荆州之事。吾今已醉，恐伤故旧之情。他日令人请公到荆州赴会，另作商议。"鲁肃被关羽挟持，早已魂不附体，被关羽生生扯至江边。鲁肃事先埋伏的人马，见鲁肃被挟持，遂不敢轻举妄动。关羽到了江边，上了关平接应的船，这才与鲁肃作别。鲁肃如痴似呆，看着关羽的船乘风而去，却是无可奈何。作者引后人诗赞美关羽："藐视吴臣若小儿，单刀赴会敢平欺。当年一段英雄气，尤胜相如在渑池。"这段故事是从元人杂剧《单刀会》演化而来，着重表现了关羽的神勇和足智多谋。关羽单刀赴会之所以能够平安返回荆州，实际上是利用了鲁肃忠厚的性格。他知道忠厚的鲁肃会讲究待客的礼数，不会贸然用强，不会突施杀手。而鲁肃确实如此，先是讲究待客之道，宴会中讨要荆州又是彬彬有礼。如果他真的愿意使诈，从江边到宴会间，鲁肃总能找到机会。只要他同意部将动手，纵然关羽武功再高强，也是双拳难敌众手。巧的是，关羽遇到的是鲁肃，而鲁肃又是忠厚之人，所以这才成全了关羽的单刀赴会，使关羽神勇的名声更加扶摇直上。

樊城之役是关羽作为名将的成名之战，也是关羽的"滑铁卢"。诸葛亮入川前,留关羽守荆州,曾经给他留下了"北拒曹操,东和孙权"的八字箴言。在北取樊城的战斗中,他把诸葛亮的八字箴言扔到了脑后。在曹操约孙权合谋夺取荆州的时候,关羽却错失了一次"东和孙权"的机会。为了打探荆州虚实,孙权派诸葛瑾到荆州,面见关羽,提出了一个不错的方案:"吾主吴侯有一子,甚聪明;闻将军有一女,特来求亲。两家结好,并力破曹。此诚美事,请君侯思之。"孰料关羽闻听勃然大怒,说:"吾虎女安肯嫁犬子乎!不看汝弟之面,立斩汝首!再休多言!"遂唤左右把诸葛瑾赶了出去。诸葛瑾抱头鼠窜,回见吴侯,不敢隐匿,遂将关羽拒婚的事如实相告。一件好事,被刚愎自用的关羽办砸了。关羽即使不准备与孙权结为亲家,看在诸葛瑾是诸葛亮兄长的分上,也要好言好语对待诸葛瑾,以免诸葛亮面子上不好看。如果稍稍有一些战略头脑,或者谨记诸葛亮的八字箴言,那么,就可以利用这件事稳住孙权,至少可以不让孙权帮助曹操,拒绝与曹操合击荆州,以免自己首尾不能相顾。然而,关羽此时个人膨胀到了极点,把诸葛亮的八字箴言弃置不顾,丢失了荆州根本重地,让诸葛亮"命一上将将荆州之兵以向宛、洛"的战略规划彻底泡汤。当然,樊城之役,关羽也出尽了风头,他乘势夺取了襄阳,挥师直指樊城。攻取樊城时,他遇到了强劲对手庞德。庞德先与关平战三十余合,不分胜负;休息片刻,庞德又与关羽大战一百余合,又是不分胜负。次日再战,庞德与关羽战至五十余合,拖刀便走。关羽以为庞德要用拖刀计胜之,随后紧追。不料,庞德却突然放出冷箭,射中关羽左臂。幸得关平赶到,将其救回营寨。后来,关羽水淹七军,擒于禁,斩庞德,威震天下。此时的关羽为胜利冲昏头脑,一面派次子关兴到成都向汉中王请求封赏,一面分兵一半,直抵郾下,进攻樊城。他到樊城北门观察敌情,竟然仅披掩心甲。曹仁望见,令五百弓弩手齐射,关羽右臂中箭。一次战役,两次中箭,关羽本应警觉,可他依然大意轻敌,放松对东吴的警惕,撤荆州之兵增援樊城。孰料,在他与曹魏援兵樊城对峙时,吕子明白衣渡江,偷袭成功,占领了荆州,切断了关羽的退路。纵然关羽在与徐晃的对战中依然表现神勇,但已经是强弩之末,甚至可以说是英雄末路了。所以说,樊城之役是关羽的巅峰之作,也是关羽的"滑铁卢"。

（二）为了实现关羽由人而神的转化，小说突出了关羽的忠义

人们常说关羽是忠义的化身，后世对关羽的神化，也在"忠义"二字上下功夫。但历史上的关羽，其忠义主要表现在对刘备及其蜀汉事业上。《三国演义》中的关羽，其"忠"则表现在对汉献帝代表的汉朝和对刘备代表的蜀汉大业两个方面；而关羽之"义"，《三国演义》有多处描写，如桃园三结义、义释曹操和义释黄忠等。而玉泉山关公显圣，则更是直接把关羽神化了。

关羽之"忠"，在"屯土山关公约三事"一节得到了较为集中的表现。关羽在徐州与刘备、张飞失散后，被困在屯土山。曹操爱惜关羽之才，派张辽去劝说关羽。张辽见关羽后，声称关羽若战死，其罪有三："当初刘使君与兄结义之时，誓同生死；今使君方败，而兄即战死，倘使君复出，欲求兄相助，而不可复得，岂不负当年之盟誓乎？其罪一也。刘使君以家眷付托于兄，兄今战死，二夫人无所依赖，负却使君依托之重。其罪二也。兄武艺超群，兼通经史，不思共使君匡扶汉室，徒欲赴汤蹈火，以成匹夫之勇，安得为义？其罪三也。"张辽见关羽被说动，遂劝他往投曹操，"一者可以保二夫人，二者不背桃园之约，三者可留有用之身"。关羽看重的是忠义，张辽劝说关羽归顺曹操，就在"忠义"二字上做文章。关羽被说得心动，与张辽约定三件事："一者，吾与皇叔设誓，共扶汉室。吾今只降汉帝，不降曹操；二者，二嫂处请给皇叔俸禄养赡，一应上下人等，皆不许到门；三者，但知刘皇叔去向，不管千里万里，便当辞去：三者缺一，断不肯降。"曹操爽快地答应了这三件事。于是关羽去见曹操，说："关某若知皇叔所在，虽蹈水火，必往从之。此时恐不及拜辞，伏乞见原。"关羽从此开始了一段在京城许都的生活。分析关羽屯土山所约三事，只有第一条"吾与皇叔设誓，共扶汉室。吾今只降汉帝，不降曹操"，表明了对汉朝的忠心。但曹操却不这样看，说："吾为汉相，汉即吾也。"关羽坚持降汉不降曹，可以看作是对汉室的忠心，也可以看作自我安慰。曹操挟天子以令诸侯，天下人共知之，关羽也心知肚明。但尽管如此，关羽还是要讲这个名分，说明自己要投降的是汉献帝。这其实有点难以自圆其说。既然以匡扶汉室相标榜，本来就是汉天子之臣民，何来的投降汉帝之说？如果说这次是投降汉帝，那么之前

岂不是在为乱？倒是曹操说得很明白："吾为汉相，汉即吾也。"关羽心里也清楚这个事实，只不过不想承认罢了。标榜投降汉帝，既可以表明自己对汉室的忠心，又可以为日后离开曹操制造合适的理由。

关羽之"忠"，主要表现在对刘备的态度上。他和刘备虽为结义兄弟，实为君臣关系。所以，关羽全力维护刘备的形象。他虽然有时也不免对刘备发几句牢骚，如他对刘备得到诸葛亮之后自称"如鱼得水"，就有意见。他自以为和刘备是结义兄弟，而刘备做事更加依靠诸葛亮，让他感到不爽。但关羽还是明大理的人，他在屯土山所约三事中，第三件就是"但知刘皇叔去向，不管千里万里，便当辞去"，表明了对刘备的赤胆忠心。关羽在平定汝南之乱时，见到了孙乾，得知刘备在袁绍处，遂准备前去找寻。恰在此时，刘备托陈震转来书信，信中略云"备与足下，自桃园缔盟，誓以同死。今何中道相违，割恩断义？君必欲取功名、图富贵，愿献备首级以成全功。书不尽言，死待来命"。关羽读信大哭，即草拟回信，其信中说："窃闻义不负心，忠不顾死。羽自幼读书，粗知礼义，观羊角哀、左伯桃之事，未尝不三叹而流涕也。前守下邳，内无积粟，外听援兵；欲即效死，奈有二嫂之重，未敢断首捐躯，致负所托；故尔暂且羁身，冀图后会。近至汝南，方知兄信；即当面辞曹公，奉二嫂归。羽但怀异心，神人共戮。披肝沥胆，笔楮难穷。瞻拜有期，伏惟照鉴。"信中表达了对刘备的忠心，并指天发誓"羽但怀异心，神人共戮"。为了以实际行动表达对刘备的忠心，关羽在向曹操辞行，一连多次不得相见的情况下，挂印封金，保护甘、糜二位夫人，走上了千里独行之路。不少研究者都认为，小说写关羽千里独行，过五关斩六将，表现的是关羽英武的一面。这话固然不错，但支撑关羽过五关斩六将的，却是他对刘备的一片忠心。可以说，对刘备的忠心，是关羽千里走单骑的精神支撑，也是贯穿这一故事的主线。如果说没有关羽对刘备的忠心，就没有千里独行，自然也就没有过五关斩六将。

关羽之"忠"，在败走麦城时得到了充分表现。走麦城是关羽一生的耻辱，但即使是在人生的耻辱之途，关羽同样表现出对汉室和刘备的忠诚。在回师荆州的途中，东吴大将蒋钦截击关羽，劝关羽投降。关羽慨然道："吾乃汉将，岂降贼乎!"关羽困守麦城的时候,诸葛瑾前来劝降,称"自古道:识时务者为俊杰。今将军所统汉上九郡,皆已属他人矣;止有孤城一区,内无粮草,外无救兵,危在旦夕。将军何不从瑾之言,归顺吴侯,复镇荆襄,可以保全家眷。幸君侯熟思之"。关羽正色回答道:"吾乃解良一武夫,蒙吾主以手足相待,安肯背义投敌国乎?城若破,有死而已。玉可碎,而不可改其白;竹可焚,而不可毁其节;身虽殒,名可垂于竹帛也。汝勿多言,速请出城。吾欲与孙权决一死战!"诸葛瑾又劝道:"吴侯欲与君侯结秦晋之好,同力破曹,共扶汉室,别无他意。君侯何执迷如是?"关羽不听诸葛瑾的劝说,下令左右将诸葛瑾逐出。孙权闻诸葛瑾之报,赞叹道:"真忠臣也!似此如之奈何?"① 穷途末路之时,眼前忽然出现一条道路,人们通常都会感到惊喜。关羽败走麦城时,诸葛瑾前来,给他指出了一条道路,这是一条可以保全家眷和富贵的路。但是遭到了关羽的断然拒绝。关羽对刘备忠心耿耿,矢志不渝。他怎么可能贪图个人富贵而对刘备不忠不义?尤其是作为有名上将,一旦失节,就将会为人所不齿。自汉武帝独尊儒术以来,儒家的"忠义"思想已经深入人心。为臣应忠,如果不忠,轻则受到道义谴责,重则可能招致灭门之祸。所以,中国历史上的名将很少有变节投敌者。关羽既然在桃园结义之时已经发誓"上报国家,下安黎庶",既然多次表达过对汉室、对刘备的忠心,他怎么能够为了一己之私而置大节于不顾?当初在许都,曹操待他那么优厚,那么礼遇,关羽尚不为所动;如今虽然是穷途末路,但关羽也断然不会订立城下之盟,断然不会接受东吴的招降。小说借孙权之口,称赞关羽"真忠臣也",也说出了作者的心声。

关羽之"义",《三国演义》中直接在回目中标出的,有义释曹操和义释黄忠两节。义释曹操,表现的是关羽知恩图报。当初,关羽走投无路之时,以降汉的名义归顺了曹操。曹操爱惜人才,待关羽十分优厚。他引关羽见汉献帝,汉献帝封关羽为偏将军。曹操大宴群臣,以客礼待关羽,请他坐上座。又送给他许多绫罗绸缎和金银器皿。为了笼络关羽,曹操给足了关羽面子,三日一小

---

① 《三国演义》第七十六回"徐公明大战沔水,关云长败走麦城"。

宴，五日一大宴，时常宴请关羽，还送给他十名美女。曹操见关羽战袍已旧，量其身材，做了一件异锦战袍相赠；见关羽美髯，令人做纱锦髯囊，用以护髯；见关羽的战马瘦了，就把吕布的赤兔马赐予关羽。关羽斩了颜良，解了白马之围，曹操表奏朝廷，封关羽为汉寿亭侯，并铸印送之。关羽挂印封金，前去寻找刘备，曹操赶来送行，临别赠酒与锦袍，并下令沿途关隘放行。夏侯惇以丞相不知关羽一路斩杀守关将士为由，阻拦关羽。张辽又送来曹操手令："因闻知云长斩关杀将，恐于路有阻，特差我传谕各处关隘，任便放行。"可见，曹操为了笼络关羽，留住关羽这个人才，花了多大的心思，下了多大的功夫。对于曹操的厚待和礼遇，关羽点滴在心。他曾经多次表示，一定要报答曹操。斩颜良，诛文丑，平定汝南之乱，关羽小试身手，就建立了奇功，被汉献帝封为汉寿亭侯。当然，关羽心里明白，如果不是曹操已经允准，他是不可能享受封侯这样的尊荣的。他从心眼里感谢曹操。不要小看汉寿亭侯这个封号，在刘备、张飞两个结义兄弟不知下落，在他们甚至还在为生存而搏命的时候，这个封号很能满足一下一向自视甚高的关羽的虚荣心。结义三兄弟中，他最早博得了功名；三兄弟在结义之时已经视为一体，如今他关羽取得了功名，那么也就意味着三兄弟都有了功名，而这功名却是他关羽在战场上厮杀挣来的。对于关羽来讲，即使用不着因此而自高自大，但至少可以满足一下虚荣心。正是有了这样的心理基础，华容道与曹操遭遇的时候，小说写道："云长是个义重如山之人，想起当日曹操许多恩义，与后来五关斩将之事，如何不动心？又见曹军惶惶，皆欲垂泪，一发心中不忍。于是把马头勒回，谓众军曰：'四散摆开。'这个分明是放曹操的意思。操见云长回马，便和众将一齐冲将过去。云长回身时，曹操已与众将过去了。云长大喝一声，众军皆下马，哭拜于地。云长愈加不忍。正犹豫间，张辽纵马而至。云长见了，又动故旧之情，长叹一声，并皆放去。后人有诗曰：曹瞒兵败走华容，正与关公狭路逢。只为当初恩义重，放开金锁走蛟龙。"关羽义释黄忠，发生在夺取长沙时。当时，关羽与黄忠展开恶战，黄忠的战马忽然马失前蹄，把黄忠掀下马来。关羽显示出名将风度，他没有乘人之危，而是放黄忠回去，让他换马再战。为此，小说在回目上标出"关云长义释黄汉升"。对于义释黄忠，像关羽这样的成名人物，断不会乘人之危，可以不论。而对于华容道释放曹操，小说也用"义释"来表述。有论者以为，关羽这是顾"小义"而失"大义"。释放曹操，考虑的只是曹操对关羽个人的恩惠，而没有考虑到刘备集团的大业。如果活捉曹操，即使不杀他，也可以为刘备集团换回更大的利益。从个人与全局两个角度观察关羽释放曹操一事，确实可以得到完全不同的结论。但是，小说为了神化关羽，突出关羽"重义"的一面，把关羽塑造成为古今第一"义士"，为其"古今来第一名将"加码，虚构了"诸葛亮智算华容，关云长义释曹操"这样的情节，一来突出诸葛亮之智，二来突出关羽之义。试想一下，一个连敌人都能够放过去的人，心里该有多么强大，其所表现的"义"，真可谓是义薄云天。小说正是要通过这样的细节描写，来表现关羽既是常人又异于常人的义气和情怀，一步一步把关羽往神坛上推。

玉泉山显圣是历史上的关羽与民间传说中的关羽的结合，也是神化关羽的重要情节。小说第七十七回"玉泉山关公显圣"一节，写玉泉山关羽亡魂与普净禅师相会，则已经开始把关羽神化：

  却说关公英魂不散，荡荡悠悠，直至一处，乃荆门州当阳县一座山，名为玉泉山。山上有一老僧，法名普净，原是汜水关镇国寺中长老；后因云游天下，来到此处，见山明水秀，就此结草为庵，每日坐禅参道。身边只有一小行者，化饭度日。是夜月白风清，三更已后，普净正在庵中默坐，忽闻空中有人大呼曰："还我头来！"普净仰面谛视，只见空中一人，骑赤兔马，提青龙刀，左有一白面将军，右有一黑脸虬髯之人相随，一齐按落云头，至玉泉山顶。普净认得是关公，遂以手中麈尾击其户曰："云长安在？"关公英魂顿悟，即下马乘风，落于庵前，叉手问曰："吾师何人？愿求法号。"普净曰："老僧普净，昔日汜水关前镇国寺中，曾与君侯相会，今日岂遽忘之耶？"公曰："向蒙相救，铭感不忘。今某已遇祸而死，愿求清诲，指点迷途。"普净曰："昔非今是，一切休论；后果前因，彼此不爽。今将军为吕蒙所害，大呼还我头来，然则颜良、文丑，五关六将等众人之头，又将向谁索耶？"于是关公恍然大悟，稽首皈依而去。后往往于玉泉山显圣护民，乡人感其德，就于山顶上建庙，四时致祭。后人题一联于其庙云："赤面秉赤心、骑赤兔追风，驰驱时无忘赤帝；青灯观青史、仗青龙偃月，隐微处不愧青天。"

一般以为，《三国演义》成书于元末明初。其中既然写到关羽显圣护民，则元末明初之前，关羽在民间已经被神化，成为护佑百姓之神。《三国演义》之后，关羽被神化的趋势更加明显。如清代宫廷大戏《鼎峙春秋》第八本第十六出"红护法贝阙朝天"，写关羽前身乃是佛门红护法，降生尘世之后，忠义无双，受玉帝敕封，新加封号为"三界伏魔大帝"。敕封玉旨称关羽"秉素志于春秋，焕彝伦于海岳；合天地人以立极，兼智仁勇而用中"，评价可谓极高。据记载，"三界伏魔大帝"是明神宗朱翊钧封赠关羽的。清代杂剧《鼎峙春秋》则行移花接木之术，说是玉皇大帝敕封关羽的。但不论怎样，从《三国演义》开始，关羽已经被神化，关羽的形象已经演化为护佑万民的神灵。

（三）为了实现关羽由人而神的转化，小说突出了关羽的儒雅和不近女色

关羽本是一名武将，所以能够彪炳史册，是因其有不凡的战绩。但是，关羽如果仅仅是一名功勋卓著的名将，尚不足以成为"古今来名将第一奇人"，还必须在其身上添加砝码。于是，小说作者特意从儒雅和不近女色两个方面来神化关羽，有意把关羽扶上神坛。

关羽的儒雅，正史中难觅踪影，只有《三国志·蜀志》关羽本传引《江表传》有那么一句话："羽好《左氏传》，讽诵略皆上口。"译成白话，就是关羽喜欢读《左传》，读起来大概都能朗朗上口。据此，小说作者虚构了关羽秉烛夜读的细节。其一是关羽与曹操回许都的路上，曹操欲乱其君臣之礼，使关公与二嫂共处一室。关羽"乃秉烛立于户外，自夜达旦，毫无倦色"。曹操见此情形，对关羽愈加敬服。二是护送甘、糜二夫人寻找刘备的途中，夜宿荥阳关驿站，关羽把甘、糜二夫人安排在正房，自己则在正厅中灯下凭几读书。小说仅是写关羽夜读书，而没有说明读的是什么书。后人据关羽好读《左传》，想当然地以为关羽读的是《春秋》。《春秋》是孔子所作，其传有三：《左氏传》《公羊传》和《穀梁传》。早在西汉时期，《春秋》就已经与《诗经》《尚书》《周易》

《礼记》并列为"五经"。而《春秋》三传仅是解说和注释《春秋》的。关羽喜欢读《左氏传》，与《春秋》有很大关系，但毕竟不是《春秋》。小说的作者也许以为关羽夜读《左传》还不够档次，所以仅说关羽"于灯下凭几看书"，而没有说明关羽看的是什么书。不过，从关羽玉泉山显圣后作者引诗来看，小说作者是把关羽所读之书作为《春秋》来看的。其诗云："汉末才无敌，云长独出群。神威能奋武，儒雅更知文。天日心如镜，《春秋》义薄云。昭然垂万古，不止冠三分。"清代宫廷大戏《鼎峙春秋》第三本第二十二出"秉烛人有一无二"，表现关羽在护送甘、糜二夫人回许都的途中，夜宿驿馆，许褚令人只给他们一副铺盖、一支油烛，只待灯尽，只是高声叫喊，拿他一个叔嫂通奸。关羽"永夜思悠悠，双眉未展愁。兴亡千古事，秉烛看《春秋》"，始终不给许褚机会，也显示出儒将风范。为了表现关羽的儒将风范，小说在"关云长刮骨疗毒"一节，写关羽一边接受华佗的治疗，一边与马良下棋：

> 公饮数杯酒毕，一面仍与马良弈棋，伸臂令佗割之。佗取尖刀在手，令一小校捧一大盆于臂下接血。佗曰："某便下手，君侯勿惊。"公曰："任汝医治，吾岂比世间俗子惧痛者耶！"佗乃下刀，割开皮肉，直至于骨，骨上已青；佗用刀刮骨，悉悉有声。帐上帐下见者，皆掩面失色。公饮酒食肉，谈笑弈棋，全无痛苦之色。

琴棋书画都是文人雅事。为了表现关羽的儒雅，小说完全颠覆了史实，进行了全新的改造。据关羽本传记载，华佗为其刮骨疗毒时，"羽便伸臂，令医劈之。时羽适请诸将饮食相对。臂血流离，盈于盘器。而羽割炙引酒，言笑自若"。吃着烤肉，大口喝着酒，与部将谈笑风生，这才是真实的关羽，这才是作为武将的关羽。但小说为了突出关羽的儒雅，把关羽刮骨疗毒时"割炙引酒"，改造成与马良弈棋。这看来只是小小的改造，但它不经意间就把关羽的儒雅表现出来了。名将而能表现出儒雅，显然已经远离了赳赳武夫，其境界也提高了不少。

关羽对女性的态度，《三国志·蜀志》关羽本传没有片言只语。只有裴松之注引《蜀记》记有关羽乞娶秦宜禄妻事："曹公与刘备围吕布于下邳。关羽启公，布使秦宜禄行求救，乞娶其妻。公许之。临破，又屡请于公。公疑其有异色，先遣迎看，因自留之。羽心不自安。"从《蜀记》的记载来看，秦宜禄妻应该非常漂亮，攻克下邳之前，关羽应该见过这位绝世美人，故而在攻克下邳前请求曹操，待攻克下邳后把秦宜禄妻许给他。到了下邳城将被攻克的时候，关羽又向曹操说起这件事情。这令本来十分好色的曹操心下生疑，怀疑秦宜禄妻有倾国倾城之色。待城破后，曹操先派人把秦宜禄妻接过来，一见其人，果然惊为天人，就自己留下来受用了。关羽因此而耿耿于怀。可见，至少在野史中，关羽是一个好色的人。这一判断，在元杂剧《关大王月下斩貂蝉》中可以得到印证。吕布被杀后，貂蝉成为战利品，张飞把貂蝉送给关羽。关羽夜读《春秋》，认为美色是祸水，担心貂蝉再祸害他人，就把貂蝉杀了。这出戏很有意思。张飞把原是吕布妻的貂蝉作为战利品送给关羽，意思十分明确，就是要把这个绝代尤物给关羽受用。问题是，张飞为何把貂蝉送给关羽，而不是送给别人？很显然，这里暗含着关羽喜爱美色的意思。但是，元杂剧为了突出关羽深明大义、不近女色的一面，最后让关羽把貂蝉杀了。从野史到元杂剧，关羽都是好色之人。然而，到了《三国志平话》，关羽对美女已经不正色视之，其中写道："曹操亦伸礼而待关公，三日一小宴，五日一大宴，上马金，下马银；又献美女十人，与关公为近侍。关公正不视之，与甘、糜二嫂一宅分两院。"对曹操送来的美女，关羽不正眼视之，而是送给甘、糜二夫人作为侍女。《三国演义》写关羽对美女的态度，与《三国志平话》基本一致，称曹操"又送美女十人，使侍关公。关公尽送入内门，令伏侍二嫂"。原本喜好美色的关羽，在《三国演义》中变成了不近女色的正人君子。这一变化不仅使关羽形象与野史和元杂剧中的关羽形象相去甚远，而且改变了关羽原来的形象，使关羽成为不近女色的正人君子，让关羽形象离神坛越来越近。

由于《三国演义》的深远影响，明代之后，关羽形象最终还是被神化了。明代关羽被尊称为"三界伏魔大帝"；到了清代，关羽的封号更为显贵。顺治九年（1652），关羽被敕封为神，称为"忠义神武关圣大帝"；雍正三年（1725），关羽被敕封为"关帝"，三代公爵，定春秋祭礼，置五经博士，以奉祀事；乾隆三十三年（1768），加封"关帝"为"忠义神武灵祐关圣大帝"。关羽由人而神，由神而圣而帝，其封号可谓极为隆崇。宋代之前，关羽最高的待遇就是列名六十四名将，配享武圣姜太公。然而，宋代以后，尤其是到了明清时期，关羽的地位不论在民间还是在官方，都是扶摇直上，而附着在他身上的"忠义神武灵祐"等溢美之词，以及"关帝""关圣""大帝"等令世人瞠目的称号，都让人们对关羽肃然起敬。人们需要护佑时祭拜他，甚至需要求财时也要拜祭他。看一看遍布大河上下、大江南北的关帝庙，就可以感受到关帝崇拜达到了怎样兴盛的地步了。究其源头，《三国演义》对关羽的神化则具有决定性的作用，而《三国演义》在民间的流传，则又对关羽崇拜起到了推波助澜的作用。

四　古今奸雄第一奇人：曹操

曹操"奸雄"的称号，是当时名士许劭赐予的。据《后汉书·许劭传》记载，曹操还没有出名的时候，遇到了南阳名士何颙。何颙非常赏识曹操的才能，说将来能够安定天下的，大概就是曹操这个人吧。他还为当时正谋求出名的曹操指点迷津，让他到汝南去找许劭，求许劭对他做出评价，这样就可以出人头地了。曹操到了汝南，找到当时正主持"月旦评"的许劭，请求许劭为他美言几句。许劭看不上曹操这个人，不愿意评价他。无奈之际，曹操拿刀挟持了许劭，逼迫许劭对他做出评价。许劭无可奈何，说："子治世之能臣，乱世之奸雄。"曹操听后，高高兴兴地离开了汝南。[①] 既然曹操听到"乱世之奸雄"的评价后高高兴兴地离去，那么，至少在曹操看来，"奸雄"并不是一个不好的评价，至少不像今天有人理解的那样，"奸雄"就是"奸人中的魁首"。实际上，把"奸雄"解释为"奸人中的雄杰"可能更为合适。不然的话，曹操何以会欣然而去？不管怎样，东汉以后，"奸雄"就成了曹操的代名词。《三国演义》出于"尊刘抑曹"的需要，更是为了刻意丑化曹操，把曹操塑造成"古今来奸雄第一奇人"。

---

① 参见《后汉书》卷六十八《许劭传》。

毛宗岗从"似乎忠""似乎顺""似乎宽""似乎义"等方面，评价曹操的"奸雄"。仔细分析毛宗岗列举的例子，其所说"似乎"，则几乎都可以换作"确乎"。如曹操听从荀彧的建议"奉天子以从众望"，在当时来看就是"忠"；曹操废黜袁术的帝号，自己称曹侯，则是顺应民心；不杀为袁绍草檄的陈琳，就是爱才；关羽千里独行，他不加阻拦，还让人给予通关公文，就是义。如果看《三国志·魏志·武帝纪》中的曹操，许劭"治世之能臣，乱世之奸雄"的评价，简直可以说是不刊之论。但是，历史和小说毕竟不同。《三国演义》既然有意识地丑化曹操，贬抑曹操，那么，一些本来就是如此的事情，在小说作者的笔下都被染上了"奸雄"的色彩，打上了"奸雄"的印记。伴随着《三国演义》的流行，以及有关曹操的三国戏的上演，曹操"奸雄"的印记无论怎样都擦拭不去了。

（一）曹操对汉献帝无"忠"字可言

建安元年（196），曹操听从荀彧的建议迎汉献帝都许。从曹操当时的实力及处境来看，初到许都的曹操并无取汉献帝而代之的想法。都许之后，他挟天子以令诸侯，转战中原，势力逐渐坐大，尤其是剿灭了袁术和吕布之后，曹操的个人野心开始膨胀。建安四年（199）的许田打围，曹操的个人野心开始暴露，并由此激发了与刘备集团的矛盾。程昱劝曹操："今明公威名日盛，何不乘此时行王霸之事？"曹操则担心朝廷有不少人是汉献帝股肱大臣，就请天子田猎，借以观察大臣们的动静。于是，令人拣选良马、名鹰、俊犬、弓矢俱备，先聚兵城外，曹操入宫请天子田猎。汉献帝不敢不从，随即排銮驾出城。小说于此写道：

> 玄德与关、张各弯弓插箭，内穿掩心甲，手持兵器，引数十骑随驾出许昌。曹操骑爪黄飞电马，引十万之众，与天子猎于许田。军士排开围场，周广二百余里。操与天子并马而行，只争一马头。背后都是操之心腹将校。文武百官，远远侍从，谁敢近前。当日献帝驰马到许田，刘玄德起居道傍。帝曰："朕今欲看皇叔射猎。"玄德领命上马，忽草中赶起一兔。玄德射之，一箭正中那兔。帝喝采。转过土坡，忽见荆棘中赶出一只大鹿。帝连射三箭不中，顾谓操曰："卿射之。"操就讨天子宝雕弓、金鈚箭，扣满一射，

曹操像

正中鹿背,倒于草中。群臣将校,见了金鈚箭,只道天子射中,都踊跃向帝呼"万岁"。曹操纵马直出,遮于天子之前以迎受之。众皆失色。玄德背后云长大怒,剔起卧蚕眉,睁开丹凤眼,提刀拍马便出,要斩曹操。玄德见了,慌忙摇手送目。关公见兄如此,便不敢动。玄德欠身向操称贺曰:"丞相神射,世所罕及!"操笑曰:"此天子洪福耳。"乃回马向天子称贺,竟不献还宝雕弓,就自悬带。

小说借许田打猎表现了曹操开始膨胀的个人野心,也表现了刘备集团与曹操的矛盾。刘备等人当初立誓,共扶汉室。而曹操在打围的时候,处处抢汉天子的风头,根本不把汉献帝放在眼里。众人向汉献帝山呼万岁,曹操却丝毫不顾及汉献帝和大臣们的感受,直接跃居天子之前,接受大家的祝贺。这一举动

第六章 纵横捭阖说"三奇" 239

令关羽大怒,"提刀拍马便出,要斩曹操",被刘备劝住。这是刘备集团与曹操集团第一次直接的冲突,只是由于刘备怕伤及汉献帝,且曹操的实力强大,采取了委曲求全的方式,才阻止了冲突的直接爆发。在这次事件中,曹操虽然名义上尊奉汉献帝,但实际上已经把汉献帝视作傀儡,他在汉献帝面前可以为所欲为,毫无顾忌。程昱劝他行王霸之事,他虽然口头上没有答应,但行动上已经在逐步落实。他用汉天子的宝雕弓、金鈚箭射猎,并接受大臣的祝贺,已经完全丢掉了为臣要忠这样一条基本的准则。从建安四年之后,曹操对汉献帝已经没有丝毫的"忠"字可言,但他还在利用汉献帝的"剩余价值",挟天子以令诸侯,以天子的名义剪除异己。董承受汉献帝衣带诏,与刘备、马腾、王子服、吴子兰、种辑、吴硕等密谋诛杀曹操,谋事不密,被家奴出首告发,反被曹操杀害。只有刘备、马腾因不在京城而幸免于难。曹操还不顾汉献帝的哀求,杀了已经怀有五个月身孕的董贵妃。其豺狼之性和谋取大位的野心,在诛杀董承等人及董贵妃这件事上,已经完全暴露无遗。所以,在此事件之后,小说写曹操对待汉献帝,简直如待小儿。建安十九年(214),曹操谋称魏王,遭到荀彧的反对,只好暂时作罢。其怒气无处发作,就把汉献帝当作了出气筒。小说写道:"一日,曹操带剑入宫,献帝正与伏后共坐。伏后见操来,慌忙起身。帝见曹操,战栗不已。操曰:'孙权、刘备各霸一方,不尊朝廷,当如之何?'帝曰:'尽在魏公裁处。'操怒曰:'陛下出此言,外人闻之,只道吾欺君也。'帝曰:'君若肯相辅则幸甚;不尔,愿垂恩相舍。'操闻言,怒目视帝,恨恨而出。"① 汉献帝虽然仍是名义上的天子,但见了曹操竟然"战栗不已",其对曹操的恐惧之情,已经表露无遗。曹操把汉献帝视作儿皇帝,不仅出言不逊,而且"怒目视帝",告诫汉献帝要小心。这时的曹操哪里还有半点忠君的意思。建安二十一年(216),曹操进位魏王,立曹丕为世子。曹操从此出入用天子车服,与汉天子无异。建安二十三年(218),少府耿纪、司直韦晃联合金祎和吉平之子吉邈、吉穆,于正月十五日夜,乘许都庆赏元宵、大张灯火之机,放火焚烧

---

① 参见《三国演义》第六十六回"关云长单刀赴会,伏皇后为国捐生"。

军营，准备攻进皇宫，请汉献帝登上五凤楼，晓谕文武百官讨伐曹操。结果被巡警许都的夏侯惇捕杀，并连累其五族老小。当时曹操在邺城，遂借机清除异己。他令人把百官解赴邺城，在教场左边树立红旗，右边树立白旗，下令说："耿纪、韦晃等造反，放火焚许都，汝等亦有出救火者，亦有闭门不出者。如曾救火者，可立于红旗下；如不曾救火者，可立于白旗下。"文武百官很多人都以为救火者一定是无罪的，于是就站在红旗之下。大概只有三分之一的人站立在白旗下。曹操下令把站立在红旗下的人全部拿下，说："汝当时之心，非是救火，实欲助贼耳。"于是把这些官员都牵到漳河边杀害了，死的官员有三百多人。而站立在白旗下的官员，都受到赏赐，令他们仍旧回许都为官。为了清除异己，曹操连这样的招数都用了出来，真可谓是"奸雄"。

（二）曹操对于人才爱恨有加

曹操是爱才的。但他所爱的是能够为他所用的人才，如果能够为其所用，他则宠爱有加；如果不能够为其所用，他则是恨之有加。曹操奉汉献帝都许之后，曾经三次发布求贤令。建安十五年（210）《求贤令》称："今天下尚未定，此特求贤之急时也。孟公绰为赵、魏老则优，不可以为滕、薛大夫。若必廉士而后可用，则齐桓其何以霸世！今天下得无有被褐怀玉，而钓于渭滨者乎？又得无盗嫂受金，而未遇无知者乎？二三子其佐我明扬仄陋，唯才是举，吾得而用之。"曹操对人才的态度是"唯才是举，吾得而用之"，是人才就要举荐上来，是人才就要能够为我所用。建安十九年（214），曹操又发布《敕有司取士勿废偏短令》："夫有行之士未必能进取，进取之士未必能有行也。陈平岂笃行，苏秦岂守信邪？而陈平定汉业，苏秦济弱燕。由此言之，士有偏短，庸可废乎？有司明思此义，则士无遗滞，官无废业矣。"[1] 人才都是各有所长，也各有所短，不能因为人才有偏短而废弃不用。建安二十二年（217），曹操又发布《举贤勿拘品行令》："昔伊挚、傅说出于贱人，管仲，桓公贼也，皆用之以兴。萧何、曹参，县吏也，韩信、陈平负污辱之名，有见笑之耻，卒能成就王业，声

---

[1] 《三国志·魏志》卷一《武帝纪》。

著千载。吴起贪将，杀妻自信，散金求官，母死不归，然在魏，秦人不敢东向，在楚则三晋不敢南谋。今天下得无有至德之人放在民间，及果勇不顾，临敌力战；若文俗之吏，高才异质，或堪为将守；负辱之名，见笑之行，或不仁不孝而有治国用兵之术；其备举所知，勿有所遗。"① 这三次求贤令，充分体现出曹操一以贯之的唯才是举的用人思想。汉末大乱，十八镇诸侯讨伐董卓之时，曹操的势力还很弱小。但经过短短几年，尤其是奉汉献帝都许之后，曹操的势力迅速壮大，并最终统一北方，其中最重要的一条，就是他善于发现人才，善于使用人才。较为典型的例子是关羽和张辽。

关羽是难得的人才。他非凡的才能在温酒斩华雄时，已经让曹操见识了。所以，曹操对关羽很有好感。正是因此，屯土山约三事，曹操才欣然答应。为了留住关羽这个与刘备义结金兰的人才，曹操想尽了办法，金钱、美女、爵位、尊荣、礼遇等所可能给予的，他都给了关羽。但是，他最终还是没有留住关羽。在关羽挂印封金，不辞而别的时候，曹操虽然也有懊悔，但他还是非常珍惜人才，很大度地为关羽送行，赠予锦袍，并赠美酒壮行。曹操这样做为什么？他知道人都是有感情的，他想感动关羽，希望关羽在临别的一刹那改变主意留下来，继续为他所用，继续在关键时刻为他出力解围。可是，关羽看重的是与刘备的结义之情，看重的是他和刘备、张飞曾经的盟誓。他不能为了曹操待他的优厚和礼遇，放弃与刘备兄弟而君臣的情义。关羽最终选择了离开曹操，而曹操对关羽的礼遇在关键时刻得到了超出想象的回报。华容道遇险，曹操以旧情感动关羽，很幸运地捡回了一条命。虽然曹操当初并没有想到这一层，但他曾经为关羽做的一切，关羽点滴在心，他不顾与军师订立的军令状，出于感恩之心释放了曹操。曹操厚待关羽，礼遇关羽，表现出对人才的尊重和爱惜，和曹操的人才观相一致。

张辽和关羽的情况有所不同。他原是吕布手下的将领，下邳之战，他和吕布同时被俘虏。吕布想让曹操饶过他，表示愿意投降曹操，为曹操打天下，对

---

① 《三国志·魏志》卷一《武帝纪》裴松之注引《魏书》。

张辽威震逍遥津

曹操说:"明公所患,不过于布;布今已服矣。公为大将,布副之,天下不难定也。"然而,刘备却提醒曹操,不要忘了丁建阳、董卓的前车之鉴。吕布还想求饶。这时却被张辽叫骂:"吕布匹夫!死则死耳,何惧之有!"杀了吕布之后,曹操指着张辽说,这人好像有些面熟。张辽还记得濮阳之战的情形,愤然说:"可惜当日火不大,不曾烧死你这国贼。"曹操做出要杀张辽的样子,却被刘备、关羽劝住。刘备说:"此等赤心之人,正当留用。"关羽说:"关某素知文远忠义之士,愿以性命保之。"曹操听了二人的话,扔掉手中之剑,笑着对张辽说:"我亦知文远忠义,故戏之耳。"于是亲自为张辽松绑,脱下自己的衣服给张辽穿上,请张辽上坐。张辽被曹操的诚意所感动,于是投降了曹操。曹操拜张辽为中郎将,赐爵关内侯。张辽投降曹操之后,跟随曹操转战南北,立下了赫赫战功。曹操对张辽信任有加。赤壁之战后,曹操命张辽守合淝,把东南之地都交给了张辽。张辽尽心竭力，不辱使命。《三国演义》在第五十三回和第六十七回，两次写到了张辽合淝战孙权，充分显示了张辽作为名将的风采。其中"张辽威震逍遥津"一节，写张辽以少胜多，杀得东吴兵丢盔卸甲，大败亏输，以至于"江南人人害怕，闻张辽大名，小儿也不敢夜啼"。作为一名降将，张辽能够得到曹操如此信任，自然也就投桃报李，为曹魏集团竭尽忠诚。

曹操对待人才的基本原则是唯才是举，但又强调必须为我所用。如果不能为我所用，即使大才、天才，也弃置不用，甚至还要除之而后快。荀彧、荀攸叔侄就是较为典型的例子。叔侄二人是在曹操势力尚微时追随曹操，并成为曹操手下的重要谋士。荀彧以其远见卓识和深谋远虑，长期成为曹操的首席谋士。他为曹操制定的"奉天子以从众望"的战略，使曹操集团迅速脱颖而出，在汉末诸侯争斗中由小到大，由弱变强。此时的曹操个人野心虽然已经暴露，但他毕竟还尊奉汉天子，至少在形式上还保持着对汉献帝的尊重。建安十七年（212），长史董昭以为曹操"栉风沐雨，三十余年，扫荡群凶，与百姓除害，使汉室复存"，功德远在其他大臣之上，建议为曹操加九锡。时任侍中的荀彧却不赞成，说："不可。丞相本兴义兵，匡扶汉室，当秉忠贞之志，守谦退之节。君子爱人以德，不宜如此。"董昭的话正称曹操之意，而荀彧一番话虽然是批评董昭，却也表明了不赞成曹操加九锡的看法。这让曹操很不高兴。董昭却是坚持己见，说："岂可以一人而阻众望？"从董昭的话可以看出，当时朝中大臣在曹操加九锡这一问题上，没人敢于发表意见。于是，董昭上表请尊曹操为魏公，加九锡。曹操终于如愿以偿。荀彧见无力阻止，感慨道："吾不想今日见此事！"曹操听说后，认为荀彧不愿意再帮助他，非常嫉恨荀彧。这年冬十月，曹操兴兵下江南，命荀彧与之同行。荀彧明白曹操的意思，在大军至寿春的时候，以身体有病为由，留在寿春。不久，曹操忽然派人送来一盒吃的东西，盒上有曹操亲笔封记。荀彧打开盒子一看，里面空无一物。荀彧明白曹操送空食盒的意思，遂服毒而亡，时年50岁。荀彧长期追随曹操，作为首席谋士，他运筹帷幄，决胜千里，算无遗策，功勋无人可比。但是，一旦他对曹操流露出不支持的念头，纵有天大的本事，曹操再也不用他。所以，后人有诗感慨道："文若才华天下闻，可怜失足在权门。后人休把留侯比，临没无颜见汉君。"① 其侄荀攸的情况与之相似。荀攸之智谋，不在其叔荀彧之下。钟繇曾经说过，荀攸"前后凡画奇策十二"，为曹操建立了不朽功勋。曹操对荀攸非常赏识，信任有加，赞扬他"外愚内智，外怯内勇，外弱内强，不伐善，无施劳，智可及，愚不可及。虽颜子、宁武不能过也"。② 裴松之注引《魏书》载有曹操称赞荀攸之语，称"孤与荀公达周游二十余年，无毫毛可非者"，又称"荀公达真贤人也，所谓温良恭俭让以得之。孔子称晏平仲善与人交，久而敬之。公达即其人也"。《傅子》亦载："或问近世大贤君子。答曰：'荀令君之仁，荀军师之智，斯可谓近世大贤君子矣。荀令君仁以立德，明以举贤，行无诡黩，谋能应机。孟轲称五百年而有王者兴，其间必有名世者。其荀令君乎？太祖称荀令君之进善，不近不休；荀军师之去恶，不去不止也。"③ 然而，就是荀攸这样一个为曹操出过大力、被曹操赞为"无毫毛可非"的人，最后因谏阻曹操称魏王而被曹操弃之不用。《三国演义》第六十六回"关云长单刀赴会，伏皇后为国捐生"则说荀攸是因忧愤成疾而死：

> 侍中王粲、杜袭、卫凯、和洽四人，议欲尊曹操为魏王。中书令荀攸曰："不可。丞相官至魏公，荣加九锡，位已极矣。今又进升王位，于理不可。"曹操闻之，怒曰："此人欲效荀彧耶！"荀攸知之，忧愤成疾，卧病十数日而卒，亡年五十八岁。操厚葬之，遂罢魏王事。

《三国演义》叙述荀攸之死，在王粲等人议尊曹操为魏王之后，曹操杀伏皇后之前。且荀攸之死，是因谏阻曹操称魏王，遭到曹操的冷遇，忧愤成疾而卒。这一情节的设置，再次印证了曹操"唯才是举，吾得而用之"这样一种人才观。荀攸纵然有盖世奇功，但只要不为曹操所用，那就要弃置不用，打入冷宫。荀彧是这样，荀攸也没有逃脱这一宿命。荀攸于建安十九年（214）病逝。本传称

---

① 《三国演义》第六十六回"赵云截江夺阿斗，孙权遗书退老瞒"。

② 《三国志·魏志》卷十《荀攸传》。

③ 《三国志·魏志》卷十《荀攸传》裴松之注引。

"攸从征孙权,道薨。太祖言则流涕"。显而易见,《三国演义》关于荀攸之死的描述,与《三国志·魏志》荀攸本传的记载大相径庭。《三国演义》的描述虽然未必可信,但它与曹操一贯主张的"唯才是举,吾得而用之"是相一致的。

(三) 奸诈诡谲不按常理出牌

既为"奸雄",曹操的奸诈诡谲也是出了名的。曹操小的时候,喜好斗鸡走狗,游荡无度。他的叔叔经常对曹操之父曹嵩说起,希望严加管教。有一次,叔叔见曹操口歪眼斜,像是中风的样子,叔叔问他,曹操回答说是突然中风了。叔叔就告诉了哥哥曹嵩,曹嵩急忙赶过去,曹操却是一切正常,没有生病的样子。曹嵩说:"刚才叔叔说你中风了,怎么就好了?"曹操说:"叔叔不喜欢我,所以他就欺骗了您。"① 从此以后,叔叔再说曹操不好的话,曹嵩也不再相信了。另据《世说新语》记载,曹操小时候曾经与袁绍一起,夜里潜入新媳妇家,想劫持新媳妇,被人发现后,二人慌忙逃跑,不料逃进了荆棘丛中,袁绍无法脱身。这时,曹操突然喊道:"窃贼在这里!"袁绍十分害怕,惊惧之中就挣脱了荆棘,逃了出去。曹操的一生,类似这样奸诈诡谲的事情还有不少。《三国演义》也写了几件很能代表曹操奸诈诡谲性格的事情。其中较为典型的是借王垕之头平息众怒和梦中杀人。

袁术称帝于淮南,曹操起兵征伐。十七万大军,每天要耗费很多粮食,加上诸郡遭遇旱荒,军粮时常不能按时送到。曹操想速战速决,袁术部将李丰等则是闭门不出。两军相拒一个多月,曹军的粮食消耗殆尽。没有粮食,会动摇军心。于是曹操向孙策借了粮米十万斛,但仍然不够用。仓官王垕向曹操禀报:"兵多粮少,当如之何?"曹操说:"可将小斛散之,权且救一时之急。"王垕说:"兵士倘怨,如何?"曹操说:"吾自有策。"于是,王垕就按照曹操的指令,用小斛为士兵分粮食。曹操暗中派人到各寨打探,士兵怨恨之声连天,都说丞相欺骗大家。曹操于是秘密把王垕召入,说:"吾欲问汝借一物,以压众心,汝必勿吝。"王垕问:"丞相欲用何物?"曹操说:"欲借汝头以示众耳。"

---

① 参见《三国志·魏志》卷一《武帝纪》裴松之注引《曹瞒传》。

王垕大惊，说："某实无罪！"曹操说："吾亦知汝无罪，但不杀汝，军必变矣。汝死后，汝妻子吾自养之，汝勿虑也。"王垕还想再分辩，曹操已把刀斧手喊进来，将王垕推出门外，斩首示众。曹操还贴出榜文："王垕故行小斛，盗窃官粮，谨按军法。"众人以为是王垕故意克扣军粮，与曹操无关，怨气才消解。小说于此写道："次日，操传令各营将领：'如三日内不并力破城，皆斩！'操亲自至城下，督诸军搬土运石，填壕塞堑。城上矢石如雨，有两员裨将畏避而回，操掣剑亲斩于城下，遂自下马接土填坑。于是大小将士无不向前，军威大振。城上抵敌不住，曹兵争先上城，斩关落锁，大队拥入。李丰、陈纪、乐就、梁刚都被生擒，操令皆斩于市。焚烧伪造宫室殿宇、一应犯禁之物。寿春城中，收掠一空。"① 用小斛分粮，本是曹操的主意。仓官王垕天真地以为，既然是曹操的主意，曹操必定不会怪罪于他。可他哪里会想到，这正是曹操激励将士的一种策略，以此激起众怒，然后由他出面平息，之后再激励将士攻城。可怜王垕只是寻常人的思维，根本不会想到曹操用这种违背常理的手段激励士气。王垕作了牺牲品，寿春城却攻下来了，曹操的战术目标实现了。

曹操位高权重，树敌甚多，非常担心有人会暗杀他。要防止暗杀，就要防止人们在他休息时接近他，曹操于是就告诫身边的人说："吾梦中好杀人。凡吾睡着，汝等切勿近前。"有一天，曹操午休时，被子掉在了地上，一个贴身服侍的侍卫怕曹操受凉，慌忙把被子捡起来给曹操盖上。曹操突然跃起，拔剑斩杀了侍卫，然后又上床睡觉。睡了半晌起来，见有侍卫被杀，感到很吃惊，问道："何人杀吾近侍？"众人就把实情告诉曹操。曹操痛哭一场，命人厚葬之。此事之后，人们都以为曹操果然会梦中杀人，因此，在曹操睡觉的时候，侍卫们都不敢再接近他。主簿杨修明白曹操的用意，在安葬那个被杀的侍卫时，深有感慨地说："丞相非在梦中，君乃在梦中耳！"

《世说新语·假谲第二十七》记载了几个颇能反映曹操奸诈性格的故事，《三国演义》多有采用。其中"望梅止渴"的故事，在《三国演义》第二十一

---

① 参见《三国演义》第十七回"袁公路大起七军，曹孟德回合三将"。

回"曹操煮酒论英雄"一节,通过曹操之口讲了出来:"适见枝头梅子青青,忽感去年征张绣时,道上缺水,将士皆渴;吾心生一计,以鞭虚指曰:'前面有梅林。'军士闻之,口皆生唾,由是不渴。今见此梅,不可不赏。又值煮酒正熟,故邀使君小亭一会。"借王垕项上人头平息众怒的故事,则见于《世说新语》引《曹瞒传》。与此故事相似的,是曹操借身边亲近之人的项上人头,向众人宣示:如果有人想杀我,我就会有感应。故事略云:

> 魏武常言:"人欲危己,己辄心动。"因语所亲小人曰:"汝怀刃,密来我侧。我必说心动,执汝使行刑。汝但勿言,其使无他,当厚相报。"执者信焉,不以为惧,遂斩之。此人至死不知也,左右以为实,谋逆者挫气矣。

这个故事和王垕的故事一样,实际上都是曹操要求别人和他演"双簧",别人出于对曹操威信的信任,以为只是配合曹操演一场戏而已。他们做梦都不会想到,曹操正是利用了他们对其威信的信任,假戏真做,以达到其不可告人的目的。这种利用别人的信任,行奸诈之事,是典型的奸诈诡谲。《三国演义》有意识地放大这些事情,既是为了突出曹操"奸雄"的本色,又是出于"抑曹"的需要。

(四) 残忍暴虐几近灭绝人性

大凡奸诈诡谲之人,同时也会表现残忍暴虐的一面。曹操就是这样。曹操一生杀人无数,战场上杀人,宫廷斗争中杀人,为了个人目的杀人。曹操有一句名言:"宁教我负天下人,不教天下人负我。"有这样一种极端自私的性格,就会有极端自私的行为。《三国演义》对曹操这种性格有淋漓尽致的表现。譬如曹操献刀,谋杀董卓未遂,急忙逃跑。逃至成皋这个地方,见天色已晚,就往其父的结义兄弟吕伯奢家投宿。吕伯奢热情招待,请曹操和陈宫留下休息。为招待曹操二人,他对陈宫说:"老夫家无好酒,容往西村沽一樽来相待。"说罢,就匆匆骑上驴去打酒了。小说于此写道:

> 操与宫坐久,忽闻庄后有磨刀之声。操曰:"吕伯奢非吾至亲,此去可疑,当窃听之。"二人潜步入草堂后,但闻人语曰:"缚而杀之,何如?"操曰:"是矣!今若不先下手,必遭擒获。"遂与宫拔剑直入,不问男女,皆杀之,一连杀死八口。搜至厨下,却见缚一猪欲杀。宫曰:"孟德心多,误

杀好人矣！"急出庄上马而行。行不到二里，只见伯奢驴鞍前鞒悬酒二瓶，手携果菜而来，叫曰："贤侄与使君何故便去？"操曰："被罪之人，不敢久住。"伯奢曰："吾已分付家人宰一猪相款，贤侄、使君何憎一宿？速请转骑。"操不顾，策马便行。行不数步，忽拔剑复回，叫伯奢曰："此来者何人？"伯奢回头看时，操挥剑砍伯奢于驴下。宫大惊曰："适才误耳，今何为也？"操曰："伯奢到家，见杀死多人，安肯干休？若率众来追，必遭其祸矣。"宫曰："知而故杀，大不义也！"操曰："宁教我负天下人，休教天下人负我。"陈宫默然。①

曹操是被通缉之人，逃难在外，有防守之心，固然可以理解。但是，他要杀的是通家之好，无论如何也应该先问个明白。曹操为了自保，只是听到了"缚而杀之"这么一句话，不问青红皂白，就和陈宫一起，把吕伯奢一家八口都杀了。逃跑途中，看到吕伯奢打酒买菜回来，担心吕伯奢不会与他善罢甘休，把吕伯奢也杀了。吕伯奢出于好意要款待曹操，却没有想到自己连同全家人都成了曹操的刀下之鬼。这一点，连陈宫也感到不可思议。如果说前面杀吕伯奢家人是出于误会，那么，在误会已经造成严重后果的情况下，还要故意杀死吕伯奢，就是不义了。而曹操却是振振有词，说出了自己的信条：宁教我负天下人，休教天下人负我！

曹操的残忍暴虐，在为父报仇中表现得最为充分。曹操平定青州黄巾之乱以后，派泰山太守应劭去琅玡接父亲曹嵩到兖州。途经徐州时，徐州太守陶谦设宴招待，之后派部将张闿带五百士兵护送。张闿原是黄巾余孽，途中贪图曹嵩家财，把曹嵩及其家人四十余口全部杀死，然后投淮南去了。曹操闻报，迁怒于陶谦，率兵杀奔徐州而来，下令：但得城池，将城中百姓，尽行屠戮，以雪父仇。大军所到之处，杀戮人民，发掘坟墓。曹操在攻城掠地的同时，大肆杀戮，所过之地，尸骨如山，血流成河。曹操为报父仇，而迁怒于徐州之地的百姓，把怨气撒到他们身上，让他们做替罪羊，这就不是一般的残忍了，而是

---

① 《三国演义》第四回"废汉帝陈留践位，谋董贼孟德献刀"。

丧尽了天良，泯灭了人性。除了为父报仇而滥杀无辜外，曹操为了政治目的，还多次大肆杀戮。董承奉汉献帝密诏，联合刘备、马腾、王子服等，准备诛杀曹操。事情败露之后，遭到了曹操疯狂的报复，"将董承等五人，并其全家老小，押送各门处斩。死者共七百余人"。还不顾汉献帝的哀求，残忍地杀害了已经有五个月身孕的董妃。伏皇后为了除掉曹操，让汉献帝写下诏书，让穆顺带出后宫，请伏皇后之父伏完联合刘备、孙权，剿除曹操。结果事情败露，伏皇后被乱棒打死，她生下的两个儿子也被鸩杀。伏完和穆顺宗族二百余口，皆被斩于市。朝野之人见了，无不惊骇。建安二十三年正月十五，耿纪、韦晃等谋占五凤楼，号召天下义士共诛曹操。耿纪等谋事不成，涉事五家宗族老小全部被诛杀。朝中大臣被押至邺城，曹操借机大搞清洗，又杀死三百多人。

《三国演义》写到的曹操直接参与的大规模杀戮就有四次，其中为父报仇攻屠徐州，杀人无数。此事在《三国志·魏志·武帝纪》中仅是一笔带过，《陶谦传》则记之较详："初平四年，太祖征谦，攻拔十余城。至彭城，大战，谦兵败走，死者万数，泗水为之不流。"曹操为报父仇，株连无辜，暴露出其残忍的性格。此后三次大规模杀戮，虽然是出于政治斗争的需要，也有自保的原因，但无论如何，为了所谓的政治目的，把无辜的人牵连在内，并加以残忍地杀害，既残忍暴虐，又惨无人道。古人有言："恶恶止其身，罚弗及其嗣。人理也，实天心也。"① 可是，在中国古代的宫廷斗争中，在无正义可言的政治斗争中，胜利的一方不仅可以鸡犬升天，而且可以完全操控失败一方的命运，很少有人"恶恶止其身，罚弗及其嗣"，而是斩草除根，大搞株连，轻则全家老小，重则株连五族甚至九族。曹操作为乱世奸雄，在这方面更是有过之而无不及。尤其是建安二十三年正月十五发生的耿纪、韦晃谋占五凤楼之事，在夏侯惇已经把涉事的五家宗族老小全部杀害的情况下，曹操还下令把许都的文武百官都押赴邺城，用一种十分荒唐的甄别方法，来借机清除异己。军营失火，京师发生大动乱，作为朝廷命官难道应该袖手旁观，不管不问吗？难道不该出来尽一份力

---

① 王樵《尚书日记》卷十。

吗？所以，当曹操要大家选择站队的时候，很多人都选择站到出来救火的队伍中。可是，按照曹操的逻辑，出来救火的官员都是希望把事情闹大的人，都有支持乱党的嫌疑，于是就把这些人全部杀害了。这些人很多都是冤死鬼，他们可能根本没有出来救火，而只是错误地揣摩了曹操的心理。他们哪里想得到，曹操根本不按常理出牌，其心思根本琢磨不透。这正是曹操作为"乱世之奸雄"的本色。如果他的心思、他的行为、他的做法都能够被别人揣摩出来，那么，曹操也就愧对"乱世之奸雄"这样一种评价了。

（五）举止乖张喜怒无常

在《三国演义》中，曹操是一个性格行为非常难以琢磨的人，其行为举止往往异于常人，而且喜怒无常。张辽虽然被俘，但丝毫不减英雄气概，面对曹操，他也是敢怒敢恨。曹操先是大怒，拔剑要杀张辽。后来由于刘备、关羽出面劝阻，忽然又转怒为喜，待张辽如上宾。正是他这一怒一喜，让张辽看出了曹操对人才的爱惜，才欣然投降了曹操。东吴参谋阚泽来江北下书，曹操先是正襟危坐，一副公事公办的样子。而当他看了黄盖的书信后，忽然拍案大怒，说："黄盖用苦肉计，令汝下诈降书，就中取事，却敢来戏侮我耶！"于是令人把阚泽推出去斩首。曹操是真的看出书信有诈，还是借机使诈，小说没有明言，但从情节发展来看，曹操是在使诈，他想通过这种方式，试探阚泽，逼其露出破绽。毕竟阚泽是东吴参谋，突然来到江北，其动机非常值得怀疑。像曹操这样多疑的人，岂能轻易相信一个从未谋面的人！孰料阚泽却是面不改色，仰天大笑。曹操令把阚泽押回，叱责道："吾已识破奸计，汝何故哂笑？"于是，曹操反复诘问，阚泽的回答却是滴水不漏。打消疑虑之后，曹操转怒为喜，离席向阚泽道歉，说："二人能建大功，他日受爵，必在诸人之上。"在上述两个故事中，曹操都是先怒后喜。其怒是真怒，目的是试人胆色，窥其破绽。而其目的达到之后，曹操则忽然转怒为喜，又是一副嘴脸。曹操的举止乖张和喜怒无常，在横槊赋诗和败走华容道中表现得最为充分。

"宴长江横槊赋诗"，是《三国演义》中较为精彩的章节。建安十三年十一月十五日夜，曹操在江边战船上大摆宴席，宴请众将。小说先写曹操之喜，逐波推去，把曹操之喜推向高潮。首先，"操见南屏山色如画，东视柴桑之境，西观夏口之江，南望樊山，北觑乌林，四顾空阔，心中欢喜"；接着，闻众将"愿得早奏凯歌！我等终身皆赖丞相福荫"，曹操大喜；言及将收服江南，曹操大笑；说到将来的生活，曹操表示"如得江南，当娶二乔，置之台上，以娱暮年，吾愿足矣"，又是大笑；谈笑间，忽闻鸦声向南飞鸣而去，左右回答说："鸦见月明，疑是天晓，故离树而鸣也。"曹操又大笑。于是，曹操横槊赋诗，众人和之，共皆欢笑。整个晚宴，至此皆是欢笑之声，充满喜庆色彩。然而，当扬州刺史刘馥指出"月明星稀，乌鹊南飞；绕树三匝，无枝可依。此不吉之言也"的时候，情节急转直下，由喜转悲。曹操闻言忽然大怒，不问青红皂白，手起一槊，把刘馥刺死。刘馥官居扬州刺史，是朝廷命官，也是一个有身份的人。可是，他的几句话，惹得正在兴头上的曹操忽然不高兴了，曹操就转喜为怒，动了杀心，当场就把刘馥杀了。小说为了表现曹操的奸诈，对此事做了补叙：次日，操酒醒，懊恨不已。馥子刘熙，告请父尸归葬。操泣曰："吾昨因醉误伤汝父，悔之无及。可以三公厚礼葬之。"又拨军士护送灵柩，即日回葬。如此以来，就把曹操因怒而杀人，变成了因醉酒而杀人，把曹操的喜怒无常变成了酒后失常。其实，这是曹操借酒掩饰，是欲盖弥彰。

曹操败走华容道，与潼关之战割须弃袍有些相似。虽然其狼狈相不及割须弃袍，但曹操的狼狈程度丝毫不亚于潼关之战。赤壁战败后，曹操往夷陵道逃命的时候，曾经有三次在马上仰面大笑。赤壁之战战败后，曹操与部下狼狈逃窜，到处被截杀，心情可以说是坏到了极点。可是，逃到乌林之西、宜都之北的时候，曹操见树木丛杂，山川险峻，乃于马上仰面大笑不止。诸将不明所以，问："丞相何故大笑？"曹操曰："吾不笑别人，单笑周瑜无谋，诸葛亮少智。若是吾用兵之时，预先在这里伏下一军，如之奈何？"话音未落，道路两边鼓声震响，火光竟天而起，几乎把曹操吓得从马上坠下来。原来是赵云领兵在此埋伏，突然出来截杀。曹操慌忙教徐晃、张郃二人迎战赵云，自己则冒着烟火匆忙逃跑了。曹操逃脱后，行至葫芦口，军皆饥馁，马亦困乏，于是就下令在山边拣干处埋锅造饭，割马肉烧吃。曹操坐于疏林之下，忽然又仰面大笑。众官又问：

"适来丞相笑周瑜、诸葛亮，引惹出赵子龙来，又折了许多人马。如今为何又笑？"曹操回答说："吾笑诸葛亮、周瑜毕竟智谋不足。若是我用兵时，就这个去处，也埋伏一彪军马，以逸待劳。我等纵然脱得性命，也不免重伤矣。彼见不到此，我是以笑之。"正在说话的时候，忽然张飞杀到，他横矛立马，大叫："操贼走那里去！"曹操部将见了张飞，尽皆胆寒。许褚慌忙骑上无鞍马迎战张飞，张辽、徐晃二将也纵马前来迎战。曹操见事不好，先拨马走脱，众将也各自逃命。经此一战，众将大多已经带伤。逃脱之后，曹操令众将走华容道小路。众将见华容道上有烟火升起，说："烽烟起处，必有军马，何故反走这条路？"曹操说："岂不闻兵书有云：虚则实之，实则虚之。诸葛亮多谋，故使人于山僻烧烟，使我军不敢从这条山路走，他却伏兵于大路等着。吾料已定，偏不教中他计！"听了曹操的解释，众将都很信服，于是勒兵走华容道。"此时人皆饥倒，马尽困乏。焦头烂额者扶策而行，中箭着枪者勉强而走。"行不到数里，曹操又在马上扬鞭大笑。前面两次大笑，都引来了伏兵，这次又是大笑，弄得众将更加摸不着头脑，问道："丞相何又大笑？"曹操说："人皆言周瑜、诸葛亮足智多谋，以吾观之，到底是无能之辈。若使此处伏一旅之师，吾等皆束手受缚矣。"话音未落，忽听一声炮响，关羽提青龙刀，跨赤兔马，截住去路。曹操等众人见了，面面相觑，魂飞魄散。曹操人困马乏，部将经过几番截杀，筋疲力尽，斗志全无。关羽等只要一动手，曹操等人只有束手被擒的份儿。后来，在曹操的哀求下，关羽感念曹操旧情，放走了曹操。曹操赤壁大败，八十三万大军被周瑜一把火烧得大败亏输，争相逃命。曹操一路逃命，惶惶若丧家之犬，心情无论如何也好不起来。可是，曹操在逃命途中，每到紧要之处，都忽然大笑起来，笑周瑜、诸葛亮没有见识，缺少谋略。然而，每次都是话音未落，伏兵突然杀到，让曹操又由喜转悲。最后一次，曹操不得不舍上老脸，哀求关羽放一条生路。曹操在逃跑途中三次大笑，举止反常。非常有意思的是，三次大笑都引来了伏兵。这种情况说明，曹操作为乱世奸雄，作为三国时期著名的军事家，其谋略和智慧不在诸葛亮和周瑜之下，不然的话，就不会有如此的巧合。在其乖张的举止和反常的行为后面，有奸诈机巧，也有智慧和谋略。

正史中的曹操是一个有谋略、有胆识、有作为、善用人的人。他能够统一北方靠的绝不是运气，而是时势造英雄。他的一生确实有许多"奸雄"式的作为，但严格来说，他并不比其他一些开国帝王坏到哪里。自东晋开始，习凿齿等史学家主张蜀汉正统说，且在朝野都有很大影响。自此以后，稗史、民间故事传说和戏曲小说都开始有意丑化曹操，贬抑曹操。到了宋元时期，曹操已经成了"奸雄"的典型。《三国演义》在曹操成为"古今来奸雄第一奇人"的过程中，不仅把曹操的"奸雄"形象定型化，而且还起到了推波助澜的作用，对后世产生了深远影响。明清以来的戏曲，则干脆把曹操打扮成"白脸奸臣"，并成为一种深深烙在民俗文化中的印记。但不论正史中的曹操，还是《三国演义》中的曹操，"他在政治上也有他的好处"，统一北方就是他最大的功劳。《三国演义》塑造曹操形象，虽然有意贬抑和丑化，但曹操毕竟是一个有大智慧的人，一不留神就会把他的豪爽与智慧表现出来，正如鲁迅所说："如他要写曹操的奸，而结果倒好像是豪爽多智。"① 曹操的智慧，曹操的能力，曹操的胆识，乃至曹操的性格，想要掩饰倒是很难的。相反，曹操的许多"奸雄"之事，反倒能够博得人们的喝彩。

---

① 鲁迅《中国小说史略》，人民文学出版社1976年版，第291页。

第七章 名副其实才子书

毛宗岗评点《三国演义》有言:"吾谓才子书之目,宜以《三国演义》为第一。"这种评价,显然是受了金圣叹六才子书的启示。金圣叹在《三国演义序》中提出了六才子书之说:"余尝集才子书者六。目曰《庄》也,《骚》也,马之《史记》也,杜之律诗也,《水浒》也,《西厢》也。谬加评订,海内君子皆许余,以为知言。"毛宗岗采用"才子书"之说,并把《三国演义》与《史记》《列国志》《西游记》《水浒传》进行比较,认为《三国演义》可以列为"才子书"的第一位。他从叙事的角度,把《三国演义》和《史记》进行比较,认为"《三国》叙事之佳,直与《史记》仿佛,而其叙事之难则有倍难于《史记》者。《史记》各国分书,各人分载,于是有本纪、世家、列传之别。今《三国》则不然,殆合本纪、世家、列传而总成一篇。分则文短而易工,合则文长而难好也"。和冯梦龙《东周列国志》进行比较,他认为《列国志》"因国事多烦,其段落处,到底不能贯串。今《三国演义》,自首至尾读之,无一处可断,其书又在《列国志》之上"。和吴承恩《西游记》进行比较,他认为"读《三国》胜读《西游记》。《西游》捏造妖魔之事,诞而不经,不若《三国》实叙帝王之事,真而可考也"。毛宗岗比较《三国演义》和《水浒传》,认为"读《三国》胜读《水浒传》。《水浒》文字之真,虽较胜《西游》之幻,然无中生有,任意起灭,其匠心不难,终不若《三国》叙一定之事,无容改易,而卒能匠心之为难也。且《三国》人才之盛,写来各各出色,又有高出于吴用、公孙胜等万万者"。这些评价虽然不免有一些对《三国演义》的偏爱,但也在比较中指出了《三国演义》的特色和优长,为其"第一才子书"之评找到了证据,奠定了基础,比较能够令人信服。

作为中国古代第一部长篇历史小说,《三国演义》所达到的艺术成就,是其后许多类似的长篇小说所无法企及的。它以《三国志》为蓝本,兼采稗史、民间故事传说、宋元戏曲话本,在虚实结合中展现出作者非凡的艺术功力;它以塑造艺术形象见长,却能寓褒贬于叙事之中,不动声色地评价人物,表现出鲜明的道德倾向;它演绎三国历史,表现社会兴衰治乱,展现了历史分合的大趋势,用小说的形式为后世治国者提供了镜鉴;它语言生动,文采华美,为后世小说创作提供了典范。

一 虚实之间见功力

《三国演义》叙写的是三国分合演进的历史,所以,在重大历史事件的叙事和重要历史人物的塑造方面,它必须依据《三国志》,有可靠的正史依据。但小说不同于历史,需要完整地叙述事件的发生、发展、演变和结局,需要塑造栩栩如生的艺术形象,需要在叙述故事和塑造人物中表达作者的情感倾向和道德取向,因此,《三国演义》又需要不拘泥于《三国志》,而是必须进行必要的艺术虚构,虚构故事情节,虚构人物形象,虚构小说发展所必需的场景、对话、物件,甚至要结合情节发展对人物心理活动做必要的描写。为此,如何处理虚与实的关系就成了小说作者首先要面对的问题了。

关于《三国演义》的虚实关系，前人已经有很多论述。其中最有代表性的是章学诚"七实三虚"之说："《三国演义》固为小说，事实不免附会，然其取材颇博赡。如武侯班师泸水，以面为人首，裹牛羊肉，以祭厉鬼，正史所无，往往出于稗记，不可尽以小说无稽斥之。……凡演义之书，如《列国志》《东西汉》《说唐》及《南北宋》，多纪实事；《西游记》《金瓶梅》之类，全凭虚构，皆无伤也。唯《三国演义》则七分实事，三分虚构，以至观者往往为所惑乱。如桃园等事，士大夫有作故事用者矣。故演义之属，虽无当于著述之伦，然流俗耳目渐染，实有益于劝惩。但须实则从其实，虚则明著寓言，不可错杂如《三国》之淆人耳。"① 章学诚说《三国演义》七实三虚，是把《三国志》和裴松之注以及相关稗史都作为实事来看，而把像《西游记》《金瓶梅》那样全凭虚构的内容作为虚构来看，两相比较，才有了"七实三虚"之说。对于《三国演义》的虚实关系，鲁迅在《中国小说史略》也有涉及，他说《三国演义》"起于汉灵帝中平元年'祭天地桃园结义'，终于晋武帝太康元年'王濬计取石头城'，凡首尾九十七年（184—280）事实，皆排比陈寿《三国志》及裴松之注，间亦采平话，又加推演而作之；论断颇取陈、裴及习凿齿、孙盛语，且更盛引'史官'及'后人'诗。然据旧史即难于抒写，杂虚辞复易混淆，故明谢肇淛（《五杂俎》十五）既以为'太实则近腐'，清章学诚（《丙辰札记》）又病其'七实三虚惑乱观者'也"。② 的确，对于《三国演义》虚实关系的问题，学术界多少年来一直是见仁见智，说法各异。但不论如何认识《三国演义》的虚实关系，一个显著的事实是，人们都认同《三国演义》是一部伟大的历史小说，一部具有很高艺术成就的历史小说。这种认同的潜台词则是对《三国演义》虚实关系的认可。有了这样的认同，就比较容易讨论《三国演义》的虚实关系了。

（一）大事据史，小事宜虚

在虚实关系的处理上，《三国演义》显然遵从的是重大历史事件皆于史有据

---

① 孔令境《中国小说史料》之《三国演义》，上海古籍出版社1982年版，第44—45页。
② 鲁迅《中国小说史略》，人民文学出版社1976年版，第107页。

的原则。比如黄巾之乱、十常侍弄权、何进谋诛宦官、董卓入宫、董卓废少帝刘辩、董卓迁都、王允谋诛董卓、曹操奉汉献帝都许、袁术僭越称帝、曹操攻屠徐州、曹操灭吕布、曹操官渡大败袁绍、曹操南下占据荆州、曹操败于赤壁、刘备入川、刘备讨伐东吴、刘备病死白帝城、曹丕篡汉、诸葛亮平南蛮、诸葛亮北伐中原、司马懿发动高平陵之变、司马炎称帝、司马炎平定蜀汉和东吴等重大历史事件,《三国演义》都据实写来,与陈寿《三国志》没有大的出入。但是,这些事件如何进展,如何连接,如何起承转合,则常常需要作者进行必要的虚构和艺术加工。

以王允谋诛董卓为例,分析一下《三国演义》处理虚实关系所依据的"大事据史,小事宜虚"的原则。王允谋诛董卓事,《三国志》多处有记载,卷一《武帝纪》记载甚为简略,仅初平三年"夏四月,司徒王允与吕布共杀卓"一语;卷六《董卓传》记载稍详:"三年四月,司徒王允、尚书仆射士孙瑞、卓将吕布共谋诛卓。是时,天子有疾新愈,大会未央殿。布使同郡骑都尉李肃等将亲兵十余人,伪著卫士服,守掖门。布怀诏书。卓至,肃等格卓,卓惊呼布所在,布曰:'有诏。'遂杀卓,夷三族。"卷七《吕布传》则对这件事情的来龙去脉做了较为详细的交代:

> (董卓)常以布自卫。然卓性刚而褊,忿不思难。尝小失意,拔手戟掷布。布拳捷避之,为卓顾谢,卓意亦解。由是阴怨卓。卓常使布守中阁,布与卓侍婢私通,恐事发觉,心不自安。先是,司徒王允以布州里壮健,厚接纳之。后布诣允,陈卓几见杀状。时允与仆射士孙瑞密谋诛卓,是以告布,使为内应。布曰:"奈如父子何?"允曰:"君自姓吕,本非骨肉。今忧死不暇,何谓父子?"布遂许之,手刃刺卓。

迄范晔《后汉书》,随着三国故事的流传,王允与吕布谋诛董卓的故事也逐渐完善起来。《后汉书》卷七十二《董卓传》则将《三国志》董卓本传、吕布本传等内容连缀在一起,并揉入了裴松之注的一些内容,把王允谋诛董卓事做了较为详细的交代:"三年四月,帝疾新愈,大会未央殿。卓朝服升车,既而马惊堕泥,还入更衣。其少妻止之,卓不从,遂行,乃陈兵夹道,自垒及宫。左

董太师大闹凤仪亭

步右骑,屯卫周布。令吕布等扞卫前后。王允乃与士孙瑞密表其事,使瑞自书诏以授布,令骑都尉李肃与布同心勇士十余人,伪著卫士服,于北掖门内以待卓。卓将至,马惊不行,怪惧,欲还。吕布劝令进,遂入门。肃以戟刺之,裹甲不入,伤臂堕车,顾大呼曰:'吕布何在!'布曰:'有诏讨贼臣!'卓大骂曰:'庸狗,敢如是邪?'布应声持矛刺卓,趣兵斩之。"即便如此,王允谋诛董卓,在正史中也仅有二百多字。即使到了《三国志平话》,王允谋诛董卓的故事,也仅有千字左右。但在《三国演义》中,王允谋诛董卓之事却用了将近两回的篇幅。小说把早在唐朝就已经出现的貂蝉借用过来,并根据《后汉书·吕布传》中"布与卓侍婢私通"的记载,把貂蝉的身份转化为王允府中的歌姬,让王允用貂蝉行连环计,完成了王允谋诛董卓这一历史使命。小说写王允用连环计,婉转起伏,一波三折,生动形象,声色并茂。而貂蝉凤仪亭私会吕布,更是施展女性魅力,她时而蹙眉转睛,时而颦笑嗔怒,在红裙翻动之间,已经十分巧妙地离间了吕布与董卓的父子关系,使二人彻底反目。连环计的关键人物是貂蝉。而貂蝉这个人物,不论陈寿《三国志》还是范晔《后汉书》,皆不曾言及。唯一给《三国演义》再创作提供空间的,是《后汉书·吕布传》中"布与卓侍婢私通"一语,以及自唐代以来有关貂蝉的一些零星记载。梁章钜《浪迹续谈》有言:"《三国志演义》言王允献貂蝉于董卓,作连环计。正史中实无貂蝉之名,唯《董卓传》云:'卓常使布守中阁,布与卓侍婢私通'云云。李长吉作《吕将军歌》云:'椎椎银龟摇白马,傅粉女郎火旗下。'盖即指貂蝉事,而小说从而演之也。黄右原告余曰:'《开元占经》卷三十三,荧惑犯须女占,注云《汉书通志》:曹操未得志,先诱董卓,进貂蝉以惑其君。此事异同不可考,而刁蝉之即貂蝉,则确有其人矣。'《汉书通志》今亦不传,无以断之。"①《三国志平话》把貂蝉当作吕布失散的妻子,在司徒王允府为歌伎。王允先答应让貂蝉重归吕布,又把貂蝉许给董卓,然后通过貂蝉离间吕布与董卓的父子关系,借吕布之手杀死了董卓。《三国演义》在此基础上进行了一系列的改造,演绎出"王司徒巧使连环计,董太师大闹凤仪亭"一幕活剧。其中,王允先献貂蝉与吕布,再献貂蝉与董卓,以及貂蝉巧施手段,离间吕布与董卓的父子关系,都是小说作者根据情节发展需要而虚构出来的。

关羽过五关斩六将更是典型的虚构。如果说王允用貂蝉施行连环计,貂蝉其人还有那么一点影子的话,关羽过五关斩六将就完全是虚构的了。《三国志·蜀志》卷六《关羽传》言及关羽辞别曹操去寻找刘备,有这样一段话:"及羽杀颜良,曹公知其必去,重加赏赐。羽尽封其所赐,拜书告辞,而奔先主于袁军。左右欲追之,曹公曰:'彼各为其主,勿追也。'"这段话告诉读者这样几个事实:一是曹操为留住关羽,给关羽很多赏赐;二是关羽临别时,把曹操的赏赐都封存起来,并给曹操一封辞别信;三是曹操的部下要追击关羽,被曹操

---

① 孔令境《中国小说史料》之《三国演义》,上海古籍出版社1982年版,第47页。

拦了下来。小说中描写的过五关斩六将的事,《关羽传》则没有片言只语。过五关斩六将,是小说为了表现关羽对刘备的忠义,以及关羽的神勇,而精心设计的情节。在宋元戏曲中,和关羽有关的戏曲有元杂剧《义勇辞金》《单刀赴会》等;千里独行的故事则见于《三国志平话》卷中:

> 云长押甘、糜二夫人车前往冀王处。数日,前到冀王寨。门吏报曰:"今有关公在于门首。"冀王惊曰:"害我两员大将,今来此。"冀王自思:"关公却来此处,我若得关公,愁甚信都不稳。"令人请关公入寨。袁绍相见,礼毕,邀关公上帐。冀王劝酒,关公不饮酒:"家兄不见,在于何处?"冀王曰:"先主醉也。"关公自思:"此处无俺哥哥。"公曰:"门外有二嫂,请来寨中饮酒,未为晚矣。"冀王大喜。关公出寨上马,急呼把门人至,一手揪发,一手拔剑,问曰:"先主有无。若不实说,便杀著你。"諕门人连声道:"无。"又问:"何往?"门人曰:"和赵云投荆州去也。"关公方免。却说关公与二嫂,往南而进太行山,投荆州去。唯关公独自将领甘、糜二夫人过千山万水。

熟悉《三国演义》的读者都知道,《三国演义》中并没有出现这段故事。小说写关羽辞别曹操之后,接连过了东岭关、洛阳关、汜水关、荥阳关和黄河渡津关,杀了孔秀、韩福、孟坦、卞喜、王植、秦琪等六将,正准备渡河的时候,被孙乾拦住,告知刘备已往汝南,并告诉关羽不要往袁绍那里去,恐怕袁绍记恨关羽斩颜良诛文丑之事,为袁绍所害。小说作者一空依傍,自铸伟词,在关羽与曹操辞行之后,展开艺术想象,虚构了羽过五关斩六将的故事,使关羽忠义神勇的形象更加高大,更加令人敬仰。

赤壁之战是三国历史上最为著名的一次大战。《三国志》多处写到这次奠定三国鼎立基础的战役,并把主要功劳归于刘备。正如胡应麟《少室山房笔丛》所言:"赤壁破曹,玄德功最大。考《昭烈传》:'与曹公战于赤壁,大破之。'操传:'公至赤壁,与备战不利。'而不言周瑜既鲁肃。传俱言与备并力。陈寿书《诸葛亮传》后亦言:'权遣兵三万助备,备得用与曹公战,大破其军。'则当日战功可见。今率归重周瑜,与陈志不甚合。"①《三国志·吴志》卷九《周瑜传》言及赤壁之战,则称"权遂遣瑜及程普等,与备并力逆曹公,遇于赤壁。时曹公军众已有疾病,初一交战,公军败退,引次江北"。并言黄盖献火攻之计,有黄盖"先书报曹公,欺以欲降"之语。这是赤壁之战的基本史实。《三国演义》遵从这些基本史实,但又不拘泥于史实,而是根据小说情节发展的需要,虚构了许多重要情节,其中较为重要者,有诸葛亮草船借箭、七星坛祭风,有群英会蒋干中计,有周瑜用离间计,有阚泽献诈降书,有庞统献连环计,等等,赤壁之战中几乎所有精彩的章节,都是虚构而来。譬如草船借箭,最早见于《三国志·吴志》卷二《吴主传》裴松之注引《魏略》,称建安十八年(213),"权乘大船来观军。公使弓弩乱发,箭著其船,船偏重将覆。权因回船,复以一面受箭,箭均船平,乃还"。《三国志平话》把这件事移植到周瑜身上,并把孙权被动受箭,改造为周瑜大船主动受箭。而到了《三国演义》则演绎出诸葛亮草船借箭这一精彩章节。曾经被收入高中语文课文的《群英会蒋干中计》,出自《三国演义》第四十五回。这篇文章充分表现了蒋干的盲目自大、自以为是,以及周瑜的将计就计、巧妙安排、精心布局,惊心动魄,异彩纷呈,读来直似现代间谍小说。整个故事除周瑜、蒋干等人物属于历史人物外,其余全属虚构。

(二)人物各异,虚实不同

《三国演义》写了各色人物,上至帝王将相,下至贩夫走卒,虽然都是过客,但每个人物都有不俗表现。《三国演义》在塑造这些人物时,采取的基本原则就是重要历史人物依据正史,情节发展的连缀人物则根据需要虚构。汉末、三国至晋初近百年间,主要历史人物在《三国演义》中都有所表现。由于情节发展的需要,有些人物占篇幅较多,如曹操、刘备、诸葛亮、孙权等;有些人物虽然也很重要,但仅是匆匆一现。如汉灵帝时大将军何进,在汉灵帝死后,大权在握的何进拥立妹妹何皇后之子刘辩为帝。董太后与宦官张让、段珪等谋诛何进。何进察觉之后,鸩杀董太后,又欲诛杀宦官。不料谋事不密,反被宦

---

① 孔令境《中国小说史料》之《三国演义》,上海古籍出版社1982年版,第40页。

官杀害。何进这样一个在汉末之世有非常重要地位的人物，在《三国演义》中却是一个过客，仅在第二回和第三回有所涉及。有些人物虽然不甚重要，却占了不少篇幅。如孔融，虽然官至将作大匠、少府，但在当时，位在其上的有很多人，如太尉杨彪等，所占篇幅却不及孔融。孔融前后共出场五次，前后跨度二十九回，且曾经上过回目，如第十一回"刘皇叔北海救孔融，吕温侯濮阳破曹操"。从《三国演义》的回目设置来看，在回目中出现的人物一定是在情节发展上比较重要的人物。比较重要的人物可以占到一至三个回目；非常重要的人物，则可以占到若干回目。而像曹操、刘备、诸葛亮、关羽、孙权等人，则是根据情节需要设置回目。

在回目中出现而又介于史实和虚构之间的，是孙夫人和于吉。关于孙夫人，正史中只有《三国志·蜀志》卷二《先主传》有记载："先主为荆州牧，治公安。权稍畏之，进妹固好。先主至京见权，绸缪恩纪。"此外再无记载，裴松之注亦未涉及。《三国演义》根据这一记载，却演绎出许多精彩的章节。按照正史的记载，孙权把妹妹许配给刘备，是想通过联姻的方式增进双方的友谊。刘备到东吴见孙权，是为了娶亲。《三国演义》在不违背这一基本史实的情况下，虚构了周瑜为夺取荆州，用孙权之妹作钓饵，诱骗刘备到东吴，准备把刘备软禁起来，逼诸葛亮用荆州换刘备。诸葛亮看出了周瑜的阴谋，派赵云保护刘备赴东吴，并给赵云三个锦囊妙计。每到关键时刻，赵云就按照诸葛亮的锦囊妙计行事，不仅使刘备在东吴安如泰山，而且最后偕孙夫人顺利返回荆州。在这一次"斗法"中，周瑜处处被动，结果是"赔了夫人又折兵"。这就是《三国演义》第五十四回和五十五回描写的故事。至于第六十一回"赵云截江夺阿斗"一节，则是据《三国志·蜀志》卷四《先主穆皇后传》裴松之注引《汉晋春秋》演绎而来。其文略云："先主入益州。吴遣迎孙夫人，夫人欲将太子归吴。诸葛亮使赵云勒兵断江留太子，乃得止。"《三国演义》根据稗史这一记载进行了淋漓尽致的发挥，先写张昭为孙权出谋划策："此极易也：今差心腹将一人，只带五百军。潜入荆州，下一封密书与郡主，只说国太病危，欲见亲女，取郡主星夜回东吴。玄德平生只有一子，就教带来。那时玄德定把荆州来换阿斗。

如其不然，一任动兵，更有何碍？"孙权按照张昭的计谋，派周善带五百军士到荆州。周善面见孙夫人，谎称"国太好生病重，且夕只是思念夫人。倘去得迟，恐不能相见。就教夫人带阿斗去见一面"。孙夫人要报军师诸葛亮知道，周善担心计谋被拆穿，催促起行。孙夫人思母心切，带上七岁的阿斗，登上周善的大船。就在这时，赵云赶来，大叫："且休开船，容与夫人饯行。"周善吩咐开船。大船顺水而下，赵云骑马追赶，后换乘小船，身冒矢雨，登上周善大船。后得张飞帮助，杀了周善，夺回阿斗。小说叙写这一故事，惊心动魄，扣人心弦。这一故事中被杀的周善，籍籍无名，属于虚构人物。

于吉是传说中的神仙。据《后汉书》卷六十《襄楷传》记载，汉顺帝的时候，琅玡人宫崇曾经向朝廷上于吉神书《太平经》。《三国演义》第二十九回"小霸王怒斩于吉"一节，所述于吉故事，正史所无，系据《三国志·吴志》卷一《孙策传》裴松之注引《吴历》和《搜神记》敷衍而成：

  《吴历》曰："策既被创，医言可治，当好自将护，百日勿动。策引镜自照，谓左右曰：'面如此，尚可复建功立事乎？'推几大奋，创皆分裂，须臾卒。"《搜神记》曰："策既杀于吉，每独坐，仿佛见吉在左右，意深恶之，颇有失常。后治创方差，而引镜自照，见吉在镜中，顾而弗见，如是再三。因扑镜大叫，创皆崩裂，须臾而死。"

《吴历》所言或有所据，但《搜神记》所载则皆属无稽，属于典型的虚构。北齐颜之推《还冤志》，也把此事作为神怪故事。其文云："汉孙策既定会稽，引兵迎汉帝。时道人于吉在策军中，遇天大旱，船路艰涩，策尝自出督切军中人，每见将士多在吉所，因愤怒曰：'吾不如吉！'遂收吉转置。日中，令其降雨。如不能者，便当受诛。俄顷之间，云雨滂沛，未及移时，州涧涌溢。时并来贺吉免其死。策转怒恚意，竟杀之。因是，策颇憿常，每仿佛见吉。复出射猎，为刺客所伤。治疗将差，引镜自窥，镜中见吉，顾则无之，如是再三，遂扑镜大叫，疮皆崩裂，须臾而死。"然而，《三国演义》却根据这些记载，虚构出于吉戏弄孙策、孙策怒杀于吉一段故事，以烘托孙策之死的悲剧气氛。其中有关于吉的种种神奇描写，荒诞无稽，读来似《神仙传》。究其原因，则是其故事本来就属于虚构。

纯属虚构而又较为著名的三国人物是貂蝉和周仓。貂蝉其人，前已有述。周仓其人，正史则没有记载。但是在《三国演义》中，周仓却出现多次。第一次出现，是在关羽与张飞古城会之前。当时正在卧牛山占山为王的周仓，得知关羽的消息，前来拜见，表示愿意跟随左右。关羽因周仓是黄巾旧部，不想收留。周仓诚恳地说："仓乃一粗莽之夫，失身为盗；今遇将军，如重见天日，岂忍复错过！若以众人相随为不便，可令其尽跟裴元绍去。仓只身步行，跟随将军，虽万里不辞也！"此后，周仓鞍前马后追随关羽，成为关羽的近身侍卫。关羽应鲁肃之邀往江东赴会时，周仓跟随在身边，双手为关羽捧着青龙偃月刀。宴会之时，鲁肃向关羽讨要荆州。周仓慨然道："天下土地，惟有德者居之。岂独是汝东吴当有耶！"关羽闻言，变色而起，夺过周仓所捧大刀，站立于庭中，目视周仓而叱曰："此国家之事，汝何敢多言！可速去！"周仓明白关羽的意思，出了宴会厅，来到江边，招呼关平的船过江。关羽则假装醉酒，乘机挟持鲁肃到了江边，上了关平等人的战船，这才放鲁肃回去。正是周仓与关羽的巧妙配合，才使得关羽单刀赴会成为千古佳话。关羽水淹七军，擒获庞德者，就是周仓。小说写道："庞德一手提刀，一手使短棹，欲向樊城而走。只见上流头，一将撑大筏而至，将小船撞翻，庞德落于水中。船上那将跳下水去，生擒庞德上船。众视之，擒庞德者，乃周仓也。仓素知水性，又在荆州住了数年，愈加惯熟；更兼力大，因此擒了庞德。"[1] 关羽败走麦城，被吴将潘璋部下马忠擒获而遇害。坚守麦城的周仓闻讯后，自刎而死。至此，周仓这个虚构人物走完了他从卧牛山出场到麦城自刎的人生历程。当然，周仓其人也并非全属虚构。如其随关羽过江东与鲁肃相会，《鲁肃传》就记载有相似的事："肃邀羽相见，各驻兵马百步上，但诸将军单刀俱会。肃因责数羽曰：'国家区区，本以土地借卿家者，卿家军败远来，无以为资故也。今已得益州，既无奉还之意。但求三郡，又不从命。'语未究竟，坐有一人曰：'夫土地者，惟德所在耳，何常之有？'肃

---

[1] 《三国演义》第七十四回"庞令明抬榇决死战，关云长放水淹七军"。

厉声呵之，辞色甚切。羽操刀起，谓曰：'此自国家事，是人何知？'目使之去。"① 此为《三国演义》中周仓随关羽单刀赴会之所本。然而，此处仅言"坐有一人"，并没有说明是何人。小说把此事附会在周仓身上，也为周仓这个虚构人物找到了一点历史依据。

（三）宜实则实，宜虚则虚

纵观《三国演义》叙事关系的处理原则，最根本的一条则是根据情节发展的需要，宜实则实，宜虚则虚。《三国演义》叙述的是汉末至晋初近百年间的历史兴衰演进，许多事情都是正史明确记载的，尤其是那些重大历史事件和重要历史人物，在《三国志》和《后汉书》中几乎都能找到其蓝本。对于这类人物、事件，作者只是据史写来，稍加连缀。但是，《三国志》和《后汉书》中的人物纪传都是单独成篇，同一时代的同一事件，可能在不同的人物纪传中都有记载，其相互间的联系，有些比较明晰，有些则需要给予必要的艺术加工或虚构，这样才能把历史转化为小说。因此，对叙事关系的处理，只能是宜实则实，宜虚则虚。这就是说，叙述史书记载的历史人物或历史事件，只能依据史书而稍加连缀；对于依据史书而难以连缀在一起的，或者虽然可以连缀在一起，却不符合历史逻辑或生活逻辑的，甚至是相互抵牾的，只能根据需要进行虚构。而且，出于小说讲述故事、塑造人物、表达思想倾向的目的，即使是对于那些真实的历史人物和历史事件，也有必要进行某种程度的虚构。

兹以董承与刘备、王子服、种辑、吴硕等谋诛曹操事为例，对《三国演义》宜实则实、宜虚则虚的处理原则略作探讨。董承等人谋诛曹操事，《三国志》和《后汉书》都有记载。《三国志·魏志》卷一《武帝纪》于建安四年载："备之未东也，阴与董承等谋反。至下邳，遂杀徐州刺史车胄。"建安五年亦载："五年春正月，董承等谋泄，皆伏诛。"在《先主传》中，此事也有记载："献帝舅车骑将军董承辞，受帝衣带中密诏，当诛曹公。"② 《三国志》对此事的记载较

---

① 《三国志·吴志》卷九《鲁肃传》。

② 《三国志·蜀志》卷二《先主传》。

为零散,《后汉书》的记载比较明晰:"以董承为车骑将军,开府。自都许之后,权归曹氏,天子总己,百官备员而已。帝忌操专逼,乃密诏董承,使结天下义士共诛之。承遂与刘备同谋。未发,会备出征,承更与偏将军王子服、长水校尉种辑、议郎吴硕结谋。事泄,承、服、辑、硕皆为操所诛。"① 发生在建安四年至建安五年初的董承等人谋诛曹操之事,是三国时期的重大事件,《三国演义》自然不能回避。可是,汉献帝如何草拟衣带诏,董承如何接受汉献帝的衣带诏、如何联络王子服等人,董承等人的密谋是如何泄露的,曹操如何诛杀董承等人,不论《三国志》还是《后汉书》都没有提供更多的细节。这就需要作者进行必要的艺术虚构,把这些相互间缺少关联的事情连缀起来,并且让它合乎事情发展的逻辑。小说前后用了三回的篇幅,对这一重大历史事件进行了描述,并通过细节和人物的虚构,完整地展现了这一充满血腥的历史事件。首先是设计了汉献帝草拟衣带诏。许田打围之后,曹操的各种僭越之举,令汉献帝难以接受。回宫之后,他对伏皇后发牢骚:"朕自即位以来,奸雄并起:先受董卓之殃,后遭傕、汜之乱。常人未受之苦,吾与汝当之。后得曹操,以为社稷之臣。不意专国弄权,擅作威福。朕每见之,背若芒刺。今日在围场上,身迎呼贺,无礼已极!早晚必有异谋,吾夫妇不知死所也!"于是咬破手指,草写了衣带诏,请伏后缝于玉带紫锦衬内。其次是转交衣带诏。汉献帝宣召车骑将军董承进宫,在功臣阁把藏有衣带诏的锦袍赐予董承,请他回去仔细观之。出宫的时候,董承遭到曹操的搜查,幸亏没有露出破绽。接着是董承受诏密谋除掉曹操。董承在家中与王子服、种辑、吴硕等密谋,适逢马腾来访。马腾慨然加入。众人歃血为盟,表示誓死不负约。董承夜访刘备,刘备亦表示愿意加入。而吉平的加入,让董承看到了希望。董承染病,吉平来其家中医治,窥破董承的秘密,表示愿在为曹操医治头风病时毒死曹操。然而,就在董承看到希望的时候,事情急转直下。董承的家奴秦庆童与其侍妾云英暗处私语,遭到董承的惩罚。秦庆童逃到曹操那里,告发董承与王子服等人密谋诛杀曹操事。曹操既

---

① 《后汉书》卷一百二《董卓传》。

已得知详情，早有准备，先杀了下毒谋杀他的吉平，又从董承家里搜出衣带诏和众人的义状，并将董承、王子服、吴子兰、种辑、吴硕等五家老小共计七百余人全部处死，并把董承之女、已怀有五个月身孕的董贵妃用白练勒死。刘备、马腾因不在许都而幸免于难。至此，董承等人谋诛曹操之事宣告结束。对比正史有关记载，除董承等人谋诛曹操，以及曹操杀董承等五家老小见诸正史记载外，《三国演义》描写的其他细节，包括董承的家奴秦庆童、侍妾云英等人物，都属于艺术虚构。即使是实有其人的吉平，也是在建安二十三年与少府耿纪等谋诛曹操不成而被杀的，而不是在建安五年（200）参与董承等人谋诛曹操事被杀。小说把吉平的事提前到建安五年，而建安二十三年与耿纪等人谋诛曹操的，则变成了吉平之子吉邈、吉穆。类似这种改变原有的历史事实而重新进行结构和谋划的情况，同样也可以视作艺术虚构。

（四）虚虚实实，虚实交融

《三国演义》叙述历史故事，塑造历史人物，虚虚实实，虚实交融，以至于读者以虚为实，以实为虚，虚实不分。不熟悉三国历史的人，很难分辨出哪些是历史事实，哪些是作者虚构。章学诚说《三国演义》七实三虚，惑乱读者，确是实情。但是，如果换一个角度，完全把《三国演义》作为小说来看，而不是拿正史去框范它，可能就不会产生这种所谓的"惑乱"。《三国演义》在不违背基本历史真实的前提下，进行艺术虚构和艺术创作，使中国古代第一部长篇历史小说虚虚实实，虚实交融，表现出很高的艺术成就。

马腾之死，就是虚虚实实、虚实交融的范例。翻检《三国志》和《后汉书》，并无马腾参与董承谋诛曹操事的记载。《三国志·蜀志》卷六《马超传》注引《典略》所载马腾事，亦无马腾被曹操杀害的记载。马腾的结局，也仅"十五年征为卫尉。腾自见年老，遂入宿卫"数语。小说为了表现马超对曹操的仇恨，设计了马腾参与董承谋诛曹操之事，曹操诱马腾入京斩除之，以及马超发西凉兵为父报仇等情节。马腾参与董承谋诛曹操之事，是典型的虚构。马腾拜访董承，正遇董承与王子服等密谋，得知汉献帝衣带诏，慨然表示："公若有举动，吾即统西凉兵为外应。"并在义状上具名。曹操诛杀董承等人，马腾在西凉,幸免于难。曹操准备南征,担心马腾在身后闹事,以天子之命,征召马腾入京,打算借机除掉马腾。马腾率五千西凉兵马,在离许都二十里处安营扎寨。曹操派门下侍郎黄奎前去劳军。而黄奎对曹操早就心怀怨恨,遂把曹操密谋杀害马腾的事和盘托出。二人约定待次日曹操出城点军时击杀曹操。黄奎回到家中之后,其气仍未消。其侍妾李春香与妻弟苗泽私通,李春香乘黄奎酒醉,故意引诱之。黄奎遂把与马腾约定明日点兵时击杀曹操的事说了出来。李春香把此事告诉奸夫苗泽,苗泽连夜向曹操告发。曹操暗中做好准备,次日点兵时突然出击,打马腾一个措手不及,马腾与次子马休、三子马铁同时遇害。只有其侄子马岱拼死逃出,回西凉向马超报信。① 在这个故事中,马腾先前与董承谋诛曹操为虚构,马腾与黄奎准备在曹操点兵时杀死曹操是虚构,黄奎的侍妾李春香伙同其奸夫苗泽向曹操告发黄奎同样是虚构,曹操在出城点兵时把马腾父子杀害也是虚构,整个马腾被曹操杀害的故事都属于虚构。检索有关历史文献,都没有曹操杀害马腾的记载,也没有马腾与黄奎联手谋害曹操的记载。因此可以断定,《三国演义》中马腾谋杀曹操或曹操谋杀马腾的相关描写,都属于艺术虚构。作者这样写,既是为了把西凉的马腾、韩遂等与曹操联系起来,为马超投降刘备做铺垫,同时也是为了使小说情节更加波澜起伏,增强小说的观赏性。值得注意的是,苗泽向曹操告发黄奎之后,请求曹操把李春香许给他为妻,曹操呵斥道:"你为了一妇人,害了你姐夫一家,留此不义之人何用!"遂把苗泽、李春香与黄奎一家老小一并杀害。《三国演义》中许多虚构的情节,有不少都是为作者"尊刘抑曹"的思想倾向服务的,但在马腾和黄奎被杀故事的结局,却让不忠不义的苗泽和李春香也受到了惩罚。这样的处理不是让曹操减分,而是为曹操加分。由于《三国演义》采取了虚虚实实、虚实交融的处理方式,以及《三国演义》的广泛流传,许多人都认为马腾原来是准备谋杀曹操的,后来却被曹操杀害了。本来全属虚构的事情在许多人的印象中变成了历史真实。这正是"假作真时假亦真"。鲁迅曾经指出这种情况,他认为《三国演义》的缺点之

---

① 参见《三国演义》第五十七回"柴桑口卧龙吊丧,耒阳县凤雏理事"。

一，就是"容易招人误会。因为中间所叙的事情，有七分是实的，三分是虚的；惟其实多虚少，所以人们或不免并信虚者为真。如王渔洋是有名的诗人，也是学者，而他有一个诗的题目叫《落凤坡吊庞士元》，这落凤坡只有《三国演义》上有，别无根据，王渔洋却被它闹昏了"。①

如何处理虚与实的关系，是历史小说绕不开的一道坎。《三国演义》作为中国古代第一部长篇历史小说，它首先面临的问题，不是如何叙述历史，也不是塑造人物形象，而是如何处理史实与虚构的关系，如何把真实的历史生动形象地向读者讲出来。《三国演义》在没有依傍的情况下进行了成功的探索，在历史小说虚实关系的处理上走出了一条成功的路。小说作者虽然没有说明他是如何处理虚实关系的，但从小说对历史真实与艺术虚构的处理上可以看出，作者基本上遵循着重大历史事件、重要历史人物的主要活动，都按照历史提供的本来面目进行叙述；无关紧要的人物以及情节连缀和过渡所需要的人物，则基本上属于艺术虚构；在叙事过程中，宜实则实，宜虚则虚，虚虚实实，虚实交融，既让读者觉得是在读三国历史，又让读者感觉是在读小说。尽管章学诚说这是"惑乱读者"，但历史小说能够达到这种效果，应该说是非常成功的。

二 春秋笔法有褒贬

从孔子作《春秋》开始，中国的历史书籍，都讲究微言大义，讲究"春秋笔法"。所谓"春秋笔法"，是指用委婉的叙述方式或语言，表达作者的情感倾向和爱憎态度，所谓寓褒贬于叙事之中。嘉靖本《三国志通俗演义》庸愚子序，对《三国演义》能够继承孔子的"春秋笔法"甚为赞赏，他说："吾夫子因获麟而作《春秋》。《春秋》，鲁史也。孔子修之，至一字予者，褒之；否者，贬之。然一字之中，以见当时君臣父子之道，垂鉴后世，俾识某之善，某之恶，欲其劝惩警惕，不致有前车之覆。此孔子立万万世，至公至正之大法，合天理，

---

① 鲁迅《中国小说史略》，人民文学出版社1976年版，第291页。

正彝伦，而乱臣贼子惧。故曰：'知我者其惟《春秋》乎，罪我者其惟《春秋》乎！'"《三国演义》叙写汉末至西晋初近百年的兴衰治乱，其善善恶恶，褒贬予夺，时时有之。作者虽然是在编纂小说，但同时也是在叙述历史，对历史事件和历史人物都需要做出评价。作者经常引用后人诗对历史事件和历史人物直接进行评价，但很多情况下也是继承了自孔子而来的"春秋笔法"，自觉地寓褒贬于叙事之中，表达对人物和事件的看法。小说对王允、曹操、刘备、关羽等人的相关叙述，鲜明地体现出作者寓褒贬于叙事之中的"春秋笔法"。

对于王允，作者不仅写了他如何巧妙运筹，用连环计离间吕布与董卓的父子关系，然后借吕布之手除掉董卓，消除了朝廷大患，而且还叙写了除掉董卓之后，王允如何刚愎自用，不纳忠言，导致天下大乱。小说叙写王允刚愎自用、不纳忠言，是如实写来，不动声色，让读者从其叙述中做出自己的判断。

其一是对蔡邕的态度。蔡邕是汉末著名文士，董卓当权时，为了拉拢蔡邕给他装潢门面，曾经一月三次升迁蔡邕的官职。董卓被诛杀后，蔡邕感念董卓的知遇之恩，不顾禁令，伏于董卓尸身之上大哭。王允闻报大怒。小说于此写道：

> 允怒曰："董卓伏诛，士民莫不称贺；此何人，独敢哭耶！"遂唤武士："与吾擒来！"须臾擒至。众官见之，无不惊骇：原来那人不是别人，乃侍中蔡邕也。允叱曰："董卓逆贼，今日伏诛，国之大幸。汝为汉臣，乃不为国庆，反为贼哭，何也？"邕伏罪曰："邕虽不才，亦知大义，岂肯背国而向卓？只因一时知遇之感，不觉为之一哭，自知罪大，愿公见原。倘得黥首刖足，使续成汉史，以赎其辜，邕之幸也。"众官惜邕之才，皆力救之。太傅马日磾亦密谓允曰："伯喈旷世逸才，若使续成汉史，诚为盛事。且其孝行素著，若遽杀之，恐失人望。"允曰："昔孝武不杀司马迁，后使作史，遂致谤书流于后世。方今国运衰微，朝政错乱，不可令佞臣执笔于幼主左右，使吾等蒙其讪议也。"日磾无言而退，私谓众官曰："王允其无后乎！善人，国之纪也；制作，国之典也。灭纪废典，岂能久乎？"当下王允不听马日磾之言，命将蔡邕下狱中缢死。一时士大夫闻者，尽为流涕。后人论

> 蔡邕之哭董卓，固自不是；允之杀之，亦为已甚。有诗叹曰："董卓专权肆不仁，侍中何自竟亡身？当时诸葛隆中卧，安肯轻身事乱臣。"

此段描写，是典型的"春秋笔法"。首先，是"众官惜邕之才，皆力救之"。众官既然皆竭力营救蔡邕，那么，他们就认可蔡邕之才，也认可蔡邕其人。王允执意杀之，则是违众官之意。其次，太傅马日磾私下为蔡邕求情，认为蔡邕有史才，又是大孝子，如果杀了他，"恐失人望"；太傅与司徒同为三公，马日磾以太傅身份求情，竟然劝不动王允。小说作者在这里把马日磾私下对众官的话记录了下来："王允其无后乎！善人，国之纪也；制作，国之典也。灭纪废典，岂能久乎？"这是借马日磾之口对王允进行指责和批评，其言辞甚为严厉。最后，引后人对蔡邕的评价，对王允进行批评："蔡邕之哭董卓，固自不是；允之杀之，亦为已甚。"

其二是对李傕、郭汜、张济、樊稠四人的处理方式。董卓被杀之后，朝中大权悉落王允之手。他独断专权，杀了蔡邕。而当李傕等人上表请求朝廷宽恕时，王允回复说："卓之跋扈，皆此四人助之；今虽大赦天下，独不赦此四人。"在走投无路之时，四人听从贾诩之计，合力围攻长安，以求最后一搏。攻进长安城后，看见汉献帝在宣平门楼，李傕等口呼"万岁"，要求见王允。王允自知难逃一死，就从宣平门楼上跳了下去。而王允从宣平门楼上跳下时，竟然没有任何人表示慰留，更没有人拉他一把。这也是典型的"春秋笔法"。王允当初既然违众官之意，众官为何还要再自找无趣。王允跌落城楼后，李傕等质问王允："太师有罪，我等何罪，不肯相赦？"拔剑杀了王允。此后，李傕等纵容士兵掳掠长安，朝廷再次陷入大乱。在处理李傕等人的问题上，王允同处理蔡邕一样，过于意气用事，过于独断专权，不把朝廷百官放在眼里，所以，一旦出现了问题，就没有人愿意出来为他收拾残局，更没有人愿意为他分担忧愁，只好一个人去面对。对于王允之死，作者用了"士民无不下泪"六个字，表达士子百姓的痛惜之情，流露出作者的褒扬之意。

对于曹操这样一个"奸雄"式的人物，小说作者出于"尊刘抑曹"的需要常常给予贬斥。如许田打围，从曹操讨天子宝雕弓、金鈚箭射鹿，射中后在天子之前接受众人的欢呼来看，曹操已经是目无汉天子。叙述到这里，作者用了"众皆失色"这样一个词，表明了参加打围的朝廷官员的态度。而"玄德背后云长大怒，剔起卧蚕眉，睁开丹凤眼，提刀拍马便出，要斩曹操"，则表现了关羽的忠义和鲜明的爱憎。然而，许田打围引发的后续事件仅是刚刚开始。小说作者通过其后的两件事，对曹操进行谴责。一是关羽和刘备密谋诛杀曹操。回到许都之后，关羽问刘备："操贼欺君罔上，我欲杀之，为国除害，兄何止我？"刘备解释说："投鼠忌器。操与帝相离只一马头，其心腹之人，周回拥侍；吾弟若逞一时之怒，轻有举动，倘事不成，有伤天子，罪反坐我等矣。"关羽恨恨地说："今日不杀此贼，后必为祸。"玄德曰："且宜秘之，不可轻言。"这是通过刘备和关羽的对话，对曹操许田打围的僭越之举予以谴责。二是汉献帝回宫后和伏皇后的对话。许田打围，汉献帝感受到了巨大的危机，也觉得自己作为汉天子的面子受到了折损，于是哭着对伏皇后说："（曹操）专国弄权，擅作威福。朕每见之，背若芒刺。今日在围场上，身迎呼贺，无礼已极！早晚必有异谋，吾夫妇不知死所也！"这是通过汉献帝再次对曹操许田打围的僭越之举进行谴责。作者对曹操的谴责，是在平静的叙事中完成的。读者如果不加留意，就可能在不经意间疏忽了。对于曹操，小说也不是一味地贬抑，有时也在叙事中表现曹操近于"可爱"的一面。譬如对待投降的关羽，以曹操之智慧和见识，绝对不会相信通过功名利禄就能让关羽真心实意地归顺他，但曹操还是想试一试。为了拉拢关羽，增进和关羽的感情，曹操三日一小宴，五日一大宴，上马一提金，下马一提银，还送给关羽十名美女。关羽白马解围，斩了颜良，曹操马上上表封关羽为汉寿亭侯。总之，可能给关羽的，曹操都给了。但是还是没有留住关羽。关羽挂印封金，不辞而别，曹操特意追上为他饯行，还赠给他锦袍，希望在最后时刻能够让关羽回心转意，留在许都。可是，关羽还是义无反顾地寻找刘备去了。过五关斩六将之后，夏侯惇以关羽一路夺关斩将为由，要围杀关羽。关键时刻，张辽追了上来，宣读曹操的手谕："因闻知云长斩关杀将，恐于路有阻，特差我传谕各处关隘，任便放行。"曹操的最后一线希望落空，索性好人做到底，传令一路放行。小说通过这些细节描写，既表现了曹操"可爱"

的一面,也表现了曹操对旷世奇才关羽的爱惜与尊重。正是由于曹操对关羽如此爱惜和尊重,在华容道上得到了关羽的回报。

鲁迅评价《三国演义》,说它"欲显刘备之长厚而似伪"。①《三国演义》的思想倾向虽然是"尊刘抑曹",但在叙述故事和具体描写中,小说作者却在有意无意地表现刘备"似伪"的一面。刘备三让徐州,不愿接受徐州牧陶谦的辞让。有人因此认为刘备是忠厚之人。其实,在与陶谦的对话中,刘备隐藏着很深的心机。当陶谦准备把徐州牧让给刘备的时候,刘备先问陶谦为何不把徐州牧传给儿子,陶谦说两个儿子不是州牧之才。这正是刘备要陶谦说的话,其言外之意是说刘备有这样的才能;刘备又以自己"一身安能当此大任"为由推脱。刘备说这句话的时候,心里已经默许了,但还是要再推脱一下。陶谦给刘备推荐了孙乾,意思是有人帮助你。刘备依然推辞,不肯答应。他要把文章做足,让人们知道:徐州牧不是我要来的,是我百般推辞也推辞不掉的。果然,徐州的百姓都拥到府前哭求:"刘使君若不领此郡,我等皆不能安生矣!"于是,刘备似乎很无奈地接下了徐州牧的重任,并且答应只是暂领徐州事。徐州是战略要地,土地肥沃,百姓富庶,许多豪强都想占有。曹操、吕布等都曾为占有徐州下过血本,但是都没有得到。刘备不费吹灰之力而得之,虽然心花怒放,却也不得不表现出很无奈的样子。他三让徐州,是做样子给人看:我不想要,但是没有办法,只好勉为其难。这就是典型的"得了便宜还卖乖"。许田打围,刘备用眼色制止已经跃马于前的关羽斩杀曹操,虽然是投鼠忌器,担心汉献帝的安危,但这样的表现已是权变而不是"长厚"了。至于携民渡江,从小说的叙述中,就更可以见出刘备"似伪"了。曹操大军南征,刘备闻讯,问计于孔明。孔明让他速弃樊城,取襄阳暂歇。刘备说:"奈百姓相随许久,安忍弃之?"孔明就让遍告百姓:有愿随者同去,不愿者留下。两县之民都表示:"我等虽死,亦愿随使君!"小说写道:"即日号泣而行。扶老携幼,将男带女,滚滚渡河,两岸哭声不绝。玄德于船上望见,大恸曰:'为吾一人而使百姓遭此大难,吾何

---

① 鲁迅《中国小说史略》,人民文学出版社 1976 年版,第 107 页。

生哉！'欲投江而死，左右急救止。闻者莫不痛哭。船到南岸，回顾百姓，有未渡者，望南而哭。玄德急令云长催船渡之，方才上马。"刘备看到百姓渡江的惨状，就要"投江而死"。这"戏"做得太过了。他明白"举大事者必以人为本"的道理，而新野、樊城是他发家之地，两地的百姓是他发家的根本，所以不忍弃之。不忍弃之就要做出来让百姓看到，所以，他一次又一次表示不能放弃这些百姓。他越是这样做，百姓也就越相信他，死心塌地跟他走。当众将表示暂弃百姓、抢占江陵时，刘备哭着说："举大事者必以人为本。今人归我，奈何弃之？"百姓闻听此言，莫不伤感。而当简雍占有大凶之兆，应在今夜，劝刘备速弃百姓而走的时候，刘备又表示："百姓从新野相随至此，吾安忍弃之？"结果却是因行走缓慢，被曹军追上，"百姓号哭之声震天动地；中箭着枪抛男弃女而走者不计其数"，随行百姓遭受了战争的蹂躏。刘备因此大哭道："十数万生灵，皆因恋我，遭此大难；诸将及老小，皆不知存亡；虽土木之人，宁不悲乎！"前面看到百姓渡江的惨状，刘备就要投江而死，如今百姓遭受战争劫难，其状更加惨不忍睹，刘备见之，应该是痛苦得自裁以谢百姓，为何仅是"大哭"？由此来看，前面的"欲投江而死"，就是做样子的。小说作者叙述此事的时候，特意用了一个"欲"字，很巧妙地表现出刘备是真做样子，而不是真的为百姓去死。至于赵云长坂坡单骑救主，血染征袍，救出刘备幼子刘禅。刘备接过来后，掷之于地，说："为汝这孺子，几损我一员大将！"这也是典型的"显刘备之长厚而似伪"。作者引后人诗予以评价，流露出这种意思："曹操军中飞虎出，赵云怀内小龙眠。无由抚慰忠臣意，故把亲儿掷马前。"

俗话说："刘备的江山，越哭越稳。"刘备是三国豪杰，蜀汉开国之君，动不动就哭，泪点那么低，的确让人怀疑他的哭是真情流露，还是做样子给人看。携民渡江的时候，他多次大哭，既是为了收拢民心，又是为了收拢众将。东吴招亲，刘备与孙夫人正处温柔乡时，赵云告知曹操率五十万精兵杀奔荆州而来，刘备为回荆州，跪告孙夫人："夫人既知，备安敢相瞒。备欲不去，使荆州有失，被天下人耻笑；欲去，又舍不得夫人：因此烦恼。"在孙夫人表示"妾已事君，任君所之，妾当相随"的时候，刘备担心夫妇不能同回荆州："夫人之心，虽则如此，争奈国太与吴侯安肯容夫人去？夫人若可怜刘备，暂时辞别。"说罢"泪如雨下"。刘备这泪水流得真是时候。孙夫人看了一阵感动，于是利用她的公主身份，为刘备回荆州打开了一路"绿灯"，使刘备得以安然返回荆州。白帝城托孤，刘备又是以"哭"为武器，让诸葛亮死心塌地为后主刘禅效力，不敢有非分之想。他请孔明坐于龙榻之侧，抚其背曰："朕自得丞相，幸成帝业；何期智识浅陋，不纳丞相之言，自取其败。悔恨成疾，死在旦夕。嗣子孱弱，不得不以大事相托。"言讫，泪流满面。刘备先用眼泪打动诸葛亮。待诸葛亮表示"臣等尽施犬马之劳，以报陛下知遇之恩"的时候，他"一手掩泪，一手执其手"，哭泣着说："君才十倍曹丕，必能安邦定国，终定大事。若嗣子可辅，则辅之；如其不才，君可自为成都之主。"这既是托孤，又是在为诸葛亮打"预防针"。刘备知道刘禅是怎样的人，更清楚诸葛亮的才能和人望。如果诸葛亮存有二心，蜀汉分分秒秒就会改旗易帜，不再是刘家的天下。刘备这句话就是专门说给诸葛亮听的，希望诸葛亮对刘禅，可辅则辅之，不可辅亦辅之。诸葛亮是何等聪明的人，他听出了刘备的话外之音，"汗流遍体，手足失措，泣拜于地曰：'臣安敢不竭股肱之力，尽忠贞之节，继之以死乎！'言讫，叩头流血"。所以，刘备的"哭"很多情况下并不是真情流露，而是其"权谋"，也使得刘备的"长厚"更加"似伪"。小说这样写刘备，和司马迁《史记》写刘邦有些相似，那就是对那些貌似不可冒犯的"尊者"，不刻意使用带有贬损意义的词汇，而是寓褒贬于叙事之中，在平静的叙事中让人们看到这些"尊者"的另一面或多面，使人们对这些"尊者"有更加全面的认识，而不因其是"尊者"而有意掩饰其不堪。这是《三国演义》一条重要的叙事原则。

即使是对小说极力推崇的关羽，作者也时常运用寓褒贬于叙事之中的"春秋笔法"，通过叙事有意识地表现关羽的刚愎自用与骄傲自大，为其失荆州埋下伏笔。刘备自领益州牧之后，关羽致书刘备，要入川与马超比试高下。小说写道：

　　一日，玄德正与孔明闲叙，忽报云长遣关平来谢所赐金帛。玄德召入。平拜罢，呈上书信曰："父亲知马超武艺过人，要入川来与之比试高低。教就禀伯父此事。"玄德大惊曰："若云长入蜀，与孟起比试，势不两立。"孔明日："无妨。亮自作书回之。"玄德只恐云长性急，便教孔明写了书，发付关平星夜回荆州。平回至荆州，云长问曰："我欲与马孟起比试，汝曾说否？"平答曰："军师有书在此。"云长拆开视之。其书曰："亮闻将军欲与孟起分别高下。以亮度之：孟起虽雄烈过人，亦乃黥布、彭越之徒耳；当与翼德并驱争先，犹未及美髯公之绝伦超群也。今公受任守荆州，不为不重；倘一入川，若荆州有失，罪莫大焉。惟冀明照。"云长看毕，自绰其髯笑曰："孔明知我心也。"将书遍示宾客，遂无入川之意。

关羽要入川与马超比试高下，是因为马超潼关之战和葭萌关之战声名远扬。关羽自恃武功高强，不顾荆州的安危，要入川与马超比试高下，是不想让马超的名头超过他。诸葛亮非常了解关羽其人，致信安慰，称关羽"绝伦超群"，言外之意，没有人能够和他比，并再次告诫：荆州乃是要地，不能有任何闪失。保卫荆州，关羽责任重大。小说写到此处，用了三个动作表现关羽此时的心情：一是"自绰其髯"，这是十分得意的表现；二是笑，心情大好，自然要开口大笑；三是"将书遍示宾客"，既让宾客相信他所说是实，又让宾客与他一起分享此时的快乐。寥寥数语，关羽志得意满的神态已跃然纸上。刘备进位汉中王后，封关羽等五人为"五虎大将"。关羽听说黄忠也在"五虎大将"之列，气呼呼地表示："黄忠何等人，敢与吾同列？大丈夫终不与老卒为伍！"费诗劝解说："昔萧何、曹参与高祖同举大事，最为亲近，而韩信乃楚之亡将也；然信位为王，居萧、曹之上，未闻萧、曹以此为怨。今汉中王虽有五虎将之封，而与将军有兄弟之义，视同一体。将军即汉中王，汉中王即将军也。岂与诸人等哉？将军受汉中王厚恩，当与同休戚、共祸福，不宜计较官号之高下。"孙权为结孙、刘两家之好，派诸葛瑾到荆州见关羽，准备与关羽结为儿女亲家，共同抗击曹操。诸葛瑾面见关羽，称"吾主吴侯有一子，甚聪明；闻将军有一女，特来求亲。两家结好，并力破曹。此诚美事，请君侯思之"。关羽听了勃然大怒，说："吾虎女安肯嫁犬子乎！不看汝弟之面，立斩汝首！"作者叙述这几件事情的时候，虽然不加褒贬，但在叙述之中已经把关羽对功名、地位、爵号的刻意追求表现出来，同时也表现出关羽的骄傲自大、目中无人，让细心的读者看到了关羽的另一面。

三　兴衰治乱为纲鉴

以开明著称的唐太宗曾言："以铜为镜，可以正衣冠；以史为镜，可以知兴替；以人为镜，可以明得失。朕常保此三镜，以防己过。"① 史书记载的虽然都是过去的事情，但总结和借鉴历史经验教训，对治国理政有非常大的帮助。因为历史的发展演进，社会的兴衰治乱，都是有迹可循的，都有一定的规律。正是因此，中国古代自国家形成之时起就设有史官，故班固有言："古之王者，世有史官。君举必书，所以慎言行、昭法式也。左史记言，右史记事。事为《春秋》，言为《尚书》。帝王靡不同之。"② 《三国演义》是一部长篇历史小说，其表现形式与《三国志》等正史不同，但它同样具有述历史兴衰、记社会治乱、为后世纲鉴的作用。正如庸愚子《三国志通俗演义序》所说："东原罗贯中以平阳陈寿传，考诸国史，自汉灵帝中平元年，终于晋太康元年之事，留心损益，目之曰《三国志通俗演义》。文不甚深，言不甚俗，事纪其实，亦庶几乎史。盖欲读诵者，人人得而知之，若诗所谓里巷歌谣之义也。书成，士君子之好事者，争相誊录，以便观览，则三国之盛衰治乱，人物之出处臧否，一开卷，千百载之事，豁然于心胸矣。"《三国演义》究竟如何明兴衰治乱、为后世纲鉴的呢？撮其大者，主要是明趋势，究原委，言正道。

（一）倡言历史发展趋势

中国历史通常追溯到三皇五帝。但以国家形态出现的历史，一般以为从夏朝开始。自上古三代，到秦汉三国魏晋，历朝历代发展下来，中国历史发展的趋势到底是什么？自春秋战国诸子百家以下，人们的见解各有不同。荀子曾言："欲观圣王之迹，则于其粲然者矣。后王是矣。"他认为，"欲观千岁，则审今

---

① 《旧唐书》卷七十一《魏征传》。
② 《汉书·艺文志》。

日；欲知亿万，则审一二；欲知上世，则审周道；欲知周道，则审其人所贵君子。故曰以近知远，以一知万，以微知明，此之谓也"。① 荀子说明了观察历史的方法，以及观察应采用的参照系。唐代李翰指出："夫五经群史之书，大不过本天地，设君臣，明十伦五教之义，陈政刑赏罚之柄，述礼乐制度之统，究治乱兴亡之由；立邦之道尽于此矣。"② 经史之书有此价值，出于经史、稗史、野史和民间故事传说的历史小说，同样有这样的价值。

《三国演义》是历史小说，对历史发展的趋势自然不能回避。所以，小说开篇便引用杨升庵的《临江仙》词来表达作者的历史观："滚滚长江东逝水，浪花淘尽英雄。是非成败转头空。青山依旧在，几度夕阳红。　白发渔樵江渚上，惯看秋月春风。一壶浊酒喜相逢。古今多少事，都付笑谈中。"历史发展如长江之水，滚滚东去，不可阻挡。其间有小浪，有大浪，也有巨浪。不论是多么伟大的英雄，都不可能改变长江之水滚滚东去的大趋势，而只能成为长江之水的一朵浪花，其最终结局都是"长江后浪推前浪，前浪死在沙滩上"。对个人而言，是非成败，功名利禄，最终都是浮云，唯有趋势是不可改变的。但趋势在形成与发展过程中的表现则会千差万别，有时是喜剧的形式，有时则是悲剧的形式。东汉之分为三国，是悲剧的形式，而三国归于西晋，虽然悲剧的成分居多，但从其表现来看，却有浓厚的喜剧色彩。曹魏取东汉而代之，与司马炎取曹魏而代之，虽然都是悲剧结局，但其表现形式却是喜剧性的。曹丕称帝之前，朝中文武百官都劝汉献帝禅让帝位给曹丕。先是华歆等人以众议的形式逼宫："群臣会议，言汉祚已终，望陛下效尧、舜之道，以山川社稷，禅与魏王，上合天心，下合民意，则陛下安享清闲之福，祖宗幸甚！生灵幸甚！臣等议定，特来奏请。"并且威胁说："陛下若不从众议，恐旦夕萧墙祸起。"接着是曹洪、曹休等以武力逼宫。汉献帝见大势已去，泣谓群臣曰："朕愿将天下禅于魏王，幸留残喘，以终天年。"贾诩则劝他可急降诏，以安众心。汉献帝无奈，只得令陈

---

① 《荀子》卷三《非相篇第五》。

② 李翰《通典序》。

群起草禅国之诏令，献给魏王曹丕。其禅位诏曰："朕在位三十二年，遭天下荡覆，幸赖祖宗之灵，危而复存。然今仰瞻天象，俯察民心，炎精之数既终，行运在乎曹氏。是以前王既树神武之迹，今王又光耀明德，以应其期。历数昭明，信可知矣。夫大道之行，天下为公；唐尧不私于厥子，而名播于无穷，朕窃慕焉。今其追踵尧典，禅位于丞相魏王。王其毋辞！"曹丕担心留谤后世，落下篡国之名，来了个三让三辞，并筑受禅台，择吉日良辰行禅让之礼。汉献帝亲捧玉玺献给曹丕，并当着文武百官宣读禅让诏书。之后，曹丕即位，封汉献帝为山阳公，令其即日起身赴封地。仅仅过了四十五年，汉献帝当年经历的场景在魏元帝曹奂时再现。魏元帝咸熙二年（265），司马炎同当年的曹丕一样，也上演了逼宫的"好戏"。魏元帝筑受禅台，大会群臣，亲捧玉玺，传国于司马炎。之后，换上公服，与文武百官站在一起，听候新君旨令。贾充的一番话，让人感觉时光似乎在倒流："自汉建安二十五年，魏受汉禅，已经四十五年矣；今天禄永终，天命在晋。司马氏功德弥隆，极天际地，可即皇帝正位，以绍魏统。封汝为陈留王，出就金墉城居止；当时起程，非宣诏不许入京。"① 四十五年前，这样的场景在许都出现过；四十五年之后，这样的场景再次在洛阳上演。所不同者，曹丕是文人，在逼宫时还保留一些文人的"斯文"；司马炎就不同了，他亲自出马，逼曹奂让位："此社稷乃大汉之社稷也。曹操挟天子以令诸侯，自立魏王，篡夺汉室。吾祖父三世辅魏，得天下者，非曹氏之能，实司马氏之力也；四海咸知。吾今日岂不堪绍魏之天下乎？"这不仅是赤裸裸地逼宫，而且是依样画葫芦，要照着曹丕当年的样子，以禅让之名，成为新的皇帝。人们常说：历史有惊人的相似。小说作者也深谙此理，以喜剧的形式表现了曹魏与西晋的两次禅让，造成了显著的喜剧效果。

无论历史发展是喜剧形式还是悲剧形式，其趋势都是不可改变的。这一趋势就是小说在开篇中所说的"话说天下大势，分久必合，合久必分"。乍一看，小说作者对中国历史趋势的总结，有明显的历史循环味道。但是，看一看中国

---

① 参见《三国演义》第一百十九回"假投降巧计成虚话，再受禅依样画葫芦"。

历史的发展，确实是"分久必合，合久必分"。自东周开始，春秋时期诸侯林立，战国时期七国分争，经历数百年后，秦朝统一天下；秦灭之后，楚汉分争，汉高祖一统天下，建立西汉；光武中兴，传至汉献帝。两汉历时四百余年，在汉献帝时分为三国。三国之后是西晋，时间不长，则又分为南北朝。隋唐时期的统一局面持续了三百多年，又分裂为五代十国；此后为赵匡胤所统一，是为宋。而宋代始终不是一个完整统一的国家，到了南宋，重现南北分治。之后是元、明、清各代，虽然都是统一的国家，但其间也有短暂的分裂。所以，从历史发展的趋势来看，相对于大一统的中国来说，"分久必合，合久必分"的历史趋势始终在延续着。《三国演义》表现的是汉末至西晋近百年的社会历史发展进程，其间经历了汉末大乱、三国鼎立和西晋统一，从分与合的角度看，则是由合而分，又由分而合。近百年的历史，竟然呈现出了中国社会历史发展的最为基本的趋势。历史大潮浩浩荡荡，顺之者昌，逆之者亡。把握历史发展趋势，顺应历史发展趋势，并且能够顺势而为者，才能成为真正的"弄潮儿"，如果逆趋势而动，就会被历史大潮所吞噬。从这个意义上说，三国时期所有的成功者都是顺应历史发展趋势的"弄潮儿"。

(二) 穷究兴衰治乱缘由

社会历史的发展都有其不可改变的趋势。但趋势是如何形成的呢？天下分合大势从来都是与国家兴衰、社会治乱相联系的。那么，国家何以兴，何以衰？社会何以治，何以乱？其深层原因在哪里？这些，本来属于史学家探讨的问题，《三国演义》则通过其历史叙事和形象塑造，流露出作者对这一问题的深刻思考，表达了作者对这一问题的独到见解。

汉末大乱是国家由合而分的开始。汉末为什么会出现这样一种情况呢？作者在开篇中写道："推其致乱之由，殆始于桓、灵二帝。桓帝禁锢善类，崇信宦官。及桓帝崩，灵帝即位，大将军窦武、太傅陈蕃共相辅佐。时有宦官曹节等弄权，窦武、陈蕃谋诛之，机事不密，反为所害，中涓自此愈横。"在小说作者看来，东汉之所以会天下大乱，由合而分，原因主要有三：一是汉桓帝禁锢善类，崇信宦官。汉桓帝末年，出现了东汉历史上同时也是中国历史上第一次党锢之祸，以李膺为代表的正直之士由于谠议朝政、品核公卿、不惧强权，与宦官发生了严重冲突。汉桓帝宠信宦官，迫害李膺等正直之士，许多人因此遭到朝廷禁锢，列入另册，终身不得叙用。汉灵帝初年，爆发了第二次党锢之祸，此前遭到禁锢的"党人"则被迫害致死，并株连其五族。二是后宫和外戚干政。在古代中国，严格禁止后宫和外戚干政。但是，桓灵之世，后宫和外戚干政却是家常便饭，而且其权力甚至远在三公之上，如桓灵之世的窦太后，权力欲非常强，窦武、陈蕃谋诛宦官，就是因为没有得到她的支持而失败。三是宦官专擅朝政。汉灵帝初年，大将军窦武、太傅陈蕃见宦官弄权，准备诛杀宦官，不料谋事不密，反被宦官杀害。此后，以张让为首的宦官得到汉灵帝的信任，把持朝政，致使朝政日非，"以致天下人心思乱，盗贼蜂起"。正是上述原因，导致桓灵之世出现了诸多异常现象，预示着汉末社会即将进入大动乱时期。小说第一回记载了这些异常现象：

> 建宁二年四月望日，帝御温德殿。方升座，殿角狂风骤起。只见一条大青蛇，从梁上飞将下来，蟠于椅上。帝惊倒，左右急救入宫，百官俱奔避。须臾，蛇不见了。忽然大雷大雨，加以冰雹，落到半夜方止，坏却房屋无数。建宁四年二月，洛阳地震；又海水泛溢，沿海居民，尽被大浪卷入海中。光和元年，雌鸡化雄。六月朔，黑气十余丈，飞入温德殿中。秋七月，有虹现于玉堂；五原山岸，尽皆崩裂。种种不祥，非止一端。帝下诏问群臣以灾异之由，议郎蔡邕上疏，以为蜺堕鸡化，乃妇寺干政之所致，言颇切直。帝览奏叹息，因起更衣。曹节在后窃视，悉宣告左右；遂以他事陷邕于罪，放归田里。后张让、赵忠、封谞、段珪、曹节、侯览、蹇硕、程旷、夏恽、郭胜十人朋比为奸，号为"十常侍"。帝尊信张让，呼为"阿父"。朝政日非，以致天下人心思乱，盗贼蜂起。

汉桓帝和汉灵帝禁锢善类、宠信宦官，后宫和外戚干政，以及宦官独断专权，不仅对朝政造成了极大危害，而且对社会造成了极大伤害，以至于导致了黄巾起义的爆发。从此开始，东汉社会开始了由合而分的时期。作者叙述桓灵之世的这些事情，指出了东汉末年的大乱之源，既是为三国之分进行铺垫，也为后世统治者提供了鉴戒。

司马光在《进资治通鉴表》中表明了他编纂《资治通鉴》的目的："删削冗长，举撮机要，专取关国家兴衰，系生民休戚，善可为法，恶可为戒者，为编年一书。"①《三国演义》是历史小说，不可能像《资治通鉴》那样有意识地"取关国家兴衰，系生民休戚，善可为法，恶可为戒者"，但它是以三国历史为蓝本的历史小说，不论作者是否有意识，是否自觉，都要涉及三国治乱分合的问题，都无法回避三国治乱分合的原因。不过，从作者的开篇叙述来看，作者是要有意识地探讨三国兴衰治乱的历史原因，有意识地为后世提供借鉴。作者指出的三个原因：皇帝昏庸、后宫干政、中涓弄权，不仅是东汉末年社会由治而乱、国家由合而分的重要原因，也是中国历史上许多朝代无法消除的痼疾。细数中国有史以来的帝王，可称为明君者，毕竟是少数，如西汉"文景之治"，唐代"贞观之治"和"开元盛世"，清代的"康乾盛世"，都曾经为史家津津乐道，涉及的帝王不及10人。而被称为庸君、昏君者则很多。至于后宫干政，虽然历朝历代都严格禁止，但禁而不止，几乎每个朝代都能够看到后宫干政的影子；中涓弄权，东汉末年相比中唐和明代也许不是中国历史上最糟糕的时期，但张让、曹节等宦竖在朝廷之上翻手为云覆手为雨，把皇帝玩弄于股掌之间，视大臣若草芥，任意欺凌，确实也够后人警醒的。这样的事情在蜀汉和孙吴也曾发生过。蜀汉后主刘禅宠信宦官黄皓，任其拨弄是非。诸葛亮在世时，黄皓尚未得到重用。诸葛亮之后，黄皓善于谄媚，很快得到后主的宠信，官至奉车都尉。景耀元年（258），姜维兵出祁山寨，邓艾、司马望与之对阵，屡遭失败，商议退敌之策。司马望说："近日蜀主刘禅，宠幸中贵黄皓，日夜以酒色为乐。可用反间计召回姜维，此危可解。"邓艾派党均入川，用重金贿赂黄皓，散布流言，说姜维怨恨后主，不久就会投降曹魏。于是，后主下诏令姜维班师。姜维回到成都，质问后主为何下令班师，后主却是默然不语。景耀五年（262），姜维正在祁山大寨与邓艾斗得难解难分之时，后主听信黄皓的谗言，一日三道诏

---

① 司马光《进资治通鉴表》。

书,下令姜维班师。姜维回朝后,后主却是一连十日不上朝,姜维竟然见不到后主。后来得知是黄皓拨弄是非,姜维上朝欲问其罪。小说于此写道:

> 次日,后主与黄皓在后园宴饮,维引数人径入。早有人报知黄皓,皓急避于湖山之侧。维至亭下,拜了后主,泣奏曰:"臣困邓艾于祁山,陛下连降三诏,召臣回朝,未审圣意为何?"后主默然不语。维又奏曰:"黄皓奸巧专权,乃灵帝时十常侍也。陛下近则鉴于张让,远则鉴于赵高。早杀此人,朝廷自然清平,中原方可恢复。"后主笑曰:"黄皓乃趋走小臣,纵使专权,亦无能为。昔者董允每切齿恨皓,朕甚怪之。卿何必介意?"维叩头奏曰:"陛下今日不杀黄皓,祸不远也。"后主曰:"爱之欲其生,恶之欲其死。卿何不容一宦官耶?"令近侍于湖山之侧,唤出黄皓至亭下,命拜姜维伏罪。皓哭拜维曰:"某早晚趋侍圣上而已,并不干与国政。将军休听外人之言,欲杀某也。某命系于将军,惟将军怜之!"言罢,叩头流涕。

由于后主的庇护,黄皓得以安然无恙。魏军来攻蜀汉时,姜维得知军情,上表后主,请求派兵把守阳安关、阴平桥等要道。后主听信黄皓之言,找来一个师婆装神弄鬼,说数年之后,魏国的土地都是蜀汉的。后主遂不把姜维的奏章当回事儿。后来,姜维又多次上表,黄皓都隐匿不报,蜀汉错过了派遣精兵强将守卫关隘要道的好时机,被邓艾偷袭阴平成功。结果,邓艾大军一到,后主面缚舆榇,出北门十里而降。司马昭在洛阳见到投降曹魏的蜀汉后主刘禅,也指出了其荒淫误国之罪,说他"荒淫无道,废贤失政,理宜诛戮"。蜀汉之亡的原因,与东汉何其相似!君主昏庸,宦官干政,忠良遭到猜忌,纵有一身本事,却无用武之地。

东吴的灭亡,小说有几句透露出玄机,"皓凶暴日甚,酷溺酒色,宠幸中常侍岑昏。濮阳兴、张布谏之,皓怒,斩二人,灭其三族。由是廷臣缄口,不敢再谏","时皓居武昌,扬州百姓溯流供给,甚苦之;又奢侈无度,公私匮乏","又大兴土木,作昭明宫,令文武各官入山采木;又召术士尚广,令筮蓍问取天下之事"。孙皓继位后,其所作所为完全是一个昏君,他宠信宦官,大兴土木,迷信方术,暴虐无道,孙坚、孙策、孙权创下的基业终于葬送在他的手里。小说对蜀汉和东吴灭亡之因的描述虽然皆是寥寥数语，但切中肯綮，抓住了要害，可以为后世统治者之镜鉴。

（三）申明治国理政之要

唐代学人杜佑在其《通典序》中尝言："所纂《通典》，实采群言。征诸人事，将施有政。夫理道之先，在乎行教化；教化之本，在乎足衣食。"① 仓廪实而知礼节，衣食足而知荣辱。治国理政不仅要杜绝前述那些危害国家、伤及根本的事情出现，而且要固其本，教其民，让百姓安居乐业，知书达理。司马迁有言："仓廪实而知礼节，衣食足而知荣辱。礼生于有而废于无。故君子富，好行其德；小人富，以适其力。渊深而鱼生之，山深而兽往之，人富而仁义附焉。富者得执益彰，失执则客无所之，以而不乐，夷狄益甚。谚曰：'千金之子，不死于市。'此非空言也。故曰：'天下熙熙，皆为利来；天下攘攘，皆为利往。'夫千乘之王，万家之侯，百室之君，尚犹患贫，而况匹夫编户之民乎？"② 人生在世，第一要义是生存，然后才是富贵、礼仪、尊严、功名等方面的需求。统治者要想百姓安居乐业，就要广开财源，让百姓丰衣足食。《三国演义》注意到了三国时期统治者以屯田为主要形式的安民措施，如曹操的屯田，诸葛亮的屯田，姜维的屯田，以此表示统治者重视民本。重视民本的典型事例，是曹操"割发代首"故事。

"割发代首"的故事发生在《三国演义》第十七回曹操征张绣的途中：

> 操留荀彧在许都，调遣兵将，自统大军进发。行军之次，见一路麦已熟。民因兵至，逃避在外，不敢刈麦。操使人远近遍谕村人父老，及各处守境官吏曰："吾奉天子明诏，出兵讨逆，与民除害。方今麦熟之时，不得已而起兵，大小将校，凡过麦田，但有践踏者，并皆斩首。军法甚严，尔民勿得惊疑。"百姓闻谕，无不欢喜称颂，望尘遮道而拜。官军经过麦田，皆下马以手扶麦，递相传送而过，并不敢践踏。操乘马正行，忽田中惊起

---

① 杜佑《通典序》。
② 《史记》卷一百二十九《货殖列传》。

一鸠。那马眼生,窜入麦中,践坏了一大块麦田。操随呼行军主簿,拟议自己践麦之罪。主簿曰:"丞相岂可议罪?"操曰:"吾自制法,吾自犯之,何以服众?"即掣所佩之剑欲自刎。众急救住。郭嘉曰:"古者《春秋》之义:法不加于尊。丞相总统大军,岂可自戕?"操沉吟良久,乃曰:"既《春秋》有法不加于尊之义,吾姑免死。"乃以剑割自己之发,掷于地曰:"割发权代首。"使人以发传示三军曰:"丞相践麦,本当斩首号令,今割发以代。"于是三军悚然,无不懔遵军令。

从作者的叙述中,读者可以感受到曹操作为丞相对粮食的爱惜。赶巧在小麦收获时节,曹操征讨张绣。为保护麦田,曹操特意下了军令:"吾奉天子明诏,出兵讨逆,与民除害。方今麦熟之时,不得已而起兵,大小将校,凡过麦田,但有践踏者,并皆斩首。军法甚严,尔民勿得惊疑。"这军令首先是给老百姓看的,所以,老百姓知道后,"无不欢喜称颂,望尘遮道而拜"。其次是给士兵看的,这才出现了"官军经过麦田,皆下马以手扶麦,递相传送而过,并不敢践踏"的感人现象。从小说这两处描写来看,此时的曹军堪称"仁义之师"。至于后来发生的情况,实属意外,曹操用"割发代首"的方式处理,则是不得已而为之。从这一事件中,读者可以读到的信息至少有这么几点:其一,曹操是为保护百姓的麦田而下的军令;其二,百姓看到军令,欢欣鼓舞,热烈称颂;其三,士兵认真执行军令,不敢稍有疏忽;其四,曹操战马受惊,践踏麦田,有足够的理由解释。但他为了严格执行军令,以身作则,率先垂范,竟然要拔剑自刎。如果说这是"奸诈",中国历史上那么多将相,有几人像曹操这样,为了保护老百姓的麦子而做出这样的举动?把曹操真正的爱民之举视作"奸诈",是毛宗岗有意为之。他引后人诗称:"十万貔貅十万心,一人号令众难禁。拔刀割发权为首,方见曹瞒诈术深。"但从小说的描写中,读者感受到的却是曹操执法严明,而不是所谓的"奸诈"。古人云:身之发肤,受之父母。不爱惜自己,就是对父母的不孝。所以,在古代,把头发全部或部分剃掉,为五刑之一的"髡刑",是对犯人的一种羞辱。曹操甘愿这样做,是要用这样一种刑罚来代替,也是要警示士兵。所以,曹操"割发代首"后,"三军悚然,无不懔遵军令"。

如果对比一下《艺文类聚》引《曹瞒传》，不难看出，曹操此举是心存百姓，爱惜粮食，严明军纪，深得民心军心。其文云："太祖尝行经麦中，令士卒无败麦，犯者死。骑士皆下马，持麦以相付。时太祖马腾入麦中，敕主簿议罪。主簿对以春秋之义，罚不加于尊。太祖曰：'制法而自犯之，何以率下？然孤为军帅，不可杀，请自刑。'因援剑割发以置地。"① 这是《三国演义》曹操"割发代首"故事之所本。但是，《三国演义》写了曹操军令颁布之后百姓的反应，他们不仅大加称颂，而且望尘伏道而拜，表现出对曹操的感激之情；《三国演义》也写了曹操"割发代首"之后士兵的反应，所谓"三军悚然，无不懔遵军令"。这样的描写绝对不是为了表现曹操的"奸诈"，而是为了表现曹操深知民以食为天，故而心存百姓，爱惜粮食。正是因此，曹操不论是下达保护麦田的军令，还是"割发代首"，都深得民心，深得军心。这是为将相者应遵守的正道，也是统治者应遵守的正道。

除了"民以食为天"的民本思想，《三国演义》表现的治国理政正道，最为突出的就是人才乃治国之本。刘备携民渡江时曾言："举大事者必以人为本。"其所说之"人"虽然是指老百姓，但是，在《三国演义》中，那些志在天下的人，如曹操、刘备、孙权、司马懿等人，以及辅佐他们的首席军师，都把延揽人才作为竞争天下的重要手段。曹操爱惜人才是出了名的，他不仅先后发布了三道求贤令，而且对于那些确有才能的人，不论出身如何，甚至也不论品行如何，只要确有一技之长，都会为其所用。诸葛亮也是爱才的典范。他知道庞统有经天纬地之才，向刘备举荐庞统；他爱惜马超之才，设计让马超归顺刘备；他在战场中发现姜维是难得的人才，设计让姜维归顺蜀汉，并把平生所学尽数传授给姜维。诸葛亮准备北伐中原时，也是先用离间计把曹丕手下的重要谋士司马懿从雍凉总督的位子上赶走，然后才出师北伐。三国历史是一部相互征伐的历史，也是一部争夺人才的历史。《三国演义》在生动的叙述中，较为充分地表现了三国时期的人才之争，揭示了人才乃治国之本的真谛，为后世统治者提

---

① 《艺文类聚》卷八十五引《曹瞒传》。

供了借鉴。

庸愚子在《三国志通俗演义序》中，从义与利的角度，对《三国演义》的君子与小人做了一番评价。他说："予尝读《三国志》，求其所以，殆由陈蕃、窦武立朝末久，而不得行其志，卒为奸宄谋之，权柄日窃，渐浸炽盛，君子去之，小人附之，奸人乘之。当时国家纪纲法度坏乱极矣。噫，可不痛惜乎！矧何进识见不远，致董卓乘衅而入，权移人主，流毒中外，自取灭亡，理所当然。曹瞒虽有远图，而志不在社稷，假忠欺世，卒为身谋，虽得之，必失之，万古奸贼，仅能逃其不杀而已，固不足论。孙权父子虎视江东，固有取天下之志，而所用得人，又非老瞒可议。惟昭烈，汉室之胄，结义桃园，三顾草庐，君臣契合，辅成大业，亦理所当然。其最尚者，孔明之忠，昭如日星，古今仰之；而关、张之义，尤宜尚也。其他得失，彰彰可考。遗芳遗臭，在人贤与不贤；君子小人，义与利之间而已。观演义之君子，宜致思焉。"义与利是分别君子与小人的重要原则。孔子说，君子喻以义，小人喻以利。利无大小，皆属私利。如果刻意追求，甚至不择手段，人格便等而下之，也会给社会造成消极影响。义同样有大小，有兄弟之义，有江湖之义，有君臣之义，有国家之义。在中国古代，兄弟之义和江湖之义同属义的范畴，所以常常受到歌颂。君臣之义和国家之义则被称为大义，更是受到赞赏。《三国演义》描写的那些为君主和国家尽心效忠的臣子，如汉献帝的臣子董承、王子服、吴硕、耿纪、韦晃等，蜀汉的诸葛瞻、刘谌等，都是为国尽忠的义士，受到作者的称赞。如蜀汉北地王刘谌自刎而死后，作者引后人诗赞之："君臣甘屈膝，一子独悲伤。去矣西川事，雄哉北地王！捐身酬烈祖，搔首泣穹苍。凛凛人如在，谁云汉已亡？"当然，作者极力赞美的则是刘、关、张那种兄弟而君臣之义，桃园结义、古城聚义、关羽千里走单骑、张飞急兄难死义、刘备为报弟仇伐吴，都是义字当先，突出了义的力量与伟大。从《三国演义》中，读者明白了君子小人之别，也明白了义与利的不同。人们在社会生活中，在面临重大选择时，虽然未必都能够追求大义，担当大义，但人们至少明白了应该做什么和怎么做。

《三国演义》倡言治国理政之正道，对社会具有非常积极的教化意义。正如修髯子在《三国志通俗演义序》中所说:"史氏所志,事详而文古,义微而旨深,非通儒夙学,展卷间鲜不便思困睡。故好事者以俗近语櫽栝成编,欲天下之人入耳而通其事,因事而悟其义,因义而兴乎感。不待研精覃思,知正统必当扶,窃位必当诛;忠孝节义必当师,奸贪谀佞必当去。是是非非,了然于心目之下,裨益风教,广且大焉。"《三国演义》不是教科书,而是以叙述故事、塑造艺术形象为主要表现形式的小说。它通过故事情节和艺术形象表现出来的忠孝节义和奸贪谀佞等,既让广大读者了解了三国历史,又让广大读者明白了是是非非,并在作者的刻意追求下达到了裨益风教的目的。

四 华丽辞章垂后范

《三国演义》的语言非常精彩,它"文不甚深,言不甚俗,事纪其实,亦庶几乎史",① 可谓是雅俗共赏。它不像后世历史小说那样鄙俚,也不像《红楼梦》那样文雅,而是介于雅俗之间。整部小说波澜起伏,精彩迭现。鲁迅虽然对《三国演义》多有批评,但对《三国演义》的文采辞章还是不吝赞美之词,说:"然而究竟它有很好的地方,像写关云长斩华雄一节,真是有声有色;写华容道上放曹操一节,则义勇之气可掬,如见其人。后来做历史小说的很多,如《开辟演义》《东西汉演义》《东西晋演义》《前后唐演义》《南北宋演义》……都没有一种跟得住《三国演义》,所以人都喜欢看它。"② 人们喜欢读《三国演义》,不仅因为其故事曲折生动,情节起伏跌宕,人物栩栩如生,而且因为其语言优美,辞章华丽,足为后世垂范。

(一) 精彩章节脍炙人口

说起《三国演义》中的精彩章节,熟悉这部小说的人都会列举出很多。如温酒斩华雄、三英战吕布、青梅煮酒论英雄、三顾茅庐、古城聚义、携民渡江、

---

① 嘉靖本《三国志通俗演义》庸愚子序。
② 鲁迅《中国小说史略》,人民文学出版社1976年版,第291—292页。

舌战群儒、草船借箭、群英会、华容道、单刀赴会、刮骨疗毒、八阵图、空城计、秋风五丈原，等等。这些精彩章节有的被选入中小学课本，有的成为中小学生的课外读物，当然，更多的是活跃在人们的话语中，流传在人们的生活中。这些精彩章节各有偏重，各有特色。其情节跌宕起伏，其人物栩栩如生，其语言洗练生动。

1. 情节跌宕起伏

《三国演义》的情节设计跌宕起伏，其最为典型者是"群英会蒋干中计"。曹操三江口损兵折将，正愁没有办法。蒋干却毛遂自荐，要到江南劝老同学周瑜投降。小说写周瑜与蒋干见面，用对比的方法写出了周瑜的地位优势和心理优势："瑜整衣冠，引从者数百，皆锦衣花帽，前后簇拥而出。蒋干引一青衣小童，昂然而来。"一个是从者数百，皆锦衣花帽；一个只有一青衣小童相随。两相对比，已显出周瑜的优势。接着是二人的对话。瑜曰："子翼良苦：远涉江湖，为曹氏作说客耶？"干愕然曰："吾久别足下，特来叙旧，奈何疑我作说客也？"瑜笑曰："吾虽不及师旷之聪，闻弦歌而知雅意。"干曰："足下待故人如此，便请告退。"瑜笑而挽其臂曰："吾但恐兄为曹氏作说客耳。既无此心，何速去也？"周瑜料到蒋干是来做说客，故而先打消其做说客的念头。这次话语交锋，蒋干又败下阵来。宴会之时，周瑜令太史慈做监酒，明言"今日宴饮，但叙朋友交情；如有提起曹操与东吴军旅之事者，即斩之！"太史慈按剑坐于席上。蒋干惊愕，不敢多言。为了施用离间计，周瑜先预作准备，对众人说："吾自领军以来，滴酒不饮；今日见了故人，又无疑忌，当饮一醉。"然后携蒋干出帐，让其见识江南的熊虎之师，在威势上又压倒了蒋干。并假装醉酒，拉住蒋干的手说："大丈夫处世，遇知己之主，外托君臣之义，内结骨肉之恩，言必行，计必从，祸福共之。假使苏秦、张仪、陆贾、郦生复出，口似悬河，舌如利刃，安能动我心哉！"再次表明不会投降曹操的决心，也让蒋干彻底死心。再次入帐后，周瑜拔剑起舞作歌，再显其英雄气概："丈夫处世兮立功名，立功名兮慰平生。慰平生兮吾将醉，吾将醉兮发狂吟！"接下来的描写虽无金戈铁马、鼓角争鸣，却是惊心动魄，扣人心弦，煞是好看：

至夜深，干辞曰："不胜酒力矣。"瑜命撤席，诸将辞出。瑜曰："久不与子翼同榻，今宵抵足而眠。"于是佯作大醉之状，携干入帐共寝。瑜和衣卧倒，呕吐狼藉。蒋干如何睡得着？伏枕听时，军中鼓打二更，起视残灯尚明。看周瑜时，鼻息如雷。干见帐内桌上，堆着一卷文书，乃起床偷视之，却都是往来书信。内有一封，上写"蔡瑁张允谨封"。干大惊，暗读之。书略曰："某等降曹，非图仕禄，迫于势耳。今已赚北军困于寨中，但得其便，即将操贼之首，献于麾下。早晚人到，便有关报。幸勿见疑。先此敬覆。"干思曰："原来蔡瑁、张允结连东吴！"遂将书暗藏于衣内。再欲检看他书时，床上周瑜翻身，干急灭灯就寝。瑜口内含糊曰："子翼，我数日之内，教你看操贼之首！"干勉强应之。瑜又曰："子翼，且住，教你看操贼之首！"及干问之，瑜又睡着。干伏于床上，将近四更，只听得有人入帐唤曰："都督醒否？"周瑜梦中做忽觉之状，故问那人曰："床上睡着何人？"答曰："都督请子翼同寝，何故忘却？"瑜懊悔曰："吾平日未尝饮醉；昨日醉后失事，不知可曾说甚言语？"那人曰："江北有人到此。"瑜喝："低声！"便唤："子翼。"蒋干只妆睡着。瑜潜出帐。干窃听之，只闻有人在外曰："张、蔡二都督道：急切不得下手。"后面言语颇低，听不真实。少顷，瑜入帐，又唤："子翼。"蒋干只是不应，蒙头假睡。瑜亦解衣就寝。干寻思："周瑜是个精细人，天明寻书不见，必然害我。"睡至五更，干起唤周瑜；瑜却睡着。干戴上巾帻，潜步出帐，唤了小童，径出辕门。军士问："先生那里去？"干曰："吾在此恐误都督事，权且告别。"军士亦不阻当。干下船，飞棹回见曹操。操问："子翼干事若何？"干曰："周瑜雅量高致，非言词所能动也。"操怒曰："事又不济，反为所笑！"干曰："虽不能说周瑜，却与丞相打听得一件事。乞退左右。"干取出书信，将上项事逐一说与曹操。操大怒曰："二贼如此无礼耶！"即便唤蔡瑁、张允到帐下。操曰："我欲使汝二人进兵。"瑁曰："军尚未曾练熟，不可轻进。"操怒曰："军若练熟，吾首级献于周郎矣！"蔡、张二人不知其意，惊慌不能回答。操喝武士推出斩之。须臾，献头帐下。操方省悟，曰："吾中计矣！"

毛宗岗评《三国演义》，对这段描写大加赞赏，指出："周瑜诈睡，是骗蒋干；蒋干诈睡，又骗周瑜。周瑜假呼蒋干，是明知其诈睡；蒋干不应周瑜，是不知其诈呼。周瑜之醉，醉却是醒；蒋干之醒，醒却是梦。妙在先说破他是说客，使他开口不得；又妙在说他不是说客，一发使他开口不得。妙在梦中呼子翼、骂操贼，使他十分疑惑；又妙在醒来忘却呼子翼、骂操贼，一发使他十分疑惑。周瑜假做极疏，却步步是密；蒋干自道极乖，却步步是呆。写来真是好看。"①

2. 人物栩栩如生

《三国演义》中的许多人物形象栩栩如生，跃然纸上。帝王如曹操、刘备、孙权，军师如诸葛亮、荀彧、周瑜、鲁肃，谋士如荀攸、郭嘉、庞统，名将如关羽、张飞、赵云、黄忠、张辽、徐晃、陆逊、杜预，隐士如司马徽、孟公威、崔州平、管辂，义士如董承、王子服、耿纪、韦晃、刘谌、周仓，等等，都在读者心目中留下了深刻印象。《三国演义》中很少出现的女性，如貂蝉和孙夫人，也让读者过目不忘。学界对《三国演义》中的人物形象有较为充分的研究，尤其是对主要人物的研究，都有许多成果。这里仅以孙夫人为例，对《三国演义》人物塑造略作分析。

孙夫人在《三国演义》中的出场并不多，前后也就是三次。第一次出场是周瑜用孙夫人行"美人计"。小说写孙夫人采取烘云托月之法，未见其人，先闻其评。首先是周瑜准备施用美人计时对孙夫人的评价："主公有一妹，极其刚勇，侍婢数百，居常带刀，房中军器摆列遍满，虽男子不及。"周瑜准备用孙权之妹作为钓饵，诱使刘备来东吴，然后囚禁刘备，用刘备换荆州。从周瑜的评价中，读者对性格刚勇的孙权小妹已先有了一些了解。其次是东吴吕范去荆州说媒时，刘备说："吾年已半百，鬓发斑白；吴侯之妹，正当妙龄：恐非配偶。"吕范解释说："吴侯之妹，身虽女子，志胜男儿。常言：若非天下英雄，吾不事之。今皇叔名闻四海，正所谓淑女配君子，岂以年齿上下相嫌乎！"孙夫人虽然

---

① 毛宗岗评点《三国演义》第四十五回回评。

尚未出场，但从周瑜和吕范的评价中，读者对孙夫人已经有个大致了解：此女极其刚勇，喜欢使枪弄棒，身虽女子，志胜男儿，志向非小，俨然是女中豪杰。待其一出场，果不其然。小说写道："孙夫人与玄德结亲。至晚客散，两行红炬，接引玄德入房。灯光之下，但见枪刀簇满；侍婢皆佩剑悬刀，立于两旁。吓得玄德魂不附体。"① 管家婆见刘备大惊失色，解释说："贵人休得惊惧：夫人自幼好观武事，居常令侍婢击剑为乐，故尔如此。"刘备心中不安，让撤了去。孙夫人笑着说："厮杀半生，尚惧兵器乎！"② 刘备厮杀半生，什么兵器没有见过，只是尚未见过温柔乡里有这般摆设，担心变生不测，所谓"惊看侍女横刀立，疑是东吴设伏兵"。而孙夫人看似轻描淡写的一句调侃，却呼应了此前周瑜和吕范对她的评价。孙夫人虽是女中豪杰，但她同样有其温柔的一面，同样恪守所谓的"妇道"。当刘备闻报荆州有事，哀愁不已的时候，孙夫人说："妾已事君，任君所之，妾当相随。""三从四德"是对古代中国女性的要求，其中"出嫁从夫"是对女子出嫁以后的要求。孙夫人的表态，与"出嫁从夫"的要求相暗合。关键时刻，孙夫人选择与刘备站在一起，解除了刘备的后顾之忧。正旦之日，孙夫人假称江边祭祖，与刘备不告而辞，逃离了东吴。一路上遇有围追堵截，孙夫人拿出东吴公主的威风，一一化解。如遭到徐盛、丁奉拦截时，孙夫人叱曰："你只怕周瑜，独不怕我？周瑜杀得你，我岂杀不得周瑜？"把周瑜大骂一场，喝令推车前进。徐盛、丁奉自思："我等是下人。安敢与夫人违拗？"只好放开大路，让孙夫人通过。正是由于孙夫人的一腔豪气，以及她对刘备的忠贞，才使得刘备返回荆州之路逢凶化吉，遇难呈祥。孙夫人第一次出场，已让读者牢牢记住了她女中豪杰的形象，令人对其肃然起敬。

孙夫人第二次出场在第六十一回。孙权采纳张昭的计谋，派周善去荆州，谎称吴国太病危，要见亲生女儿，让孙夫人带上刘备的儿子阿斗一起回东吴，然后让刘备拿荆州换回阿斗。周善见了孙夫人，说："国太好生病重，旦夕只是

---

① 参见《三国演义》第五十四回。
② 参见《三国演义》第五十五回。

思念夫人。倘去得迟，恐不能相见。就教夫人带阿斗去见一面。"孙夫人思母心切，不知是计，带上阿斗就上了周善的大船。赵云截江夺阿斗，却遭到孙夫人的呵斥和阻拦。她先是怪赵云管他们的家事，又叱责赵云半路闯入船上，图谋造反，接着又让侍婢上前揪打赵云。赵云夺回阿斗后，孙夫人又让侍婢上前夺阿斗回来。孙夫人一连串的话语和动作，意在表明她是主母，她有权带阿斗回东吴。此时的孙夫人虽不及在东吴那样威风凛凛，但依然表现出其刚强的一面。孙夫人第三次出场在第八十四回。陆逊火烧连营，大败蜀军。小说于此写道："时孙夫人在吴，闻猇亭兵败，讹传先主死于军中，遂驱车至江边，望西遥哭，投江而死。后人立庙江滨，号曰枭姬祠。尚论者作诗叹之曰：先主兵归白帝城，夫人闻难独捐生。至今江畔遗碑在，犹著千秋烈女名。"这段插叙，既是对孙夫人最后归宿的交代，也是对孙夫人节烈品格的表彰。换作别人，听到丈夫的死讯，虽然同样不免悲痛欲绝，但人死不能复生，活着的人还要生活，再大的悲痛都会随着时间的流逝而逐渐消失。孙夫人却有别样的选择，听到刘备的死讯，她不愿苟且偷生，而是遥祭之后，投江而死。孙夫人以这样的方式结束自己的一生，既表现出其节烈的性格，又是对东吴把她作为政治军事斗争工具的控诉。

孙夫人在《三国演义》中出场次数不多，但她每次出场都不同凡响，都表现出鲜明的个性特征。孙夫人出身帝王之家，却是不爱红装爱武装，喜欢舞刀弄枪。但她又不失女性的温柔，能够让刘备沉湎温柔之乡而不思回荆州。她信奉传统的伦理道德，恪守妇道，既为刘备之妇，就为夫着想，真心实意跟从丈夫。丈夫有了危难，她尽自己的力量帮助他，使刘备安全返回荆州。所以，毛宗岗评论道："孙夫人之配玄德，如齐姜之配重耳，皆女丈夫也。重耳不欲去，而齐姜遣之；玄德欲去，而孙夫人从之。齐姜听重耳独去，不独去恐去不成，孙夫人与玄德同去，不同去也去不成。重耳之去，齐姜不告于其父；玄德之去，孙夫人不告于其兄。一则杀采桑之女，是英雄手段；一则退拦路之兵，亦是英雄手段。"[1] 出身帝王之家的女性，衣食无忧，理应比寻常人家的女孩子更幸福

---

[1] 毛宗岗评点《三国演义》第五十五回回评。

一些。可是，在中国古代，像孙夫人这样的女性依然难以做自己的主人，而必须时常听命于他人。但孙夫人既为女丈夫，不会老老实实地听命于他人。她要自己把握自己的命运，包括回荆州，从荆州回东吴，以及最后选择投江自尽，都为把握自己的命运做出了不懈努力。不过，孙夫人毕竟是传统文化熏陶下的女性，儒家的伦理道德对她影响至深。她选择出嫁从夫，以及追随刘备而去，是其性格的必然表现，也源于儒家文化的浸染。

3. 语言洗练生动

《三国演义》的语言之美一向为论者所称道。它"文不甚深，言不甚俗"，雅俗共赏，而且其语言生动洗练，富有形象性。如其描写景物，寥寥数语，即可让人过目不忘。其描写隆中景物："果然山不高而秀雅，水不深而澄清；地不广而平坦，林不大而茂盛；猿鹤相亲，松篁交翠。"这正是贤人雅士隐居之所，与诸葛亮这样的世外高人的身份很契合。写刘备第二次去请诸葛亮时的隆冬景象："时值隆冬，天气严寒，彤云密布。行无数里，忽然朔风凛凛，瑞雪霏霏：山如玉簇，林似银妆。"短短二十多字，已把隆冬时节的雪景展示在读者面前。诸葛亮草船借箭，江面上大雾弥漫，小说写来，惜墨如金："是夜大雾漫天，长江之中，雾气更甚，对面不相见。"其描写人物，颇能抓住最为显著的特征。如"桃园三结义"对刘、关、张三人的描写，洗练生动，各具特色。写刘备："那人不甚好读书。性宽和，寡言语，喜怒不形于色；素有大志，专好结交天下豪杰；生得身长七尺五寸，两耳垂肩，双手过膝，目能自顾其耳，面如冠玉，唇若涂脂。"既写其性格，又写其标志性特征。对张飞和关羽的描写，是通过刘备的眼睛来表现的，如写张飞，"玄德回视其人，身长八尺，豹头环眼，燕颔虎须，声若巨雷，势如奔马"。写关羽，"玄德看其人：身长九尺，髯长二尺；面如重枣，唇若涂脂；丹凤眼，卧蚕眉，相貌堂堂，威风凛凛"。写张飞，突出的是"豹头环眼，燕颔虎须"；写关羽，突出的"髯长二尺""面如重枣"和"丹凤眼，卧蚕眉"。这样的人物描写，皆是传神写照，是点睛之笔。写董卓把持朝政后专横跋扈，残忍至极，已然暗示了董卓灭亡的命运："自此每夜入宫，奸淫宫女，夜宿龙床。尝引军出城，行到阳城地方，时当二月，村民社赛，男女皆集。卓命军士围住，尽皆杀之，掠妇女财物，装载车上，悬头千余颗于车下，连轸还都，扬言杀贼大胜而回；于城门外焚烧人头，以妇女财物分散众军。"描写吕布，先从李儒眼睛中看来："时李儒见丁原背后一人，生得器宇轩昂，威风凛凛，手执方天画戟，怒目而视。"再从董卓眼中看来："两阵对圆，只见吕布顶束发金冠，披百花战袍，擐唐猊铠甲，系狮蛮宝带，纵马挺戟，随丁建阳出到阵前。"俗谚有云："人中吕布，马中赤兔。"吕布是有名的美男子，又是力敌万人的名将，完全配得上"器宇轩昂，威风凛凛"这样的赞美之词。

《三国演义》语言的洗练生动，在第四十八回"宴长江曹操赋诗"一节有鲜明表现。赤壁决战之前，曹操于冬月十五日夜，在长江北岸大船之上大宴文武百官。小说写道：

> 时建安十三年冬十一月十五日，天气晴明，平风静浪。操令："置酒设乐于大船之上，吾今夕欲会诸将。"天色向晚，东山月上，皎皎如同白日。长江一带，如横素练。操坐大船之上，左右侍御者数百人，皆锦衣绣袄，荷戈执戟。文武众官，各依次而坐。操见南屏山色如画，东视柴桑之境，西观夏口之江，南望樊山，北觑乌林，四顾空阔，心中欢喜，谓众官曰："吾自起义兵以来，与国家除凶去害，誓愿扫清四海，削平天下；所未得者江南也。今吾有百万雄师，更赖诸公用命，何患不成功耶！收服江南之后，天下无事，与诸公共享富贵，以乐太平。"文武皆起谢曰："愿得早奏凯歌！我等终身皆赖丞相福荫。"操大喜，命左右行酒。饮至半夜，操酒酣，遥指南岸曰："周瑜、鲁肃，不识天时！今幸有投降之人，为彼心腹之患，此天助吾也。"荀攸曰："丞相勿言，恐有泄漏。"操大笑曰："座上诸公，与近侍左右，皆吾心腹之人也，言之何碍！"又指夏口曰："刘备、诸葛亮，汝不料蝼蚁之力，欲撼泰山，何其愚耶！"顾谓诸将曰："吾今年五十四岁矣，如得江南，窃有所喜。昔日乔公与吾至契，吾知其二女皆有国色。后不料为孙策、周瑜所娶。吾今新构铜雀台于漳水之上，如得江南，当娶二乔，置之台上，以娱暮年，吾愿足矣！"言罢大笑。唐人杜牧之有诗曰："折戟沉沙铁未消，自将磨洗认前朝。东风不与周郎便，铜雀春深锁二乔。"

这段文字中有三处写景。先写冬月夜晚之景："天气晴明，平风静浪。"再写长江近景："天色向晚，东山月上，皎皎如同白日。长江一带，如横素练。"紧接着再写远景："南屏山色如画，东视柴桑之境，西观夏口之江，南望樊山，北觑乌林，四顾空阔。"冬月之景和长江近景，是通过作者之笔写来，长江远景则是通过曹操之眼看来。曹操自起义师以来的经历，历时十数载，经历数百战，备尝艰辛，历经磨难，才有当下之局势。可是，作者写来仅是三言两语。此节虽云"宴长江"，但曹操和文武百官如何宴饮，却着墨甚少，而曹操在宴饮之时的得意之形，却是一而再、再而三地加以描写，并穿插曹操欲得乔公二女之事，以与前文诸葛亮智激周瑜相呼应。写到曹操赋诗之时，则直接把曹操的《短歌行》"对酒当歌，人生几何"整篇移植过来。最后则穿插扬州刺史刘馥之事，让一场喜庆之事变成了悲剧。刘馥以为曹操诗歌中的"月明星稀，乌鹊南飞；绕树三匝，无枝可依"乃是不吉之言，惹曹操大怒，手起一槊，将刘馥刺死。小说写曹操刺死刘馥，以及处置刘馥身后之事，也十分简略，表明作者对次要人物和事件的处理都是惜墨如金。

(二) 巧妙引用前人诗文

《三国演义》的语言艺术之所以能够达到如此之高的水平，给读者呈现出如此之多的精彩章节，固然得力于小说作者在叙述故事、塑造人物和语言运用等方面具有很高的艺术造诣，但同时也得力于作者善于巧妙引用前人诗文。毛宗岗在《三国演义·凡例》中对引用前人诗文做过说明："《三国》文字之佳，其录于《文选》中者，如孔融《荐祢衡表》、陈琳《讨曹操檄》，实可与前后《出师表》并传。俗本皆阙而不载，今悉依古本增入，以备好古者之览观焉。"《三国演义》善于引用前人诗文，为小说增添了不少亮色。《三国演义》引用前人诗文，有两个显著特色。一是内容上具有相关性或一致性，使前人诗文与小说相得益彰，能够为小说增光添彩；二是引用的诗文尽可能是名人名作，有较高的知名度。这两点说起来容易，做起来不易。首先要搜集到与小说所述人物故事相关的前人诗文，其次还要善加甄别，具有艺术慧眼，从中挑选出能够为小说增色的作品。唯其如此，才能相得益彰。

1. 引诗注重名家名作

《三国演义》引用的前人诗歌，有一些属于名家名作。有研究者对《三国演义》引用的诗歌进行了统计，指出《三国演义》引诗歌209首，[①] 其中引杜甫诗最多，达5首；引曹植诗歌4首，引白居易、元稹、杜牧诗歌各1首，其余皆称之为"后人"诗歌。虽然从总量上来看，所谓的"后人"诗歌要占大多数，但名家名作的引用，却给读者一种倾向性的引导，让读者对所引诗歌产生浓厚兴趣。建兴十二年秋八月二十三日，年仅54岁的诸葛亮在五丈原去世之后，作者引杜甫、白居易和元微之诗歌，对诸葛亮的去世表示悲悼，对其一生的功业进行歌颂。杜甫诗："长星昨夜坠前营，讣报先生此日倾。虎帐不闻施号令，麟台惟显著勋名。空余门下三千客，辜负胸中十万兵。好看绿阴清昼里，于今无复雅歌声！"对诸葛亮的去世表示了极大的悲痛与惋惜。引白居易诗："先生晦迹卧山林，三顾那逢圣主寻。鱼到南阳方得水，龙飞天汉便为霖。托孤既尽殷勤礼，报国还倾忠义心。前后出师遗表在，令人一览泪沾襟。"对诸葛亮的一生做了简要回顾，突出了诸葛亮的忠君报国，并对诸葛亮病逝表示了极大悲痛与哀伤。引元微之诗："拨乱扶危主，殷勤受托孤。英才过管乐，妙策胜孙吴。凛凛《出师表》，堂堂八阵图。如公全盛德，应叹古今无！"此诗赞美诸葛亮的丰功伟绩，最后两句更把诸葛亮的功德推到了至高无上的地位。遗憾的是，这些诗歌在今天的杜甫、白居易和元微之的诗集中已经无法查到。有人说，这是后人假托他们的名字创作的。不过，从所引诗歌的风格来看，与杜甫、白居易和元微之的诗歌还是颇为相似的。另外，《三国演义》在其他章节也引用了杜甫和白居易的诗歌，如第八十四回"孔明巧布八阵图"一节引杜甫《八阵图》诗："功盖三分国，名成八阵图。江流石不转，遗恨失吞吴。"第八十五回刘备病死白帝城之后，小说引杜甫《咏怀古迹五首》之四："蜀主窥吴向三峡，崩年亦在永安宫。翠华想像空山外，玉殿虚无野寺中。古庙杉松巢水鹤，岁时伏腊走村翁。武侯祠屋长邻近，一体君臣祭祀同。"第一百五回引杜甫《咏怀古迹五首》

[①] 参见杨小平《浅论〈三国演义〉中的诗歌》，《明清小说研究》2009年第4期。

之五:"诸葛大名垂宇宙,宗臣遗像肃清高。三分割据纡筹策,万古云霄一羽毛。伯仲之间见伊吕,指挥若定失萧曹。运移汉祚终难复,志决身歼军务劳。"以及《蜀相》:"丞相祠堂何处寻,锦官城外柏森森。映阶碧草自春色,隔叶黄鹂空好音。三顾频烦天下计,两朝开济老臣心。出师未捷身先死,长使英雄泪满襟!"这些诗歌在《杜工部集》中都能查到。再如小说开篇引用明代学者杨慎的《临江仙》词,首先因为杨慎是明代著名学者和文学家,在明清两代有较高的知名度。而杨慎《临江仙》词表达的思想、营造的意境,与作者的思想倾向,与小说所表现的"天下大势"相吻合。小说引用"后人"诗也非常重视诗歌的内容与文采,如第七十七回关羽遇害后,作者引后人诗咏叹之:"汉末才无敌,云长独出群。神威能奋武,儒雅更知文。天日心如镜,春秋义薄云。昭然垂万古,不止冠三分。""人杰惟追古解良,士民争拜汉云长。桃园一日兄和弟,俎豆千秋帝与王。气挟风雷无匹敌,志垂日月有光芒。至今庙貌盈天下,古木寒鸦几夕阳。"小说所引诗歌既与所述人物与故事内容相契合,又有较高的艺术水准,与小说"文不甚深,言不甚俗"的叙事风格相一致,对小说语言水平的提升有一定的促进作用。

小说在引用前人诗歌的同时,还注重对前人诗歌进行必要的改造与加工。如第一百二十回"荐杜预老将献新谋,降孙皓三分归一统"所引唐人诗:"西晋楼船下益州,金陵王气黯然收。千寻铁锁沉江底,一片降旗出石头。人世几回伤往事,山形依旧枕寒流。今逢四海为家日,故垒萧萧芦荻秋。"就是把刘禹锡的《西塞山怀古》稍加改造而成:"王濬楼船下益州,金陵王气黯然收。千寻铁锁沉江底,一片降幡出石头。人世几回伤往事,山形依旧枕寒流。今逢四海为家日,故垒萧萧芦荻秋。"引诗只是把刘禹锡诗歌中的"王濬"换作"西晋","降幡"改作"降旗",就回避了"刘禹锡"之名,而成为作者所说的"唐人"诗。再如小说在结束时所引《古风》,实际上是用《古风》的形式对《三国演义》讲述的内容进行概括。这种形式,《三国演义》嘉靖本庸愚子序就已经尝试过了:

  今古兴亡数本天,就中人事亦堪怜。欲知三国苍生苦,请听《通俗演义》篇。忠烈赤心扶正统，奸回自首弄威权。须知善恶当师戒，遗臭流芳亿万年。献帝仁柔汉祚衰，十常侍启衅端开。董卓妄意窥神器，何进无谋种祸胎。渤海会兵昭日月，桃园歃血动风雷。可怜多少英雄计，不及貂蝉口舌才。曹操奸雄世无比，号令诸侯挟天子。天子心知诛不得，泣召董承受密旨。口血未干机先泄，国母元臣束手死。幸尔玄德奔彭城，豪杰云从期雪耻。袁绍当年亦汉臣，井蛙岂识海中鳞。不有关张龙虎将，皇孙颠沛更难论。明良遭际真奇特，三顾草庐不厌频。卧龙突起甘霖溥，恢复规模次第陈。孙权父子据江东，观望中原事战功。谋士似云翻白黑，长江如练列艨艟。火炎赤壁阿瞒遁，楫入荆门大耳穷。假使真心匡汉室，何劳数计灭刘公。天相刘公讵可灭，万死一生堪哽咽。九犯中原伟丈夫，七擒酋首真英特。枭獍谁能继汉高？犹豫未喋奸贼血。军师大志不曾伸，仅创三川两世业。沛公百战定乾坤，司马何人敢并吞！试看北面事仇者，汉国臣僚旧子孙。天理民彝荡扫地，鼎味争如蕨味馨。志士仁人空抱恨，几番血泪渍衣痕。人言三国多才俊，我独沉吟未深信。鹰犬骞腾麟凤孤，四海徒令蹈白刃。天假数年寿孔明，山河未必轻归晋。此编非直口耳资，万古纲常期复振。

这篇《古风》以天命人事立意，以教化世人为目的，鲜明地表达了褒扬忠烈、贬斥奸恶的态度。对比《三国演义》篇末所引后人《古风》，明显可见庸愚子序受其影响。庸愚子序后所附《古风》以曹操、诸葛亮、刘备、孙权等为主要吟咏对象，其立意在褒扬忠烈，贬斥奸佞，教化世风，目的在于期待重振纲常。而《三国演义》篇末的《古风》立意唯在"纷纷世事无穷尽，天数茫茫不可逃"二句，宣扬的是天命思想，与后人增入的小说开篇《临江仙》词相呼应（该词出自杨慎的《二十一史弹词》）。两篇《古风》立意各有不同，遣词造句亦各有千秋。但仔细比较，还是可以看出庸愚子《古风》，明显受到《三国演义》篇末《古风》的影响。如庸愚子《古风》中的"董卓妄意窥神器，何进无谋种祸胎"，与"何进无谋中贵乱，凉州董卓居朝堂"异曲同工，只是叙述事件有由果溯因和由因及果之别；"曹操奸雄世无比，号令诸侯挟天子"表达的意思，与"曹操专权居相府，牢笼英俊用文武。威挟天子令诸侯，总领貔貅镇中土"相近；"军师大志不曾伸，仅创三川两世业"，与"孔明六出祁山前，愿以只手将天补。何期历数到此终，长星半夜落山坞"，一略一详，互为表里。此亦为《三国演义》所引诗歌影响后世诗歌创作之一例。

2. 引文皆是传世名篇

相比引用后人诗歌，《三国演义》引用后人文章要少一些。这一方面是因为文章相对诗歌来说篇幅要长得多，另一方面则因为文章不像诗歌那样富有形象、意境和韵律感，为小说增色比较难。所以，在引文方面《三国演义》比较慎重，所引古文皆可以在昭明太子《文选》和《文苑英华》等文献中找到。其中较为著名的如陈琳《为袁绍讨曹操檄》、孔融的《荐祢衡表》、曹植的《铜雀台赋》、诸葛亮的《草庐对》和前后《出师表》、汉献帝的三次禅让诏册、刘备的《即位告天文》、曹操的《述志令》，等等，都是传世美文。在引用的时候，作者根据需要进行取舍。文采华丽者，则全文引用，如陈琳《为袁绍讨曹操檄》、孔融的《荐祢衡表》、诸葛亮前后《出师表》等；有些较长的文章，则给予必要的删减，如曹操《述志令》，原文虽然都是曹操生平的叙述和真情实感的流露，也很有文采，但因为文章比较长，且有些与小说表现出来的"尊刘抑曹"倾向不尽一致，所以，作者就做了必要的删减。经删减之后，其文仅有二百多字：

> 孤本愚陋，始举孝廉。后值天下大乱，筑精舍于谯东五十里，欲春夏读书，秋冬射猎，以待天下清平，方出仕耳。不意朝廷征孤为典军校尉，遂更其意，专欲为国家讨贼立功，图死后得题墓道曰："汉故征西将军曹侯之墓"，平生愿足矣。念自讨董卓，剿黄巾以来，除袁术、破吕布、灭袁绍、定刘表，遂平天下。身为宰相，人臣之贵已极，又复何望哉？如国家无孤一人，正不知几人称帝，几人称王。或见孤权重，妄相忖度，疑孤有异心，此大谬也。孤常念孔子称文王之至德，此言耿耿在心。但欲孤委捐兵众，归就所封武平侯之国，实不可耳：诚恐一解兵柄，为人所害；孤败则国家倾危；是以不得慕虚名而处实祸也。诸公必无知孤意者。

对比原文，第一句"孤本愚陋"中的"本愚陋"三字，原文作"孤始举孝廉"。作者引用时一拆为二，加上"本愚陋"三字，既可显示曹操的自谦，也可作字面实际意思解。中间删减之文颇多。最后一句"诸公必无知孤意者"，是连缀故事情节之语。该文是以曹操在铜雀台上与文武百官交谈的方式出现的，所以需要有所照应。

小说引用前人文章，绝不仅仅是为了堆砌辞藻，张扬文采，而是为了表现作者的思想倾向和情感取向。如引陈琳《为袁绍讨曹操檄》，主要是为了昭告曹操的罪恶，为曹操"乱世奸雄"的称号加上浓重一笔；诸葛亮的前后《出师表》，表现的是诸葛亮对蜀汉的赤胆忠心，对收复中原的责任担当；孔融《荐祢衡表》是对祢衡人品和才华的赞美；曹操的《述志令》表现的是曹操志得意满的心态及其对身后之事的担忧。小说把曹操作为乱世奸雄来写，那么，能够表现或烘托曹操奸雄本色的文章，都可以拿来所用。曹操临终时的一段文字，就是把曹操的遗令稍加连缀而成：

> 操召曹洪、陈群、贾诩、司马懿等，同至卧榻前，嘱以后事。曹洪等顿首曰："大王善保玉体，不日定当霍然。"操曰："孤纵横天下三十余年，群雄皆灭，止有江东孙权，西蜀刘备，未曾剿除。孤今病危，不能再与卿等相叙，特以家事相托。孤长子曹昂，刘氏所生，不幸早年殁于宛城；今卞氏生四子：丕、彰、植、熊。孤平生所爱第三子植，为人虚华少诚实，嗜酒放纵，因此不立。次子曹彰，勇而无谋；四子曹熊，多病难保。惟长子曹丕，笃厚恭谨，可继我业。卿等宜辅佐之。"曹洪等涕泣领命而出。操令近侍取平日所藏名香，分赐诸侍妾，且嘱曰："吾死之后，汝等须勤习女工，多造丝履，卖之可以得钱自给。"又命诸妾多居于铜雀台中，每日设祭，必令女伎奏乐上食。又遗命于彰德府讲武城外，设立疑冢七十二："勿令后人知吾葬处，恐为人所发掘故也。"嘱毕，长叹一声，泪如雨下。须臾，气绝而死。

这段文字看似零碎，实则皆有所本。曹操嘱咐曹洪等大臣的话，"孤纵横天下三十余年，群雄皆灭，止有江东孙权，西蜀刘备，未曾剿除"数句，系从《述志令》中而来；"孤平生所爱第三子植，为人虚华少诚实，嗜酒放纵，因此不立"数句，是从《临淄侯曹植犯禁令》"始者，谓子建儿中最可定大事。自植私出开司马门至金门，令吾异目视此儿矣"而来。而分香卖履和寿冢之事，则见于《遗命诸子》和《寿陵令》：

> 吾死之后，葬于邺之西冈上，与西门豹祠相近。无藏金玉珠宝。余香可分诸夫人，不命祭。吾妾与伎人，皆著铜雀台台上，施六尺床下穗帐，朝晡上酒脯粻糒之属。每月朝十五，辄向帐前作伎。汝等时登台，望吾西陵墓田。（《遗命诸子》）

> 古之葬者，必居瘠薄之地。其规西门豹祠西原上为寿陵。因高为基，不封不树。（《寿陵令》）

小说作者把曹操的遗令稍加改造，连缀起来加以叙述，让读者看到了曹操临终之时最关心的一些事情。首先是继承人的问题：长子曹昂早殁。卞氏所生四子，次子曹彰勇而无谋，三子曹植华而不实，四子曹熊多病难保。只有长子曹丕笃厚恭谨，可以继承大业，故嘱托曹洪、陈群等大臣倾力辅佐之。其次是妻妾如何安排的问题：诸夫人可以分其余香，在他死后不祭；而他的侍妾，在他死后则要自食其力，靠卖履生活。最后是他的寿陵：曹操把自己死后的安葬地确定在邺城之西，与西门豹祠为邻。令侍妾居于铜雀台上，每日祭祀，并要有女乐和供品。并嘱咐诸子时常到铜雀台上，朝西陵墓地望一望。为防止后人盗墓，遗令设置七十二疑冢。小说作者对曹操遗令的改造，强化了曹操奸诈的性格，突出了曹操"奸雄"的形象，同时也流露出曹操对身后之事的担忧。

《三国演义》取得的成就是巨大的、多方面的。读者结合自己的人生阅历和社会经验，结合不同的时代背景和文化背景，对《三国演义》取得的成就都会有不同的认知和感受。以上对《三国演义》艺术成就的概括，仅是就《三国演义》的创作而言。《三国演义》是我国古代第一部长篇历史小说，需要处理好虚与实的关系。在这方面，《三国演义》的处理是成功的，是可资借鉴的。既然是历史小说，就要对历史人物和历史事件做出评价。《三国演义》秉承孔子"春秋笔法"，寓褒贬于叙事之中，鲜明地表现出作者的情感倾向；既然是历史小说，就要总结历史经验教训，为后人提供必要的镜鉴；但历史小说毕竟不同于史书，也不同于意在为后世治国理政者提供借鉴的"三通"(《通典》《资治通鉴》《通志》),《三国演义》是小说,因此必须符合小说的要求,不仅要注重情节结构和叙事艺术,注重人物形象塑造,还必须讲究文采辞章,要让读者喜欢阅读。从这些方面来看,《三国演义》的艺术创作是成功的,取得的成就也是巨大的,不仅为后世历史小说创作提供了范本,而且成为不可企及的艺术高峰。

第八章 不得不说的三国谋略

《三国演义》是一部谋略大书,是《孙子兵法》的形象化展示。通读《三国演义》自然会发现,从开篇到结局,处处充满谋略,事事离不开谋略,寻常人物一不小心就会陷入别人设计的谋略之中。谋士成为曹操、刘备、孙权等争夺天下的座上客,谋略成为政治、军事斗争非常重要的决定性因素。明清时期的一些草莽英雄,读不懂《孙子兵法》等经典兵学著作,就把《三国演义》作为兵法来读,据传,明末农民起义军领袖张献忠、李自成和晚清洪秀全等人,都曾经用《三国演义》的兵法谋略来指导作战。如此以来,就引出了这样一个问题:如何看待《三国演义》中的各种谋略呢?这些谋略究竟给人们怎样的启示?

一 从老不看《三国》说起

"少不看《水浒》,老不看《三国》",是中国民间流传很久的一句俗语。

《水浒传》中的一百单八将,讲的都是江湖义气,为朋友往往不惜两肋插刀,路见不平就要拔刀相助,满篇都是打打杀杀,触目皆是血雨腥风,年轻人看了禁不住血脉偾张,现实生活中遇见类似的事情,很容易"路见不平一声吼,该出手时就出手"。这种义气行事,恃勇斗强,不计后果的做法,是年轻人的大忌。《三国演义》则是从头到尾有数不尽的谋略,而老年人都是过了"知天命"之年,早已应该是处乱不惊,一切随缘。可是,如果读《三国演义》,就会被其中接连不断的各种谋略所诱惑,久而久之,就可能不由自主地模仿之,效法之,如此以来则机心太重,就会失去老年人乐享天年的乐趣。

从《三国演义》表现的各种谋略来看,"老不看《三国》"确实有一定道理。但是,如此之多的谋略描写对于《三国演义》来说是否必要,却是另一个问题。在《三国志》《后汉书》等史书中,有些谋略曾经在相关的人物、事件叙述中出现过,而更多的谋略则没有见诸记载。这些见诸记载和未见记载的谋略,都是《三国演义》的重要内容,也都是《三国演义》推进故事情节和塑造人物形象所必不可少的。《三国演义》不是为了写谋略而写谋略,而是出于推进情节、塑造人物的需要而写谋略,说白了是出于小说创作的需要而写谋略。从这个角度看《三国演义》的谋略描写,就会多几分亲切感。

1. 谋略是《三国演义》情节推进的重要方式

《三国演义》的情节推进和情节转换,往往借重谋略的实施。从董卓擅权到汉末大乱,就是通过王允连环计推进和转换的。王允施用连环计之前,董卓专擅朝政,肆无忌惮,为所欲为,占洛阳时是如此,迁都长安之后亦是如此。司徒王允为了除掉董卓,用家中的歌姬貂蝉行连环计,离间董卓和吕布的义父义子关系,借吕布之手杀了董卓。但是,王允在除掉董卓之后,没有安抚好董卓部将,逼得董卓部将造反,造成了乱军入城,不仅王允自己被乱军所杀,汉献帝和朝中大臣也被乱军掳掠,汉家天下由此陷入大乱之中。

从汉末大乱到曹操奉汉献帝都许,也是通过谋略的实施转换的。曹操的首席军师荀彧得知汉献帝历经劫难回到了洛阳,知道这是历史给予曹操的千载难逢的良机。他给曹操出了一个好主意:奉天子以令诸侯。当时正是天下大乱的时候，谁能把汉天子控制在手里，借助汉天子的名号号令天下，谁就能迎来最佳的发展时机。曹操从善如流，采纳荀彧的建议，率兵赴洛阳见汉献帝。曹操又采纳董昭的建议，奉汉献帝迁都许县，从此开始挟天子以令诸侯，在中原割据中占得上风，并很快剪灭了吕布、袁术、袁绍等强敌，统一了北方。可以说，荀彧的"奉天子以从众望"之谋，是从汉末大乱向曹操统一北方的重要转折。

赤壁之战是从汉末大乱到三国鼎立的标志性之战，也是《三国演义》最为精彩的章节。其情节推进也是在一个个谋略的实施中完成的。诸葛亮主动请缨赴江东，舌战群儒，智激周瑜和孙权，使孙权决意联刘抗曹，用的是激将法。他智激周瑜，以曹操发誓要得江东二乔而惹得周瑜大怒，指北而骂："老贼欺吾太甚！"表示与曹操势不两立，并请诸葛亮助一臂之力。诸葛亮赴东吴，本来是要借东吴的力量与曹操抗衡，如今只一番话就反客为主，让周瑜请求诸葛亮相助，共破曹贼。之后情节的推动则是计谋连着计谋，大计谋里套小计谋。如周瑜让诸葛亮率军前往聚铁山截断曹操粮道，用的是"借刀杀人"之计，想借曹操之手除掉诸葛亮。诸葛亮看破了周瑜的计谋，却是不动声色。他巧妙地利用周瑜心胸狭窄、争强好胜的性格，再次使用激将法，对鲁肃说："吾闻江南小儿谣言云：'伏路把关饶子敬，临江水战有周郎。'公等于陆地但能伏路把关；周公瑾但堪水战，不能陆战耳。"忠厚的鲁肃把这些话如实地对周瑜说出，惹得周瑜大怒，说："何欺我不能陆战耶！不用他去，我自引一万马军，往聚铁山断操粮道！"鲁肃又将周瑜这番话告诉诸葛亮。诸葛亮笑着说："公瑾令吾断粮者，实欲使曹操杀吾耳。吾故以片言戏之，公瑾便容纳不下。目今用人之际，只愿吴侯与刘使君同心，则功可成；如各相谋害，大事休矣。操贼多谋，他平生惯断人粮道，今如何不以重兵提备？公瑾若去，必为所擒。今只当先决水战，挫动北军锐气，别寻妙计破之。望子敬善言以告公瑾为幸。"正是有了诸葛亮"今只当先决水战，挫动北军锐气"这句话，才引出了"三江口曹操折兵，群英会蒋干中计"这一精彩的章节，把赤壁之战的"智斗"推向了高潮。周瑜借蒋干过江相会之机，巧妙施用"离间计"，借蒋干之口、曹操之手除掉了曹操的水军将领蔡瑁、张允。此后，又有周瑜"苦肉计"、黄盖"诈降计"、庞统献"连环计"，其间穿插诸葛亮与周瑜的"智斗"，引出了诸葛亮"草船借箭"这样精彩绝伦的章节。赤壁之战前夕，诸葛亮七星坛祭东风，又巧施"金蝉脱壳"之计，在周瑜派遣的军士到来之前，已经安然脱险，与刘备会合。紧接着则是孙、刘联军在赤壁大破曹军，取得了赤壁之战的胜利。

赤壁之战后，转入孙权和刘备的荆州之争。荆州成了诸葛亮和周瑜斗智斗勇之地。《三国演义》中著名的诸葛亮"三气周瑜"的故事，就发生在荆州之争中。诸葛亮一气周公瑾，是南郡之战。赤壁之战后，曹操留曹仁守南郡，周瑜与刘备定下君子协议：让周瑜先取南郡，如果周瑜不能攻克南郡，则任由刘备攻取。诸葛亮之所以礼让周瑜，采取的则是"螳螂捕蝉黄雀在后"之计，让曹仁全神贯注于与周瑜的征战，然后趁曹仁不备，乘机夺取南郡。周瑜与曹仁血拼许久，胜利果实却被诸葛亮轻易拿去，气愤填膺，大叫一声，金疮迸裂。赤壁之战后，刘备用诸葛亮之计全取荆州之地。孙权和周瑜耿耿于怀，周瑜乘刘备之妻甘氏新殁，用孙权之妹作钓饵，假借与刘备联姻，骗刘备来江东，准备挟持刘备，逼诸葛亮拿荆州换刘备。不料其计谋被诸葛亮一眼看穿。诸葛亮略施小计，不仅使刘备东吴招亲弄假成真，而且让刘备顺利抱得佳人归。周瑜此计"赔了夫人又折兵"，颜面尽失，好不容易养好的金疮再次迸裂，倒在追击刘备的战船上。周瑜念念不忘夺回荆州，金疮再次痊愈后，让鲁肃向刘备转达口信："孙、刘两家既结为亲，便是一家。若刘氏不忍去取西川，我东吴起兵去取，取得西川时，以作嫁资，却把荆州交还东吴。"诸葛亮料到这是周瑜的"假途灭虢"之计，让刘备满口答应。周瑜自以为巧计得逞，率领五万水陆大军向荆州进发，意图突然袭击，夺取荆州。结果却遭到刘备大军的包围截杀。周瑜见计谋败露，又遭刘备大军伏击，喊杀声四起，声言要活捉周瑜。周瑜箭疮复发，竟自因此送了性命。在孙、刘荆州之争中，诸葛亮处处占得先机，导演了"三气周瑜"的活剧，实现了"先取荆州以为立身之本"的第一个战略目标。

刘备取西川，诸葛亮平南蛮，以及诸葛亮六出祁山、姜维九伐中原，也都是由许多谋略的实施来推进情节发展，并且最终实现了三国归一统。譬如诸葛亮七擒孟获，每次都用计谋，有时一擒之中还多次用计。在计谋的持续实施中，小说情节持续推进，诸葛亮完成了七擒孟获，安定了蜀汉的大后方。"智与智逢宜必合，才和才角又难容。"《三国演义》是智者与智者的较量，英才与英才的角逐。其间有惺惺相惜，有睚眦必报，有相互扶持，有彼此拆台。但不论怎样，任何计谋的实施都需要智者和英才的相互配合，相互帮助，没有任何一个情节的推进只是由出谋划策者去完成的。由此，谋略也成为《三国演义》塑造人物形象的重要内容。

2. 谋略是《三国演义》人物塑造的重要内容

小说塑造人物形象可以采取多种艺术手法。毛宗岗在《读三国志法》中论及《三国演义》的叙事艺术，但其中有些与人物形象塑造也有很大关系，如"笙箫夹鼓，琴瑟间钟""近山浓抹，远树轻描""奇峰对插，锦屏对峙"，都可以从人物形象塑造的角度来讨论。但《三国演义》塑造人物形象的重要方式，即通过谋略来表现人物和塑造人物，毛宗岗并没有注意到。《三国演义》以表现三国时期的政治、军事、外交斗争为主，而这些内容都与谋略的运用密切相关。所以，在谋略的运用和实施中表现人物智慧，刻画人物性格，揭示人物心理，则成为《三国演义》塑造人物形象的重要方式。

《三国演义》塑造人物形象会在谋略的实施中表现人物智慧。《三国演义》是一部智慧全书，不同的人物有不同的智慧。那些影响三国历史进程的大人物，如曹操、诸葛亮、周瑜等人都有大智慧，一些小人物如貂蝉、孙夫人、蒋干等人也各具智慧。各种人物的智慧，往往是在谋略的实施中表现出来的。譬如貂蝉，能够把董卓这样的枭雄、吕布这样的英雄玩弄于股掌之上，让他们心甘情愿地拜倒在自己的石榴裙下，不仅靠美色和才艺，而且更主要的是靠智慧。在貂蝉答应王允离间董卓和吕布的父子关系时，貂蝉一句"妾许大人万死不辞，望即献妾与彼。妾自有道理"，已经表现出满满的自信。在王允施用连环计的过程中，貂蝉着意发挥，牢牢地抓住了吕布和董卓之心，拿捏住他们"好色"的软肋。吕布在王允府上宴饮时，貂蝉奉命上场，与吕布把盏。小说写道："貂蝉送酒与布。两下眉来眼去。"这就是貂蝉的智慧之处。要让吕布臣服在石榴裙下，就要先挑其情，动其心，让他感受到她的情意。在吕布请貂蝉入座的时候，貂蝉没有答应，而是"假意欲入"，再次吊吕布的胃口。直到王允让她落座的时候，她才"坐于允侧"。这是她有意为之，给吕布一个仔细打量她的机会。貂蝉对自己的相貌有绝对自信，只要她稍施手段，就会让吕布魂不附体。这一招果然奏效，惹得"吕布目不转睛的看"。在王允表示"吾欲将此女送与将军为妾，还肯纳否"时，吕布喜出望外，出席答谢说："若得如此，布当效犬马之报！"吕布"欣喜无限，频以目视貂蝉。貂蝉亦以秋波送情"。貂蝉先以眉目传情搞定了吕布，之后则以轻歌曼舞令董卓失魂落魄。小说于此写道：

> 允教放下帘栊，笙簧缭绕，簇捧貂蝉舞于帘外。有词赞之曰："原是昭阳宫里人，惊鸿宛转掌中身，只疑飞过洞庭春。按彻《梁州》莲步稳，好花风袅一枝新，画堂香暖不胜春。"又诗曰："红牙催拍燕飞忙，一片行云到画堂。眉黛促成游子恨，脸容初断故人肠。榆钱不买千金笑，柳带何须百宝妆。舞罢隔帘偷目送，不知谁是楚襄王。"舞罢，卓命近前。貂蝉转入帘内，深深再拜。卓见貂蝉颜色美丽，便问："此女何人？"允曰："歌伎貂蝉也。"卓曰："能唱否？"允命貂蝉执檀板低讴一曲。正是："一点樱桃启绛唇，两行碎玉喷阳春。丁香舌吐衔钢剑，要斩奸邪乱国臣。"卓称赏不已。允命貂蝉把盏。卓擎杯问曰："青春几何？"貂蝉曰："贱妾年方二八。"卓笑曰："真神仙中人也！"允起曰："允欲将此女献上太师，未审肯容纳否？"卓曰："如此见惠，何以报德？"允曰："此女得侍太师，其福不浅。"卓再三称谢。

进入董府之后，貂蝉施展出擒拿手段，巧妙离间董卓和吕布的父子关系。紧接着，貂蝉乘胜出击，在凤仪亭演出了一幕活剧。她以情动人，对吕布步步紧逼，迫使吕布与董卓决裂。她先说来凤仪亭是为了见吕布最后一面："我虽非王司徒亲女，然待之如己出。自见将军，许侍箕帚。妾已生平愿足。谁想太师起不良之心，将妾淫污，妾恨不即死；止因未与将军一诀，故且忍辱偷生。今幸得见，妾愿毕矣！此身已污，不得复事英雄；愿死于君前，以明妾志！"说罢，手攀曲栏，就要朝荷花池里跳。被吕布拦下后，她再烧一把火："妾今生不能与君为妻，愿相期于来世。"表达了与吕布生离死别的决心。在吕布发誓"我今生不能以汝为妻，非英雄也"之后，貂蝉对吕布大吐苦水："妾度日如年，愿君怜而救之。"隐然是逼吕布出手了。而吕布担心被董卓发现了行踪，急着离开。貂蝉用手拉住他的衣服说："君如此惧怕老贼，妾身无见天日之期矣！"吕布表示慢慢想办法。貂蝉于是采用激将之法，说："妾在深闺，闻将军之名，如雷灌耳，以为当世一人而已；谁想反受他人之制乎！"说罢，又拿出了女人最厉害的武器——眼泪，当下就"泪下如雨"。貂蝉的话让自诩为英雄的吕布满面羞愧，只好"回身搂抱貂蝉，用好言安慰"。正在二人"偎偎倚倚，不忍相离"的时候，董卓忽然出现了。他瞅见吕布和貂蝉在凤仪亭下的亲密之状，勃然大怒，拿起吕布的画戟追赶吕布。幸亏吕布身手矫健，一溜烟逃跑了。貂蝉聪明智慧，知道董卓和吕布的"软肋"在哪里，很好地把握住离间二人关系的火候，一步步诱使吕布与董卓决裂。凤仪亭风波之后，吕布与董卓决裂已是水到渠成。在貂蝉离间董卓和吕布父子关系的整个过程中，貂蝉冰雪聪明的艺术形象已经栩栩如生。

《三国演义》塑造人物形象会在谋略的实施中刻画人物性格。孙夫人是女中豪杰。为了刻画孙夫人女中豪杰的性格，小说把孙夫人置于诸葛亮与周瑜斗智的大背景下，在"孔明二气周公瑾"一节中，从环境、语言、事件等不同侧面，着力刻画孙夫人这样一种性格。首先，从孙夫人所处环境来看。刘备与孙夫人成亲当晚，洞房花烛夜，环境应是温馨和谐，充满柔情蜜意。可是，刘备进入洞房后看到的情景，却令他大吃一惊："孙夫人房中两边枪刀森列，侍婢皆佩剑。"从孙夫人生活的环境来看，其主人是"不爱红妆爱武装"的女中豪杰。其次，通过孙夫人与管家婆的对话，刻画孙夫人的性格。管家婆向孙夫人报告，新郎官看到新房中摆列兵器，感到心中不安，让把兵器撤下去。孙夫人听后，笑着说："厮杀半生，尚惧兵器乎？"孙夫人的一句调侃，一方面表明她是在试探刘备，同时也表明她是一个虎帐夜谈兵事的女将军。再次，在回荆州之事中刻画孙夫人性格。得知荆州有事，孙夫人不仅表示"妾已事君，任君所之，妾当相随"，而且表现出女中豪杰的性格，她主动出谋划策，说："丈夫休得烦恼。妾当苦告母亲，必放妾与君同去。"刘备明白东吴招亲乃是周瑜之计，担心受到

孔明二气周公瑾

阻拦。孙夫人沉吟良久,忽生一计,说:"妾与君正旦拜贺时,推称江边祭祖,不告而去,若何?"为了丈夫,孙夫人决计背着娘亲和兄长,不告而别,与夫君同回荆州。在返回荆州的途中,刘备受到了多方拦截。危难之时,刘备把实情相告:"昔日吴侯与周瑜同谋,将夫人招嫁刘备,实非为夫人计,乃欲幽困刘备而夺荆州耳。夺了荆州,必将杀备。是以夫人为香饵而钓备也。备不惧万死而来,盖知夫人有男子之胸襟,必能怜备。昨闻吴侯将欲加害,故托荆州有难,以图归计。幸得夫人不弃,同至于此。今吴侯又令人在后追赶,周瑜又使人于前截住,非夫人莫解此祸。如夫人不允,备请死于车前,以报夫人之德。"刘备夸奖孙夫人"有男子之胸襟",虽然是说她像男子一样胸襟博大,实有赞其女中丈夫之意。孙夫人闻言果然大怒,说:"吾兄既不以我为亲骨肉,我有何面目重相见乎!今日之危,我当自解。"在关键时刻,孙夫人果然表现出女中豪杰的气概，一路上喝退围追堵截的东吴将领，甚至对徐盛、丁奉说出"你只怕周瑜，独不怕我？周瑜杀得你，我岂杀不得周瑜"这样的话，使得阻拦她的东吴将领主动退避。小说刻画孙夫人，不是写她如何千娇百媚，如何温婉可人，而是着意写她的"男子胸襟"，把孙夫人刻画成了女中豪杰。

《三国演义》塑造人物形象会在谋略实施中揭示人物心理。曹丕乘刘备新丧，西蜀未稳之机，联络五路兵马，进犯西蜀。诸葛亮安居平五路，其中东吴一路兵马，是用邓芝做说客，使孙权按兵不动的。小说写邓芝赴东吴，围绕邓芝退吴兵事，塑造邓芝不辱使命、大义凛然的形象，揭示其临危不惧的心理。东吴听说邓芝要来，用张昭之计，先于殿前立一大鼎，贮油数百斤，下用炭烧，待其油沸；又挑选一千身长面大的武士，各执刀在手，从宫门前直摆至殿上。一切摆布停当，才传唤邓芝入见。按照张昭的意思，是要给邓芝一个下马威。如果他是来做说客的，就仿照楚汉战争中郦食其说齐故事，把他下油锅烹了。邓芝进入大殿之前，"整衣冠而入"。行至吴宫门前，邓芝看见两旁站列武士，威风凛凛，各持兵器，从宫门口一直排列至大殿上，明白这是给他下马威，但他却是"并无惧色，昂然而行"。来到大殿前，看见鼎镬内热油正沸，邓芝只是"微微而笑"。待东吴近臣把邓芝引至珠帘前的时候，邓芝只是长长地作了一个揖，并没有行跪拜礼。小说通过一连串的动作描写，表现了邓芝临危不惧的气概，揭示出邓芝坦然处之的心理。接下来，小说则通过邓芝与孙权的对话，塑造邓芝的形象，表现邓芝的性格，揭示邓芝的心理。孙权令人卷起珠帘，大声呵斥邓芝为何不跪拜！邓芝不辱使命，昂然回答说："上国天使，不拜小邦之主。"孙权大怒，说："汝不自料，欲掉三寸之舌，效郦生说齐乎？可速入油鼎。"面对孙权让他下油锅，邓芝不仅不惧怕，反而哈哈大笑，用反讽的口吻说："人皆言东吴多贤，谁想惧一儒生！"孙权感到不解，说："孤何惧尔一匹夫耶？"邓芝抓住机会，反问道："既不惧邓伯苗，何愁来说汝等也？"他反客为主，说他的东吴之行不是为蜀汉利益，而是为吴国利害而来，并指责孙权"设兵陈鼎，以拒一使，何其局量之不能容物耶"。邓芝从昂然而答，到反讽孙权，再到反问孙权，最后则是指责孙权，始终抓住对话的主动权，一步步把孙权朝吴、魏关系利害上引导。孙权明白了其中的道理,"叱退武士,命芝上殿",为邓芝赐座,向邓芝请教:"吴、魏之利害若何?愿先生教我。"这和赤壁之战前夕诸葛亮赴江东舌战群儒很相似。诸葛亮当时面对孙权部下众谋士,逐一批驳其谬论,把话题逐步引向孙、刘联合上来,智激周瑜联刘抗曹,使其东吴之行本是求助东吴,最后却是周瑜反过来求助诸葛亮;邓芝此行,本是求东吴不要发兵进攻蜀汉,但他知道如果采用请求的方式,不仅让东吴君臣小看蜀汉,而且难以达到目的。所以,他步步为营,反客为主,迫使孙权反过来求他,这样他就可以把握主动权。他质问孙权:"大王欲与蜀和,还是欲与魏和?"孙权回答说:"孤正欲与蜀主讲和;但恐蜀主年轻识浅,不能全始全终耳。"为打消孙权的顾虑,邓芝直言利害:"大王乃命世之英豪,诸葛亮亦一时之俊杰;蜀有山川之险,吴有三江之固:若二国连和,共为唇齿,进则可以兼吞天下,退则可以鼎足而立。今大王若委贽称臣于魏,魏必望大王朝觐,求太子以为内侍;如其不从,则兴兵来攻,蜀亦顺流而进取:如此则江南之地,不复为大王有矣。若大王以愚言为不然,愚将就死于大王之前,以绝说客之名也。"为表明他不是说客,而是真正为东吴考虑,说罢就"撩衣下殿,望油鼎中便跳"。邓芝赴东吴做说客,不仅与孙权斗智,更要揣摩孙权心理,每句话,每个行动,都要想在孙权前面,先孙权一着。他"望油鼎中便跳",是对孙权的最后一击。因为他知道孙权是铁定要和蜀汉联合的,既然如此,孙权就绝不会让蜀汉使者当着他的面跳进油鼎。这不是侥幸之举,而是把住了孙权的脉搏,料定了孙权的心理。毛宗岗评价说:"此等做法,却是放刁,妙不可言。"① 虽是"放刁",孙权却不敢让他真跳,急忙命人拉住邓芝,请邓芝进入后殿,以上宾之礼相待,表明了欲与蜀汉联手的意思,并请邓芝居间联络,并安慰邓芝:"孤意已决,先生勿疑。"诸葛亮之所以派遣邓芝赴东吴,是因为他深知蜀汉与东吴联合、互为唇齿的重大意义。刘备去世后,诸葛亮始终放不下的是三分归一统,中兴汉业。但以蜀汉之力,根本不可能同时对魏和吴开战,只能采取联吴抗魏之计。邓芝深

---

① 毛宗岗评点《三国演义》第八十六回夹批。

刻领会了诸葛亮的战略意图，凭着他的聪明智慧，完成了联吴抗魏的使命。而邓芝的艺术形象也在赴东吴做说客的过程中，赫然立了起来。

二　置身乱世无智难立

京剧《沙家浜》中胡传魁有一句唱词"乱世英雄起四方，有枪就是草头王"。有枪可以占山为王，称霸一方。但是，要想在乱世中站稳脚跟，从占山为王到割据一方，仅靠枪杆子是不行的，还必须有指挥枪杆子的智慧和谋略。汉末大乱的历史就证明了这一点。《三国演义》通过故事情节的演进和人物形象的塑造，形象地告诉人们这样一个道理：谋略往往比实力更重要。身处乱世的英雄，要想在乱世中生存下来，并能够有所发展，必须有谋略，有智慧。自己没有智慧和谋略，又不善于把那些有谋略的人为己所用，其结果必然是被人"吃"掉，很难在乱世中生存下来。

有谋士而不能用，难成气候。董卓的部将李傕、郭汜、张济、樊稠就是很好的例子。董卓被诛杀后，朝廷大赦天下，唯独不赦免他们四人。得知朝廷不愿赦免他们四人，没有一点儿谋略的李傕首先想到的是逃命，对众人说："求赦不得，各自逃生可也。"谋士贾诩立马指出这是一条死路："诸君若弃军单行，则一亭长能缚君矣。"在他看来，只有众人同心协力，集合本部军马，并把陕西人集中起来，形成一股强大的力量，杀入长安为董卓报仇。如果事情成功了，就可以"奉朝廷以正天下"；如果不能成功，那时候再逃也不迟。李傕等人都认为贾诩说得有理，于是就在西凉州散布流言，说王允准备把这个地方的人都杀了。一时间流言四起，搞得长安人心惶惶。这时，他们又鼓动说："徒死无益，能从我反乎？"于是，李傕等很快聚集十余万人马，分作四路，杀奔长安来。他们竟然打败吕布，攻入长安，杀了王允，报了董卓之仇。然而，李傕等人毕竟是胸无大志、腹无良谋之人，占据长安之后，他们眼里只有金银财宝和高官厚禄。李傕任大司马，郭汜任大将军。二人把持朝政，横行无忌。太尉杨彪为除掉李傕、郭汜，利用郭汜之妻嫉妒之弱点，行使反间计，挑起李傕和郭汜之间的纠纷，使二人反目成仇，大动干戈。二人一人劫持汉献帝和后宫嫔妃，一人劫持文武百官，相互火并，每日厮杀，一连厮杀五十余日。二人把主要精力放在内耗上，忽略了贾诩、杨彪、董承以及已经羽翼丰满的张济等人，被杨彪、董承乘乱奉天子到弘农，又从弘农到了洛阳。二人这时才明白过来，分兵追击，却遇见前来救驾的曹操大军，被杀得毫无招架之力，惶惶若丧家之犬，又无处安身，最后只好上山落草，成为山大王。李傕、郭汜杀入长安后，有重兵为后盾，如果再有高人为其擘画，完全可以成就一番事业。可是，他们目光短浅，有一谋士贾诩又不肯用，到后来，贾诩竟然开始为汉献帝谋划如何铲除李傕、郭汜等人。在曹操率二十万大军来到洛阳之后，李傕、郭汜还幻想乘曹操立足未稳，打曹操一个措手不及。贾诩知道他们不是曹操的对手，劝他们投降，以免除罪愆。李傕不知好歹，认为贾诩是灭自己的锐气，要杀贾诩，逼得其帐下唯一的谋士也离他而去。李傕、郭汜面对一盘好棋，根本不知如何去下，也没有长远打算，更不知如何借用别人的智慧和谋略，结果好棋下成了臭棋，导致全盘皆输。李傕手下不是没有高人，比如贾诩，就是非常著名的谋士，他归顺曹操之后，为曹操出了很多好的主意。李傕手下有贾诩这样的谋士而不知用，不会用，白白葬送了一盘好棋，最后只好往山中落草去了。

吕布的失败，与他有谋士而不能用也有直接关系。吕布是从底层干起来的，他凭借自己的勇力，曾经横行天下，无人可敌，并在汉末大乱中占据了一席之地。虎牢关前，他对战刘、关、张三人，何等了得！到了中原之后，他在谋士陈宫的帮助下，曾经在濮阳大败曹操，差点让曹操送了命。虎踞徐州，吕布辕门射戟，化解了刘备与袁术之怨，何等威风！但是，他有一陈宫而不能用。困守下邳之时，他听信妻妾之言，多次拒绝陈宫的良谋，最后被曹操水淹下邳，命丧白门楼。

无谋士可用，寸步难行。汉末割据天下的豪强，大多都有自己的谋士。袁术却很独特。从《三国演义》的描写中，看不到袁术有像样的谋士，袁术做事很少有人给他出谋划策，致使他处处被动，事事被动，结果成为继吕布之后第二个被消灭的诸侯。汉末大乱之时，袁术居于淮南，地广粮多，人才济济，又有孙策质押的玉玺,僭越称帝。他"建号仲氏,立台省等官,乘龙凤辇,祀南北郊,立冯方女为后,立子为东宫"。并派遣使者韩胤往徐州,催取吕布之女为东宫太子之妃。得知吕布已将韩胤解赴许都,被曹操所杀的消息后,袁术起二十余万大军,分七路征伐徐州。曹操乘此机会,会合刘备、吕布,共同征讨袁术。袁术兵精粮足,又占有地利,完全可以与曹操决一胜负。可是,他听从长史杨大将的建议,留部分兵力守寿春,袁术则和最精锐的御林军渡淮而去。结果被曹操各个击破。袁术骄奢淫逸,奢靡无度,又不知体恤军民,导致众叛亲离。无奈之际,袁术作书让帝号于袁绍,准备投靠冀州袁绍。路经徐州时,遭到刘备截击,损兵折将。其钱粮草料则被部将雷薄、陈兰劫去。袁术见无法与袁绍会合,想回寿春,路上又遭群盗袭击,最后跟随他的仅有一千多人,而且还都是老弱之辈。小说于此写道:"时当盛暑,粮食尽绝,只剩麦三十斛,分派军士。家人无食,多有饿死者。"到了这个地步,袁术还嫌饭粗。口渴的时候,让庖人取蜜水喝。庖人对他说:"止有血水,安有蜜水!"袁术"大叫一声,倒于地下,吐血斗余而死"。① 在汉末大乱中,袁术有人有粮有地盘,其基础比曹操不知好多少倍。但是,他身边却没有一个得力的谋士,关键的时候,没有人为他出谋划策,贡献良谋,走出了几步"臭棋"。先是僭称帝号,树敌于天下;接着是曹操来进攻时,他采取分兵之策,坚守寿春的士兵失去救援,寿春最终失陷;最后是穷途末路之时,他还幻想闯过曹操、刘备的防线到冀州,与袁绍联手。袁术之败,败在手下没有可用的谋士,败在他根本不知如何在群雄环伺之中确立立身之本。

身处乱世,角逐天下者需要有足够的智谋。纵观汉末大乱中那些最终成为过客的豪强,大多都是自身缺少智慧的人。譬如袁绍,出身四世三公之家,又曾经是十八路诸侯的盟主。以其自身优势和雄厚基础而论,袁绍是汉末大乱中最可能成就一番伟业的人。但是,由于袁绍缺少足够的智慧,在与曹操的角逐中最终败下阵来。袁绍的失败,不是因为他手下没有谋士。袁绍手下的谋士虽

---

① 参见《三国演义》第二十一回"曹操煮酒论英雄,关公赚城斩车胄"。

然不及曹操，但和刘备、孙权相比，却是远多于他们。较为知名者如田丰、沮授、审配、郭图、逢纪、许攸、荀谌等。汉末大乱之时，袁绍雄踞冀州，士广民强，手下又有许多文臣武将，如果善于运筹，适时出击，完全可以在北方和曹操一较高下。在刘备受到曹操攻击，请求袁绍援手相救的时候，袁绍手下的谋士明显分为两派。田丰、沮授不赞成出兵，审配、逢纪力主出兵。这个时候，袁绍却是"踌躇不决"，不知如何是好。这是为主帅者的大忌。关键时刻，拿不定主意，犹豫不决，不仅会错失良机，而且会令属下无所适从。正在这个时候，许攸、荀谌加入进来，二人也主张出兵救援刘备，认为"明公以众克寡，以强攻弱，讨汉贼以扶王室：起兵是也"。袁绍看多数谋士主张出兵，这才下令出兵。这看似博采众长，从谏如流，实际上正表现出袁绍自己毫无主张。他令审配、逢纪为统军，田丰、荀谌、许攸为谋士，颜良、文丑为将军，起马军十五万，步兵十五万，共精兵三十万，向黎阳进发。又采纳郭图的建议，让陈琳起草讨伐曹操的檄文，累数曹操之罪恶，驰檄各郡，表明其出兵讨伐曹操的正当性。但是，袁绍作为统帅，却缺少谋略，被曹操瞧不起。曹操评价他说："有文事者，必须以武略济之。陈琳文事虽佳，其如袁绍武略之不足何！"荀彧也说："袁绍无用之人，何必议和？"孔融则不赞成荀彧的说法，说："袁绍士广民强。其部下如许攸、郭图、审配、逢纪皆智谋之士，田丰、沮授皆忠臣也，颜良、文丑勇冠三军；其余高览、张郃、淳于琼等俱世之名将。何谓绍为无用之人乎？"荀彧对袁绍帐下的文臣武将了如指掌："绍兵多而不整。田丰刚而犯上，许攸贪而不智，审配专而无谋，逢纪果而无用：此数人者，势不相容，必生内变，颜良、文丑，匹夫之勇，一战可擒。其余碌碌等辈，纵有百万，何足道哉！"① 袁绍缺少谋略，其手下的文臣武将也是各怀心志，相互不睦，致使此次出兵一开始声势浩大，而在两军对垒之后，却是无功而返。小说于此写道："曹操自引兵至黎阳。两军隔八十里，各自深沟高垒，相持不战。自八月守至十月。原来许攸不乐审配领兵，沮授又恨绍不用其谋，各不相和，不图进取。袁绍心

---

① 参见《三国演义》第二十三回"袁曹各起马步三军，关张共擒王刘二将"。

怀疑惑，不思进兵。"主帅优柔寡断，缺少谋略。帐下谋士各怀私心，彼此不服，相互拆台。到了两军阵前，依然是各吹各的号，各弹各的调，难以形成合力。这样的队伍纵使再庞大，也是难以打胜仗。官渡之战，袁绍出动七十万大军，东西南北，周围安营，联络九十余里，声势不可谓不大。曹操起兵七万迎战，兵力仅是袁绍的十分之一。面对强敌，荀攸的一番话很有见地，也为曹操打足了气："绍军虽多，不足惧也。我军俱精锐之士，无不一以当十。但利在急战。若迁延日月，粮草不敷，事可忧矣。"袁绍拥有绝对优势，却不知如何利用优势，如何把优势转化为胜利果实。官渡之战中，他举动失措，行为乖张，用人失当。先是拒绝许攸分一支人马星夜掩袭许昌的建议，迫使熟悉袁绍军情的许攸投奔曹操，把袁绍的全部老底都交给曹操；接着又派性刚好酒的淳于琼去守乌巢粮仓，结果淳于琼醉酒酣睡，无力迎战，乌巢粮草被曹操一把火烧个精光；救援乌巢时，谋士郭图为掩饰自己的过错，从中拨弄是非，袁绍不辨真假，信以为真，迫使帐下名将张郃、高览临阵投降曹操；乌巢粮草被烧后，面对来自曹营的各种信息，袁绍不加甄别，仓皇应对，被曹操集中优势兵力，乘机追杀。袁绍"尽弃图书车仗金帛，止引随骑八百余人而去"，十分狼狈。官渡之战的结果，正如荀彧在曹操与袁绍对峙期间准备撤军时所预料的那样："愚以袁绍悉众聚于官渡，欲与明公决胜负，公以至弱当至强，若不能制，必为所乘；是天下之大机也。绍军虽众，而不能用；以公之神武明哲，何向而不济！今军实虽少，未若楚、汉在荥阳、成皋间也。公今画地而守，扼其喉而使不能进，情见势竭，必将有变。此用奇之时，断不可失。"

刘表也是置身乱世无智难立的典型例证。汉末大乱之初，刘表所在的荆州相对比较安定。汉献帝都许之后，曹操忙于平定北方，暂时无暇顾及荆州。刘表自以为无事，高枕无忧。其实，荆州早就危机四伏。不仅曹操对荆州有野心，江东孙权也早就觊觎这块"肥肉"。刘表胸无大志，不思进取，安于现状。他缺少作为一方藩镇应有的智慧，也没有招揽贤才的打算。由于当时荆州相对安定，有许多高人雅士来这里隐居，一些著名谋士也在这里隐居，如号称"伏龙凤雏，两人得一，可安天下"的诸葛亮和庞统，都是稀世杰出的人才；隐居荆州，偶尔出山小试牛刀的徐庶，曾令曹兵闻名丧胆。刘表明知荆州人才济济，却熟视无睹，不主动请高明之人辅佐，手下一些文士如王粲、杜袭、和洽、傅巽等，虽然颇有文采，但都不是智谋之士。刘表明明知道荆州的弱点所在，却不肯礼贤下士，不愿招揽贤才，致使曹操大军南下之时，荆州土崩瓦解，顷刻易主。一个人没有多大才能，是很正常的。但如果身居高位，又处乱世，没有才能，却又不懂得如何延揽人才，不懂得借助他人的智慧，其结果是不言自明的。刘表在汉末大乱中之所以比袁绍还要晚一些被消灭，并不是他比吕布、袁术、袁绍等人有更高的智慧，而是他所处的地理环境帮助了他。当时，曹操忙于平定北方豪强，顾不上收拾他。一旦北方安定，曹操腾出手来，第一个要收拾的就是他。刘表缺少智慧，其后继者刘琮也是腹无点墨，遇到事情就惊慌失措，不知如何是好。荆州如此好的基业，好端端地断送在他手中。置身乱世，没有足以与各路豪强抗衡的聪明智慧，其结果也只有像刘表父子那样，人为刀俎，我为鱼肉，任人宰割。

三　安天下须雄才大略

考察《三国演义》中那些能够成就大事业的人，如曹操、刘备、孙权、司马懿等，都是有雄才大略的人。他们自身深有谋略，同时又是非常善于借用他人的智慧和谋略。所以，他们能够聚合人才，吸引人才，他们的周围聚集了一大批谋士。这些谋士忠心耿耿，敢于进言，善于进言。在一些重大问题上，或者是关键时刻，他们都能自觉地为主人出谋划策，替主人分忧。而曹操等人则是广开言路，择善而从，把谋士的谋略发挥到极致。他们的成功，从某种意义上说，正是将自己的智慧与谋士谋略相结合而取得的。

曹操对袁绍，能够以弱胜强，不是偶然的，而是曹操善于运用谋略的结果。建安元年（196），曹操奉汉献帝都许，开始挟天子以令诸侯。但是，这个时候，曹操的实力还不够强大，周围还有吕布、袁术、袁绍、韩遂、刘表等豪强环伺。为了迅速壮大实力，曹操一边打着汉献帝的旗号号令诸侯，一边剿灭弱小的对手，壮大自己的力量。对于袁绍，在明知不能与之抗衡的情况下，他虚与委蛇。如第十回写袁绍准备征讨公孙瓒，派人送信给曹操，向朝廷借粮借兵，言辞十分骄横。曹操明知袁绍是讹诈，却也无可奈何，问郭嘉说："袁绍如此无状，吾欲讨之，恨力不及，如何？"郭嘉为曹操分析了双方的形势："刘、项之不敌，公所知也。高祖惟智胜，项羽虽强，终为所擒。今绍有十败，公有十胜，绍兵虽盛，不足惧也：绍繁礼多仪，公体任自然，此道胜也；绍以逆动，公以顺率，此义胜也；桓、灵以来，政失于宽，绍以宽济，公以猛纠，此治胜也；绍外宽内忌，所任多亲戚，公外简内明，用人惟才，此度胜也；绍多谋少决，公得策辄行，此谋胜也；绍专收名誉，公以至诚待人，此德胜也；绍恤近忽远，公虑无不周，此仁胜也；绍听谗惑乱，公浸润不行，此明胜也；绍是非混淆，公法度严明，此文胜也；绍好为虚势，不知兵要，公以少克众，用兵如神，此武胜也。公有此十胜，于以败绍无难矣。"郭嘉的"十胜十败"之说，实际上是立足于曹操的"智胜"和"谋胜"。虽然如此，曹操自知实力不济，还是要隐忍。他以朝廷的名义封袁绍为大将军、太尉，兼督冀、青、幽、并四州。曹操为了借机消灭吕布，写密信答复袁绍："公可讨公孙瓒，吾当相助。"此时的曹操是委曲求全，尽量笼络袁绍，只要暂时不翻脸，给袁绍一些吓人的名号，在曹操看来都是可以的。为了让袁绍放心北伐公孙瓒，给自己讨伐吕布留下足够的时间，曹操该忍的时候还是忍了下来。结果却是曹操趁袁绍与公孙瓒拉锯战的时候，先后消灭吕布和袁术，稳定住中原局面，然后再寻机和袁绍决战。所以，在袁绍势力强大的时候，曹操采取的是隐忍战术，以隐忍来麻痹袁绍，发展壮大自己的力量。然而，袁绍自恃势力强大，不断挑衅，甚至传檄天下，讨伐曹操。曹操在被迫迎战的的情况下，充分发挥其善于用兵的特长，终于在官渡之战以少胜多，打败袁绍，使双方力量对比的天平开始倾向曹操一方。仓亭之战，曹操用程昱"十面埋伏"之计，再次大败袁绍。当此之时，众人劝曹操乘胜追击，一鼓作气拿下邺城。这个时候，曹操极为冷静，对众人说："冀州粮食极广，审配又有机谋，未可急拔。现今禾稼在田，恐废民业，姑待秋成后取之未晚。"他审时度势，果断撤兵，寻找机会再战。从建安五年（200）白马之战、官渡之战开始，到建安六年（201）的仓亭之战，后又经历黎阳之战、邺城之战和南皮之战，曹操不仅牢牢把握着对袁绍之战的主动权，而且彻底消灭了袁绍集团的残余势力，平定了北方。

曹操打败马超、韩遂，平定雍、凉二州，靠的也是智谋。马腾被曹操杀害后，其子马超会合西凉太守韩遂，率领二十万人马杀奔长安，先夺了长安城，然后乘势直奔潼关。奉命坚守潼关的曹洪听到马超的人马辱骂其祖宗三代，要提兵下关厮杀。徐晃劝阻说："此是马超要激将军厮杀，切不可与战。待丞相大军来，必有主画。"很显然，徐晃对曹操的谋略是很赞赏的。由于曹洪不听曹操要其坚守十日的军令，导致潼关失守，曹操面临险境。潼关之战，曹操割须弃袍，狼狈至极。但曹操并不气馁，尤其是听到马超又有生力军前来助战的时候，曹操不忧反喜。众将皆不解其中之意。在与马超对峙阶段，曹操用反间计，离间马超与韩遂的关系，使二人闹起内讧，然后各个击破，打败马超。小说第五十九回"曹操抹书间韩遂"一节，先对曹操用离间计做了铺垫：

> 韩遂遣杨秋为使，直往操寨下书，言割地请和之事。操曰："汝且回寨，吾来日使人回报。"杨秋辞去。贾诩入见操曰："丞相主意若何？"操曰："公所见若何？"诩曰："兵不厌诈，可伪许之；然后用反间计，令韩、马相疑，则一鼓可破也。"操抚掌大喜曰："天下高见，多有相合。文和之谋，正吾心中之事也。"于是遣人回书，言："待我徐徐退兵，还汝河西之地。"一面教搭起浮桥，作退军之意。马超得书，谓韩遂曰："曹操虽然许和，奸雄难测。倘不准备，反受其制。超与叔父轮流调兵，今日叔向操，超向徐晃；明日超向操，叔向徐晃：分头提备，以防其诈。"韩遂依计而行。

曹操待韩遂轮值时，与韩遂在阵前叙起旧来。回去后，马超问韩遂与曹操说些什么，韩遂只说叙旧，令马超生疑。后来用贾诩之计，曹操亲笔作书一封，致信韩遂。书信"中间朦胧字样，于要害处，自行涂抹改易"，然后送与韩遂，并故意让马超知道。马超得知曹操有书信给韩遂，向韩遂要书信，见书信中有改抹的字样，质问韩遂："书上如何都改抹糊涂？"韩遂如实回答："原书如此，不知何故。"马超不相信，怀疑是韩遂涂改："岂有以草稿送与人耶？必是叔父怕我知了详细，先改抹了。"韩遂辩解道："莫非曹操错将草稿误封来了。"马超更加怀疑："吾又不信。曹操是精细之人，岂有差错？吾与叔父并力杀贼，奈何忽生异心？"任韩遂如何解释，马超就是不信，二人心生嫌疑。再一次与曹操对阵时，韩遂让马超一起，他和曹操质证。可是，曹操根本不露面，只是让曹洪出马。曹洪与韩遂见面后，只说了一句"夜来丞相拜意将军之言，切莫有误"，于是打马便回。马超一听，挺枪就刺韩遂，被众将拦下。韩遂惧怕马超，在部下的撺掇下，暗中与曹操联合，谋杀马超。马超得知消息，抢先下手，砍掉韩遂一只手。原本亲如叔侄的韩遂和马超反目成仇，相互厮杀起来。曹操则坐收渔人之利，轻松打败马超，化解了西凉危机。

司马懿也是极有谋略之人。诸葛亮六出祁山始终无法得窥中原，就是因为遇到了司马懿这样一个强劲的对手。诸葛亮准备北伐中原，得知司马懿总督雍凉兵马，就派人到洛阳、邺城等地散布谣言，说司马懿有反叛之意。曹睿中了诸葛亮的离间计，解除了司马懿的兵权，任命曹休总督雍凉兵马。但是，在西线战事遇到危机的时候，魏明帝不得不重新起用司马懿，抗衡诸葛亮。司马懿对诸葛亮了如指掌，出兵前，他对先锋张郃说："诸葛亮平生谨慎，未敢造次行事。若是吾用兵，先从子午谷径取长安，早得多时矣。他非无谋，但怕有失，不肯弄险。今必出军斜谷，来取郿城。若取郿城，必分兵两路，一军取箕谷矣。吾已发檄文，令子丹拒守郿城，若兵来不可出战；令孙礼、辛毗截住箕谷道口，若兵来则出奇兵击之。"司马懿深知"兵者诡道"的道理，不去正面与诸葛亮对垒，而是出其不意，攻其不备。他对张郃说："吾素知秦岭之西，有一条路，地名街亭；傍有一城，名列柳城：此二处皆是汉中咽喉。诸葛亮欺子丹无备，定从此进。吾与汝径取街亭，望阳平关不远矣。亮若知吾断其街亭要路，绝其粮道，则陇西一境，不能安守，必然连夜奔回汉中去也。彼若回动，吾提兵于小路击之，可得全胜；若不归时，吾却将诸处小路，尽皆垒断，俱以兵守之。一月无粮，蜀兵皆饿死，亮必被吾擒矣。"① 诸葛亮得知司马懿统兵前来，虽然也料定司马懿必定先取街亭要道，但轻信马谡，导致街亭失守，不得不挥泪斩马谡，然后撤兵回汉中。周瑜在赤壁之战时曾经感慨"既生瑜，何生亮"。诸葛亮六出祁山虽然没有类似的感慨，但由于司马懿具有超人的智慧和谋略，诸葛亮每次出招，司马懿都能看出其用意所在，故而使诸葛亮六出祁山，连年征战，却无法实现其《草庐对》中制定的战略目标。

诸葛亮之后，三国谋士没有一人能够与司马懿相匹敌。当时的局面，几乎成为司马懿一个人在表演。公孙渊率辽兵十五万杀奔中原。司马懿表示只要四万人马就可以破敌，并言："兵不在多，在能设奇用谋耳。"他算定时日：四千里路程，去需百日，破敌需百日，回师需百日，休整需六十日，一年时间就可以打败公孙渊。他采取攻敌所必救的策略，在中途截击敌人，然后乘胜追击，合围公孙渊老巢襄平，大获成功。曹睿去世时，司马懿与曹爽同为托孤重臣。但大将军曹爽奏请魏主曹芳，加司马懿为太傅，名义上使司马懿的地位更加尊崇，实际上却解除了司马懿的兵权。司马懿采用韬晦之计，称病居家修养，以此麻痹曹爽。曹爽不放心，派人到其家中探视，司马懿却是装聋作哑，做出一副病入膏肓的样子。小说写道："侍婢进汤，懿将口就之，汤流满襟，乃作哽噎之声曰：'吾今衰老病笃，死在旦夕矣。二子不肖，望君教之。君若见大将军，千万看觑二子！'言讫，倒在床上，声嘶气喘。"② 曹爽得到报告后，因此放松了对司马懿的警惕，放心地与曹芳去高平陵祭拜先帝。司马懿乘机发动兵变，封闭洛阳城四门，自己则率军据守浮桥，上表魏主曹芳，奏明曹爽等人的罪恶，请求罢免曹爽、曹羲、曹训的兵权，"以侯就第，不得逗留，以稽车驾；敢有稽留，便以军法从事"。司马懿瞅准时机，一击成功，剪除了曹爽为代表的曹氏势力，为其后司马师、司马昭兄弟专权奠定了基础，也为司马炎取曹魏而代之扫清了障碍。三国最后能够为司马炎所统一，司马懿有奠基之功。

---

① 参见《三国演义》第九十五回"马谡拒谏失街亭，武侯弹琴退仲达"。

② 参见《三国演义》第一百六回"公孙渊兵败死襄平，司马懿诈病赚曹爽"。

人们评价历史人物，大多是"成者为王，败者为寇"。其实，能够成就王霸之业的人，一定有其过人之处，尤其是在胆识谋略方面，如果是平庸之辈，根本不可能成为王者。以三国开国之主而论，曹操是最具胆识谋略的人，孙权次之，刘备又次之。刘备能够称霸西蜀，不是刘备有多大能耐，而是刘备善于用人，把大小军务都交给智慧谋略无人可比的诸葛亮；他临死的时候，又托孤给诸葛亮。刘备能够成为汉中王，靠的就是诸葛亮的忠诚和智慧。曹操则不同，他既有胆识谋略，又能够听取谋士的意见，从中择善而从。三国之中，曹魏最强大，与曹操的胆识谋略有很大关系。而汉末诸侯中的那些失败者，则大多是"可怜之人必有可恨之处"，吕布勇而无谋，袁术贪得无厌，袁绍多谋少决，刘表鼠目寸光。正如曹操与刘备青梅煮酒论英雄评价的那样：淮南袁术冢中枯骨；河北袁绍色厉胆薄，好谋无断，干大事而惜身，见小利而忘命；荆州刘表虚名无实；孙策藉父之名；刘璋虽系宗室，乃守户之犬耳；张绣、张鲁、韩遂等辈皆碌碌小人。在曹操看来，真正的英雄，应该是"胸怀大志，腹有良谋，有包藏宇宙之机，吞吐天地之志者也"。曹操把"胸怀大志，腹有良谋"作为英雄的两大条件，与《三国演义》的谋略描写不谋而合，也从一个侧面表明了小说作者对谋略的态度。

四　上兵伐谋，谋定而动

战争的最高境界是通过谋略的运用而取胜，所谓上兵伐谋。《三国演义》是一部历史小说，也是描写战争比较多的小说。有研究者对《三国演义》的战争描写做过统计，说《三国演义》描写了大大小小四十多场战争。其实，从汉末大乱到西晋统一，经历的战争远不止这个数。这些战争除少数是实力的比拼外，大多数战争都有谋略的运用。纵观这些战争中的谋略运用，总体情况是有谋的战胜无谋的，谋略高的战胜谋略低的。

人们常说"两强相遇勇者胜"。但在《三国演义》的战争描写中，有勇无谋或者是谋不及人，都只能是失败者。曹操与袁绍的官渡之战，孙、刘联军与曹军的赤壁之战，司马懿平定公孙渊的襄平之战，都是通过运用谋略而以少胜多的著名战役。在这些战例中，虽然都是谋略高超的一方获胜，但伴随的往往是血流成河，尸积如山，战争场面十分残酷。如赤壁之战，周瑜采用火攻，曹军中枪着箭、火焚水溺者，不计其数。侥幸逃脱者，在逃跑的途中受到诸葛亮预先设下的伏兵的截杀，也是狼狈至极。逃至华容道的时候，小说描写了曹军狼狈逃命的惨状："此时人皆饥倒，马尽困乏。焦头烂额者扶策而行，中箭着枪者勉强而走。衣甲湿透，个个不全；军器旗幡，纷纷不整：大半皆是夷陵道上被赶得慌，只骑得秃马，鞍辔衣服，尽皆抛弃。正值隆冬严寒之时，其苦何可胜言！"诸葛亮七擒孟获，用火攻大破兀突骨的藤甲军，其景象惨不忍睹：大火将兀突骨并三万藤甲军烧得互相拥抱，死于盘蛇谷中。小说于此写道："孔明在山上往下看时，只见蛮兵被火烧的伸拳舒腿，大半被铁炮打的头脸粉碎，皆死于谷中，臭不可闻。孔明垂泪而叹曰：'吾虽有功于社稷，必损寿矣！'"诸葛亮设计把兀突骨的藤甲军诱至盘蛇谷，用火攻之法破之。虽然取得了胜利，但三万藤甲军尽死于大火，确实太残酷了。难怪诸葛亮有"必损寿矣"之叹！

战争虽然是以取胜为目标，但战争的最终目的不是为了多杀人，而应是用最小的牺牲换取最大的胜利。战争的最高境界应该是不战而屈人之兵。通过谋略的运用，不用战争双方兵戎相见，就能分出胜负，才是战争的最高境界。这种情况在《三国演义》中也出现过。如第二十三回，曹操派谋士刘晔前去招安刘表、张绣。刘晔到了襄城，不是直接去见张绣，而是先见张绣的谋士贾诩，说动贾诩之后，才去见张绣。次日，刘晔与张绣会见的时候，袁绍的使者也到了，也是要招安张绣。为了让张绣放心归顺曹操，贾诩问袁绍的使者："近日兴兵破曹操，胜负何如？"使者回答："隆冬寒月，权且罢兵。今以将军与荆州刘表俱有国士之风，故来相请耳。"贾诩大笑道："汝可便回见本初，道汝兄弟尚不能容，何能容天下国士乎！"说罢，当面扯碎袁绍的书信，叱退来使。张绣见此情形有些担心，说："方今袁强曹弱。今毁书叱使，袁绍若至，当如之何？"这正是贾诩要的效果，他很干脆地说："不如去从曹操。"张绣则担心过去与曹操发生的那些事。当初，正是他出尔反尔，让曹操损失了爱将典韦和爱子曹昂、侄子曹安民。因为，他说："吾先与操有仇，安得相容？"贾诩则为张绣解疑释惑："从操其便有三：夫曹公奉天子明诏，征伐天下，其宜从一也；绍强盛，我以少从之，必不以我为重，操虽弱，得我必喜，其宜从二也；曹公王霸之志，必释私怨，以明德于四海，其宜从三也。愿将军无疑焉。"张绣听从贾诩的劝说，答应投降曹操。这时，贾诩才把刘晔请出来与张绣相见。刘晔与张绣相见后，盛称曹操之德，说："丞相若记旧怨，安肯使某来结好将军乎？"刘晔给张绣吃了定心丸，张绣即同贾诩等赴许都投降。在这段描写中，似乎看不到谋略的运用。其实，仔细分析不难发现，刘晔是很富有谋略的人。他去襄城，本是劝说张绣投降曹操，可他一人悄悄地去，不见张绣，而是先到贾诩家中会见贾诩。他知道贾诩是张绣的重要谋士，张绣对贾诩言听计从。只要说动贾诩，张绣自然会投降曹操。刘晔是怎样说动贾诩的，小说没有交代。但从小说写贾诩对袁绍的使者"毁书叱使"来看，贾诩和刘晔对如何劝说张绣已经达成共识，并已经确定了各自的职责：贾诩充当劝降的角色，张绣如果有疑问，则由刘晔出面解答。二人巧妙配合，以谋取胜，不战而屈人之兵，使张绣投降了曹操，也为曹操专心对付袁绍解除了后顾之忧。

靠谋略取得战争的胜利，就要在战争发动之前做好全盘谋划。这就是所谓的"谋定而后动"。除了应对突如其来的战争，一般情况下，对战争的进程，战争中可能出现的各种意外，都要有应对预案。诸葛亮乘曹丕去世、曹睿新立，一出祁山，讨伐中原。为此，他平定南方诸蛮，安定了大后方；用离间计让曹睿解除了司马懿的兵权；安排了朝廷人事，处理朝中事务；选定了随同出征的官员和将军。一切安排妥当，诸葛亮选定吉日良辰，出师伐魏。在用何策略伐魏的问题上，大将魏延向诸葛亮建议："延愿得精兵五千，取路出褒中，循秦岭以东，当子午谷而投北，不过十日，可到长安。夏侯楙若闻某骤至，必然弃城望横门邸阁而走。某却从东方而来，丞相可大驱士马，自斜谷而进。如此行之，则咸阳以西，一举可定也。"诸葛一生唯谨慎。初次出兵，诸葛亮深知慎重初战的道理，故而不肯弄险。他对魏延说："此非万全之计也。汝欺中原无好人物，倘有人进言，于山僻中以兵截杀，非惟五千人受害，亦大伤锐气。决不可用。"

魏延不解："丞相兵从大路进发，彼必尽起关中之兵，于路迎敌，则旷日持久，何时而得中原？"魏延是典型的"速胜论"，想突出奇兵，毕其功于一役。但是，诸葛亮明白，蜀汉的实力远不及曹魏，如果走险棋遭受损失，蜀汉就可能从此一蹶不振。他需要积小胜为大胜，所以，他宁肯求稳，也不弄险。他说："吾从陇右取平坦大路，依法进兵，何忧不胜！"诸葛亮是要堂堂正正地与曹魏对阵，然后依靠其无人可及的智谋夺取胜利。诸葛亮旗开得胜，连克曹魏南安、安定、天水、冀城和上邽等城池，收复安定、南安、天水三郡。蜀军已至祁山，前军临渭水之西，直逼长安。消息传到洛阳，曹魏君臣大为震惊。曹睿派曹真、郭淮、王朗等增援。两军阵前，诸葛亮骂死王朗，然后又将计就计，大败魏军。诸葛亮又设计打败前来增援魏军的羌兵，使蜀汉大军前锋直指渭水。至此，诸葛亮一出祁山，可谓连施巧计，顺风顺水，节节胜利。但是，在司马懿重新被起用之后，诸葛亮一出祁山的局势急转直下。司马懿也是不打无准备之仗。出兵之前，他先除掉了准备投降蜀汉的新城太守孟达，稳定了南方。然后，针对诸葛亮用兵的特点和当前局势，制定应对策略。他避开与诸葛亮正面交锋，而是攻其必救，出奇兵直插街亭要道。诸葛亮虽然料到了司马懿的战略，但在把守街亭要道一事上犯了致命错误。他听信善于夸夸其谈的马谡，将把守街亭要道的重任交给了马谡，由此铸成大错，并不得已在西城与司马懿玩起了空城计。如果不是司马懿深知诸葛亮平生不弄险，大着胆子鼓噪而入西城的话，诸葛亮就要成为司马懿的囊中之物了。诸葛亮一出祁山，谋定而后动，取得了节节胜利。但一着不慎，此前取得的顺利成果顷刻间化为乌有。最后，诸葛亮挥泪斩马谡，并自贬三级。诸葛亮一出祁山以此收场，可为一叹！

诸葛亮一出祁山，谋定而动，接连取得胜利，形势一片大好。照此发展下去，诸葛亮出师之前的计划有可能成功。但是，战争是双方甚至是多方的事情，局势的发展往往出乎意料。有时候，不论己方还是敌方的情况都很难把握。面对突如其来的变化，如果不能及时拿出对应策略，找不出破解之策，或者虽有破解之策，而不能适应突然的变化，就可能一发而不可收拾，甚至一败涂地。诸葛亮一出祁山的后半场，就是这样一种情况。为了北伐中原，诸葛亮做了多年的准备，而且由于谋略运用得当，开局非常好。但是，同样面对谋定而后动的司马懿，诸葛亮应对失策，导致全盘皆输。待到二出祁山，诸葛亮已经是勉为其难了。一个仅有三千士兵把守的陈仓小城，诸葛亮大军日夜进攻二十日，竟然无计可破。一向足智多谋的诸葛亮此时竟然向姜维求计："陈仓道口这条路不可行。别求何策？"二出祁山，诸葛亮兴师动众，浩浩荡荡，但损兵折将，只是在撤兵回汉中时用计杀了魏军大将王双，多少算是挽回了一点面子。这次蜀汉与曹魏之争，司马懿上兵伐谋，谋定而动，针对诸葛亮的战略事先做好了各种预案，正如司马懿在启奏魏明帝时所言："臣尝奏陛下，言孔明必出陈仓，故以郝昭守之，今果然矣。彼若从陈仓入寇，运粮甚便。今幸有郝昭、王双守把，不敢从此路运粮。其余小道，搬运艰难。臣算蜀兵行粮止有一月，利在急战。我军只宜久守。陛下可降诏，令曹真坚守诸路关隘，不要出战。不须一月，蜀兵自走。那时乘虚而击之，诸葛亮可擒也。"① 诸葛亮二出祁山，一切皆在司马懿意料之中，所以处处颇为被动。魏军以逸待劳，见招拆招，始终处于主动地位。打仗如同下棋，先手很重要，失了先手，就会处于被动，而被动就要挨打。所以，高明的棋手宁愿丢子，也不失先。在《三国演义》中，诸葛亮的智谋鲜有对手。可是，当他失去先手的时候，不论是在两军对垒的战场上，还是在两国交往的外交中，他有时候也是徒唤奈何。

五 谋事在人，成事在天

在天下大乱、豪强争雄的时代，谋略的运用确实具有非常重要的作用。不论政治、军事、外交还是社会其他方面，置身其中而又想成为胜利的一方，不仅仅靠实力，往往还需要谋略的运用，所谓"运筹帷幄之中，决胜千里之外"，说的就是谋略的重要作用。但是，《三国演义》在描写谋略的运用时，虽然一再用鲜活的事例证明了谋略在政治、军事、外交斗争中的重要性，但是一切都难

---

① 参见《三国演义》第九十八回"追汉军王双受诛，袭陈仓武侯取胜"。

逃定数。胜负输赢，兴衰成败，都是上天决定了的，所谓"谋事在人，成事在天"。正如修髯子《三国演义序》中说的那样"古今兴亡数本天，就中人事亦堪怜"。然而，天命茫茫不可知。哪些是天命，哪些不是天命，不要说凡夫俗子不可能知道，就是像诸葛亮那样能够夺天地造化之机的非凡人物，同样也不可能知道，所以，还必须"尽人事，听天命"。该做的事情还是要做，至于成败利钝，胜负输赢，就不必去想它了。

天意所在，纵有谋略也要顺天应人。天意从来高难问。但是如果有像诸葛亮那样的高人窥知了天意，是否就听之任之了呢？知天命则顺天命，并不意味着一切都依赖天命，而不付出应有的努力。即使知道天命，同样也要尽人事，该做什么就做什么。譬如，诸葛亮未出草庐，便知天下三分。三分天下属于谁呢？诸葛亮《草庐对》中说得明白：北让曹操占天时，东让孙权占地利，刘备只有先取荆州为立足之本，然后再取西蜀，与曹操、孙权成三分之势。正是因此，在赤壁之战排兵布阵的时候，他把关羽晾在一边，不予委用，惹得关羽很不高兴。而当诸葛亮说有一个最紧要的隘口——华容道，曹操必从那里经过。如果派关羽前去把守，担心他念曹操旧情，把曹操放了。关羽表示绝不徇旧情，并慨然立下军令状。诸葛亮这才让他去把守华容道。刘备深知关羽的为人，说："吾弟义气深重，若曹操果然投华容道去时，只恐端的放了。"诸葛亮却说："亮夜观乾象，操贼未合身亡。留这人情，教云长做了，亦是美事。"这当然是小说为了塑造诸葛亮"智绝"的形象而虚构的情节。小说通过这样的情节表明：天命不可违。即使是像诸葛亮这样通过观察天象能够窥知天意的人物，同样不能改变天命，而只能顺应天命。儒家文化讲究顺天应人，顺应天命，顺应民意，才能成就大事。诸葛亮让关羽把守华容道，是顺天应人之举。华容道是曹操逃出生天的最后一个隘口，这个时候，曹操一定是人困马乏，疲惫不堪，随便安排一支人马就可以活捉曹操。但是，诸葛亮知道曹操是三分之主，命不该绝，所以就派关羽去把守华容道。他料定关羽在曹操等人的哀求下，一定会顾念旧情，放走曹操，所以，他才把把守华容道的任务交给了关羽。这就叫顺天应人。只有顺乎天，应乎人，才能获得上天的眷顾。否则将举步维艰，动辄得咎。诸葛亮是能够知天意的人，在曹操命不该绝的时候，他选择了顺天应人，并让关羽做了一个顺水人情。

天命难违，纵有谋略亦不得而强之。谋略在政治、军事、外交斗争中虽然十分重要，有时甚至起决定性作用，但谋略毕竟还是由人来运用的，而人事是无法与天命相抗衡的。所以，当天命所在的时候，纵有谋略亦不得而强之。第一百三回"上方谷司马受困"一节就是很典型的例证。诸葛亮与司马懿在祁山大寨对峙已久，互有攻防，一时分不出胜负。为诱使司马懿出战，诸葛亮精心布局，做出了往上方谷运送粮草的样子。司马懿打听到诸葛亮将粮草屯于上方谷，命诸将合力攻打祁山大寨，吸引诸葛亮的注意力，自己则率领司马师、司马昭二子，前去偷袭诸葛亮的粮草重地。哪知诸葛亮早已布好圈套，专等他进入呢！司马懿到了上方谷口，早有魏延上来迎战。战不数合，魏延拍马便走，退入山谷中。司马懿率众随后追来，到了谷口，担心有伏兵，派人前去打探，回报并无伏兵。于是司马懿放心杀入谷中。小说于此写道："只听得喊声大震，山上一齐丢下火把来，烧断谷口。魏兵奔逃无路。山上火箭射下，地雷一齐突出，草房内干柴都着，刮刮杂杂，火势冲天。司马懿惊得手足无措，乃下马抱二子大哭曰：'我父子三人皆死于此处矣！'正哭之间，忽然狂风大作，黑气漫空，一声霹雳响处，骤雨倾盆。满谷之火，尽皆浇灭；地雷不震，火器无功。司马懿大喜曰：'不就此时杀出，更待何时！'即引兵奋力冲杀。"司马懿奋力杀出，侥幸逃脱。诸葛亮巧布此局，"见魏延诱司马懿入谷，一霎时火光大起，心中甚喜，以为司马懿此番必死"。可是，他没有想到，恰在此时，天降大雨，把大火浇灭，救了司马懿父子。一向料事如神的诸葛亮不由得感慨："谋事在人，成事在天。不可强也！"诸葛亮的谋略无人可及。他这次设谋，志在必得，就是要彻底消除后患。但是，上天不佑蜀汉，天命在司马懿一方，所以司马懿父子能够逢凶化吉，遇难呈祥。作者引后人诗感慨道："谷口风狂烈焰飘，何期骤雨降青霄。武侯妙计如能就，安得山河属晋朝！"对于诸葛亮上方谷用火攻之法对付司马懿，毛宗岗先是从诸葛亮用火攻的角度予以评价，认为"武侯一生，用火攻者凡五。有烧之而不必杀之者，如博望之烧，不必杀夏侯惇；新野之烧，不必杀曹仁；赤壁之烧，不必杀曹操是也。有烧之而必欲杀之者，如盘蛇谷之烧，必欲杀藤甲；上方谷之烧，必欲杀司马懿是也。乃不欲杀之，则果无一人之见杀；必欲杀之，则独有一事之不同，何也？人曰：天之助魏。予曰：非天之助魏，而天之助晋也。天为助晋而雨，则不惟不助魏，乃正所以灭魏欤？"诸葛亮五次火攻，四次成功，唯有上方谷失败，原因在哪里？有人说是上天帮助曹魏，毛宗岗则认为这是上天在暗助晋朝。从三国到西晋的发展历史来看，司马懿父子是曹魏的终结者和西晋的奠基者。司马懿在世时终结了曹魏的统治，把朝中大权揽在司马氏手中；司马师和司马昭则是西晋的奠基者，他们在世时，彻底剪除了曹魏势力，使曹魏王朝实际上成为司马氏的王朝，只是尚没有改曹魏为司马氏之晋朝而已。毛宗岗还把上方谷与华容道、鱼腹浦进行比较，指出："或谓武侯知曹操之不死，而特使关公释之；知陆逊之不死，而特使黄承彦救之。若独于司马氏三人，而不能预知其不死，是不智也。知其不死而必欲置之于死，是逆天也。予曰不然。华容之役，不遣别将，或以为孔明咎矣；鱼腹之役，不报猇亭，或又以为孔明咎矣；以为人之纵之，而非天之纵之也。唯至于上方谷之事，而殚虑竭能，尽其人力。然而人不纵之，而天终纵之。夫然后天下后世，不得以谋事之不忠咎武侯，而武侯亦得告无憾于先帝耳。"毛宗岗认为，上方谷之事，诸葛亮殚精竭虑，只是为了尽人事。该做的事做了，该尽的心尽了，只有这样，诸葛亮才不会抱憾于先帝。的确，天命难违。诸葛亮虽然知天达命，但他仍然要尽人事，至于结果如何，倒是不太在意了。其"谋事在人，成事在天，不可强也"之叹，既有无奈，也有释然。

  谋事在人，成事在天，常常是人们在无可奈何之时的慨叹。读者稍稍留心一下就会发现，《三国演义》中时常有人发出这样的慨叹。譬如第四回"谋董贼孟德献刀"一节，写曹操欲借献宝刀之机诛杀董卓，就是这样一种情况。曹操为了诛杀董卓，借王允家藏的七宝刀，准备行刺董卓。曹操到董卓府上献刀的时候，有好几次机会，但是都是稍纵即逝。曹操准备献刀的时候，吕布在场。正愁无法应付吕布的时候，董卓让吕布出去了；曹操正要拔刀行刺，担心董卓力气大，无法对付，刚好董卓在卧榻上侧身而卧，曹操瞅准机会，拔刀要刺，却被董卓从镜子中发现。董卓急忙回身，问他想干什么。曹操无奈，只好假称献宝刀，于是假献刀变成了真献刀。读者读"孟德献刀"一节，为曹操无限接近成功而欣喜，尤其是当董卓侧身而卧的时候，都以为这是千载难逢的好时机，曹操之谋就要成功。可是，当曹操拔刀的时候，董卓却从镜子中发现了，问曹操想干什么。如果曹操勇敢一些，起身直上，也许还有得手的机会。但是，如果那样的话，曹操断然逃不出董卓府。曹操是献刀之前已经谋好了退路的，他不会做荆轲那样的义士，而是想着既要成功，又要自保，毛宗岗所谓"曹操欲谋人，必先全我身"。① 曹操谋杀董卓不成，读者为之一叹！以曹操之谋，不可谓不周全。但是，事情阴差阳错，机会又稍纵即逝。曹操谋刺董卓没有成功，怪不得曹操，只能怪此时上天不肯眷顾曹操，或者说上天暂时还不想让董卓灭亡。与曹操谋诛董卓相似的，是曹操挟天子以令天下之后，一些义士看不惯曹操的所作所为，想诛杀曹操。譬如吉平想借为曹操医治头风病的时候，下毒毒死曹操，却被董承家奴庆童暗中告发，结果反被曹操杀害。吉平以医者之身而加入董承等人的联盟，准备凭自己太医的特殊身份谋杀曹操。毛宗岗对吉平谋杀曹操不获成功甚为感慨，他说："上医医国，其吉平之谓乎？若吉平者，不愧为太医矣。以其药医曹操之头风，是毒药也；以其药医汉帝之心病，是良药也。人谓其误以诈病为真病，不得谓之知病；我谓其能以毒药为良药，斯真谓之知医。惜乎其药不行耳！"② 毛宗岗感到惋惜的，是吉平没能如愿毒死曹操。和曹操献刀相比，吉平企图毒杀曹操几乎没有任何机会。但是，如果不是董承的家奴出面告发，以吉平太医的身份，也不是没有一点机会，毕竟吉平是当时名医，其医术还是很高明的。吉平谋杀曹操不能成功，只能说时也！命也！

在天命与人事之间，小说作者受天命思想的影响，同时也为了迎合其"天下大势，分久必合，合久必分"的历史观念，在表现谋略与天命的冲突时，总是自觉不自觉地朝天命倾斜，让谋略服从于天命。譬如赤壁之战中诸葛亮和周

---

① 毛宗岗评点《三国演义》第四回回评。

② 毛宗岗评点《三国演义》第二十三回回评。

瑜的一些谋略虽然主要是针对曹操阵营的，但这些谋略的最终指向却是天下三分，表明三分天下乃是天意所在。同样，在刘备进取西蜀时，庞统和诸葛亮的各种谋略都是为了夺取西蜀，实现与曹操、孙权鼎足而三。而诸葛亮六出祁山、姜维九伐中原，与司马懿、司马昭斗智斗勇，虽然十分精彩，但无奈天不佑蜀，诸葛亮和姜维展示的种种精彩，都只是昙花一现，没能扭转蜀汉在三国中最早灭亡的悲剧命运。尤其是五丈原诸葛亮禳星一段描写，既表现了诸葛亮夺天地之造化的谋略，展示了诸葛亮不服输的性格，同时又写出了诸葛亮的无奈和悲哀。或许有人会说，诸葛亮禳星如果能够成功，蜀汉的结局可能是另一个样子。其实，这本来就是小说，是虚构的情节。但即使是这样虚构的情节，也不可能让诸葛亮禳星成功。一则小说作者不可能改变基本的历史事实，二则作者的天命思想在上方谷之火被大雨浇灭的时候就已经倾向于司马懿了。作者之所以这样写，正如毛宗岗所说："武侯之祝寿而禳星者，毋乃愚乎？曰：武侯非为己请命，而为汉请命耳。忠臣之事君，如孝子之事父母，知其亲之将殒，而不复为之求医，不复为之问卜者，必非人情。然则武侯之披发步罡，与《金滕》之秉圭植璧，一而已矣。"小说这样写，是为了表现诸葛亮对蜀汉的忠诚，兑现诸葛亮对刘备曾经的承诺：鞠躬尽瘁，死而后已。在这里，作者虽然表明了天命不可违的思想，但诸葛亮的形象却在天命与人事的矛盾纠葛中得到了升华。

六 《三国》影响无处不在

《三国演义》对后世的巨大影响，首先在于它对三国历史给予的"七实三虚"处理方式，影响了后人尤其是民间对三国历史的认知。不少人把《三国演义》当作真实历史来读，一些人有关三国的历史知识，不是来源于《三国志》和其他相关正史，而是从历史小说《三国演义》中获得的。这自然会影响到人们对三国历史的认知。最典型的是周瑜这一人物形象。不少人根据从《三国演义》中了解到的一些内容，知道周瑜是东吴大都督，是赤壁之战的指挥者，认为周瑜很有才能，在诸葛亮的协助下，连施巧计，一把火把曹操八十三万大军付之一炬。但是，周瑜心胸狭窄，刚愎自用，颐指气使，明知不是诸葛亮的对手，却不顾孙、刘联合抗曹的大局，千方百计要谋害诸葛亮，结果被诸葛亮设计"三气周瑜"，活活给气死。临死之时，周瑜还发出"既生瑜，何生亮"的感慨。相比之下，诸葛亮神机妙算，几乎无所不能。他不仅事事都先周瑜一着，而且妙识天机，要风得风，要雨得雨。尤其是在对付周瑜的时候，让心高气傲的周瑜没有一点儿脾气，奈何他不得。很多人认为，这就是三国历史，这就是真实的周瑜和诸葛亮。其实，这些都是《三国演义》为了突出诸葛亮形象，同时也为刘备集团在赤壁之战争一些功劳和面子，更主要的也是为了让小说更好看，更具可读性，作者有意设置的一些故事情节。譬如"群英会蒋干中计"，是为了烘托周瑜这个足智多谋的人物形象而设计的情节。再如刘备东吴招亲，《三国演义》是把它作为诸葛亮"二气周瑜"来写的。周瑜为了夺回荆州，用孙权之妹为诱饵，准备诱骗刘备来东吴，然后羁押刘备，逼他交出荆州。结果却是"赔了夫人又折兵"，气得口吐鲜血。而在《三国志》中，有关刘备东吴招亲的记载，与《三国演义》所写完全不同。赤壁之战后，刘备乘机占领武陵、长沙、零陵、桂阳四郡，而庐江雷绪率数万士卒归顺刘备。刘琦病死后，刘备自任荆州牧，治公安。这对孙权构成了很大威胁。《三国志·蜀志》于此记载道："权稍畏之，进妹固好，先主至京见权，绸缪恩纪。"[1] 所以，实际情况是，孙权为了缓和来自刘备集团西面的压力，而把妹妹嫁给刘备，作为孙、刘联盟的筹码。刘备赴东吴成亲，和孙权处得很好。历史上根本没有周瑜设计用孙权之妹夺取荆州的事情。但是，了解这些历史细节的人毕竟很少，而《三国演义》流传又很广泛，受其影响，不少人只知道周瑜为了夺回荆州，处心积虑，一会儿用"美女计"，一会儿用"假途灭虢计"，但都被诸葛亮识破，结果不仅赔了夫人又折兵，还送了卿卿性命。所以，一说起周瑜和诸葛亮，很多人都知道周瑜的"既生瑜，何生亮"之感慨，都知道二人之间有所谓的"瑜亮情结"。这是受《三国演义》的影响，更是被误会了的三国历史。还有所谓的"大意失荆州"，

---

[1] 《三国志·蜀志》卷二《先主传》。

这种说法是从《三国演义》而来。在《三国演义》中，关羽为了进攻樊城，抽调留守荆州的大部分人马北上增援，放松了对东吴的防备，致使吕子明白衣渡江，轻取荆州。关羽失去了战略后方，处于东吴和曹兵的夹击之下，最后演出了败走麦城的悲剧。但事实上，荆州之失，根本的原因不在于关羽放松了对东吴的警惕，让吕蒙钻了空子，而是他采取了错误的战略。根据史书记载，在关羽围攻樊城的时候，孙权曾经派使者来见关羽，打算与关羽联姻，为儿子娶关羽的女儿。关羽此时志得意满，根本不把孙权放在眼里，辱骂孙权的使者，拒绝了这门亲事。这才惹得孙权大怒，于是下决心乘关羽北伐之机，袭取荆州。再加上关羽对驻守江陵的糜芳、驻守公安的傅仁颇为刻薄，二人见荆州发生突变，遂投降了东吴。这样以来，关羽北有徐晃等劲敌，南面的根据地则全部被东吴占据，受到了东吴与曹魏的南北夹击。在此情况下，怎么可能夺回荆州？不败走麦城，那才怪呢！所以，荆州之失，不是因为关羽"大意"了，而是自从他违背了诸葛亮《草庐对》中制定的"东和孙权"的战略，辱骂孙权的使者，拒绝与孙权联姻之时起，荆州新的归属就已经确定了。《三国演义》把荆州的失守，描写成关羽"大意"，上了吕蒙的当。这既是为关羽丢失荆州寻找借口，同时也是塑造关羽这样一位悲剧英雄的需要。只是很多读者习焉不察，轻信了《三国演义》对荆州之失的描写，形成了"大意失荆州"这样的偏见。另外，还有一些以假为真的事情。如庞统被张任乱箭射死于落凤坡，本是《三国演义》为庞统之死杜撰的一个地名，以作为庞统之号"凤雏"之谶。"凤雏"遇到"落凤坡"，等于遇到了"克星"，所以，庞统之死也就有了充足的理由。有意思的是，有人把它当作真实的地名，并吟诗歌咏之。清代学者王士禛就因在赴雒县途中写了两首吊唁庞统的诗歌，诗题作《落凤坡吊庞士元》，而遭到学界的讥讽。鲁迅先生在《中国小说史变迁》中也说："这'落凤坡'只有《三国演义》上有，别无根据，王渔洋却被它闹昏了。"类似的事情还不少见。这表明，《三国演义》的影响太大了，太深刻了，以至于人们以假为真却不自知。

《三国演义》的深远影响，在明代以后的军事斗争中有鲜活表现。《三国演义》是一部长篇历史小说，表现的是三国这样一个特殊的时代，所以，小说写了很多场战斗、战役或战争，而且写了多场以弱胜强、以少胜多的重大战役，如官渡之战、赤壁之战、夷陵之战，都是中国历史上的经典战例，为后人提供了许多可资借鉴的东西。《三国演义》流行之后，对明末农民战争、清兵入关以及对鸦片战争期间沿海军民抗击倭寇，都产生了不同程度的影响。关于《三国演义》中的智谋在军事斗争中的广泛运用，沈伯俊《〈三国演义〉在少数民族中的传播和影响》一文对清初努尔哈赤、皇太极如何学习运用《三国演义》有一段颇为精彩的描述：

> 努尔哈赤、皇太极等满族领袖，一开始就从开创帝王之业的现实需要出发，从《三国演义》中学习政治方略和军事谋略，而且取得极大成效。例如，考虑到满族人口太少，他们特别重视加强与蒙古各部的关系，发挥其辅助作用。于是仿效"桃园结义"，与蒙古诸汗约为兄弟，自认为是刘备，而以蒙古为关羽，并通过不断抬高关羽来表示尊崇蒙古之意。这一手果然有效，在清朝统治的二百多年中，蒙古各部"备北藩而为不侵不叛之臣者，端在于此，其意亦如关羽之于刘备，服事唯谨也"。（《缺名笔记》）又如，为了招降明朝将领，他们大加怀柔，竭力攻心。他们制定了对明朝降将的优待条件，不仅论功行赏，而且明确规定"凡一品官以诸贝勒女妻之，二品官以国中大臣女妻之"，还要"每五日一大宴"，就像曹操笼络关羽一样。明朝总兵祖大寿驻守大凌河时，因粮尽援绝而降，不久又逃回锦州，直到锦州即将陷落时才再次投降。皇太极并不追究，仍命他为总兵。这显然受到"七擒孟获"的启发。再如，为瓦解敌方，他们运用了各种纵横捭阖的手段。明朝辽东巡抚袁崇焕，才干出众，多次打退清兵的进攻，努尔哈赤、皇太极均无可奈何。天聪三年（1629）底，皇太极率兵绕道入关，进逼北京，袁崇焕星夜回援。皇太极见他太难对付，便使用反间计，密令两个部将故意在两个被俘的明太监附近耳语，说袁崇焕与皇太极有勾结，然后又故意让其中一个姓杨的太监逃走。杨太监将偷听来的假情报报告崇祯皇帝，崇祯皇帝竟然轻信，将袁崇焕处死，自坏长城。这完全是

《三国演义》中"蒋干盗书"故事的翻版,皇太极却又一次成功了。①

有些人读不懂《孙子兵法》等传统兵法著作,就模仿《三国演义》的战例,照葫芦画瓢。传说鸦片战争中有些将领仿照《三国演义》赤壁之战火烧战船,用装满火药的船,假装投降,冲入敌人的战船群中,点燃火药,以此来破敌。当然,有时候则是"画虎不成反类犬",没有烧到敌人,反而让敌人笑话。不要说《三国演义》是小说,就是《孙子兵法》这样的著作,也需要活学活用,不能照本宣科。有的人不懂得这些道理,自然也就难尝胜果。《三国演义》里不仅有个人的打打杀杀,有小团体之间的打打杀杀,更有诸侯之间的打打杀杀,国与国之间的打打杀杀。《三国演义》里的人物意气用事的也不少,打抱不平的也不少。但《三国演义》写各种形式的打打杀杀,不是恃勇斗狠,而是依靠谋略取胜,靠在相互斗智中智高一筹。使用《三国演义》中的智谋,学习《三国演义》中的战例,需要根据不同情况与时俱进。明末农民战争的领袖李自成、张献忠等学习《三国演义》的战例来打仗,纵然取得一时的胜利,但食古不化,不知变通,最终还是无法改变失败的命运。

现代以来,《三国演义》的智谋和用人艺术被广泛运用到企业管理之中。最早学习《三国演义》中的智谋和用人艺术来管理企业的是日本人。自20世纪下半叶开始,日本一些企业家从《三国演义》中看到了它所具有的管理学价值,向《三国演义》学习企业管理经验。所以,20世纪下半叶以来,日本形成了《三国演义》热。20世纪80年代,中国学者和企业家也注意到了《三国演义》在企业管理方面可资借鉴的内容,相关研究逐渐多了起来,企业运用《三国演义》的用人艺术和智谋进行管理的成功案例也不少。以研究著作而论,有郭济兴、王建树、李世俊等人的《三国演义与经营谋略》,胡世厚、卫绍生的《三国演义与人才学》,锺晓斌的《三国演义中的管理学问》,冒炘主编的《三国演义与企业领导谋略》等,分别从管理、用人、经营、谋略等方面,探讨了《三国演义》的现代价值及影响。一些企业家也自觉地用三国谋略,学习三国用人艺

---

① 引自百度网络《趣味历史官方》2015年6月30日。

术，对企业进行管理。有的企业甚至学习三国文化，把三国文化中的精华，如相互协作、认真负责、求真务实、忠于职守、渴望成功等作为企业文化，用以引导和规范企业员工的文化行为，形成了以三国文化为底色的企业文化。当然，对企业经营和管理影响最大的还是《三国演义》的谋略、用人以及纵横捭阖的外交攻略。不少企业学习《三国演义》的外交攻略，在企业与企业之间、企业与政府之间、企业与其他社会团体之间，选择适宜的公关策略，扩大企业影响，增进企业间的友谊，为企业谋取最大的利益。不仅如此，以三国文化为主题的酒店、公园等在三国文化相对集中的地区时常可见，如许昌作为三国时期的许都，曾经是曹操集团的主要活动基地，也是当时北方的政治、经济、文化中心，是名副其实的三国文化核心区域。第一所三国大酒店出现在许昌，三国文化主题公园霸陵桥公园也在许昌。许昌还开发了三国文化菜，其中一些菜名如"桃园结义""汉宫燕盏""铜雀展翅""鼎立中原""火烧赤壁"等，都与三国文化有密切关系。三国文化菜曾荣获河南省第三届豫菜品牌大赛团体金奖。

作为中国第一部古典长篇小说，《三国演义》的重要影响则是在文学创作方面。首先，《三国演义》对中国古典小说尤其是对长篇历史小说的创作有深刻影响。其一，《三国演义》采取的章回体叙事结构，成为中国古典小说的基本形式；其二，《三国演义》的叙事方式，尤其是每回结尾留有悬念的叙事方式，彰显出宋元话本的影响，并成为中国古典长篇小说的定例；其三，《三国演义》采取的直叙、顺叙、插叙、倒叙等叙事方式，成为后世长篇小说最为常见的叙事方式；其四，《三国演义》的人物塑造和战争描写，成为后世长篇历史小说学习效法的对象。如《说岳全传》写粘罕兵败青龙山，完全是模仿曹操兵败华容道的写法：

> 粘罕出得夹山道，不觉仰天大笑。铜先文郎道："如此吃亏，怎么狼主反笑起来，却是为何？"粘罕道："不笑别的，我笑那岳南蛮虽会用兵，到底平常。若在此处埋伏一枝人马，某家插翅也难飞了！"语言未毕，只听得一声炮响……

对比一下《三国演义》第五十回曹操兵败华容道，就可以明显地看出上述描写模仿的痕迹：

> 又行不到数里，操在马上扬鞭大笑。众将问："丞相何又大笑？"操曰："人皆言周瑜、诸葛亮足智多谋，以吾观之，到底是无能之辈。若使此处伏一旅之师，吾等皆束手受缚矣。"言未毕，一声炮响……

另外，《说岳全传》第三十六回"何元庆两番被获"，不仅在写法上，而且在情节结构上都与《三国演义》诸葛亮收服孟获有诸多相似之处。但是，客观地说，《三国演义》之后的长篇历史小说，无论是比较有影响的"说唐"系列，还是杨家将系列，以及后来蔡东藩的《中国历代通俗演义》，在思想文化内容和艺术成就等方面，都无法与《三国演义》相提并论。这也从另一角度说明，《三国演义》对中国古典长篇历史小说的影响，是其他作品所不能代替的。有研究者对《三国演义》和二月河的清帝系列做过比较，认为二月河的清帝系列有三分像《三国演义》，又有三分像《还珠格格》。① 所谓"三分像《三国演义》"，则说明了《三国演义》对二月河清帝系列小说创作的影响。

其次，《三国演义》成为明清两代和近现代三国戏创作的重要素材。明清杂剧、传奇和花部以及后来的地方戏，取材于《三国演义》的有许多。而清代地方戏几乎每一个剧种都有三国戏，其中三国戏剧目较多的剧种主要有京剧、川剧、豫剧、秦腔、湘剧、蒲剧、晋剧等。据统计，从乾隆五十五年（1790）徽班三庆班进京，至道光年间京剧正式形成，京剧三国戏多达511种；其他主要剧种，如川剧有三国戏142种，湘剧有92种，蒲剧有88种，秦腔有85种，豫剧有79种。② 如果做一下调查，地方戏中的三国戏将是一个非常可观的数字。这些三国戏，大多是由一些知名戏班演出，如三庆班、四喜班、和春班、春台班等四大徽班，宜庆、集庆、萃庆、永庆等京剧名班，祥发、联升、福兴等楚剧名班。据《春台班戏目》记载，四大徽班之一的春台班演出的三国戏有《温

---

① 王增范《二月河清帝系列小说的缺陷》，《中州学刊》2006年第11期。
② 参见南枝《中国三国戏曲集编目》（下），载《罗学》第四辑，中州古籍出版社2015年版。

明园》《陈宫记》《磐河战》《赐环》《战濮阳》《辕门射戟》《白门楼》《击鼓骂曹》《金锁阵》《荐诸葛》《长坂坡》《汉津口》《群英会》《赤壁记》《华容道》《黄鹤楼》《柴桑口》《斩马腾》《反西凉》《战渭南》《西川图》《冀州城》《战历城》《葭萌关》《献成都》《百寿图》《瓦口关》《定军山》《阳平关》《收庞德》《战山》《受禅台》《兴汉图》《造白袍》《伐东吴》《白帝城》《祭江》《英雄志》《渡泸江》《凤鸣关》《天水关》《骂王朗》《失街亭》《斩马谡》《陇上麦》《葫芦峪》等46种；另据《庆升平班戏目》记载，清道光年间庆升平班演出的三国戏有《陈宫记》《虎牢关》《磐河战》《借赵云》《战濮阳》《夺小沛》《凤凰台》《白门楼》《许田射鹿》《闻雷失箸》《马跳檀溪》《博望坡》《长坂坡》《舌战群儒》《临江会》《群英会》《借箭打盖》《祭东风》《华容道》《取南郡》《取桂阳》《取长沙》《战合肥》《龙凤呈祥》《柴桑口》《反西凉》《战渭南》《截江救主》《取雒城》《冀州城》《葭萌关》《献成都》《瓦口关》《定军山》《阳平关》《伐东吴》《白帝城》《英雄志》《渡泸江》《凤鸣关》《天水关》《失街亭》《五丈原》《铁笼山》等44种。[①] 一个戏班竟有如此之多的三国戏剧目，不难看出三国戏在当时是多么流行，多么深受民众欢迎。[②] 这种影响一直在持续着，活跃在近现代戏曲舞台上的三国戏就是《三国演义》对戏曲创作深远影响的有力证明。以擅长扮演《三国演义》中的诸葛亮形象而著名的越调演员申凤梅，最擅长的剧目《诸葛亮吊孝》《收姜维》等，其故事都是从《三国演义》演化而来。

最后，《三国演义》对当代影视创作和游戏动画的影响十分巨大。《三国演义》的影响在电影、电视出现之后，其影响不仅扩大到新的领域，而且出现了新的形式。以电影为例，以三国人物为题材的电影有《曹操》《诸葛孔明》《关公》《关云长》《锺繇》等，以三国事件为题材的电影有《赤壁》《越光宝盒》《龙凤呈祥》等；最有影响的则是电视连续剧《三国演义》。著名导演王扶林执

[①] 参见金登才《清代花部戏研究》著录的三国戏，中国戏剧出版社2006年版。

[②] 以上参见《清代三国戏简论》，见卫绍生《〈三国演义〉与中国古典小说研究》，大象出版社2017年版。

导的1994年版《三国演义》（84集）播出后，好评如潮；时隔16年，著名导演高希希执导的95集电视连续剧《三国演义》于2010年播出。由于已经有老版《三国演义》，因此，新版《三国演义》甫一播出就引来一片争议之声。但从间隔仅十几年的时间就出现两部《三国演义》电视连续剧这一现象来看，人们对这部文学名著的关心程度有增无减，人们对《三国演义》的喜爱有增无减，同时也表明这部在中国文学史和小说史上有重要地位的作品，迄今仍在产生着巨大影响。而以《三国演义》作为主要题材的动画游戏在青少年之间的盛行，更可以看出《三国演义》在当代青少年中的广泛影响。动画游戏《三国杀》刚一推出，就吸引了广大游戏爱好者的眼球，许多人被其曲折生动的故事情节和英雄情结所吸引，爱不释手，个别人甚至沉溺其中不能自拔。除最为流行的《三国杀》外，被广大游戏爱好者关注的还有《热血三国》《极品三国志》《三国群雄传》《雄霸九州》《攻城掠地》《卧龙吟》《霸将三国》《乐蜀三国》《穿越三国》《创世三国》《兵锋三国》，等等。《三国演义》的内容和三国题材的故事得到了动画游戏开发者的充分挖掘，形成了三国系列动画游戏，而且几乎每年都有新的三国动画游戏品种问世。从目前三国动画游戏热度不减的情况来看，这种现象还会持续下去。

　　《三国演义》对后世的影响，不仅表现在谋略、用人以及政治、经济、军事、文化、外交等方面，而且涉及人们社会生活的方方面面。可以说，中国古典文学的任何一部作品，都无法与《三国演义》相提并论。这不仅因为长篇历史小说比诗歌、辞赋、散文、词曲、戏曲等容量更大，而且更因为《三国演义》这部历史长篇小说在表现三国历史、反映时代变化、叙写历史事件、塑造历史人物、展示时代文化、表达民情民意等方面，具有更为博大的容量和更为深邃的内涵。同时也因为《三国演义》的叙事方式、艺术手法和语言表达比较容易为各个阶层的人所接受，让读者在坐看三国风云的同时，欣赏作者给读者展示的丰富多彩的小说艺术世界，也让读者从中各取所需，得到不同的艺术享受，受到不同的文化教益。由于每一位读者的人生阅历、生活经验、教育背景、理想追求等各不相同，读者对《三国演义》的接受自然也就千差万别，换句话说，

《三国演义》对后世的影响也是多种多样的。《三国演义》是一部不朽的文学巨著，它的影响将会随着时间的推移而越来越深远，越来越巨大，其不朽价值也将会随着时代的变化而越发彰显。

主要参考文献

［西汉］司马迁《史记》，中华书局，1959 年。

［东汉］班固《汉书》，中华书局，1962 年。

［南朝宋］范晔《后汉书》，中华书局，1965 年。

［晋］袁宏《后汉纪》，文渊阁四库全书本。

［元］郝经《续后汉书》，文渊阁四库全书本。

［晋］陈寿《三国志》，中华书局，1962 年。

［清］杭世骏《三国志补注》，商务印书馆，1937 年。

［晋］干宝《晋纪》，文渊阁四库全书本。

［唐］房玄龄等《晋书》，中华书局，1996 年。

［清］汤球辑、杨朝明校补《九家旧晋书辑本》，中州古籍出版社，1991 年。

［南朝宋］刘义庆著、［南朝梁］刘孝标注《世说新语》，文渊阁四库全书本。

［唐］刘知几撰、浦起龙通释《史通通释》，上海古籍出版社，2008 年。

［唐］杜佑《通典》，文渊阁四库全书本。

［宋］司马光《资治通鉴》，中华书局，1956 年。

［宋］郑樵《通志》，中华书局，1987 年。

［宋］李昉等《太平御览》，中华书局，1998 年。

［宋］李昉等《太平广记》，中华书局，1961 年。

［宋］乐史《太平寰宇记》，中华书局，2007 年。

浙江书局汇刻本《二十二子》，上海古籍出版社，1986年缩印本。

［元］罗贯中《三国志通俗演义》，上海古籍出版社，1980年。

［清］无名氏《三国志玉玺传》，中州古籍出版社，1986年。

［清］毛宗岗评点《三国演义》，中国书店1985年据上海鸿文书局石印本影印。

鲁迅《中国小说史略》，人民文学出版社，1976年。

郭箴一《中国小说史》，上海书店，1982年。

孔另境《中国小说史料》，上海古籍出版社，1982年。

蒋瑞藻《小说考证》，上海古籍出版社，1984年。

社会科学研究丛刊编辑部、四川省社会科学院文学研究所编《三国演义研究集》，四川社会科学院出版社，1983年。

河南省社会科学院文学研究所编《三国演义论文集》，中州古籍出版社，1985年。

陈其欣选编《名家解读三国演义》，山东人民出版社，1998年。

李梅吾、谭洛非主编《三国演义与荆州》，中州古籍出版社，1993年。

胡世厚主编《罗贯中与三国演义》，中州古籍出版社，2000年。

郑铁生《三国演义叙事艺术》，新华出版社，2000年。

陈辽、廖进主编《新世纪三国演义论文集》，文教资料编辑部，2001年。

赵庆元主编《皖江侧畔论三国》，黄山书社，2001年。

沈伯俊《三国演义新探》，四川人民出版社，2002年。

张志和《透视三国演义三大疑案》，中国社会科学出版社，2002年。

熊笃、段庸生《三国演义与传统文化溯源研究》，重庆出版社，2002年。

朱一玄、刘毓忱《三国演义资料汇编》，南开大学出版社，2003年。

王益庸主编《富春江畔话三国》，陕西旅游出版社，2003年。

俞汝捷、宋克夫主编《黄鹤楼前论三国》，长江文艺出版社，2003年。

沈伯俊、蒋志、黄晓琳主编《三国演义学刊（2004）》，四川大学出版社，2004年。

刘世德《刘世德话三国》，中华书局，2007年。

刘世德《三国志通俗演义作者与版本考论》，中华书局，2010年。

胡世厚、郑铁生主编《第二十一届全国三国演义学术研讨会论文集》，中国文史出版社，2011年。

王益庸主编《孙权故里品三国》，中国文联出版社，2012年。

胡世厚、郑铁生主编《罗学》（创刊号），社会科学文献出版社，2012年。

胡世厚、郑铁生主编《罗学》第二辑，社会科学文献出版社，2013年。

胡世厚、郑铁生主编《罗学》第三辑，社会科学文献出版社，2014年。

胡世厚、郑铁生主编《罗学》第四辑，中州古籍出版社，2015年。

胡世厚、郑铁生主编《罗学》第五辑，中州古籍出版社，2016年。

王玉国主编《周瑜故里论三国》，安徽人民出版社，2016年。

图书在版编目(CIP)数据

罗贯中与《三国演义》/ 卫绍生著— 郑州：中州古籍出版社，2018.8
 ISBN 978-7-5348-7960-9

Ⅰ.①罗… Ⅱ.①卫… Ⅲ.①《三国演义》研究 Ⅳ.①I207.413

中国版本图书馆 CIP 数据核字(2018)第 196973 号

出版社：中州古籍出版社
　　　　（地址：郑州市经五路 66 号　　邮政编码：450002）
发行单位：新华书店
承印单位：郑州市毛庄印刷厂
开本：710mm×1000mm　　1/16　　**印张**：22.25
字数：336 千字　　　　　　　　　　**印数**：1—3 000 册
版次：2018 年 8 月第 1 版　　　　　**印次**：2018 年 8 月第 1 次印刷

定价：48.00 元

本书如有印装质量问题，由承印厂负责调换。